政协委员文库

与古圣贤对话与潜对话

何香久◎著

中国文史出版社

《政协委员文库》丛书
编辑委员会

何香久（2006年）

何香久印象

曾 钟

何香久自诩说他生活在清朝。

他看线装书，用毛笔写信，能写一手漂亮的骈四俪六的古文，不会上网，不会玩微信，不会打字，不开博客，没有QQ号，不会发电子邮件，不懂电子购物，不会开车（甚至不太认识汽车品牌），不会换灯泡（以前螺丝口的能换，现在则不能了，灯泡坏了拿两包烟请小区保安帮忙），不会跳舞，不会打麻将……总起来一句话，他离现代生活真的是十分遥远。在这个日新月异的时代，他是个异类。

他不是有意识地抵触这些现代化的东西，更不是故意拿自己的短板来标榜，以彰示个性。他是真笨，对这些没一丁点感觉。在沧州他算是较早有电脑的人，20世纪90年代初他被评为河北省十佳青年作家，奖品就是一台电脑。他问铁凝，玩转这东西得花多少工夫？铁凝说大概半年就可以。他回到沧州就把电脑抱到政协去了。那时政协文史委正在编《沧州通典》，苦于没有电脑，而他又没有花半年功夫的耐性。比他年长得多的报社总编刘桂茂先生为教他上网，倒请他吃饭，吃了好几顿也没把他教会，气得说了一句话："真是朽木不可雕也！"他也算是较早有手机的那拨人，从"大哥大"时代就开始拥有移动通信设备，用上了当时"土豪"们才有的"半头砖"，但他直到现在还在用一种老式的翻盖手机，连彩信都接收不到。人家笑他老土，劝他换个"触摸屏"，他说：这款手机我一次买了四个，就是怕以后更新换代买不到了。

他甚至不旅游！开会到什么地方，会议一结束夹包就走，对方安排的参观项目一概谢绝。所以他走遍了全国竟没有在一处名山胜水驻足。听别人谈某地风景名胜，茫茫然一头雾水。他不但没出过国，连"境"也没出过，港澳对于他，还只是一个地理概念。所以他出版了上百部书，竟然连一篇游记也没写过。

这真不像一个诗人。

可他确确实实是一个诗人。

他早年以诗知名于文坛，发表第一首诗时15岁，还在读中学。20世纪80年代，曾是有影响的现代派诗人。他参加过“青春诗会”，是冲浪诗社的成员，现在有了40多年诗龄，出版过《海神之树》《如果把你比做海》《灰色马，灰色骑手》《何香久抒情诗选》《何香久诗选》《海上蝴蝶》等15部诗集，很多作品被译为英、法、日和西班牙文。作为一个诗人，何香久说他最敬畏的文学样式是诗。他每两三年出版一部诗集，但从20世纪90年代以后，他却绝少向报刊投稿了。诗写了，就存在本子上，出集子时打包发表。他更多地倾注在诗歌阅读和思考方面。他说：我不会停止写诗，也不会停止对诗歌的关注与思考。一个诗人的文字生涯，从开始的那天起，就已经被一种宿命所“绑架”了——一旦与诗结缘，终其一生，不会割舍。

他是一位风格卓异的小说家和传记文学作家。在北京大学中文系的毕业之作即是中短篇小说集《红鱼》，大获导师称赞。之后又出版了中短篇小说集《诱惑红》《一条河的诞生》，长篇小说《万家江湖》《蚩尤旗》《焦裕禄》等，以及传记文学《吕后传》《旷代大儒——纪晓岚传》（中国百位文化名人传记丛书）《李大钊传》《焦裕禄传》（三种）等10余部。他的中短篇小说作品多次被入选《小说选刊》《小说月报》《中篇小说选刊》，长篇小说《焦裕禄》获中宣部“五个一”工程奖、河北省委宣传部“五个一”工程奖特等奖，被改编成电视评书等多种艺术形式。

他还写散文，写艺术批评文章，出版了《一壶天地小如瓜》《有画要说》《渔书楼序跋甲乙编》等7部集子。一直以来，向他求序的作家、画家很多，他有求必应，因此劳苦万状，所写的书序、画集序更是难以数计。

他同时又是一个影视剧写手，创作了《水流千转》《绝代风华》《梅花与蝴蝶》《焦裕禄》《风情回马岭》《金色大地》《第一忠诚》等近300集电视文学剧本。代表作长篇电视剧《焦裕禄》先后在中央电视台一套、八套黄金时段热播，又在全国十余家上星或地面台重播，产生了巨大影响，获第二十九届中国电视剧“飞天奖”一等奖、第十届“金鹰奖”优秀电视剧奖。

何香久身上，存在着太多的“悖论”。

他写诗，写小说、写散文和人物传记，写影视剧和舞台剧、写艺术评论，几乎所有的文体都有所涉猎，是真正的“跨文体写作”的作家。但他致力最多的，还是学问，他出版过35部学术专著，校勘过50余部典籍，主编过近50部文集和丛书。他的学术研究，以明清小说、纪晓岚学术思想研究用力最勤，著有《金瓶梅与中国文化》《金瓶梅传播史》《金瓶梅的官场·商场·风月场》《金瓶梅汇原》（4卷），在台湾出版了《何香久金瓶梅研究精选集》，倾二十余年心力，完成《综合学术本金瓶梅》（10卷）的学术工程。著《纪晓岚年谱》《纪晓岚年谱长编》《纪晓岚的幽默与智慧》《百变鸿儒——纪晓岚的学术与思想》《解密学问大师纪晓岚》《薪与火的传承——纪晓岚与四库全书》《镜与灯的寓言——纪晓岚与阅微草堂笔记》《四库全书总目疏证》（20卷）等，为主编42卷本的《纪晓岚全集》，耗去20多年光阴。

他对中国散文史的研究也贡献殊异，著有《先唐散文名篇题解》《中国古代散文流派史纲》《中国古代散文史大事系年》等。其主编《中国历代名家散文大系》（8卷）《20世纪中国散文大系》（20卷），被称为“一份文学的不动产”。又主编了《中国散文通典》《诺贝尔文学奖获得者散文金库》及一些散文作品集等。

他所做的学问与文学创作之间有点“风马牛”，其学术研究的方向也各不相同，但他却能游刃有余地在各种文体与学问之间行走，真有点“匪夷所思”。更让人想不到的是，1990年，他出版了自己的修订本《资治通鉴》，在史学研究的领地上，也踩上了一个脚印。

和他写作的体裁一样丰富的，是他的阅读。

他的藏书曾比他所在的这座三线城市的图书馆还要多，足可以装备一个中型图书馆。仅是不同版本的《四库全书》就购置了四套（文津阁本、文渊阁本、摛藻堂本、续修本），这在全国个人藏书中，怕是少有出其右之人了。他着力搜求古本善本，一旦访得，倾尽家产而在所不惜。前些年，曾发生过他的藏书把房子楼板压坏，房管部门勒令其迅速搬移的事件，被传为一时佳话。

何香久不是专业写作者，他的职业是国家公务员。担任沧州市政协副主席、市文联主席、作家协会主席、王蒙文学院院长、民建沧州市委驻会主委。每天按时上下班，参加各种各样的会议，处理五花八门的公务。更多的时候，工作需要加班加点。作为全国政协委员，还有全国各地的视察和参政议政活动需要参加。他勤政敬业，夙夜在公，工作实绩一向为人称道。其参政议政的提案，每每切中关注焦点，引起全国反响。

只有晚上10点半到早晨5点半，才是他写作的时间。每天只有两个多小时睡眠，而且中午一般不睡，小时候父亲以孔子批评“宰予昼寝”来警戒他，所以中午阅读的习惯就养成了。人们戏谑地说他可搏中国文坛“铁人三项”，殊不知，他对“累”这个字有着比常人更深的体味。

1990年，他住在人民日报社，校理《中国历代名家散文大系》的清样，通常工作到凌晨。有一天半夜，从报社11号楼回院外的招待所，不过二三百米的路，却怎么也走不回去了，躺在院子里草地上酣然睡倒，醒来时太阳初升，周围栖落着一群喜鹊。

于是他长了一样本事，就是在车上睡觉。

出长途，可以一睡几个小时，平常哪怕有十几分钟的行车时间，他也能见缝插针地睡一觉。像骆驼能囤积食物和水一样，他也能用“零头布”的时间把睡眠做有效的调剂。

这部集子所收录的作品，有他近年来创作的文化大散文，也有讲论学术和艺术批评的文字，虽杂了一些，但亦有条理。这些天机活泼的文字，是他心路历程的一个记录。如此，则不用我多说了。

曾钟：现任《环渤海文化》报总编辑，王蒙文学院副院长。
著有散文集《寂寞的人坐着看花》，传记《孔繁森》
《恽代英》《瞿秋白》等，国家图书奖获得者。

辑一　文化寻访

辑二　诸子谈薮

辑三　学林撷拾

辑一

文化寻访

寻访旷世大儒纪晓岚

一

从沧州上石（石家庄）黄（黄骅港）高速，西行二十公里，会看到一大片蓊郁的枣林，枣林掩映着一个村子，名崔尔庄，是《四库全书》总纂官纪晓岚的故里。这个很平常的北方乡村，在仁慈的阳光下，远远看上去像是谁随意放置在那里的一堆旧衣服，在这堆温暖的旧衣服庇护下的人们，日出而作，日落而息，总有二胡和唢呐安慰大平原上的落日。这里红枣很甜，落花生很香脆，后生们天生一副很好的水性。

这一带是沧州金丝小枣的原产地。

春天，金黄色的枣花一天一地溢着淡然而馥郁的异香。烟柳飞轻絮，枣花香满袖，云雀、画眉、百灵在林子里千鸣百啭，黄鹂鸟儿隐身在林中，早与枣花的颜色融为一体，于是满树枣花都有了生命的流韵。

到了秋天，枣儿红了，千树万树压弯了枝条，这时才会有好看的风景。铺天盖地的红，红得热烈、红得奔放、红得深沉，又红得晶莹剔透，如同一颗颗饱满圆润的玛瑙珠子，在阳光里发散着甜香的气息。这个季节，从林子里挤过来的风，都能醉倒过客。

献县、沧州一带所产枣，称“金丝小枣”，因为这种枣晾干后掰开来，可以拉出长长的金丝。每年秋后季节，崔庄一带家家晒场上、屋顶上铺展开片片红云。

纪晓岚在故乡的踪迹已难寻觅，一本经他手订的《景城纪氏宗谱》却可成为其家族追溯原委的难得史料。明永乐二年（1404），“迁江南大姓实畿辅”，纪氏家族从江南应天府（今南京）迁到献县，到了纪晓岚这一代，已历十四世。

纪家是崔尔庄的大户门，有九套九进院落，号称“九门九关厢”。九个朱红大门朝北，面向后街，门口有石狮子，上马石。南边中街还有九个中门，门内各有一条小巷直通后街，小巷里又有六个朝东的小门通向每套院子。整个建筑群落青砖碧瓦，长檐斗拱，院内古槐参天，很有气势。当地民谣唱道：“上有天堂，下有苏杭，数了北京数崔尔庄。崔尔庄哟崔尔庄，九门九洞九关厢。十字街头跑开马，南花园子立沙场。”大户门人多规矩也多，格外热闹。光是过年的鞭炮，都得用马车拉。

纪氏在景城注籍后以农为务，辛勤耕耘，繁衍生息。生齿日繁。纪氏家族中第一个读书人就是纪晓岚的八世祖纪廷相，为诸生，著有《友于小传》二卷，成书于明万历十二年。其十世祖纪坤（字厚斋）为明廪膳生，“少有经世之志，谈兵说剑，恒从诸家侠游，然不欲以他途进。”曾一生立志科考，屡试不中，直到六十四岁还奔波于科场。著有诗集《花王阁剩稿》。或许是他的精神对纪氏后人产生了深远的影响，在他之后，纪氏家族科第蝉联，成为望族。纪晓岚的父亲纪容舒，字迟叟，号竹崖，是纪氏家族第一个踏入官场的人，他是康熙癸巳（五十二年，1713）恩科举人，历任户部四川、山东二司员外郎，刑部江苏司郎中、云南姚安府知府，后来回京做官，任兵部左侍郎、都察院左都御史、礼部尚书。他又是一位精于考订、博闻强记的学者，著《唐韵考》五卷、《玉台新咏考异》十卷，俱录入《四库全书》。又有《杜律疏》八卷，载入《四库全书总目》。纪容舒一生三娶，原配安氏，生子纪晫，继配张氏，是沧州候选州同张棻（字雪峰）第二女，没有生育，年纪很轻就因病去世。又继配张棻第三女。他的第三任太太张氏生纪晓岚。

纪晓岚，名昀，以字行。一字春帆，号石云、观弈道人。生于清雍正二年（1724）六月十五日午时，卒于嘉庆十年（1805），活了八十二岁。

纪晓岚从四岁时开始读书，自谓从此一生“无一日离笔砚”。在乾隆九年（1744）的童生考试中，二十一岁的纪晓岚得中秀才第一名，乾隆十九年（1754）三十一岁时会试中式，进以二甲第四名进士。改翰林院庶吉士。两年后，乾隆二十一年（1756），一个偶然的机遇，让纪晓岚走近皇帝身边。那时他三十三岁，时任吏部尚书的汪由敦推荐他参与纂修《热河志》，当年八月，乾隆皇帝巡幸木兰，汪由敦又奏请让纪晓岚扈从，理由是可以到热河实地考察，于是他开启了以庶吉士的身份扈从皇帝出行的先例。

扈从皇帝出行是纪晓岚命运的转折。一路上他与乾隆皇帝以诗唱酬，颇得“天语嘉奖”的年轻庶吉士纪晓岚，由此进入皇帝的视野。从乾隆二十二年（1757）始，纪晓岚官运畅通，结束了庶常馆的学习，散馆一等，授编修，洊擢左春坊左庶子，充日讲起居注官。二十三年，大考二等七名，充武英殿纂修。之后又几度做主考官、外放福建学政，仕途上一路顺风顺水，直到乾隆三十三年。

这一年纪晓岚正是春风得意之时。二月，他补了贵州都匀知府，因其学问优异，外任不能尽其所长，命加四品衔，留任左春坊左庶子；四月十四日，乾隆皇帝在正大光明殿考试翰林院等官，纪晓岚位列二等第十六名，被擢升翰林院侍读学士，这个职务使他有更多机会陪侍皇帝左右。六月二十四，他刚刚被授了江南乡试副考官，如果不是出了意外，他不久该是行进在风景如画的江南路上了。

就在纪晓岚被任命为江南乡试副考官的第二天，他陷进前两淮盐运使卢见曾盐引舞弊之案，因“瞻顾亲情，擅行通信”，被发配乌鲁木齐军台效力赎罪。两年后恩命召还，回到了冠盖如云的京华。两年多的大漠风沙，让纪晓岚领悟到了人生的无常。他的心理气质也发生了不小的变化，同时也对官场的险恶和世态炎凉有了真切的体验。他时时被一种空虚、落寞和伤感的情绪所困扰。回京途中，他写下《乌鲁木齐杂诗》一百六十首，这些诗，不恃学问，直以性情笃挚，寄怀感兴，被称为清代边塞诗的代表作，也为清乾隆时期的新疆屯垦留下了珍贵的文献。

乾隆三十七年（1772），纪晓岚重任庶吉士小教习。小教习是庶常馆教职，这是乾隆二十六年纪晓岚三十八岁时的官衔，时光过了十一年，又回到了原点。

乾隆三十八年（1773），对于中国文化史来说，是一个非常重要的年份。当年二月，中国历史上规模最为宏大的纂修《四库全书》的工作正式开始，皇帝诏开《四库》馆，大学士刘统勋以纪晓岚之名首荐。八月十八日，纪晓岚出任《四库全书》总纂官，由此走上了他学术人生的峰巅。

二

从20世纪80年代开始，因为主编40卷本的《纪晓岚全集》，我开始了对纪晓岚的研究，做了一些功课，除通读了他全部著述之外，又在中国第一历史档案馆浩如烟海的乾嘉档案中艰苦爬梳。

有一次在检索纪晓岚的奏稿时，意外发现了他的一份奏章，大意是，某日退值，有人拦轿献书，匆忙翻阅，其中多有悖逆字句，已将献书者移送有司问理云云。这让我出了一头冷汗。这个献书者的命运不得而知，但在文字狱甚嚣尘上的年代，绝对是“在劫难逃”。纪晓岚自己也制造文字狱，这让我想了很多。

《四库全书》的纂修是一项旷古文化工程，自乾隆三十八年二月开“四库”馆，至乾隆五十二年四修关闭“四库”馆，共经历了十四个年头。纪晓岚始终担任总纂一职。《四库全书》七份存阁后，各阁空函书籍的缮录、补写、复校工作全面铺开，纪晓岚仍然为校书、补录等奔忙劳碌，曾四次去热河校书。实际上到他嘉庆十年去世，《四库全书》的续缮工程刚刚完竣，历时32年。也就是说为《四库全书》他奋斗了大半生。在四库馆臣中，他是唯一一位从始到终做完了这项工程的人。

《四库全书》79337卷，6144函，每份为36000册，七份总共252000余册，成为中国古代最大的一部丛书，被称为中国文化的“万里长城”，历来有“典籍总汇，文化渊薮”的美誉。其收录书籍，上自先秦，下至清代，囊括了中国数千年历史发展过程中所产生的主要文献典籍，涵盖了中国传统学术文化的各个学科门类和各个专门领域。集中中国古代重要典籍之大成，至今对中国学术文化的发展，仍然产生着巨大的影响。

同时，纪晓岚又一手勘定，完成了中国文献学史上扛鼎巨著《四库全书总目》的修纂工作。该书是一部纲纪群籍、指示治学门径的大目录书，余嘉锡先生称《总目》“衣被天下，沾溉无穷。嘉道以后，通儒辈出，莫不资其津逮，奉作指南。功既巨矣，用亦宏矣！”（余嘉锡《四库总目辨证序》）诚为中国古代学术史上的一块重要里程碑。

纪晓岚是在乾隆时期文化专制最残酷的一片风声鹤唳中入主“四库馆”

的，有清以来的文字狱，到乾隆朝，达到了最盛，在中国历史上第一次把“思想犯罪”引入法律惩治的范围之内，乾隆朝是为发轫。其文字狱的株连，也远远超过了“大清律”的规定。《四库》开馆期间，发生了50多起文字狱案，大多是从修书得到眼线。和纪晓岚一起担任总纂、总校的大员，或被吓死，或被罚光了家产，除纪晓岚以外，几乎无一人得到善终。虽然纪晓岚本人曾几次被牵连进文字狱，颇有几番险象丛生。也曾被多次记过，出资赔写讹错书籍，但他总算是挺到了最后。更为难能可贵的是，纪晓岚以他的一己之力，多次上书，保护了一大批被确定为“抽毁”和“全毁”的图书，使之免遭“秦火”之厄。这在当时是要冒身家性命的危险的。

学术活动是纪晓岚一生的主要支撑，他一直是官方学术工作的领导人，凡有编辑之役、修书之事，他必在其间。他历充武英殿纂修官，“三通”（通史、通志、通典）馆提调兼纂修官，“功臣馆”总纂官、《胜朝诸臣殉节录》总纂官、国史馆总纂官、方略馆总纂官、《职官表》总纂官、《八旗通志》总纂官、实录馆副总裁官、会典馆副总裁官等。他一生中领导和参与了多少重要典籍的编修，不可胜数。

这是纪晓岚对中国文化的第一个巨大贡献。

三

纪晓岚对中国文化的第二个大贡献，是他写出了《阅微草堂笔记》。

该书二十四卷，计一千一百九十六则故事，举凡官场世相、轶事掌故、民俗风情、异地风光、典章事物、乡里见闻、狐鬼神怪、医卜星相，上下古今，包罗万象，所反映的社会生活面十分广阔。鲁迅认为：“纪昀本长文笔，多见秘书，又襟怀夷旷，故凡测鬼神之情状，发人间之幽微，托狐鬼以抒己见者，隽思妙语，时足解颐。间杂考辨，亦有灼见。叙述多雍容淡雅，天趣盎然，故后人无人能夺其席，固非仅借位高望重以传者矣。”

《阅微草堂笔记》的思想积极意义，首先在于对宋明理学的揭露与讽刺。对于这一点，鲁迅十分赞赏，他说：“生在乾隆年间法纪最严的时代，竟敢借文章以攻击社会上不通的礼法，荒谬的习俗，以当时的眼光看去，真算得上很有魄力的一个人。”其次是对盛世之下黑暗社会的揭露与批判。纪晓岚在

《阅微草堂笔记》中，真实地写下了当世官场的窳败与黑暗。他沉浮宦海五十多年，在这长达半个多世纪的光阴中，他是被挟裹浸泡在一个恶浊卑污的政治旋涡中。清代的统治机构，是千余年封建官场的最后延续，也是千余年封建官场恶浊卑污的集大成者。纪晓岚生活的乾嘉时期，表面上看起来，是清朝昌盛强大的一个时期，但从整个封建社会的历史来看，它已被笼罩在落日的余晖之中。纪晓岚身在其中，虽然他不可能意识到封建社会必然要灭亡的命运，但对它的弊端却洞若观火。因此《阅微草堂笔记》中对于封建官场批判的内容也就格外引人注意。《阅微草堂笔记》中凡是涉及官场的，清官寥寥无几，而赃官、贪官则比比皆是。贪赃枉法者有之，草菅人命者有之，昏庸腐败者有之，卑鄙龌龊者有之。尤其是写到一些冤假错案的处理，就更让人看到这个集团的整体腐败。

在揭露官场的黑暗，官吏的残暴、豪滑的同时，《阅微草堂笔记》还以大量笔墨反映了下层人民群众所遭受的涂炭与压迫（如对奴婢的悲惨命运及灾荒中乡村人吃人现象的揭示等）。蔡元培先生将其与《红楼梦》《聊斋志异》并列为“清代三大流行小说”。孙犁先生也曾把它比做与《聊斋志异》“双峰并峙的两大绝调”。

《阅微草堂笔记》的思想积极意义，还在于张大了“经世实学”精神。作为一个执官方学术牛耳的泰斗级学者，纪晓岚对中国学术思想的贡献在于他立足于古典文化的“穴结”点，借助于浓厚文化积淀所锻铸出来的锐利眼力，回眸追索，将气象万千的学术文化之流条分缕析地加以滤析、评验。在学问的“围城”中，纪晓岚不失为一个忠勇的擎灯者，他在中国学术思想上的建树，也正立足于中国古典文化的“穴结”点，在深沉的反省与宏阔的价值评判中重申儒家的“务实”传统，发扬光大经世实学的精神。他倡导“以实心励实行，以实学求实用”，鼓励学人摒弃虚玄学风，主张不读死书，不尚空谈。对道学家坐而论道，纷争门户，则提出尖锐的批评。这种“崇实黜虚”实事求是的务实精神，对今天仍有重大的现实意义。

而我认为，正是在这部《阅微草堂笔记》中，藏着一个真实的纪晓岚。

读他的诗，你看到的是一个曲高和寡的纪晓岚；读他的文章，你看到的是一个笏袍显宦的纪晓岚；读他的《四库全书总目》，你看到的是一个谨严多识的纪晓岚；听别人讲他的故事，你看到的是一个诙谐谑浪的纪晓岚。

但这些，都不是真实的纪晓岚。

纪晓岚以总纂《四库全书》而名满天下，他是有清以来执学术牛耳的一代文宗，后人看他如仰视南天北斗，但是如果没有这一部《阅微草堂笔记》，他将永远是一个寂寞的学问大家，永远是一个谜一样的人物。

藏在《阅微草堂笔记》中的真实的纪晓岚是个什么样子？

——他是一个在文网紧密、法纪森严的时代，敢于抨击社会的黑暗、官场的腐败、理学的腐朽的文学斗士；

——他是一个在对乾嘉之治的一片颂扬声中，从虚假繁荣的幕后看到了那个社会的危机、敢于呐喊出“盛世危言”的清醒的小说家；

——他是一个在理性主义的时代“持理”而又“反理”的学问宗师；

——他是一个重性灵、重真情而又有着模糊情爱观的矛盾人物；

——他是一个借谈狐说鬼烛照人间幽微的幽默文学大匠；

——他也是一个善于把人生经验化作生存智慧的智者。

四

纪晓岚是清代在正史和野史中都很炫人耳目的人物。他不仅在正统的史传中占尽风光，在民间也有广泛的知名度。20世纪90年代，因为一部《铁齿铜牙纪晓岚》的电视连续剧，这位在清乾嘉时期执学术牛耳的学问宗师火爆天下，但同时也被“戏说”弄得面目全非。

纪晓岚被“戏说”，实际上从他的同时代人那里就已经开始了，清人的很多笔记，如英和的《恩福堂随笔》，张培人的《妙香室丛话》，梁章钜的《归田琐记》，昭梿的《啸亭杂录》，陈康祺的《郎潜纪闻》、《燕下乡脞录》，徐锡龄的《熙康新语》，梁恭辰的《北东园笔录初编》，钱吉泰的《曝书杂记》等等，都不无夸张地写到了关于纪晓岚的许多异秉和奇闻轶事。比如说他是“火精转世”，以肉为食，不食谷类，烟枪巨大，还有他的风趣幽默，连皇帝的玩笑也敢开，还有他的好色，他的博闻强记、属对机敏等等。在世人的眼中，纪晓岚大体上是这样的一种形象。由于他的一些小节被夸大成了他人生的全部，离他的本来面目相去甚远，所以有人也评价纪晓岚是一个“世故老人”，或者干脆说他是一个拍马的高手，而且一度按照“御用文人”来给他定性。

纪晓岚在清乾嘉时期居于高位，负有盛名，学问淹通，正如同许多名人往往被人“造神”一样，时人和后人对纪晓岚的种种“戏说”，从某种意义上来说也表达了人们对他的喜爱。

按照一般的理解，纪晓岚似乎是一个“不倒翁”。除了乾隆三十三年他因漏言获遣乌鲁木齐，他的官场生涯一直是顺风顺水，无灾无难到公卿。

纪晓岚又是一个矛盾人物，他的性格中有太多的“两面性”。他一生写了那么多“恭和圣制”的诗篇，做了那么多歌功颂德的文章，上了那么多道谢恩折子，这些文字也不全是为了讨皇帝的欢心。他感恩的情感是真实的，因为乾隆皇帝的体恤，他的官职才一再擢升，拥有了一个文臣最高的荣耀。他对乾隆皇帝的钦敬也是发自内心。当然这其中也有一生挥之不去的恐惧感。乾隆皇帝喜怒无常，赏罚全凭心血来潮。实际上他也没把纪晓岚这样的文臣放在意中，一次纪晓岚直言提出了自己关于军国大事的建策，乾隆皇帝脸一变，怒斥他说：“朕以汝文学尚优，故使领《四库全书》，实不过以倡优蓄之，汝何敢妄谈国事！”这样的训斥，让纪晓岚清醒地认识到他在皇帝眼里是个什么角色。

另一方面，在官场闪现的刀光剑影中，纪晓岚又不得不时时保持着他处世的警觉。他的砚铭中随处可见“守口如瓶”之类的自警箴言，在修书过程中发生的一系列文字狱案，他感同身受。有很多起文字狱，压根儿就不是因为有什么悖谬文字，而是因为著书者得罪了小人，结果锻炼成大狱。所以纪晓岚的处世之道是不跟小人争一日之短长，不做出头椽子，尽量不以真面目暴露在小人的视野中。纪晓岚的政治生涯中，他始终恪守着这样一个原则：不做政治家，只做执行者，不做思想家，只做学术人。

但纪晓岚从未与小人同流合污过，和珅权倾朝野，朝臣无不趋走，连他的老师也颠倒奉迎，反过来成为他的门生。而纪晓岚终不依附，还对其时加嘲弄。以至于发生御史曹锡宝奏劾和珅家人刘全案时，乾隆皇帝第一个怀疑到纪晓岚，认为纪晓岚与和珅有积怨而从背后操纵此事。

纪晓岚虽是硕儒显宦，但他个人的生活十分俭朴。朝鲜冬至书状官沈兴永回国后评论说：纪昀文艺超伦，清白节俭，虽宠爱不及和珅，而甚敬重之。还说纪晓岚一件旧棉袍穿了七八年。他的学生汪德钺称：“吾师居台宪之首，据宗伯、司马之尊，登其堂萧然如寒素，察其舆马、衣服、饮食，备数而已，其俭也若此。”“文革”中他的墓被挖开，里面除了书几乎没有一件值钱的随葬品。

五

纪晓岚墓在北村，离崔尔庄有五里许，墓园四围，也是一片连一片的枣林。

枣花一年年兀自灿然地黄着，枣儿一年年兀自热闹地红着。

枣花黄的时候，一片片散碎落英覆盖在这个巨大的坟顶上，给它镀一层馨香的金子。枣儿红的时候，又有熟透的枣儿被风摇落到坟前，犹如给长眠者捧献的清供。

枣花黄了二百多回，枣儿红了二百多番，两个多世纪就这样绵延着似水流年。

没有谁去打扰长眠在枣林深处的那个人。

也许会有唢呐安慰枣林的落日，也许会有吟哦唤起旷远的回忆，这块土地上的枣儿很甜，落花生很香脆，后生们都有一副很好的水性。

2016年2月17日晨再改于安平

说不尽的张之洞

一

1889年12月17日，天气苦寒，南皮人张之洞在湖广总督赴任的路上经过了漫长的跋涉，终于抵达了武昌。

南皮人张之洞当年五十二岁，正当壮年，已是朝廷重臣。他个子不高，面色憔悴，眼睛里布满了茶褐色的血丝，一缕花白而稀疏的长髯在风里飘动，看上去他要比实际年龄苍老了许多。

那一年中国发生了很多大事。其中一件大事是：4月，日本在中国的间谍向帝国军部参谋本部递交了一份重要报告，这份报告是关于对中国大势的分析的，认为中国清王朝“上下腐败已达极点，纲纪松弛，官吏逞私，祖宗基业殆尽倾颓”。而此后驻华间谍们提供的一系列关于中国大势的报告中，都一致强调中国发生的腐败是全民腐败，而不只是官场，主张日本应乘势占领中国，利用中国的人力物力对抗西方。

新任湖广总督张之洞不可能知道日本间谍对中国大势的秘密报告，但他对中国目前的大势却洞若观火。他知道朝廷大员的一次巡视活动，一场接风宴的“洋酒费”动辄就要花费千数百金。他知道从朝廷到地方庸官俗吏献媚当道，他更知道昔日的那伙以“清流”自命的朋友个个垂头丧气，有的退隐闲地，有的满腹牢骚而束手无策，连李鸿章都自嘲他是“大清的裱糊匠”了。

新任湖广总督张之洞成了“踌躇满志”和“万念俱灰”中间的一个钟摆，第二天，他接篆视事。

张之洞不相信中国会被外夷和颓废的国人“唱衰”。

此前，1881年他授山西巡抚，禁罂粟，兴农桑，查藩库，劾贪官，大胆兴革，并开始兴办洋务。1884年补授两广总督，中法战争爆发，他是坚定的主战派，曾指挥了震惊世界的谅山大捷。同时，在广东筹办工业，以新式装备和操法练兵，设立水师学堂。

此次主鄂，他立志“图自强，御外侮”，实施新政，做一个有为的疆吏。

南皮人张之洞出生于贵州，他父亲张瑛曾在那里做官，因其籍里为直隶南皮县，所以有“张南皮”之称。南皮张家是望族，明清两代科考中，张氏族人考中进士以上二十一人，举人五十余人，秀才二百余人，出过从七品知县到一品大员几十名，到张之万（张之洞堂兄，早于张之洞入阁成为大学士兼军机大臣）、张之洞，张家的声威达到极盛。东门张氏家族，至今仍普遍使用张之洞所手订的“仁厚遵家法，忠良报国恩，通经为世用，明道守儒珍”这二十个起名排序专用字，不相识的族人，一听名字便知彼此辈分。

张之洞字孝达，又字香涛，号壶公，晚年自号抱冰老人，自幼颖悟过人，十二岁中秀才，十五岁夺得顺天乡试解元，一时“才名噪都下”，二十六岁中“探花”，步入仕途。

从1889年12月到武昌就职，至1907年9月晋京入参军机，这期间张之洞除了1894、1902年两度暂署两江总督，一次短暂赴京修订学堂章程之外，督鄂近二十年。这二十年成就了张之洞作为洋务派首领的辉煌。他办实业，兴教育，修铁路，固提防，练新军，强国体。建立了湖北铁路局、湖北枪炮厂、湖北织纺官局，开办大冶铁矿、内河船运和电讯事业，使湖北成为中国早期工业化的发祥地。他兴办新学，多次派出学生到日本、英国、法国、德国留学，培养了许多人才。

在湖广总督任上二十年，他夙兴夜寐，不肯有丝毫懈怠。张之洞作息与常人不同，每天下午两点钟睡觉，晚上十时起床办公，因此曾被大理寺卿徐致祥参劾“兴居不节，号令无时”。而时任粤督的李瀚章则为之申辩，谓“誉之则曰夙夜在公，勤劳罔懈，毁之则曰兴居不节，号令无时。既未误事，此等小节无足深论。”

黑夜染白了他的头发，也让他的思想在这块土地上结出了果实。

二

在历史这个神秘的作坊里，进入19世纪后半叶的中国，正经历着一次新思想催生前夜的剧烈的阵痛。

由于西方殖民主义入侵和西方文化的影响，清王朝的帝国大厦的裂痕越来越深。鸦片战争以来，一系列的不平等条约把中国摧残得满目疮痍。特别是甲午战争后签订的《马关条约》，更让中国人的屈辱达到了空前的程度。内忧外患，水火交攻。社会上民变丛生，风气日衰，政局动荡不安，早就用猎人式的目光窥视中国的帝国主义列强，乘机加速了瓜分庞大的中华帝国的进程。民族危亡之际，国人开始对国家的命运深入反思，维新思想应运而生并迅速得以传播。

就在穿着各国军装的军人们忙着在中华帝国的各个海岸港口悬挂他们的国旗的时候，中国知识界"维新"的浪潮也风起云涌开来。

1895年，康有为在京师发起成立了"强学会"，彼时中华帝国各地散布的种种"学会"已有50多个。这些"学会"大多有明确的政治目标而非单纯的学术组织。"强学会"更是旗帜鲜明的维新派政治团体。康有为撰"会序"云："俄北瞰，英西睒，法南瞵，日东眈，处四强邻之中而为中国，岌岌哉！况磨牙涎舌，思分其余者，尚十余国。辽台茫茫，回变忧忧，人心惶惶，事势儳儳，不可终日。"将帝国主义列强窥视中国的贪婪的眼神形象化地展现在国人面前。"强学会"会员全是高层知识分子和政府各级官员，张之洞的儿子张仁权也是发起人之一。张之洞则是热情的赞助者，他和两江总督刘坤一、直隶总督王文韶一起，各自捐了5000两银子。同时，张之洞在康有为的促动下成立了"上海强学会"。

第二年，1896年1月，光绪皇帝在慈禧太后的逼迫下，下令封禁京师"强学会"，张之洞随之封禁了由他创立的"上海强学会"和《强学报》。

作为洋务派领袖，张之洞当然明白中国非变革不能自立的现实。从中法战争之后，张之洞便较多地接受了西学知识，其学术思想开始发生明显的转变。由传统学术中求致用，转变为由中西学术中求致用。在培善人才的学制上亦更多地侧重于"西学为用"。他倡"新学"的目标是"融贯中西"，其着重点却在于“西学为用”。自甲午至戊戌时期，主张吸收西学、会通中西的思想成为时代主潮。以康有为为代表的今文经学否定古文经，鼓吹孔子改制，“援西入儒”。张之洞也是这一时期主张儒学会通西学的主要代表，但他对维新派的主张也不完全赞同。他虽然倡导吸收西学，但始终坚持“以维持名教为己任”的立场。当他认识到维新派康有为以经学形式输入西方社会政治学说，并以此为理论根据进行政治改革的时候，便赶紧与之划清界限。于是，1898年，在维新派与守旧派斗争进行到白热化之时，他于湖广督署写出了《劝学篇》，并进呈光绪皇帝。

光绪皇帝于1898年7月25日发布上谕，将《劝学篇》颁至各省督抚学政，在全国四处刊刻流传。这说明，张之洞的《劝学篇》同近代日本启蒙思想家福泽渝吉（1834—1901）的《劝学篇》一样，并不是单纯论学的文章，而是一篇警世的政论之作。

《劝学篇》由“内篇”、“外篇”构成，共24篇，《内篇》有9篇文章，主旨是“务本以正人心”，表现了与康有为、梁启超等人在思维取向上的根本差异。“外篇”有15篇文章，其主旨在于号召人们学习西方的社会科学和自然科学，即所谓西政西艺，并在不妨害三纲四维的前提下，仿照西方的先进体制，对中国传统的政治、经济、军事、文化、教育等认真加以改造，变法维新，以达富国强兵、挽救危亡之目的。

在书前的自序中，张之洞指出《劝学篇》的主旨要义在于：“二十四篇之义，括之以五知：一知耻，耻不如日本，耻不如土耳其，耻不如古巴。二知惧：惧为印度，惧为越南、缅甸、朝鲜，惧为埃及，惧为波兰。三知变：不变其习不能变法，不变其法不能变器。四知要：中学考古非要，致用为要；西学亦有别，西艺非要，西政为要。五知本：在海外不忘国，见异俗不忘亲，多智巧不忘圣。”《劝学篇》里流露着明显的爱国主义思想，希望中国一天天强大起来，避免成为像印度那样的西方殖民地。

三

1907年，南皮县有史以来第一座新学堂——慈恩学堂落成。

这座新学堂果然让人眼前豁然一亮。建筑是中西合璧的风格，有教室、寝室、餐厅、厨房、议事厅、图书室、操场，还有花园假山，种植了槐树和海棠。设初等小学、高等小学及中学部，学制分别为四年和五年。

这座学校的捐建人是张之洞。1903年，张之洞自京城返武昌，顺道回南皮祭祖，捐出了朝廷给他的五千两赏银还有数年来积累的一万二千两廉俸，兴建新式学校，并命名为慈恩学堂。1949年之后，慈恩学堂更名为南皮中学。

办新学是张之洞的心结。在写作《劝学篇》时，张之洞的潜在目的是能够对当时的新旧之学的论争进行一次调解，进而平息种种会将国家引入危途的思想混乱。张之洞开宗明义强调了这一点："图救时者言新学，虑塞道者守旧学，莫衷于一。旧者因噎而废食，新者歧多而羊亡。旧者不知通，新者不知本。不知通则无应敌制变之术；不知本则有菲薄名教之心。夫如是，则旧者愈病新，新者愈厌旧。交相为愈，而恢诡倾危乱名改作之流，遂杂出众说以荡众心。学者摇摇，中无所主；邪说暴行，横行天下。敌既至，无与战；敌未至，无与安。吾恐中国之祸不在四海之外，而在九州之内矣。"

新学旧学之争，从学术的视角看是清乾嘉以来的宋学、理学和今文学之争，说穿了也是一种权力之争。从现代学术史的角度看，便是中西文化冲突问题的延续。张之洞所强调的新旧之争，也带有中学、西学之争的色彩。"会通中西，权衡新旧"是张之洞一贯的思想主张，其有诗云："璇宫忧国动沾巾，朝市翻争旧与新。门户都忘薪胆事，调停头白范纯仁。"（《新旧》）

何为旧学、新学？张之洞认为："四书、五经、中国史事、政书、地图为旧学，西政、西艺、西史为新学。旧学为体，新学为用，不使偏废。"（《劝学篇·设学》第三）又说："中学为内学，西学为外学。中学治身心，西学应世事。不必尽索之于经文，而必无悖于经义。如其心圣人之心，行圣人之行，以孝悌忠信为德，以遵主庇民为政，虽朝运汽机，夕驰铁路，无害为圣人之徒也。"（《劝学篇·会通》第十三）张之洞的理想，便是折衷新旧、调和中西，让它们归于各自的秩序，各有所主。张之洞始终认为，中学是"根底"，西学是作为"补阙"而存在的。讲西学必须先通中学，强中国不可少西学。中学是根本、是主，西学是末节、是从。只有在通中学的基础上学西学，才能补中学之不足。

张之洞严格规定了西学的疆界，将不适应中国政教的内容扫地出门。他所指的西学具体为"西政、西艺、西史"——"学校、地理、度支、赋税、武备、律例、劝工、通商，西政也；算、绘、矿、医、声、光、化、电，西艺也。”（《劝学篇·设学》外篇第三）在科学技术、法规制度、行政措施诸方面，中国可以向西方学习，而一些他认为有损于纲纪伦常的西学内容，则是排除在学习范围之外的。他强调：“知君臣之纲，则民权之说不可行也；知父子之纲，则父子同罪免丧废祀之说不可行也；知夫妇之纲，则男女平权之说不可行也。”（《劝学篇·明纲》外篇第三）这些都是不能变革的。

四

张之洞强调中西学之“会通”，《劝学篇》中一章即以《会通》名之。这一章中他讲了“通”包括三个方面的内容：

其一，是学术通。如“以穆王远游，西域渐通也。邹衍谈赤县，以居临东海，商船所传也。故埃及之古刻，类乎大篆，南美洲之碑，勒之华人。”（《劝学篇·会通》外篇第十三）

其二，是政教通。如：“《周礼》有山虞林衡之官，是西国专设树林部之义也。”“《论语》工利其器，《书》‘器，非求旧，维新’，是工作必取取新式机昆之义也”；“《论语》：‘敏则有功’。然则工商之也、百官之政、军旅之事，必贵神速，不贵迟钝，可知是工宜机器、行宜铁路之义也”；“《左传》仲尼见郯子而学焉，是赴外国游学之义也”；“《周礼》外朝询众庶，《书》谋及卿士，谋及庶人，从逆各有吉凶，是上、下议院互相维持之义也”。

其三，是三纲通。如称：西国亦固有群臣之伦、父子之伦、夫妇之伦，盖“圣人为人伦之至，是以因情制礼，品节详明。西人礼制虽略，而礼意未尝尽废，诚以天秩民彝，中外大同，人君非此不能立国，人师非此不能立教”。

张之洞认为，这种种“通”，是消除新学旧学之间的隔阂，化解新学与旧学冲突的一柄钥匙。他批评一些人“自塞”、“自欺”、“自扰”：“自塞者，令人固蔽傲慢，自陷危亡”；“自欺者，令人空言争胜，不求实事”；“自扰者，令人眩惑狂易，丧其所守”。（《劝学篇·会通》第十三）

由于长期的闭关锁国，由自塞、自欺、自扰而产生的自大、自闭、自卑的民族心理曾给中国带来极大的困扰。朝廷大员不知有西班牙、葡萄牙这些国家，反讥之曰：“西班有牙，葡萄有牙，其牙何物”？《清稗类钞》中有个故事说：有一位廪生参加乡试，要考算学，凡是用数字的地方，都书之阿拉伯数字。主考官看了大怒，悬牌曰：某生以外国字入试卷，用夷变夏，心术殊不可问！马上下令取消这个考生的资格。这个考生一下子就疯了，最后的结局是发狂而死。“用夷变夏”这个罪名大概类似于20世纪60年代中叶“文革”时期的“搞修正主义”，用外国的东西来改造泱泱中华帝国，这个小人物当然不会有好下场的。

张之洞对“迂陋无用之老儒”、“浅陋之讲章，腐败之时文，禅寂之性理，杂博之考据、浮诞之辞章”深恶痛绝，他指出应广开学堂，让学生“新旧兼学”、“政义兼学”、“旧学为体，新学为用，不使偏废”。（《劝学篇·设学》第四）推介西方学制，而且倡导一定要学习外语：“不通西语，不识西文，不译西书，人胜我而不信，人谋我而不闻，人规我而不纳，人吞我而不知，人残我而不见”（《劝学篇·广译》第五），并且倡导到国外去留学，“出洋一年胜于读西书五年”，“入外国学堂一年胜于中国学堂三年”。在他的积极倡导下，19世纪的中国出现了空前的游学世界的热潮。

他还提出要学习西方人的军事技术，建设科技程度高、反应快速的部队，开采矿业，讲求农、工、商三学，实现富国强兵的大目标。这在当时殊属不易。

五

张之洞是一个开风气的人物，同时，他又是一个理想主义者。毛泽东提到的少数几位不应当忘记的近代中国人物，张之洞居其一。张之洞的一生是为中国的自强孜孜探求的一生，他是中国重工业的开路人，因为他，中国才有了第一座钢铁厂、第一座兵工厂、第一条铁路……没有他，就不会有湖北新政，也不会有近代中国的崛起。

宣统元年八月，心力交瘁的张之洞在“举步维艰，外患日棘，民穷财尽”的悲凉慨叹中，带着他未完的梦想黯然离去。第二年十二月十五日，他被安葬在南皮双庙村张氏祖茔。与他一同合葬入土的，还有早他多年去世的三位夫人。

张之洞入土不到两年，清帝退位，维持了二百余年的大清帝国彻底土崩瓦解。

此时，距开启一个新时代的南昌首义第一枪的打响，已不足十五年光景了。

张之洞写过一首题为《学术》的诗：

理乱寻源学术乖，
父仇子劫有由来。
刘郎不叹多葵麦，
只恨荆棘满路栽。

作为引领未受新文化运动洗礼的传统知识分子的精神向导，张之洞的《劝学篇》成为他一个思想的原点。然而耐人寻味的是，一力主张接受西方科学技术的张之洞，对于中国政治制度层面的变革和社会革命，又视同不共戴天之寇仇。在《劝学篇》中，这种“开新”与“卫道”的双重变奏留给了后人不尽的深长之思。

呵，说不尽的张之洞，还有说不尽的张之洞的时代……

2016年3月19日凌晨4时　于沧州渔书楼

熏风里的遗韵

——《诗经》传播地河间去来

一

河间城北的西诗经村，是一个风景如画的村子。

遍地庄稼长起来的时候，一天一地的绿，真能把人醉倒。那绿，绿得浓重、热烈、奔放，走在田野里，被那绿色的浪涛激荡着、推拥着，你能听得到庄稼生长时拔节的声音，还有露珠在叶片上滑动的声音；嗅得出那种淡淡的、沁人心脾的清香，那是土地和阳光的气味。那个时候，你的一颗心都会融化在这葱茏的芳菲大野上。

叫蝈蝈的鸣唱此起彼伏。

听，地头上，老人们又在吟唱诗篇了——

螽斯羽，诜诜兮，
宜尔子孙，振振兮。
螽斯羽，薨薨兮，
宜尔子孙，绳绳兮。
螽斯羽，揖揖兮，
宜尔子孙，蛰蛰兮……

叫蝈蝈多声部的鸣唱，成为他们宏大的背景音乐。

老人们的吟唱，用的完全是已经失传的古代的歌诗音韵，顿挫抑扬，疾徐合节。这种歌诗的音韵是从毛亨、毛苌开始，一辈辈传下来的，被称为“河间歌诗”。“河间歌诗”最早见述于《汉书》，《河间府志》亦有记载，并且列举了“汉古歌”、“唐古歌”、“宋古歌”、“元古歌”等条目。《诗经》中一些诗篇，被称为“笙诗”，在吟唱时是用笙伴奏的，河间的“笙班”因此很普遍，1990年时还有73伙。笙班的古谱有些就是“河间歌诗”的曲谱。河间历史上每到清明、重阳及民间庙会、官方仪礼，都有行唱的习惯。2006年6月，“河间歌诗”被国务院公布为第一批国家级非物质文化遗产。我敢说，在中国，只有诗经村的人还能用纯正的歌诗古韵吟唱《诗经》了。

西诗经村，因汉博士毛苌传授《诗经》于此而得名，毛苌的墓地就在诗经村。与他的墓地遥遥相对的，是民国代总统冯国璋的墓，冯国璋也是西诗经村人，并且他也曾是“毛公书院”的学生。

想不到吧，华北平原上的这个普通的村庄，竟然是中国诗歌元典——《诗经》的传出地！没有这个村子，也许中国将不复有如此美妙的诗歌流传……

《诗经》最早只称《诗》，是中国最早的诗歌总集。汉武帝立“五经”后才称《诗经》，与《周易》、《尚书》、《仪礼》、《春秋》并称五经，成为儒家经典。《诗经》共四十卷，分为风、雅、颂三部分，总计305篇，因有“诗三百”之说。

毛诗的传承，史传颇多记载。汉班固《汉书·艺文志》：“汉兴，鲁申公为《诗》训诂，而齐袁固、燕韩生皆为之传。或取春秋，采杂说，咸非其本义。与不得已，鲁最为近之。三家皆列于学官。又有毛公之学，自谓子夏所传，而河间献王好之，未得立。”三国陆玑撰《毛诗草木鸟兽虫鱼疏》：“孔子删《诗》授卜商，商为之序，以授鲁人曾申，申授魏人李克，克授鲁人孟仲子，仲子授根牟子，根牟子授赵人荀卿，荀卿授鲁国毛亨。亨作《诂训传》以授赵国毛苌。时人谓亨为大毛公，苌为小毛公，以其所传故名其诗曰《毛诗》。”唐陆德明《元经典释文序》则谓：“徐整云：子夏授高行子，高行子授薛仓子，薛仓子授帛妙子，帛妙子授河间大毛公。大毛公为《诗诂训传》于家，以授赵国小毛公。小毛公为河间献王博士，以不在汉朝，故不立于学。”说法不同，但传承脉系却殊途而同归，都归结到大、小毛公这里。有人说大小毛公是父子关系，有人说二人是叔侄关系，还有人说是师生关系，均无可考证。

秦始皇三十四年（前213），齐人博士淳于越反对当时实行的“郡县制”，要求依古制分封子弟，丞相李斯加以驳斥，并为秦始皇献焚书策：“天下敢有藏《诗》《书》、百家语者，悉诣守、尉烧之。有敢偶语《诗》、《书》者弃市，以古非今者族。”（《史记·秦始皇本纪》）禁止百姓以古非今，以私学诽谤朝政。秦始皇接受了这个建议，下令焚书坑儒，尽焚三代之书，并坑杀儒生四百六十余名。

在这个时候，整天以语《诗》为事的毛亨不知何时大祸临头，携带家眷，从鲁国（今山东曲阜一带）仓皇出逃，流寓河间，遂隐居于此，所以又被认为是河间人。毛亨一家逃亡河间，专家考证当是公元前212年左右，那时河间还叫武垣，是一个比较偏僻的地方。这里人烟稀少，水草丰茂，适合隐居。直到汉惠帝撤销“挟书律”，毛亨才公开传授《诗经》，并撰《毛诗故训传》，后来授诗毛苌。

毛亨，生平不详，战国时期鲁国人（一说赵人），是古文诗学“毛诗”的开创者，古本《诗经》最早的传人。

汉代曾出现过四位传授《诗经》的学人，即齐人辕固、鲁人审培、燕人韩婴和同为鲁人的毛亨，被称为齐、鲁、韩、毛四家诗。前三家在汉文帝时即被立为博士，三家诗也先后被立于学官。《毛诗》训诂简明，其解诗融合了《左传》、《孟子》、《国语》、《仪礼》等典籍中的内容，因为以上经典当时并不盛行，所以《毛诗》未被列于学官，只能在民间传授。前三家诗是用隶书写成的，称“今文经”，《毛诗》后出，采用小篆书写，称“古文经”。东汉以后，《左传》等书广泛传播，学者将《毛诗》同三家诗比较异同之后，其优点显而易见。再加上经学大家郑玄为《毛诗》作了笺注，士子学《毛诗》者渐盛，其他三家诗先后失传。三家诗何时失传？《隋书·经籍志》说：“齐诗亡于魏，鲁诗亡于西晋，韩诗亡于宋。”《毛诗》后来居上的另一个原因，是其考证简明扼要，说诗很少有荒诞迷信的内容。

二

汉景帝二年（前155）四月，景帝刘启封他的第二个儿子刘德为河间王。同时受封的还有临江王刘阏、淮阳王刘馀、汝南王刘非、广川王刘彭祖和长沙王刘发。这是汉景帝登基之后第一批分封诸侯王。

刘德被分封的河间国，其疆域相当于今天的任丘、河间、泊头、南皮等县市区域及青县西南、沧县西北（以上均属今沧州市辖）、武强、武邑、阜城（以上均属今衡水市辖）三县交界一带，国都乐城，即今献县河城街村南。

史称刘德修学好古，实事求是，曾得到朝中大儒卫绾的精心辅导，非常喜欢儒学，其衣着服饰言行举止无不依仿儒士。秦焚书坑儒，“三代之书”燔炀殆尽，刘德应时而起，“于灰尽之余纂亡散卷篇，仅而复存。”他利用自己的身份、地位等优越条件，在全国范围内大力搜求民间藏书，凡闻民间有善书者，则不惮劳苦亲往访求，出重金购之，并命重抄一份与藏家，而留其真本。由是有旧书者，多奉奏河间王。其得古文先秦书之多，与汉朝廷藏书不相上下。刘德因此贤名远扬，天下读书人都愿依附其门下。刘德听说有一位能以古文经学讲授《诗》的贤人，大喜过望，“礼聘再三”，请毛苌出山，封毛苌为博士。

刘德在其王国都城乐城东隅三十里处建造了一座“日华宫”，作为接待四方学士的馆舍和整理古籍、进行学术研讨的场所。日华宫旧址在今沧州泊头市富镇严家铺村内，这一带“水木清华，川原物瑟”，《西京杂记》载：“河间王德筑日华宫，置客馆二十余区，以待学士，自奉养不逾宾客”。古人对日华宫的规制曾有形象的描述：“大启尔宇，新宫嵯峨，文石采系自诸岩洞，大木则从自江河。经营缔造宛若兰坡，著日华之佳号，历千载之弗磨。繄宫之左，清斋相接，潇洒无尘，吟风弄月，架满缥缃，以翻以阅。可濡墨而亡忧，可呼茶而消渴。繄宫之右，间庭相列，一望疏棂，允称修洁，袅袅庐烟，晨夕不绝。……计其附宫之馆，盖有廿余区，专以迓君子之车辙。”可见其规模宏大，环境清幽而又功能齐全。来自齐、鲁、燕、赵等地的上千名学者齐聚于此，昼夜讲读，“褒衣雍容，弹冠奋袂”，“或翼而翔，或趋以跄，登降于堂。”日华宫一时成为全国儒学文化复兴基地和传播、研究中心。刘德又在乐城北建君子馆，毛苌即在这时期进入日华宫之君子馆区讲授《诗经》。君子馆在河间城北14公里处，现在是一个自然行政村。其旧址曾出土汉砖一方，有“君子”二篆字。此砖为鲁迅先生所藏。现君子馆村东南三里处有“诗经村”，亦毛苌讲《诗》处，村中有毛苌墓，称“毛公精垒”。

关于毛苌的籍里，历史上记载的是西汉赵人，一说河间人，一说饶阳人。宋《太平寰宇记》“饶阳县”条谓：“毛苌宅，注《序》，为河间献王博士，是邑人，今有宅存。”有学者认为赵人之说和河间人之说二者并不矛盾：西汉之初所设河间郡，系赵国之属郡，汉文帝二年（前178），河间郡从赵国分出，建河间国，封赵幽王刘遂的弟弟刘辟疆为河间王，河间王刘德在位期间是景帝二年至光武五年（前155—前130），毛苌传《诗》应在这个时期。

毛苌传讲《诗经》，有很多著名的弟子，比如贯长卿。贯长卿也是河间人，后来被称为“贯公”。后来，贯长卿又传阿武县令解延年，谢延年又传阿武县人徐敖，徐敖再传九江人陈侠。陈侠为王莽的讲学大夫。

到了东汉，毛苌所传的《诗经》经由马融作《毛诗训诂》，郑玄为之笺注后，大行于天下。

三

毛公传《诗》，其内容有两大部分，一是《毛诗序》，二是《毛诗故训传》，其中《毛诗序》又有《大序》和《小序》之分。《大序》是《关雎》题解之后作者所做的全部《诗经》的总序，《小序》是《诗经》三百零五篇中每一篇的序言。

《毛诗序》的作者，历来众说纷纭，郑玄认为《大序》为子夏所作，《小序》为子夏、毛公合作；范晔指出《毛诗序》的作者是西汉卫宏。《四库全书总目》认为序首二语，也就是《关雎》题解的小序，为毛苌以前经师所传，以下文字为毛苌以下弟子治《毛诗》者所附。这种看法大体近是。

《诗小序》介绍作者及写作背景，讨论诗的题旨及内涵，朱自清先生说，“以史证诗，似乎是《小序》的专门任务。”（朱自清《经典常谈》）某篇刺某人或某事，如“《南山》，刺襄公也”；“《甫田》，大夫刺襄公也”；“《敝笱》，刺文姜也”等等。其论诗，理性判断多于情感判断。

《诗大序》则强调了诗歌的政治教化特征和对社会风俗的教化作用，不仅确定了古代诗歌抒情言志的传统，还阐明了诗歌与音乐、舞蹈的相互作用。“诗者，志之所之也，在心为志，发言为诗。情动于中而形于言。言之不足，故嗟叹之；嗟叹之不足，故永歌之；永歌之不足，不知手之舞之，足之蹈之也。”《诗大序》继承了先秦以来的思想传统，并首次将“诗言志”之“志”的内涵扩大到了“情”。

同时《诗大序》还特别强调了诗乐与政治的关系。孔子提出诗“可以兴，可以观，可以群，可以怨”，《诗大序》在这一理论观点的基础之上，提出了“变风变雅”之说：“至于王道衰，礼义废，政教失，国异政，家殊俗，而变风变雅作矣。”诗歌和政治有着重大的关系，“治世之音安以乐，其政和；乱世之音怨以怒，其政乖；亡国之音哀以思，其民困。”同时强调诗歌的教化作用：“风，风也，教也。风以动之，教以化之。故正得失，动天地，感鬼神，莫近于诗。先王以是经夫妇，成孝敬，厚人伦，美教化，移风俗。上以风化下，下以风刺上。”总而言之，《大序》对孔子的诗教进行了多方面的总结，并发展的孔子的诗教理论，从而形成儒家诗教观的一个高峰。

另一方面，《诗大序》对《诗经》进行分类并指出其表现手法，将《周礼》“风”“雅”“颂”“赋”“比”“兴”的六诗概念改为“六义”：“故诗有六义焉，一曰风，二曰赋，三曰比，四曰兴，五曰雅，六曰颂”。并多角度阐述了风、雅、颂，赋以全新的内涵。

《毛诗故训传》是《诗经》最早的注本。故、训、传是汉代经学三种独立的讲经方式。故，指对诗篇产生本事及产生的背景进行讲解，往往以事、史说《诗》；训，指训诂和考辨，是《毛诗》的主干部分；传，是指经师借释经阐发自己的观点和理念。全书以解字释义为主，是我国训诂学的奠基之作。章句训诂，大体上采用先秦学者的意见，取自于先秦群籍，如《国语》《礼记》《周礼》《论语》《孟子》等书。在训诂体例方面，或统释全篇于首章，或统释全篇于末章，或明假借，或释虚词，或以今语通古语，或以今义通古义。于“赋”“比”“兴”三体中，独标“兴”体，用以阐明诗篇的语言特征，使读者精到地领会诗义。

四

毛苌卒年失考，除了传授《诗经》以外，他的行迹亦无从考察。晋人《博物志》说毛苌后来官北海（今山东昌乐东南）太守，唐人《隋书·经籍志》说其为河间太守，还有一种说法，毛苌曾聘任河间太傅，这些都缺乏信而有征的证据。

毛苌死后葬于国都乐城附近，乡亲们在他传授《诗经》的君子馆西北修建了一座衣冠冢。亦有考证，谓此地即为毛苌墓。以上二说均见于《河间府志》《河间县志》。为表示对毛苌的敬仰，毛苌墓所在的村子名为崇德里。直到清雍正三年，这个村子设了递铺（驿站），才改称三十里堡。

元代至正年间，河间路总管王思诚奏请朝廷，在崇德里辟建了毛公书院，设山长，以奉祀。元末，毛公书院毁于战火。明正德元年（1506），御史卢雍到了河间，闻毛公书院已毁，即命河间太守陆栋，在遗址上重新修建毛公祠，祠内供奉毛公像。同时重建毛公书院。大学士李时撰《河间重建毛公书院记》，详记其规制："翼以两庑，设重门，周垣杂以树木。越数月，厥功告成。"清乾隆二十二年（1757），高宗皇帝南巡，从河间过路，曾题诗纪念毛公，并遣重臣致祭。转年，河间知县吴凤山开始扩建书院，在他的计划中，毛公书院应该建成全国第一流的书院，"且偕岳麓、嵩阳、应天、白鹿洞诸名流传不朽也。"到近代，毛公书院已颇具规制，古柏森森，蔚成气象。前为学堂，后为毛公祠，祠内供奉毛公像，上悬"六义宗公"大匾。担任主讲者多为著名学者，如进士出身的左乔林、著述等身的学者白广川等。当然，毛公书院也培养出了很多人才。"文革"中，书院被毁。

后世学者考证出，毛氏的祖地在邯郸鸡泽。2008年中华毛氏研究会给邯郸市鸡泽县政府颁发证书，确认该县毛官营村是毛遂故里，韶山毛氏是鸡泽毛遂的直接后裔，鸡泽毛遂、毛苌与湖南韶山毛氏一脉相传，鸡泽毛氏是韶山毛氏先祖。而毛苌有没有后代，却成为千年来未解的一道难题，河间研究《诗经》的学者田国福调查发现，毛苌有后，其后人在泊头市毛三庄。

田国福几十年来一直孜孜不倦从事《诗经》研究与源流考证工作，他收集了数以千计的《诗经》版本，写了很多有价值的论文，整理、主编《历代诗经版本丛刊》，煌煌四十六卷。毛苌是否有后人，始终是困惑他的一个谜团。

有一天他意外收到了泊头市东毛庄村民的一封来信，这位村民名叫毛春行，与田国福原本素昧平生，看了报纸上介绍田国福研究诗经的报道，便给他写了一封信，信中说："大毛公亨，小毛公苌，是我毛氏族人的始祖。"信中也提到，毛亨与毛苌乃叔侄，是泊头毛氏之先祖。看到信后，田国福第二天就去了东毛庄。

东毛庄、西毛庄是毛三庄的两个自然村，约600户人家，近3000人，大部分姓毛。在东毛庄，田国福看到了一块已经残缺的"毛氏先茔碑"，碑上文字已斑驳，依稀能辨认出“始祖长（苌）”“一世祖知之”字样，和“大明正德十年立，立原先人为七世毛连，万历二十一年重修”等落款。田国福也看到了毛氏人珍藏的一部旧族谱《思瀛轩毛氏家谱》，家谱上的一段文字让田国福眼前一亮：“有我先祖亨公苌公叔侄二人重注《诗经》，为四方一代名儒，葩诗之美继卜世之传。先祖有序《诗》之功，享叨十，有五省之馨祀，崇三十里堡之特典。先世最有功于孔门，独显著于瀛洲，序《诗》一书与天地同久，与日月并明。因此故受敕祭于瀛洲亿万斯年。我毛氏宗族乃瀛洲土著也，迨明初，我始祖知之公卜迁中水之五孝乡居焉，殆有年矣，故名其村为毛家庄。”毛苌后人从元末迁出河间，到现在历二十八世，生齿日繁，已成诗礼大族。每年他们都要派出代表，到三十里堡毛公墓前致祭。

这个发现让田国福十分兴奋。他知道要成为定论还需要很漫长而艰苦的学术努力，但已初步显露出端倪，这让他看到了一片新鲜的光亮。

五

关关雎鸠，在河之洲。
窈窕淑女，君子好逑。
参差荇菜，左右流之。
窈窕淑女，寤寐求之。
求之不得，寤寐思服。
优哉游哉，辗转反侧……

太阳升起之时，朗朗歌吟之声，在河间的“毛公公园”、在校园里、在广阔的田野上回荡着。这熏风里的遗韵，把我的思绪牵向了渺远。

2016年4月2日　秦皇岛

细弱虫吟中的一声霹雳

——初唐四杰之一卢照邻

一

具茨山在河南禹州。

这山风景壮美，山势险峻，奇峰突兀，怪石嶙峋。幽谷中鸟声纵横，古木参天，鸣泉飞瀑，烟云空蒙。因轩辕黄帝曾在这里修炼，所以又称始祖山。

初唐诗人卢照邻当然喜欢这座山。

他几乎倾尽囊中所有的积蓄，在这山下买了数十亩地。建了一处住宅，疏凿颍水，环绕左右。

在这块地上，他还给自己修了一座坟墓，更多的时候，他住在自己的坟墓里。

那个时候，他已经病得很重了。纠缠了十几年的恶疾，把他摧残成了一个半生半死之身，羸卧不起，只能每天怅然地看着墓穴外的满目青山，喟然长叹："岁将晏兮欢不再，时以晚兮忧来多。东郊绝此麒麟笔，西山秘此凤凰柯。死去死去今如此，生兮生兮奈汝何！"

在这之后不久，他自投颍水，为自己悲惨的一生做了一个令人扼腕的了断。

那年，诗人刚刚四十四岁。

实际上，这位已经做好了充分的准备，与自己、也与这个世界毅然诀别的诗人，他对人生有着多么深重的眷恋啊。

卢照邻（约636—约680），字昇之，自号幽忧子，幽州范阳（治今河北定兴）人。与王勃、杨炯、骆宾王并称"初唐四杰"。其祖上是名门望族。卢照邻曾自述生平："皇考庆予以弄璋兮，肇锡予以嘉词。名余以照邻兮，字余以升之。余幼服此殊惠兮，遂阅礼而闻诗，于是裹粮寻师，搴裳访古，探旧篆于南越，得遗书于东鲁，意有缺而必刊，简无文而咸补。入陈适卫，百舍不厌其栖遑；累茧重胝，千里不辞于劳苦。”（《释疾文·粤若》）由此可看出他父亲从一开始就非常重视对他的教育。

卢照邻少有才气，十岁就学于曹宪、王义方等名师，博学善文章。大约在二十岁的时候，他在梁州做邓王李元裕府上的典签，得以伴随邓王左右。典签这个官职始于宋、齐两朝，最早是皇帝为了便于控制和监视诸王宗室，派心腹帮助诸王批阅公文，甚至照料他们的生活起居。虽然是不入流品的小吏，但位置却十分重要。“典签每年还京数次，王子（刺史）贤否，常出其口，于是权威日重，致有诸州但闻有签帅，不知有刺史之语。……后遂无足轻重。”（《南史·吕文显传》）到了唐代，诸王亦有典签，仅掌表启书疏，宣行教命而已。邓王李元裕是高祖李渊第十七子，雅好经典，据说府中有书十二车，满腹经纶的青年才俊卢照邻极受邓王爱重，把他比做司马相如。高宗麒德二年，邓王病逝，卢照邻不得不离开邓王府。不久，在兖州遭横事被拘，经过友人的奔走救援，才得以出狱。后谋得四川益州新都尉的官职，赴任途中与王勃相遇，赋诗以纪之。乾封二年（667）秩满。总章元年（668）回京，第二年便奉使归蜀，从此便滞留蜀中三年。政治上的失意让卢照邻十分颓丧，自知“提携玉龙为君死”的抱负已成泡影。咸亨二年（671），他回到洛阳。两年后他染风疾，遂去官，卧病长安，住在太白山中，以服食丹药为事。长期服丹并没有让他脱离沉疴，病情反而越发沉重，以至于手足俱废。经历了入仕——出仕命运大转折的卢照邻，此时已万念俱灰，不得不借助老庄哲学来排遣心中的苦闷。他不断反思自己的道路选择，反躬自问：“天之生我兮，胡宁不振？少克己而复礼，无终日兮违仁。既好之以正直兮，谅无负于神明；何彼天之不吊兮，哀此命之长勤。”（《释疾·命日》）

从儒家信仰中得到的痛苦，在道家信仰里得不到排遣，晚年的卢照邻归入释家之正教，“更笃信佛法”。（《寄裴舍人诸公遗衣药直书》）在山间自建佛寺以祈福，终日与人讲论佛经，对佛家的转世轮回之说深信不疑。

但佛学最终没有给他真正意义上的解脱，他终于带着身体和精神上的双重痛苦，走上不归之路。

二

卢照邻是初唐四杰的先导。他与王勃、杨炯、洛宾王一起，为盛唐文学的繁荣在理论上导夫先路，在提倡诗风变革方面，卢照邻显示出他独特的诗学个性，他倡导以适意为宗，雅好清灵俊爽之格，尤重妙谐钟律，思无停趣。在创作实践上，卢照邻的诗则初步显现了盛唐文学的恢宏壮阔的气象。卢照邻的诗诸体兼备，尤擅七言歌行。其代表作《长安古忆》是初唐长篇歌行的扛鼎之作，全诗以清丽的词句、清迥的意境，借历史题材描绘长安的繁盛，展示了当时长安社会生活的广阔画卷，揭露上层统治者的骄奢淫逸和互相倾轧，抒发内心深处的不平：

长安大道连狭斜，青牛白马七香车。
玉辇纵横过主第，金鞭络绎向侯家。

龙衔宝盖承朝日，凤吐流苏带晚霞。
百尺游丝争绕树，一群娇鸟共啼花。
……
梁家画阁中天起，汉帝金茎云外直。
楼前相望不相知，陌上相逢讵相识。

借问吹箫向紫烟，曾经学舞度芳年。
得成比目何辞死，愿做鸳鸯不慕仙。
……
专权意气本豪雄，青虬紫燕坐春风。
自言歌舞长千载，自谓骄奢凌五公。

节物风光不相待，桑田碧海须臾改。
昔时金阶白玉堂，即今惟见青松在。

寂寂寥寥扬子居，年年岁岁一床书。
独有南山桂花发，飞来飞去袭人裾。

这首六十八句的长诗，寄托古意，抒发的却是今情。“七古”中如此规模的鸿篇巨制，为初唐之前所未见。开篇铺叙长安豪门争竞豪奢的享乐生活和繁华长安的紫陌红尘，玉辇纵横，金鞭络绎，流光溢彩，活色生香。“梁家”即指汉代长安贵族梁冀，与他的狭邪艳冶形成对应的，是豪门歌儿舞女的浪漫风情，真写得花团锦簇。最后是诗人悲愤情绪的抒发，自比穷愁著书的扬子（扬雄），与豪华人物对照作结，带有不遇于时者浓重的伤感和怅惘，也有些“自了汉”的小情绪。这也是这首诗的旨趣之所在。胡应麟赞谓：“七言长体，极于此矣！”

这首乐府歌辞刚一传出，便洛阳纸贵，与当时骆宾王的《帝京篇》齐名，文采却更胜一筹。

卢照邻早期的诗作虽感时伤世，微有忧悒，仍有“领韵疏拔，时有一往任笔，不拘整对之意。”（明胡震亨《唐音癸签》）如“山水弹琴尽，风花酌酒频”、“唯余诗酒意，当了一生中”、“人歌小岁酒，花舞大唐春”等诗句，足以令人击节。

卢照邻的诗题材广阔，他的赠别诗突破前人窠臼，将政治抱负与身世际遇的感慨融入惜别的感情中，少了缠绵悱恻却增加了情感容量。如“关山客子路，花柳帝王城。此中一分手，相顾怜无声”（《送二兄入蜀》）；“风月清江夜，山水白云朝。万里同为客，三秋契不凋。戏凫分断岸，归骑别高标。一去仙桥道，还望锦域遥”（《还京赠别》）。他的边塞诗抒写塞外风云、征夫之思，记战事惨烈、叙西使经历，开有唐以来边塞诗之先河。如“马系千年树，旌悬九月霜。从来共呜咽，皆是为勤王”（《陇头水》）；“虏骑三秋入，关云万里平。雪似胡沙暗，冰如汉月明。高阙银为阙，长城玉作城。节旄零落尽，天子不知名。”（《雨雪曲》）“骝马照金鞍，转战入皋兰。塞门风稍急，长城水正寒。雪暗鸣珂重，山长喷玉难。不辞横绝漠，流血几时干。”（《紫骝马》）

卢照邻还有一些作品自述襟抱，表达了他不流于时俗、不同品格低下的人同流合污的情操。如他在新都尉任上所做的《赠益州群官》：

一鸟自北燕，飞来向西蜀。
单栖剑门上，独舞岷山足。
昂藏多古貌，哀怨有新曲。
群凤从之游，问之何所欲。
答言寒乡子，飘飖万余里。
不息恶木枝，不饮盗泉水。
常思稻粱遇，愿栖梧桐树。
智者不我邀，愚夫余不顾。
所以成独立，耿耿岁云暮。
日夕苦风霜，思归赴洛阳。
羽翮毛衣短，关山道路长。
明月流客思，白云迷故乡。
谁能借风便，一举凌苍苍。

正是这种正直磊落、刚直不阿的性格，才使他与当世官场格格不入，难免会受到一连串的排斥、打击。也因为他的诗表现出一种慷慨昂扬的精神风貌，卢照邻被认为是唐代第一个自觉的、有意识地用“骚怨”精神进行创作的诗人。

三

《旧唐书》本传及《朝野佥载》都说卢照邻有文集20卷，《崇文总目》著录为10卷，今存《卢昇之集》和明人张燮辑注《幽忧子集》，均为7卷，《全唐诗》编录其诗2卷，徐明霞点校《卢照邻集》即据7卷本《幽忧子集》并作《补遗》。

卢照邻后期作品，有对命运抗争的激愤，对遭逢不测的控诉，又有惨罹恶疾的无奈与凄绝。卢照邻一生命途多舛，《新唐书》本传说他“高宗时尚吏，已独儒；武后尚法，已独黄老；后封嵩山，屡聘贤士，已独废。”张燮说：“古今文人奇穷，未有如卢昇之之甚者。夫其仕途不达，则亦已耳，沉痾永痼，无复聊赖，至自投鱼腹中，古来膏肓亦无此死法也。”卢照邻这个病才子，一辈子总为“贫”字所困，而病魔又无时不在纠缠着他，可以说，人生的种种不幸，他都已经历过了。恶疾十数年而不愈，患病之初，卢照邻曾到长安问医，拜药圣孙思邈为师，但他的病情仍然没有好转。于是隐居太白山，结交道士，服用丹药以自治。据《唐才子传》记载，卢照邻当时服用一种名为“玄明膏”的丹药，治疗过程中，父亲病逝噩耗传来，卢照邻悲痛欲绝，号恸不止，竟然将服下的丹药又吐了出来。于是他的身体更加虚弱。他曾向洛阳名流乞求医药，病情不但没有得到缓解，反而越发严重。在这个时期，家道中落，父亲病亡后不久，弟弟也英年早逝，卢照邻忍受着病痛和精神的双重折磨，内心十分苦闷。他不得不离开太白山，到龙门山隐居，“以惠兰为九族，以风烟为四邻，朝朝独坐，唯见群峰合沓；年年孤独，常对古树轮囷。”（《悲今日》）这个时候的卢照邻，差不多已完全残废，自喟“一臂连蜷”，“两足匍匐”，“寸步千里，咫尺山河”，这对一个志存高远的诗人该是多么不堪忍受的打击。

被命运撞得鼻青脸肿的卢照邻却没有被命运击倒，他仍然同命运做着顽强的抗争，《五悲》《释疾文》等名作，就是在他经受着政治上的挫折和顽疾折磨的双重厄运作弄下写出来的。

对卢照邻等“四杰”的评价，时人及后人褒贬不一。有人认为“四杰”的创作不过是齐梁余风的继续，所谓“犹沿六朝遗派”。陆时雍《诗镜总论》即谓：“古雄而浑，律精而微，四杰律诗，多以古脉行之，故才气虽高，风华未烂。六朝一语百媚，汉魏一语百情，唐人未能辨此。”并指出四杰之作“时带六朝锦色。”（《诗镜总论》）杜甫则赋诗力挺，云：“王杨卢骆当时体，轻薄为文哂未休。尔曹身与名俱灭，不废江河万古流。”（《戏为六绝句》）他认为四杰虽未完全摆脱六朝浮艳诗风的影响，但从内容上已经突破了宫体窠臼而别开新面，吐露出一种刚劲、清新的气息。

现当代评家也充分肯定了“四杰”在中国文学史上独特的地位。刘开扬认为“四杰诗的内容是丰富的，继承齐梁诗而把齐梁诗加固以改造，不仅给沈、宋，而且更给陈子昂、李白、杜甫、元稹、白居易等创造了有利条件，使他们得以把唐诗发展到全新的阶段。”闻一多指出，初唐四杰的贡献在于使宫体诗“由宫廷走到市井，从台阁移至江山与塞漠。”“若没有卢、骆，哪曾有刘、张，哪会有《长恨歌》、《琵琶行》、《连宫词》和《秦妇吟》，甚至

李、杜、高、岑呢？”并特别推重卢照邻，认为他的诗是“窒息的阴霾中，细弱而疲倦的虫吟里的一声霹雳。”（《宫体诗的救赎》）

窃以为，这是对卢照邻的诗最贴切的褒奖了。

辑二

诸子谈数

人间孔子

一、孔子：从“人”到“神”

即使再过两千多年，全世界的人也会记得孔子。因为他不仅仅是对中国的历史文化的形成影响最大的人，而且也是对世界文化史形成影响深远的人。

孔子其实是个我们试图将他忘记却又固执地留在我们文化记忆中的人。从五四运动喊出“砸烂孔家店”的口号那时起，我们就以为把他渐渐忘记了，可是他仍然在我们的思维里存在着。乃至经历了“文革”“破四旧”和“批林批孔”以后，我们以为这一下算是把他彻底忘掉了，没想到冷不丁一回头，他还是站立在我们中间。我们的思想不管经历怎样的淘洗，有一些东西总是淘洗不掉的。

孔子为什么具有这样的“魔力”？即使在最先进的文明与思想的建设中，也不可能排除他的介入和参与。

孔子就是这么一个很难说清楚的人。真的，他很难说清楚。

一千个读者可以有一千个哈姆莱特，但一万个读者可能只会有两个孔子——一个是神坛（或曰圣坛）上的孔子，一个是鬼坛上的孔子。

先说神坛（或圣坛）上的孔子。在他老人家还健健康康地活在世上的时候，他就已经被称作“圣人”了。称他圣人的是谁？就是他的学生子贡。这个学生比老师孔子小31岁。名叫端木赐，子贡是他的字。他是卫国人，孔子之后他的地位最高，孔门树孔子，给孔子加上“圣人”的称号，他功劳最大。吴国的一位大宰相叫作嚭的，问子贡说：“孔先生是一位圣人吧？要不然，他为什么会有这么多才干呢？”子贡回答说：“这是老天要成全他做圣人，所以他才具有多方面的才能。”可是孔子不承认他是圣人，他对子贡说：“这位太宰，他了解我什么？我年轻时贫困卑微，所以学会了一些很琐碎的技艺。但是作为一个君子，需要具备这么多技能做什么？我想他实际上不需要懂那么多的。”（《论语·子罕》）他的学生要为他树立绝对权威，他很清醒，及时地予以纠正。因为他心目中的圣人是尧和舜。但他死了以后，别人让他当圣人，他就没办法了。还是这个子贡，他是坚定不移地要把老师推到圣坛上去的。《孟子·公孙丑上》记载孟子与公孙丑的对话，公孙丑问孟子：“先生您是圣人吧？”孟子说：“这是什么话？从前子贡请教孔子说：先生是圣人了吧？孔子说‘圣人，我做不到。我只是学习而不厌烦，教人而不倦怠。’子贡说：‘学习而不厌烦，就是明智；教人而不倦怠，就是仁德。仁德加上明智，先生已经是圣人了。’孔子还不敢以圣人自居，你怎么能说我是圣人呢？”可是孟子始终是把孔子称作圣人的，他说：“自有生民以来，未有孔子也”（《孟子·公孙丑上》）。这句话说到极致了——从有了人类以来，没有像孔子这样的人。没有哪一个人能比孔子更伟大了！他又说“孔子，圣之时者也”。意思是孔子是圣人中最合时宜的人。为什么这么讲呢？孟子的理由是，孔子是集圣人之大成者。所谓“集大成”，就好比开始奏乐时先敲镈钟，最后击玉磬来结束。开始奏出的旋律节奏，要靠智能，最后奏出的旋律节奏，要靠圣德。所以孔子就是圣人的集大成者。但那个时候虽然对孔子已经有了“圣人”的称号，但他还没有真正走上神坛。他只是个名气比较大的讲学家。

但是从西汉时起，他老人家就端端正正坐在这神坛上面了。

我们知道，西汉的开国皇帝刘邦是个不读书的人，不但不读书，他还特别瞧不起儒生。见了儒生忍不住就要骂，有一个名气很大的儒生郦食其要见他，他正让两个女孩子做足疗，直截了当地回绝说他不见儒生。郦食其说自己不是儒生，是“高阳酒徒”，刘邦这才答应接见。刘邦还有一个习惯，如果看见戴儒冠的儒生，一定要把人家的儒冠摘下来，撒一泡热骚骚的尿在里面，拿人家顶在头上向征身份的帽子当尿盆儿。所以后来当了汉朝礼仪部长的叔孙通在刘邦面前从来就是一身短打，不用说戴儒冠了，连长衫都不敢穿。但刘邦当了皇帝以后就去祭孔，这是孔子第一次享受这么高规格的祭祀。他刚死那时（鲁哀公十六年，公元前479年），鲁哀公致悼词，只称他“尼父”，并无一字称他“圣人”。也没追认他什么称号。

再后来汉武帝采用董仲舒“罢黜百家、独尊儒术”的政治主张，孔子在圣坛上的位置进一步确立。他被谥封为“褒成宣尼公”，相当于一个公侯的位置了。北魏后改谥“文圣尼父”，隋文帝又谥“先师尼父”。称孔子“先师”就从这儿开始。

唐代呢？孔子成了“文宣王”，唐玄宗封的，位置又高了一步。唐太宗还下了一个诏令，让全国大修孔庙，所以唐代的孔庙最多。有多少，据不完全统计，全国有孔庙两千五百多座。到了宋代，孔子又被宋真宗更封为“至圣文宣王”。元代虽然是北方游牧民族入主中原，但在尊孔这个问题上他们是“与时俱进”的，孔子的称号于是变成了“大成至圣文宣王”。明代嘉靖时去了王号，称为“至圣先师孔子”。清代又重新加了王号，曰“大成至圣文宣王先师孔子”。所以有一幅清代人贯三作的孔子像孔子是戴王冠的。出现在清代的很多孔子与七十二弟子的木刻像中孔子都戴了一顶王冠。

就是孔子的后裔，也受到了历代帝王的封赐。汉高祖刘邦封孔子九世孙孔腾为“奉祀君”，孔子的十三世孙孔霸又被封为“关内侯”，接下来，其嫡孙又相继被封为“褒成侯”、“崇至侯”、“文宣公”等等，自从孔子的第四十六代孙孔宗愿被宋仁宗封为“衍圣公”之后，这个封号就固定了下来，世代袭封，一直到帝制废除才宣告中止。封建时代的中国世袭制实际上是“双轨”的，皇帝是世袭的，“衍圣公”也是世袭的，而且具有世袭资格的，都是嫡裔的长子长孙。这是个很有意思的政治现象。

“文革”时大革文化命，孔子从神坛上被一脚踢到十八层地狱里去了，成了“孔老二”，成了“地主阶级的孝子贤孙”，成了“坏东西”。而且让孔子不会想到的是，他会被比他小两千五百多岁的林彪一体列名，一起被作为“复辟”的典型“打翻在地”，“再踏上千万只脚”。

从“神坛”到“鬼坛”，孔子没有经历中间状态。

今天，我们应该让他回到人间。

二、孔子世家

孔子的生平，见之于司马迁写的《史记·孔子世家》，这是最基本的资料。另外《孔子家语》《世本》等也有重要的参考价值。

先追溯一下孔姓的渊源。学者王大有先生《寻根万年中华：中华百家姓图腾始原》一书中释孔姓谓：“孔是玄鸟族裔的族称，少昊玄枵是孔姓的始祖，孔由左边人形的子，右边展翅飞翔的玄鸟组成，子得于‘玄鸟陨卵’的传说，‘玄鸟陨卵’是东夷民族的一个传说，少昊的后裔帝喾陪同妻子简狄和建疵到桑社游玩，飞来的燕子产了一卵，简狄把卵吃后就生了商的始祖契。所以‘契’以子为姓。孔姓也是子姓的分支。”

孔子名丘，字仲尼。出生在春秋时代的鲁国之昌平乡陬邑，他的家族是一个很有名望的贵族家庭。往上推十几代，都是了不起的人物。他的先祖，可以一直追到商王室被封为宋国国君的微子启。微子启在《史记·宋微子世家》里叫微子开。为什么叫微子开？就是因为要避当时汉景帝的名讳，汉景帝不是叫刘启吗？所以司马迁就把他改了名，叫“刘开”了，“开”和“启”是一个意思。

微子启有一个同母庶兄，这个人就是历史上有名的暴君商纣王。这里朋友们可能会提一个问题，微子启与纣王既是同母兄弟，怎么会有嫡庶之分？莫非这个娘老子生兄长微子启的时候还是妾身，到生弟弟辛的时候就成了王妃了？事实正是这样。微子启与纣王辛虽是一母所生，但两个人的性情却完全不同。微子启对纣王辛的荒淫残暴非常痛恨，他也曾数次谏争，可纣王辛的一意孤行让他一次次痛苦地失望。所以微子启就毅然选择了另一条道路，那就是绝不能跟着纣王这样的暴君走下去，所以武王平定了纣王辛之时，微子启持祭器造于军门，肉袒面缚，左牵羊，右把茅，膝行而前。他是跪着交出祭祀的权力的。国破家亡，微子启却因为没有“助纣为虐”而受到周王室的宽大，被封于宋。周成王给他的委任状上勉励他要学习他的先祖成汤，在他的封地传布德行的教化。

数年后，微子启传国君之位给他的弟弟微仲，这个微仲，就是孔子的直系先祖。

不过，这个时候宋国国君的地位已从商朝的王室下降为周朝的诸侯，到了孔子十世祖弗父何那个时代，进而又由诸侯下降到公卿。

那么，孔子家族中，直到第六世才出现了一个真正姓孔的人。这个人就是孔父嘉，孔子的六世祖。这是《世本》中的记载。孔父嘉，《左传》上称为“孔父”。不是姓孔名父嘉，这是一种名、字连称的方式，其名为“嘉”，字孔父。这位孔父，在宋国任大司马，地位显赫，被太宰华父督在发动宫廷政变时杀害。他死后，家道就中落了。

孔父的儿子木金父被降为士，从这个时期起这个世代通显的大家族就走上了下坡路。孔父嘉的曾孙孔防叔，他也是孔子的曾祖父，为避战乱从宋国迁往鲁国。从此就在鲁国定居下来。孔防叔的儿子，也就是孔子的爷爷，名叫孔伯夏，孔伯夏的儿子也就是孔子的父亲，叫叔梁纥，他也是名、字连称，名纥，字叔梁。“纥”，是壮武有力的意思。果然名如其人，叔梁纥是个典型的山东大汉，据说身高十尺，按西汉尺23.1厘米计算，折合现在的尺寸是两米三一，比姚明还高。孔子这个家族，都是大块头，孔子本人身高多少呢？据司马迁《史记·孔子世家》记载，“孔子长九尺六寸，人皆谓之‘长人’而异之。”九尺六寸有多高？根据以上换算标准，是两米二还要多，哇！赶上姚明了！

叔梁纥不仅身材高大，而且孔武有力。证明他孔武有力的是《左传》中记载的一个故事：鲁褒公十年（前563），晋国和他的盟国联军进攻一个叫偪阳的小国，这个小国就在现在山东枣庄西南部，叔梁纥以鲁国贵族孟献子部将的身份参加了攻打偪阳的战斗。守城的人不知怎么回事，兵临城下却城门大开。攻城的人没有想到这其中会有什么“诈”。他们心里太瞧不起这个猫脸儿大的小国了。可是当他们如入无人之境攻入城门才发现中了圈套。又一道重重的悬门突然从天而降，这一下已经进城的部队就被“包饺子了”。在这万分危急的时刻，一个大力士举起双臂，稳稳托住了正在降下的千斤悬门。几乎陷于绝境的攻城部队火速撤出战斗。这个大力士就是叔梁纥。

叔梁纥虽然孔武有力，屡建战功，但终其一生，不过是做了一个鄹邑大夫的小官，属于下大夫之流（鲁国大夫之职，有上大夫、中大夫、下大夫之分），他管辖的地盘，只不过相当于一个乡镇。

叔梁纥娶过三房太太，头一位姓施，给他生了九个闺女。没有传承香火的人，叔梁纥很不开心。于是这位施姓太太就张罗着又给娶了一位妾，这个女子倒是生了一个男孩儿，却没想到一生下来就带着残疾，是个瘸子，起名叫作孟皮。“孟”是庶长之意，“皮”可读为“跛”。以隐疾而取名，这在古代不是什么新鲜事。有了儿子却是个残废，这成了叔梁纥的一块心病。按照当时礼制的规定，他这个跛脚的儿子是连参加祭祀祖先典仪的资格都没有的。

到了六十多岁时，不死心的叔梁纥亲自到一户姓颜的人家登门求亲了。颜家有三个姑娘，他选中的就是三个姑娘中最小的那一个。《孔子家语》把这一场富有喜剧色彩的求婚描写得非常生动。颜家三个姑娘，都在青春妙龄，如花似玉，最小的那个，名字叫徵在。三个女儿的父亲问他的女儿们："郰邑大夫叔梁纥虽然父祖都是士人，但是这个家族却是圣王之裔。叔梁纥这人身高九尺，武力绝伦，我很是看好他。虽然他年纪大了些，性子也有几分严苛，但这都没什么。你们姐儿三个，谁愿意嫁给他呢？"老大、老二都不吭声，老三颜徵在说："从父所制，将何问焉？"听凭父亲安排就是了。颜家老汉说：那就是你了。于是颜徵在就嫁给了大她四十多岁的叔梁纥。

这对老夫少妻经常要到尼山去祷神求子，祈祷神灵给他们一个健康的男孩子。果然，一年后颜氏生下一子，取名为丘，字仲尼，也就是后来的孔子。仲尼是行辈加字，古人排行，按伯、仲、叔、季，仲排行第二。

关于孔子的出生，即使是在《史记》这样严肃的正史中，也有很多神秘主义的色彩，司马迁说叔梁纥与颜徵在是"野合而生孔子"。

"野合"这两个字给后人留下了歧义纷乱的揣度。什么叫"野合"，按照字面的意思，就是男女双方没有婚姻关系，在野外媾和。按照这个解释孔子就是个"私生子"。在20世纪70年代中叶"批林批孔"运动中，"野合"被大做文章，一是说孔子来路不正，二是说老奴隶主叔梁纥强奸贫农女儿颜氏生下孔子。另一种解释是双方年龄差距悬殊，不合礼仪，是谓"野合"。张守节《史记正义》说："男八月生齿，八岁毁齿，二八十六阳道通，八八六十四阳道绝。女七月生齿，七岁毁齿，二七十四阴道通，七七四十九阴道绝。婚姻过此者，皆为野合。"还有一种解释就是后人专门为圣人出世编造的神话。象征孔子是感天地而生的圣人。

这三种说法我都不同意，我的解读是：叔梁纥和颜氏数次到尼山神庙求子，他们在求子归来的路上难免会有"情不自禁"的时候。司马迁对孔子充满了敬意，且不为圣人讳，倒是后人的附会，平添了一些喧闹。

孔子出生时，头顶是凹陷下去的，所以起名叫"丘"。司马迁说孔子"生而首上圩顶，故因名曰丘云"。这或者是缺钙造成的病态现象，而绝不是什么天人感应。

关于孔子生而异相，是后人附会上去的，《白虎通义》、《论衡·骨相》、《孔子家语》等都说他脑门像尧，脖子像皋陶，肩膀像子产，腰以下比禹短三寸。或者说他脑门像尧，眼睛像舜，脖子像禹，嘴巴像皋陶。整个一个组装圣人。《路史·后记》更说他“反首张目，四十有九表，堤眉谷窍，参背骈胁，腰大十围”。就更“神乎其神”了。“四十九表”是什么呢？是说孔子作为圣人有四十九种与众不同的异相：即反首、洼目、月角、目准、耳垂、珠庭、龟背、龙形、虎掌、胼胁、参膺、河口、海目、山脐、林发、翼臂、虬唇、注颜、隆鼻、阜颊、堤眉、地足、谷窍、雷声、泽腹、昌兹、均颐、辅喉、骈齿……全身上下没一块不神异的地方了。还有的资料说他的长相的特点在于“七露”：即“眼露白”（眼白在黑眼珠下面，类似通常说的“翻白眼儿”）；“耳露轮”（两耳后贴，正面轮廓露出来）；“口露齿”（不需张开嘴就会显出门牙）；“鼻露孔”（两个鼻孔朝上外露）。等等。通身都有怪异的表征了。这样一个人在地球上是很难找出一个的。

三、少年孔子

孔子三岁时，他的父亲叔梁纥死了。

他的母亲年纪轻轻就成了寡妇。但是颜徵在是一个很有主见的女人，她带上幼小的儿子，从叔梁纥的老家昌平乡郰邑搬迁到鲁国的国都曲阜阙里。这次迁家，影响了旷世文化伟人孔子的一生。

为什么要搬迁到曲阜呢，我想有这样三个方面的原因：第一，颜徵在是叔梁纥的第三房夫人，她不到二十岁嫁给了年长她四十多岁的叔梁纥，而且是她自己心甘情愿嫁的，这其中的主要原因是出于对英雄叔梁纥的敬慕。她年轻貌美，又给叔梁纥生了一个健康聪慧的儿子，母以子贵，叔梁纥对她自然十分宠爱，而叔梁纥一死，她在这个家庭中的地位就发生了根本的变化。甚至出现了一些危险的征兆。所以她必须带着儿子离开这个家。第二，曲阜是鲁国政治和文化中心，是贵族最集中的地方，当然也是六艺最兴盛的所在，当时有“周礼尽在鲁”（《左传·昭公二年》）之说。这样的环境更有利于对儿子的培养。第三，曲阜的阙里住着几家颜氏大姓，对孤儿寡母也会有些照应。由于以上三个方面的原因，所以颜徵在就很有主见地带上儿子迁居曲阜。

但是母子俩在曲阜的生活却是非常艰难的。但不管生活多么苦，颜徵在对培养和教育儿子却从来没有放松过，儿子是她唯一的希望和精神寄托。《孔子世家考》中有这样的记载：“圣母豫市礼器，以供嬉戏。”连给儿子买的玩具，都是用于祭祀的礼器，用礼器当玩具，是为了让儿子学习礼仪。须知，一个人要成为贵族，他就必要精通“五经”和“六艺”。什么叫“五经”？就是指《诗》《书》《礼》《乐》《易》五部经典。《诗》是文学，《书》是历史，《礼》是社会规范，《乐》是音乐艺术，《易》是哲学。什么叫“六艺”？就是“礼、乐、射、御、书、数”。此处的“礼”，本来是祭祀鬼神的礼仪。后来引申为社会上一切礼仪。礼也是作为贵族首要的人格教育内容之一。“礼者，所以定国家、安社稷、存人民、利后嗣者也”（《左传·隐公十二年》）。“乐”，也是指音乐而言。但除了理论层面上的“乐”，更主要的是实际操作的技能部分。“射”，是指射箭的技艺。“御”，指驾驭马车的技艺。“书”，此处特指造字及用字的方法。“数”，广义指自然之理，《荀子·富国》：“万物同字而异体，无宜而有用为人，数也。”作为“六艺”之一的数，则是狭义的数，即计算的方法。对“六艺”概念的提出，最早见于《周礼·地官·大司徒》。“五经”“六艺”是晋身贵族的阶梯，“经”代表经典知识，“艺”代表专门技能，具备这两个方面的知识，才有资格成为“士”，也就是说可以跻身贵族阶层了。

而“礼”则是这阶梯的第一步，也最难学。“五经”中的《礼》，是理论，包括《周礼》、《仪礼》，都相传由周公所作。而“六艺”中的“礼”则主要是指冠、婚、丧、祭、射、乡、朝、聘八大类礼仪的实际操作。里边有很多繁文缛节，很难掌握。所以“礼”是六艺之首。

由此可以看出颜徵在对儿子的一片苦心。所以孔子小时候经常玩的东西就是俎、豆之类的礼器，这些都是在祭祀时盛放供品用的，用木头制作，有圆形的，也有方形的。高一尺二寸左右。孔子在游戏时练习按照规范摆放它们，并演习礼拜的种种程序。“孔子为儿嬉戏，常陈俎、豆，设礼容”（《史记·孔子世家》）。很多人讲到孔子生平时总爱引出这句话，用以证明从儿时孔子就对“礼”产生了浓厚的兴趣与热情，殊不知，这却是一个母亲对儿子煞费苦心的“人生设计”。

孔子的少年时代是在艰难中度过的。他自己说：“吾少也贱，故能多鄙事。”（《论语·子罕》）我少年时代因为出身微贱，艰难困苦，所以就掌握了一些在人们看来很鄙陋的技艺。干过一些粗活儿，比如推车、砍柴、挑担乃至于后来给人家喂牲口、管仓库等一些贵族子弟不愿干的事。孔子又说他自己

"十有五而有志于学"，（《论语·为政》）是不是进过阙里的乡校已无从考证，然而他的刻苦自学的精神却是为世代所景仰的。他没有固定的老师，谁有一技之长谁就是老师，"三人行，必有我师焉"（《论语·述而》），三个人在一起走路，其中就有可以成为我的老师的人。

十七岁时，他的母亲去世了。幼年丧父，少年丧母，人生的打击一连串接踵而来。孔子按照礼仪规范办理了母亲的丧事，并且克服重重困难，将父母完成合葬，这在当时是传为美谈的。这件事是记载在《史记·孔子世家》之中的。孔子的父亲叔梁纥去世时，孔子还小，母亲按照礼法的规定又不能到坟上去送殡，所以也不知道叔梁纥确切的墓址，在那个时代不时兴墓祭（上坟），岁时的祭祀是在家中进行的，所以孔子不知道他父亲到底是埋葬在什么地方。为了谨慎起见，先把母亲葬于"五父之衢"，也就是曲阜西南二里远的一个叫五父的大道旁，随后开始艰难地寻访父亲的墓址。孔子的孝行感动了周围的人，终于有一位郰邑车夫的母亲找到孔子，这位老太太说，她儿子当年参加过叔梁纥的葬礼，知道他埋葬的地方。于是她就带着孔子来到曲阜东边的防山，将叔梁纥的墓地准确地指认出来，孔子才把母亲移葬于此处，完成了与父亲的合葬。

命运带给少年孔子的不仅仅是丧母的哀痛和生活的艰辛，还有人格的屈辱。

母亲去世后的服丧期间，孔子遇到了一件事情。

什么事情呢？这也是记载在《史记·孔子世家》里的一个事件，孔子让鲁国大贵族季孙氏的家奴阳虎给羞辱了一顿。季孙氏就是季平子，他与他的两个哥哥孟孙氏、叔孙氏号称当时鲁国三大贵族。不但富甲天下，而且掌握着鲁国的大权。在三兄弟中，季孙氏的势力又是最强的。这个阳虎虽然是个家奴，但由于深得主子信任，却十分威风，他不但掌握着季孙氏一家的操控之权，而且控制着整个鲁国的国政。孔子对这个人向无好感，在《论语》这部书中有《阳货》篇，孔子对他是十分不屑的。

那年季孙氏做了一个大举动，就是要宴请鲁国"士"一级的贵族。孔子的父亲叔梁纥当过郰邑大夫，按理说应当算是贵族中最低等级的"士"的。所以还在服孝中的孔子就去季孙氏家赴宴了。当然孔子不是为了吃一顿饭去的，他想到的是在那个宴会上会有很多头面人物出现，这是接触他们的一个机会。没想到他一到季孙氏家大门口就让家人阳虎给拦住了。这个阳虎非常蛮横地训斥孔子："季氏飨士，非敢飨子也！"季孙氏家宴请的是"士"，你孔丘算什么，谁请你了？孔子只能忍着羞耻默然而退。

这次打击，也更增强了他奋发自立的决心。

四、孔子之"立"

十九岁时孔子娶亲了，他的夫人是宋人亓官氏。

第二年，他的儿子出生了。鲁国国君鲁昭公派人送来两条大鲤鱼，表示祝贺，孔子就给新出生的儿子起名叫"鲤"，字"伯鱼"。

这件事说明，二十岁的孔子，已经渐露头角了。

实际上孔子依然没有"贵族"起来，他当时干什么工作呢？在季孙氏家当"委吏"，也就是仓库的保管员。这一份低贱的工作，孔子却做得很出色，升斗出入，会计出纳，账目清清楚楚，丝毫不差。所以孔子是中国最早的会计，也是中国第一个在历史上留下业绩的会计，虽然他的会计生涯很短。接下来季孙氏又让他做"乘田"，这份工作比当"委吏"还不体面，就是放牧和管理牛呀马呀驴呀这些牲口，孔子照样非常敬业，他个子长得高高大大，有力气，很勤快，又肯动脑筋，早出晚归，精心管理，所以这项工作他又做得非常出色，他放养的牲畜一只只都膘肥体壮，而且繁殖也很多。孔子对干这些粗活并不感到低人一等，而是干一行爱一行，干一行精一行，为什么能这样呢？他把做每一件事都看作学习的过程，他始终认为，社会就是一个大课堂。所以他后来向人谈起他当仓库保管、做牛倌驴倌的经历，并没有命途多舛的感慨，而是充满了自豪，《孟子·万章下》记录他当时是怎么跟人聊起这段经历的："孔子尝为委吏矣，曰：'会计当而已矣。尝为乘田矣，曰：'牛羊茁壮长而已矣。'"让我管仓库嘛，我就把出入账目弄得井井有条；让我放牛羊嘛，我就把牛羊养得壮壮的。最简单的工作，往往最能体现一个人的品格。

除了给人看仓库当牛倌，业余时间孔子还干过另一件事，就是在婚丧嫁娶的草台乐器班子里当吹鼓手。这个行当我们现代人看起来似乎更下贱，可是孔子却做得很起劲。需要多一份工作养活老婆孩子是一个原因，主要是孔子通过这项工作把六艺中的"乐"精通了。他不仅掌握了各种乐器的演奏技巧，而且也更深层地把握了乐理和音乐的文化精神。还有更重要的一点，是他学到了扎扎实实的“礼”。在所有的礼仪中，丧礼是最复杂的，从人死到下葬，全套礼仪程序有六十多项，每一个步骤都要靠丧祝，也就是丧仪主持人来安排与实施。这是一份很体面又很专业的工作。据说后来孔子曾随同老子在洛阳为人举办过丧事。他在五十岁正式从政担任大夫之前，主要的经济来源之一，就是给人家主持丧礼。孔子自己说他从事这项工作非常恭谨，“丧事不敢不勉，不为酒困。”（《论语·子罕》）什么意思呢？是说给人家办丧事不敢不尽力而为，不酗酒，不因为喝酒而耽误事情。不仅仅是这样，他的学生注意到，孔子在办丧事的人家吃饭，从来就不曾吃饱过。孔子是两米多大块头嘛，人高大，饭量自然也就大，赶上个家境不好的丧主光是招待这帮人就是个不小的负担。另外是吃饱了容易犯困，一犯困难免在礼仪程序上出错。这种对丧家真切的体谅，让孔子赢得了很高的声望。

当然这一样是孔子学习社会的一个途径。

所以年纪轻轻的孔子就成了一个精通“六艺”的楷模，而且有了非常大的名气。乡亲们称赞他同时又为他惋惜，说“了不起啊！孔子这个人。他的学问竟然是那么广博，没有办法说他是哪个方面的专家。”孔子听了说“我真不知道以什么做专长才好，驾车吗？射箭吗？那我就驾车好了。”

孔子确实是个学问很渊博的人。几乎没有什么事情可以把他难倒。这不是因为他是个“生而知之”的天才，他自己就说：我不是生来就有知识的，我的知识来源于对古代知识的热爱，再就是靠勤奋敏捷的学习。

说到善于学习、勤于学习，孔子真算是古今第一个楷模。他有很多关于学习的语录是我们耳熟能详的，比如“学而时习之，不亦说（悦）乎”（《论语·学而》），比如“学而不厌，诲人不倦”（《论语·述而》），比如“君子食无求饱，居无求安，敏于事而慎于言，就有道而正焉，可谓好学也已”，比如“温故而知新，可以为师矣”（《论语·为政》），比如“知之为知之，不知为不知，是知也”（《论语·为政》），比如“学而不思则罔，思而不学则殆”（《论语·为政》），比如“三人行必有我师”（《论语·述而》），比如“古之学者为己，今之学者为人”（《论语·宪问》），比如“笃信好学”（《论语·泰伯》），比如“百工居肆而成其事，君子学以致其道”（《论语·子张》），比如“学而优则仕”（《论语·子张》），比如“日知其所亡，月无忘其所能，可谓好学也已矣”（《论语·子张》），等等，等等，很多，很多。

古人说“孔子无常师”，这是很对的。孔子没有固定的老师，谁有一技之长、一孔之见，谁就是他的老师，卫公孙朝曾问子贡：孔子这么大的学问，是跟谁学的？子贡说：“文武之道，未坠于地，在人。贤者识其大者，不贤首识其小者，莫不有文武之道焉，夫子焉不学，而亦何常师之有？”（《论语·子张》）这个公孙朝不太相信孔子能如此博学，他可能会想，文王、武王都是上古之人，距离当世数百年，孔子怎么会知道关于他们的事情呢？这可能吗？子贡回答说：文王、武王虽然不在，但文武之道还是存在的。贤者懂得其中的大道理，不贤者懂得其中的小道理，谁都可能跟文武之道发生接触，我的老师从任何一个地方都可能学到，为什么非要有固定的某一位老师呢。

孔子和师襄学习鼓琴，这位师襄，是鲁国的一位乐官，古代乐官是称作“师”的，所以后来担任这一职务的人就把师作为自己的姓了。我想师襄大概很少遇到孔子这么执着的学生，他弹奏一支曲子，连续十天也不更换，师襄说：“你可以换一支曲子了。”孔子说：“我虽然熟悉了这支曲子的旋律，但是还没有领悟它的技巧。”过了些时日，师襄说：“这支曲子的技术你已经掌握了，可以换一支别的曲子了。”孔子说：“但我还没有领悟这支曲子的内涵。”又过了些时日，师襄再催他，他说：“我还没有领悟这支曲子描写的人物形象。”这样又过了些日子，孔子默然有所思，向远处眺望，说：“我或许领悟到这支曲子所描述的人物形象了，这个人长得黑黑的，身材高高大大，眼睛看着远方，好像胸怀着统一天下的大志，这不是周文王还能是谁呢？”师襄听了十分吃惊，他离开了老师的座位，向孔子这个学生拱手行礼说：“这支曲子就叫《文王操》，正是周文王所作的呀！”（这则故事见于《史记·孔子世家》）

学习一支曲子，不但要把握它的旋律，领悟它的演奏技术，还要揣度它的精神内涵，追寻它所描写的人物形象，这样的学习步步深入、层层递进，才能真正达到致知的目的。这是孔子“学而不厌”的一个生动例证。

孔子曾经教导他的学生子路说：“你听说过六种品德与六种流弊的说法吗？”子路说：“没听说过。”孔子说：“那我来告诉你：爱好仁德而不爱好学习，这种弊端就是愚昧上当；爱好明智而不爱好学习，这种弊端就是漂浮无根；爱好诚实而不爱好学习，这种弊端就是伤害自己；爱好直率而不爱好学习，这种弊端就是尖酸刻薄；爱好勇敢而不爱好学习，这种弊端就是胡作非为；爱好刚强而不爱好学习，这种弊端就是狂妄自大。”（原文参见《论语·阳货》）

在这里，孔子指出人有六种美德，即行仁、明智、诚实、直率、勇敢、刚强，但如果不爱好学习，这六种美德就会被六种弊端所遮蔽。在美德培养与建设中，“学习”是极其重要的。

同时，“学而不厌”的孔子也是一个“问而不厌”的人。他头一次进入鲁国的太庙参加周公的祭祀典礼时，从始到终，见到什么就拉住别人问什么，好像一个懵懵懂懂的学童。有人对他的“每事问”深感不理解，说：都说郰邑大夫叔梁纥的儿子精熟周礼，可他从一进了太庙，就见了什么问什么，没见他住过嘴，哪里像个懂得周礼的人的样子。孔子听见了，他怎么说呢？他说：“这才是合乎礼的呀！”

孔子求学，始终保持着一种“如饥似渴”的姿态。鲁昭公十七年（前525），鲁国的属国郯国的郯子来朝见鲁昭公，在欢迎他的一次宴会上，鲁国大夫昭子问郯子说：“少昊时代往往以鸟名来做官名，这是为了什么？”郯子说：“少昊是我的祖先，这件事我也知道一点。当时少昊刚立，正好有凤飞来，于是就有了以鸟名官的习俗。”接下来郯子又讲了当时的详细情况。孔子听说了这件事，再也不能心安，他连夜敲开了郯子在国宾馆下榻房间的门，迫不及待地向郯子请教关于少昊时代官制、礼仪、制度、历史等方面的知识。

甚至连孩子也能成为孔子的老师。有一幅汉画像石图案，画的是孔子见老子。右侧弯腰行礼的两个人是孔子和老子。在孔子和老子中间，还站着一个小男孩，这个小男孩就是项橐。有一个民间传说是这样的：孔子去见老子的路上，到了一个小村庄路口，路中央有几个小孩子在垒石头玩，孔子的学生子路下车让小孩子把石头移开，为首的一个叫项橐，他问子路：“车上坐的人是谁呀？”

子路说：“是孔子。”

项橐又问：“孔子是干什么的？”

子路说：“孔子是圣人！”

项橐笑说：“圣人是不是什么都懂？”

子路说："当然了，没错！"

项橐说："那太好了，我有个问题，想去请教圣人。"

于是就来到孔子车前，孔子早听见项橐和子路的对话了，就问他："你想问什么呢？"

项橐问："我想问你是城躲车还是车躲城？"

孔子说："当然是车躲城了！"

项橐得意地指着路中央说："那你看看，我垒的是什么？"

孔子一看，这孩子在马路中间垒的正是一座小小的城。

孔子吩咐子路赶着车从这"城"边上绕过去。

没想到这个小孩子又追上孔子的车驾，问："我还有个问题，你说天上的太阳是早晨离得近还是晚上离得近？"

孔子说："当然是早晨太阳离得近了。"

项橐说："你说是离得近了暖还是离得远了暖？"

孔子说："那肯定是离得近了暖。"

项橐问："那为什么我觉得中午的太阳暖呢？"

这一下把孔子难住了。他说："这个小小年纪的项橐，也是我的老师啊。"

孔子注重向每一个有专长的人学习，更注重向大师学习。《史记·孔子世家》《史记·老子韩非列传》都记载了他向老子问礼的故事：孔子大约三十岁时，有机会到周代京都洛阳参访，拜会了担任国家博物馆长的老子，并向老子请教礼制的问题。老子给他作了详细的解答。在为他送行时，老子为他送行时讲了一番语重心长的话，他说："子所言者，其人与骨皆已朽矣，独其言在耳。且君子得其时则驾，不得其时，则蓬累而行。吾闻之，良贾深藏若虚，君子盛德，容貌若愚。去子之矫气与多欲，态色与淫志，是皆无益于子之身。吾所以告子，若是而已。"（《史记·老子韩非列传》）老子对孔子教导说：你所说的那些人，连骨头都化成灰了，只有他们的言论思想还在。作为一个君子，时运到了，就应该乘时而起，时运还没到，就像蓬草随风飘移。因为这时任你本领再大且千方百计，仍不为世所用。我听人说，高明的商人会把货物囤积起来，而看起来他什么都没有；有大德之人，表面上看起来反而大智若愚。所以，你应该消除自己身上的骄狂之气，祛除渴望功成名就的多欲之心，更要少一些试图改造这个世界的幻想，这些东西对你来说没有一点好处，我要告诉你的，也就是这些了。

这次历史性的会见改变了孔子对世事的想法，也对他的一生产生了重大影响。

三十岁的时候，孔子已经成了鲁国的著名学者，并且开始授徒设教了。孔子说自己“三十而立”，此时的孔子已经坚定了自己的人生目标，并为自己的人生之路完成了奠基。

五、孔子的博学

以好学著称的孔子同时也是以博学著称于世的。

他的博学程度，超出了一般人的想象。

对于当时晋身士阶层的“六艺”，孔子简直精通得出神入化。对于“礼”，自不必说，他平生用力最勤，也是事事精通的。

礼仪中最复杂的要算祭祀礼仪，我们看看《孔子家语·郊问》中孔子向鲁哀公讲解郊祭中如何供奉牺牲，如何布置祭器，就可以看出孔子对礼是多么熟稔。他说：祭祀天地用的牛，不能用成年的牛，只能用牛犊，而且一定要在收拾得洁净的牛棚里养三个月。用牛犊，是因为牛犊有纯真的品质。但如果是用来祭祀后稷的牛，就用不着这么严格，只需形体毛色完备就可以了。这就是祭祀天神和祭祀人鬼的区别。有一点是必须要注意的，郊祭礼仪始于周朝，周尚“火德”，以红为正色，所以作为牺牲的牛一定要用赤色。另外，祭器一定要用陶制的，这代表着天地的自然本性。

这些礼仪，我们今天听起来感到很陌生，但在当时，却是至关重要的。我们知道孔子生活的时代，正是一个“礼崩乐坏”的衰世，这些礼节连做国君的鲁哀公都已经感到“陌生化”了。

即使是关于服制的礼仪，孔子也十分谙熟。《孔子家语·冠颂》记载，邾国国君邾隐公（曹益）接位后准备加冠，但是他不懂得怎么办才合乎礼仪，就派大夫向孔子请教。特使一连问了七个难度很高的问题，这些问题一般做专学的都很难回答。现在我把这几个问题开列出来。问题之一：像邾隐公这样身份比较特殊的人怎么加冠？问题之二：如果天子来不及加冠就已经即位了，他长大以后还要不要重新举行加冠典仪？问题之三：诸侯王加冠和天子加冠在礼仪方面有哪些不一样的地方？问题之四：郝国国君加冠是否合乎礼制？问题之五：诸侯的加冠礼为什么有宾主之分？问题之六：最初的加冠为什么要加黑布冠？问题之七：三代君王之加冠为什么出现了不一致的倾向？这么复杂的问题，孔子对答如流，其服饰和礼仪知识的渊博，为人倾倒。

《荀子·鲁哀公》里记载鲁哀公问孔子，问他什么呢？“绅、委、章甫，有益于仁乎？”绅是什么呢？就是士大夫所系的一种宽大的腰带。号称“大带”。大夫以上带宽四寸，士以下带宽二寸。它束腰的方式是由后绕前，在腰前缚结。结束以后将多余的部分垂下。下垂的这一部分，还可以提起来记事，这种带子有个专名就称“绅”。我们通常说的“缙绅”、“乡绅”、“绅士”就是从这个意义上衍伸而来。“委”是什么呢？也称“委貌”，就是周人所戴的一种朝冠，因为用黑色丝帛制成，所以又叫“玄冠”。它的样子上锐下丰，好像一只倒扣的杯子。是诸侯、大夫等上朝戴的礼冠，跟朝服是相配的。《白虎通》称它是“周朝廷理政事、行道德之冠名”。“章甫”呢，是殷人戴的帽子。鲁哀公问孔子，系着这样的带子，戴着这样的帽子去参加祭祀，对仁道的发扬有没有好处呢？孔子正色回答：您怎么能这样问呢？穿着麻布丧服，拿着丧杖，不听音乐，不是耳朵不能听，而是穿上这身丧服他就不能再听音乐了。穿着白色、黑色或黑青相间的祭服，不能吃荤菜，不是他的口辨别不出滋味，而是穿了这种服饰你就不能吃荤菜了。而且我听说，善于经营的人不做亏本生意，为人尊长者不做盗贼一样的行径，祭服对于仁道有没有益处，君王您大概可以知道了吧？

孔子的博，体现于方方面面的每一个细节。

对于“乐”，孔子就更内行了。他几乎可以说是一个音乐家，全能的音乐家、大音乐家。他有高超的器乐演奏技能，会鼓琴、会奏瑟，又会吹笙，还会击磬，他可以自己吹着律管来定五音的名称，并且把五音“宫、商、角、徵、羽”与五行“金木水火土”联系起来，用“五行”来确定“五音”，这是孔子的“专利知识产权”。《五行大义》谓，孔子说“丘吹律定姓，一言得土，曰宫；三言得火，曰徵；五言得水，曰羽；七言得金，曰商；九言得木，曰角。”意思是说他自己吹着律管确定了五音的名称。第一次获得五行中的土，称为“宫”，第三次得到了五行中的“火”，称为“徵”；第五次得到了五行中的水，称为“羽”，第七次得到了五行中的“金”，称为“商”；第九次得到了五行中的“木”，称为“角”。同时他又是一个歌唱家。他很喜欢唱歌，他发觉别人唱歌唱得好，就请别人再唱一遍，他自己一句句学着唱。他还写下了很多歌词，这些原创歌词真是美轮美奂。即使在陈蔡绝粮，饿得头昏眼花时，他照旧弹琴唱歌。孔子的音乐教育也别开新面，他差不多是中国推进音乐教育的第一人，在《孔子家语》、《论语》、《礼记》等书中多有记载孔子实施“音乐教育”的事例，可惜没有引起更多人的注意。孔子的音乐才华、音乐智慧、音乐造诣、音乐品格都是第一流的。

在“六艺”中，射箭也是一门必不可少的技艺。有人可能猜想，这一定会是孔子的“软肋”。殊不知，孔子射箭的技巧是很棒的。孔子在矍相那个地方教他的学生射箭，围观的群众特别多，在四周围成了一堵人墙。如果他射箭的本事一般般，怎么会吸引那么多人来围观呢？

孔子不但射箭的技巧高超，而且在箭的知识方面也是一个专家。《史记·孔子世家》中有一个故事，说某日陈国宫廷里突然落下来很多隼鸟，这些隼鸟落下来就死掉了。仔细一看，这些隼鸟都是让箭射死的，拔下箭杆来一看，这箭没人见过，箭杆是用楛木制作的，长度足有一尺八寸，箭头却是石头做的。陈国的国君陈缗公就派使臣去询问孔子。孔子是大学问家啊，周边国家有了类似的难题，首先想到的是去找孔子。孔子说：这些隼鸟是带着箭伤从很远的地方飞来的。因为从它们身上拔出的箭是肃慎部族的。先前周王灭商以后，与九夷百蛮各少数民族建立了联系，让他们贡献各地的特产，于是肃慎族进献了他们出产的用楛木作杆、石头作簇的箭，它的长度和这支箭是一样的。周武王为了显示臣服远方的功德，就把肃慎族人进献的箭分赐给长女大姬，后来大姬嫁给了虞胡公，而后虞胡公又分封在陈国，他把珍宝玉器分赠给同姓诸侯，表示对亲族的重视，把远方的贡品分赠给异姓诸侯，让他们谨记王命。因为这个原因，肃慎族进贡来的箭就分到了陈国。

孔子这一番解说，让陈缗公吃了一惊，他赶忙派人到收藏贡物的仓库去查找，果然就找出了这样的箭。您看看，孔子对箭的知识有多渊博！

驾车在“六艺”中称为“御”，也是一门必须具备的技艺。就好比我们今天衡量现代成功人士必须要会用电脑、会开车一样。孔子是一个驾车高手，而且是“爱车族”。

怎么证明他是一个优秀的驾驶员？他去周游列国，是坐在车子上的，赶车的是他的学生啊。我前边讲过，孔子年轻时干过多种粗陋的活计，比如作“委吏”、作“乘田”，这样的工作是离不开驾车技术的。我们不妨看看他是怎么理解驾车的境界的。

西汉时咱们沧州人韩婴写过一本书叫《韩诗外传》，那上面记录了一段孔子品评古时驾车圣手的话，我把它抄在下面：

美哉，颜无父之御也，马知后有舆而轻之，知上有人而爱之，马亲其正而爱其事，如使马能言，彼将必曰：“乐哉，今日之驺也！”至于颜伦，少衰也。马知后有舆而轻之，知上有人而敬之。马亲其正而敬其事，如使马能言，彼将必曰：“驺来，其人之使我也”；至于颜夷而衰矣，马知后有舆而重之，知上有人而畏之，马亲其正而畏其事。如使马能言，彼将必曰：“驺来！驺来！女不驺，彼将杀女！”

这段描述真是妙不可言。孔子在这段话中把历史上三个著名驭手的驾车技艺分成三个境界，颜无父，是传说中驾车的高人，他驾车的技术算得上是出神入化了。尽管马知道它后边拉着车子，但是它却感觉不到所拉的车子的重量；它当然也知道它拉的车上有赶车的人，但是它对那个驾车的人非常喜欢。马做着它的工作，心里非常快乐。如果马会说话，它一定会说：“多么快乐呀，今天的驰骋！”

第二个层面是颜无父的儿子颜伦。颜伦也是个善驭的人，可他驾车的技艺就差了一个等级。马知道它后边拉着车子，并且能感觉到在驭手的调度下有一种轻快的愉悦，它也知道车上坐着赶车的人，并且对这个人敬重有加，马做着它的工作，也很认真卖力。如果马会说话，它一定会说：“奔跑吧，后边这个人在驱赶着我呢！”

第三个层面是颜无父的孙子彦夷。他驾车的功夫远远不如他的父祖。马知道它后面拉着车子，但它感觉到车子非常沉重，马知道车子上坐着赶车的人，但它对这个人却充满了畏惧，它做着自己的工作，但是心里却非常害怕。如果马会说话，它一定会对自己说：“跑吧！跑吧！如果你跑得不够快，那个赶车的人会杀了你的！”

孔子对驾车境界的领悟，与他对驾技的谙熟是分不开的。

而且孔子在这段话中，通过对御术三境界的形象解析，引申出了一种

"御民"之术。第一层面的领导，会让下属感觉不到他承担的工作的繁重，让他的下属在轻松和谐的环境中愉快地工作，这样能创造最好的工作效益。

次一层面的领导，他的部属也能在他的管理下工作得很卖力气，部属也敬重他，但是他们在工作中却没有审美的愉悦，始终感觉到领导在驱赶着他们，他们所做的一切都是被动的。

至于第三层面的领导就很糟糕了，他总是让下属感到工作是一种沉重而痛苦的负担，而且总是提心吊胆，老是怕一旦出了什么过错就会受到严厉的惩处，因此工作对于他们毫无乐趣可言。

孔子不单单是一个高明的驾车人，而且他从驾车技艺中引申出的深意，今天对于我们仍然有着重要的启发。

为什么说孔子是"爱车族"呢？一个最直接的例子是他最心爱的学生颜回死了，因为颜回是个很穷的人，而且一生都安贫乐道，所以买不起外棺。古人下葬的棺木有里外两套，里面的一套称作棺，外面的一套称作椁。颜回的老爸颜路也是孔子的学生，他央求老师卖了自己的车子给颜回买一套外椁。颜回是孔子最喜欢的学生，颜回的死对孔子也是一个沉重的打击，孔子为颜回的死，哭得死去活来，呼天抢地地大哭："老天真是要我的命啊！"可他却不愿意卖掉自己的车子。孔子的理由是：他自己的儿子孔鲤去年死时，也一样是有棺而无椁。有人就这件事评论孔子，说他言行不一，抠门儿，自己最心爱的学生死了哭得昏天抢地，到了真事儿上就"掉链子"，舍不得卖掉自己的车子。实际上不肯卖车，固然有孔子爱车的一面，更深层的是什么呢？是孔子深知颜回的为人。颜回比孔子小三十岁，死的那年才四十一岁，算是英年早逝。他是在贫病交加中死去的。颜回一生安贫乐道，孔子赞美他居住在破败的穷巷里却心里很踏实。"贤哉回也，一箪食、一瓢饮，在陋巷，人不堪其忧，回也不改其乐，贤哉回也！"（《论语·雍也》）仁于心、贤于世的颜回死时没有留下遗言，但他肯定不希望自己活着时过了一辈子箪食瓢饮，清水就粗饭的生活，死了却得到有棺又有椁的厚葬。如果他知道老师为了厚葬他卖掉了自己的车子，他的灵魂是不会得到安宁的。所以孔子坚持不卖车，也是在坚守着颜回的这种精神和心性。

至于孔子对"六艺"中"书"和"数"的精通，就更不用多说了。他是学问大家又是个很出色的会计，这就足以说明一切了。

孔子经常启发他的学生，多识于“草木鸟兽之名”。在这一方面，他自己的渊博颇为世人所称道。

这里讲一个小故事。

这个故事是《史记·孔子世家》里的，鲁国的上卿，也就是国务总理季恒子，他们家挖井取水，得到一个肚大口小的陶器，里面有一只类似羊的东西。季恒子大概为了试试孔子的才学，对孔子谎称“得到一只狗”。孔子呢？立刻就指出“错了！”

孔子说，那个东西不可能是狗，而应该是羊。为什么呢？孔子说：我听说，山林中的怪兽是单腿的夔和山精魍魉，水中的怪物是龙和水怪罔象。土中的怪物就是雌雄不辨的“坟羊”。这只怪物是从土地里刨出来的，当然是羊而不会是狗。

羊怎么会埋在地里呢，这东西大概就是古人殉葬的陶羊了。由此看出孔子的博学，真是无所不至。

还有一个记载在《孔子家语》里的故事，齐国出现了一种独腿鸟，“一足之鸟”。这种怪鸟成群结队飞到宫殿前，拍打着翅膀，用单腿跳跃着，样子非常古怪。齐侯很害怕，齐国的臣子们，谁也说不清这独腿怪鸟到底是个什么鸟，就派人去到鲁国问孔子。孔子说：“此鸟名商羊，水祥也。”这种鸟名字叫作商羊。它出现的时候，就要闹水灾了。孔子讲的“水祥”，这个“祥”字不是吉祥的意思，恰恰相反，是灾异的意思。孔子让齐国把这个情况紧急向老百姓通报，“急告民趋治沟渠，修堤防，将有大水为灾。”不久大雨真的下起来了，这场大雨下了很久，各国都闹起了水灾，只有齐国因为有预先的防范措施，没有造成损失。齐景公说：圣人的话，真是灵验啊。

再讲一个小故事，这个故事仍然出于《孔子家语》，楚王渡江，他的船行在江心，冷不丁漂浮出来一个圆乎乎斗大的红色怪物，直向他的船撞过来。楚王十分奇怪，他遍问群臣，谁也说不清那是个什么东西，楚王就派了使者到鲁国去聘问孔子。周边国家的国君，一有了解不开的难题首先就会想到去找孔子，这已成为他们的思维定式。孔子一下子就把这个谜团给解开了。他说：这种东西是萍实，水里的萍草结出的果实，这个东西是可以把它剖开来吃的，不但可以吃，而且还是一种美味，不但是一种美味，还是一种吉祥物，“唯霸者为能获之。”只有称王称霸的人才能得到它。使者回到楚国，向楚王转述了孔子的话，楚王就吃了这种萍实，果然味道好极了。

当然，这些故事都是传说，我们无法考证它的真伪，但由这些传说，我们却看出了孔子博学的魅力。

六、孔子怎么当老师

孔子这一辈子，从事过很多职业。年轻时当过仓库保管、会计、牧场管理人（牛倌、驴倌）、吹鼓手、相（婚礼、丧仪主持人）等等，三十岁左右从事儒业，当老师；五十岁出仕当官，五十六岁后周游列国，六十九岁后回到鲁国，仍然教书育人，度过了他一生中最后的岁月。大概他一生最为辉煌的事业，就是当老师了。

孔子是中国历史上第一个伟大的老师，之所以这么说，首先是因为孔子前无古人地创造了一种新的办学模式，开创了一种新的教育理念，同时依靠他卓越的教育智慧，培养了大批人才。他是把当老师看作他实现生命终极价值的职业的。

孔子那个时代，学校有官学，有乡校，孔子则自己开创了一种新的办学模式，那就是自主招生，开门办学。“有教无类”，只要愿意来学习，不管你出身是贫贱的平民还是贵族，也不问你是从鲁国来还是从齐国来，也不管你年龄大小，只要想学你就来。孔子办学的大门向民众敞开，不分高低贵贱，一视同仁。让平民与贵族享有平等的受教育的权力，孔子开了先河，孔子是中国私学第一人。这是一个很了不起的、很伟大的创举。

孔子到底有多少学生？我们通常说孔子弟子三千，贤人七十二，这实际上也是《史记·孔子世家》的记录：“盖子弟三千焉，身通六艺者七十有二人。”

而《史记·仲尼弟子列传》又说“受业身通者七十有七人。”登堂入室而且得到真传的有七十七个人。有一部重要的资料是《孔子弟子籍》，那上面也记录孔子入室弟子是七十七人。

孔子的学生，有鲁国人，也有来自齐、燕、宋、蔡、卫、郑、卞、陈、秦、吴、楚等国人。年纪最小的，有总角童子；年纪大的，有只比他小六岁的颜季路。这个人就是他最喜爱的学生颜回的父亲。

这些学生，有“先进”“后进”之分，所谓“先进”，就是早一批的学生，“后进”则是晚一拨的学生。

第一批学生，是他从事平民教育的第一阶段，也就是他三十岁开办私学到五十岁出来做官这个时期招收的学生，比较出名的有以下几位：颜无繇（也就是颜回的父亲），他比孔子小六岁，在孔门弟子中是年纪最长的一位。冉耕，也就是冉伯牛，伯牛是他的字，他比孔子小七岁，是得麻风病死的。仲由，字子路，比孔子小九岁。他是一直追随孔子周游列国的弟子，以勇武著称，性子很暴烈，因此常挨老师的批评。漆雕启，字子开，比孔子小十一岁，受过刑，是个残疾人。闵损，字子骞，比孔子小十五岁，是有名的大孝子。冉求，字子有，比孔子小二十九岁，以政事称。宰予，字子我，以言语称，在“四科十哲”中名列言语科。颜回，字子渊，比孔子小三十岁，以德行称，在“四科十哲”中名列德行科。是孔子最喜欢的学生。端木赐，字子贡，比孔子小三十一岁，以言语称。在“四科十哲”中列言语科。子贡的口才在孔门弟子中是数得着的，他长于外交，又善于经商，这些都得益于他的口才。孔子死后，他守墓六年，在孔门弟子中威望极高，差不多就成了掌门人。

第二批学生，是孔子从事平民教育的第二阶段，也就是他仕鲁四年、周游列国十四年乃至于生命的最后五年，即五十一岁到七十二岁这个时期招收的学生。比较出名的有以下诸位：原宪，字子思，比孔子小三十六岁。澹台灭明，字子羽，比孔子小三十九岁。据说他面相很丑，但很有才干，他后来在楚国办教育，也有很多弟子。公西赤，字子华，比孔子小四十二岁，以好礼著称。有若，字子有，比孔子小三十三岁。他最大的特点是长相酷似孔子，简直可以表演老师的“模仿秀”。这样的事他还真干过。《史记·仲尼弟子列传》记：“孔子既没，弟子思慕，有若状似孔子，弟子相与共立为师，师之如夫子时也。”孔子死了以后，弟子们很怀念他，因为有若长相酷似孔子，就共同推举他扮演老师的“真人秀”，接受众弟子朝拜。弟子们也像孔子在时那样向他提问题，一连提了两个问题他都答不上来，“默然无以应”。于是让弟子们赶了下来。还有卜商，字子夏，比孔子小四十四岁，在学业上成就很大，是汉代经学的鼻祖。言偃，字子游，比孔子小四十五岁，以文学称。曾参，字子舆，比孔子小四十六岁，后被推崇为道统的代表人物。颛孙师，字子张，比孔子小四十八岁，曾从孔子游于陈、蔡。司马耕，字子牛，他是宋国的贵族，他的哥哥司马桓魋曾差点把孔子杀了。

孔子的学生中，除了司马耕、南宫敬叔、孟懿子这几个人是贵族子弟，大多数都是贫贱人家的子弟。这些人经过孔子的教育，大都成为有用的人才。他们有的出仕从政，在社会上担任重要职务。比如冉有、季路。有的成为博学之士，比如子游、子夏。有的成为新的儒派的代表人物，还有的成为文献家、教育家。

打开一部《论语》，字里行间活跳着他们的影子。

孔子怎么当老师？他收多少学费？

《论语·述而》："子曰：自行束脩以上，吾未尝无诲焉。""脩"是干肉，"束脩"就是一束干肉，每一束是十条。这是孔子那个时代馈赠的薄礼，孔子就以此为标准。如果按现在的计量标准每条干肉两斤的话，十条干肉也不过二十斤。现在猪肉在涨价，鲜肉每斤14元，二十斤的话是280元。也就是说现代的农民子弟花上相当于280元的实物学费就可以成为私学的学生。当时社会生产力低下，一般百姓吃上肉不容易，所以孟子向往的理想社会是让老年人能吃上肉。虽然这样，一般的贫寒之家十条干肉还是应该拿得出的。初次报名拿十条干肉作为见面礼和学费，这个学生就算收下了，绝对是低标准收费。所以后世就用"束脩"这个词来代指学生敬老师的礼物或酬金，再后来就代指老师的薪俸了。虽然收费标准低得不能再低，然遇上家庭实在困难的，十条干肉也拿不出的贫困生，就把这也免了。比如那位住在破旧的胡同里，用竹筒吃饭，用瓢饮水的颜回，我们无法知道他是不是免了学杂费，但孔子尽心尽意地教诲他，爱他超过自己的儿子，并没有因为他贫寒而稍有怠慢。

孔子办的这所私学，没有固定的教室，他会根据学生的多少、气候的变化，随时变动上课的地点。有时在自家的庭院里，有时在院外的一片小树林里，那地方有几棵杏树，所以后来就被称为"杏坛"了。现在我们去瞻仰孔庙，在大成殿前有一个高台，上边建着一座朴拙的亭子，亭子上悬着金代文学家党怀英手书"杏坛"二字，就是当年孔子讲学的地方。直到现在"杏坛"依然是教育的代名词。

炎热的夏天，有时候他的课堂干脆就搬到河边上，大家在河里洗个澡，上了岸，一边晒身子，一边讨论学问。

如果上射箭之类的技能课，郊外的菜园就是教练场。孔子带着弟子们来上课，往往引来里三层外三层的围观群众。

孔子如何教育他的学生呢？

他可不是一天到晚板着面孔的冬烘先生，相反，他与学生之间建立了一种平等、友善、坦白的师生关系，自由自在、各抒己见地探讨学问，成为杏坛上一道特别的风景。他们讨论的内容，或关乎政治，或关乎哲学，或涉及人生理想，或仅是生活情趣，或纵论天下大事，或拉扯鸡毛蒜皮，大家或雄辩滔滔、面红耳赤，或和风细雨、沐如清风，或纵横捭阖、上下古今，或抽茧剥笋、如琢如磨。在这种教学相长的气氛中，大家学到了知识，增长了才干，也增进了友情。

《论语·先进》中曾记录下一次师生关于人生理想的讨论：

某日，子路、曾皙、冉有、公西华四个弟子陪老师闲坐，孔子说：我年纪比你们虚长了几岁，希望你们不要觉得拘谨。你们平日里总是抱怨："没有人了解我呀"，假如有人了解你们，并请你们去做官，你们怎么做呢？

性急的子路抢先发言：一千辆兵车的国家，夹处在几个大国之间，外面有军队入侵，国内又有灾荒，如果这样一个国家交给我来治理，只需三年，就可以让这个国家的人民个个都变成勇士，并且明白道理。

孔子听了微微一笑。又问冉求：求，你怎么样？

冉求说：只要有方圆六七十里或五六十里的一个地方，如果交给我来治理，只要三年，就可以让百姓富足，安居乐业。至于礼乐教化，则要靠高明的君子来做了。

孔子点头，再问公西华：赤（公西赤，字子华），你怎么样？

公西华说：我不敢说自己很有本事了，只是想要这样学习：宗庙祭祀或国际盟会，我愿意穿着礼服、戴着礼帽，担任一个小小的司仪。

孔子又问曾皙：点（曾点，字子皙），你怎么样？

曾皙正在悠闲地鼓瑟，听到老师问他，把瑟音稀了，手指在弦上轻轻一拨，发出铿然之声，他把瑟推开，站起来回答：我只是想，暮春三月，厚重的冬衣开始换了轻盈的春装，我和五六个成年人、六七个小娃娃，一起到沂水岸边晒晒太阳，再登上高高的舞雩台，吹吹和煦的暖风，然后一路唱着歌回家。

孔子听了赞叹说："吾与点也！"意思是：我就希望和你一样啊！

这就是率真的孔子。

有时，他们的讨论也直接涉及生存的根本问题。

比如，孔子的学生中，有一个叫子张的，他出身低微，曾做过马市的经纪人，他向老师“问干禄”，也就是如何去谋一份工作，孔子回答：“多闻阙疑，慎言其余，则寡尤；多见阙殆，慎行其余，则寡悔。言寡尤，行寡悔，禄在其中矣。”

多听各方面的言论，有疑惑的放在一边，然后谨慎地说出自己有信心的，这样就会减少别人的责难；多观察别人怎么做的，有不妥的放在一边，然后谨慎地去做自己有把握的事情，这样就能减少自己的后悔。说出话来很少被别人责难，做起事来很少让自己懊悔，你的饭碗就不成问题了。

从这个故事我们也可以看出，孔子教给学生文化知识和谋职技能，但更重视培养君子的人格与素养。

孔子教学的内容包括哪些方面呢？

首先，是“文、行、忠、信”（《论语·述而》），文，是历代流传的文献典籍；行，即德行、品藻；忠，对别人真诚，对事业执着；信，守信。

其次，是道、德、仁、艺。按照《论语·述而》说法，是“志于道，据于德，依于仁，游于艺。”一个人的心志要在对至道的追寻上，根据于德，依托于仁，游憩于礼、乐、射、御、书、数六艺之中。这样才可以无所偏废，协调发展。

孔子采取的教学方法灵活多样，他倡导学、思结合、温故知新、因人施教、循循善诱、举一反三的方法，提高学生认识事物、分析事物的能力，让自己得到全方位的发展。

孔子曾提出学习的四个境界：“可与共学，未可与适道；可与适道，未可与立；可与立，未可与权。”（《论语·子罕》）这是什么意思呢？孔子是说：可以在一起学习的人，未必可以一起走上人间正道；可以一起走上人间正道的人，未必可以一起立身处世；可以一起立身处世的人，未必可以一起权衡是非。“共学”、“适道”、“立”、“权”代表学习的四个阶段。共学学什么？学做人处事的道理。适道适何道？适人间之正道。必须扎扎实实，一步一个脚印。如何谓之立身？立身即是守道。如何谓之权衡？权衡就是用道。这四种境界，贯穿于他整个教育体系中。

孔子的教学，更突出的一点是坚持个性化教育。孔子的学生中，不但年龄档次不同，家庭背景不同，脾气性格不同，而且智力程度也存在着很大的差别，贤愚各异、良莠不齐。孔子总会根据每个学生的特点调整自己的教学方式。这样的例子我们在《论语》中随时可以找到。孔子提出的“性相近也，习相远也”（《论语·阳货》），可以说在教育理论和实践中是一个重大突破。什么叫“性相近？”孔子认为，不论高低贵贱，人的本性都是差不多的。什么叫“习相远？”孔子认为，人与人之间的不同，主要是后天培养的习惯不同。性是“源”而习是“流”。源相近而流相远。《三字经》中的“人之初，性本善。性相近，习相远。苟不教，性乃迁”就是从这里来的。孔子实行个性化教育，实际上就是强调对人性的培养。我们应该注意到，同样是向老师问礼、问仁、问孝，孔子对不同的学生回答是不一样的。

作为中国历史上第一位人民教师，他所创造的人性化的教育理念，直到现在仍然有着启迪意义。

七、孔子怎么当官

孔子五十一岁时出来做官了。

文人出仕，孔子是第一人。更有意思的是，用类似现代“跑官”的方式进入仕途的文人，孔子也是第一个！

对当官，孔子一直是很向往的。不但向往，而且很热衷，而且很舍得下功夫。

他年轻时一直没有机会出仕，在他三十五岁那年（鲁昭公二十五年），季平子和郈伯因为在斗鸡中产生了矛盾，致使鲁国发生大乱，连鲁昭公自己都跑到齐国去了。孔子呢？也就离开鲁国去了齐国。孔子到齐国后也不得志，甚至跟齐国大夫关系也处得很不好，于是两年后他又回到鲁国。

据《史记·孔子世家》，孔子在齐国时，曾为“高阳子家臣，欲以通乎景公”。高阳子是个名声很坏的贵族，但是孔子为了能够接近齐景公，能达到出仕的目的，即使给一个名声很坏的人做家臣也在所不惜。

在这以后又发生过一件类似的事情，鲁国季氏家臣公山不狃盘踞费邑，起兵反叛季氏，想让孔子去那里做官。孔子很想去，他的学生子路不干了。子路很不高兴。为什么呢？公山不狃这个人是鲁国的第二号大坏蛋，头号大坏蛋当然要算阳货。子路说什么呢？他说："老师您要实在没地方去就算了，为什么要到公山氏那里去呢！"

孔子怎么说？他说："请我去的人，难道没有什么意图吗？如果有人任用我，我难道不可以在那个地方恢复文、武、周公的事业，从而挽回东周这种衰败的局势吗？"

孔子为什么明知公山不狃是第二号大坏蛋，是文、武、周公事业最坚决的颠覆者，还要到那里去呢？难道孔子不知道他想依靠公山不狃这样的人恢复文王、武王、周公的事业是"与虎谋皮"吗？难道他为了当官连最起码的原则也不要了吗？孔子所处的时代，诸侯也好，公卿也好，陪臣也好，没一个正经东西，差不多是"洪洞县里无好人"。孔子是想有一个政治平台来施展自己的抱负，他做谁的官都一样。孔子没法跟子路讲这些的，但他还是听从了子路的意见。

还有一件发生在孔子流亡途中的事，晋国的佛肸在中牟那个地方（现在的河北邯郸与邢台之间）搞叛乱，抗拒赵简子，让孔子去那里做官，孔子仍然准备去，还是这个直性子的子路出来反对，阻止他说："老师我记得您从前说过，'君子决不与做坏事的人同流合污'，如今佛肸盘踞中牟谋反，您却要去，这怎么能说得过去呢？"

孔子怎么回答？他说："没错，我是说过这样的话，但是，你应该知道，最坚硬的东西是不容易被磨薄的，最洁白的东西是染不黑的。难道我这个人是个葫芦，只挂在那里给人看吗？"

孔子是很想当官的。他的从政情结特别强烈。后世的知识分子一个劲地往这条小道上挤，不知与他老人家带了头是不是有关系。但是命运似乎一直在跟他闹别扭，尽管他从年轻时就为此而不懈奋斗，储备知识，精湛"六艺"，磨砺精神，用各种手段扩大自己的政治影响力，但总是碰不上合适的机会。

那个时候季氏操盘鲁国国政，但是季氏又受制于他的家臣阳货。阳货这个人是有野心的，他要背叛季氏，自己跳到政治前台上来，所以就想拉拢孔子。

我们看一看《论语·阳货》篇，阳货与孔子的会见是很富戏剧性的。阳货希望孔子去拜会他，孔子不去，他就送了一只烤乳猪给孔子。这下孔子为难了，来而不往非礼也，不管怎么说，总要上门谢谢人家才是啊。可是孔子又实在不愿意见这个讨厌的家伙，怎么办呢？孔子就想了一个办法，专门瞅准了阳货不在家时去拜谢他。没想到两个人在半路上碰见了，这就叫“冤家路窄”。阳货对孔子说：哈哈，老兄，别躲我了，我有话对你说呢！孔子没办法，只好走过去。阳货说：一个人自己具备才干却让国家陷入困境，这可以称作行仁德吗？我会说不可以。喜欢从政做官却屡次错过时机，这可以称作明智吗？我会说不可以。光阴似箭，时间不等人呀。

孔子说：好吧，我会出去做官的。

阳货想让孔子给他撑门面，虽然孔子非常想当官，但他不愿意当阳货的官。

在这之后，孔子与他的弟子子贡有了一次意味深长的对话。子贡问孔子：“这里有一块美玉，您老人家说是把它藏在箱子里呢还是找个识货的人把它卖掉？”

孔子怎么说，他说：“沽之哉！沽之哉，我待贾者也！”卖掉它吧！卖掉它吧！我也是正等待识货的买主呀！

孔子想出仕的心情是多么迫切！

不久，果然机会真的来了。

阳货反叛季氏在鲁国引发了一场内乱，内乱平息之后，鲁国特别需要一个能够维持局面的人，鲁定公和季桓子，同时想到了孔子。于是，51岁的孔子被任命为中都宰。孔子之被任用，完全是因为他日益高涨的社会影响。中都宰这个官职，相当于县长。

中都宰这个职务，孔子干了很短一段时间就升迁了，第二年，他52岁时，被任命为小司空，管理建筑。又没过多久，由司空再升为大司寇，管理司法。再后来孔子还当过三个月的代理宰相，位列大夫。

孔子怎么当官，史料记载不多，《史记·孔子世家》记：“孔子为中都宰，一年，四方皆则之。”当了县长不过一年，已成为领导干部学习的榜样，中都县周边地区都学习他的做法。他树立了什么榜样呢？《孔子家语》记载了他实行的几条政令，如：“长幼异食，强弱异任，男女别涂，路无拾遗，器不雕伪。为四寸之棺，五寸之椁，因丘陵为坟，不封不树。”按照年龄长幼分配食物，按照身体强弱分配劳动项目，男女分路行走，器物不搞华美的雕饰，实行丧葬改革等等。除此之外，孔子肯定还做了能成为周边地区样板的许多事情。鲁定公接见过他，并且问他：“学子之法，以治鲁国，何如？”学习你治理中都的办法，来治理鲁国，可不可以呢？孔子充满自信地回答：“虽天下可以乎，何但鲁国而已哉！”用我的办法，治理天下都是行得通的，何况只是一个鲁国呢！

《史记·孔子世家》记载他参与国政三个月的政绩：“与闻国政三月，粥羔豚者弗饰贾，男女行者别于途，途不拾遗。四方之客至乎邑者不求有司，皆予之以归。”孔子做的第一件事，是治理市场，平抑物价，使贩卖猪、羊的商人不敢哄抬物价。第二件事，是男女分路行走，率先施行男女有别的政策。第三件事，治理社会治安环境，以至于东西掉在路上都没人捡拾。第四件事，是加强政府的廉政、高效建设，四面八方的旅客来到鲁国的城邑，要办什么事不必向有关部门求情送礼，有关政府部门必须对他们给予热情接待，不得出现“门难进，脸难看，事难办”的情况，确保服务质量的“零投诉”，直到客人满意归去。

我们说，孔子实在了不得，这些事现在做起来都难啊。可是他做到了。

《孔子家语》中记载了一个孔子办案的故事：孔子当大司寇时，有一天来了一对打官司的父子，父亲控告儿子不孝，儿子又诉父亲不慈。孔子怎么处理这个案子呢？他不判谁对谁错，而是命令把这爷俩全关起来，关在一间牢房里。关起来之后，孔子似乎把这件事忘了，一天不问，两天不问，就是不审理他们。下属办案人员说：这事怎么处置啊？总得先审一审，看看原告被告谁对谁错，拿个处理意见。孔子笑笑说：“不用管他们。”就这样一直关了三个月。最后老人提出撤诉，不告儿子了。儿子呢？也表示以后会善待父亲。父子俩尽释前嫌，和和睦睦回家了。从此以后父慈子孝，连口角也没发生过。

当政者季桓子对这件事提出批评，他以为孔子这么做是背离了以孝治民的道路。明明是那个做儿子的不孝顺父亲，父亲告他儿子是正当的。可你却不分是非曲直，把两个人全关了，让人家自己解决。以后有不孝之子，当老子的就只有忍气吞声了？孔子说：“上失之，下杀之，岂可乎？不教其民，而听其颂，杀不辜也。”意思很明白，为政的人首先要做好表率，不教而诛是万万不可以的，更不能滥用刑罚。孔子还有一个观点：这对父子讼于公堂，不只是他们中谁的错，而是我们这些当官的没有把他们教育好。搞法律的，不要动不动就是处罚，像这父子二人，让他们两个好好反思，用情理来化解矛盾，不也很好吗？其中的效果，是使用刑罚得不到的。

我们说孔子这个理念很超前，早在两千多年前，他就想到了用情感因素去解决法律问题，这不简单，真的不简单。我们试想一想，如果他当时把那个不孝的儿子打一顿板子再关上几个月的班房，他表面上服了，但会积郁更大的怨恨，这矛盾看起来化解了，实际上却隐伏着更大的矛盾。而采取自我反思的方式化解，效果就不一样了。当然这是指民事个案而言。

如果您认为孔子当官只能处理这些鸡毛蒜皮的小事，就大错特错了。孔子为政的才能是表现在多方面的，值得一提的“大手笔”，就有“夹谷会盟”和“堕三都”事件。

我们先简单说说“夹谷会盟”。

鲁定公十年（前500）夏，鲁国与齐国两国首脑约定在夹谷会盟，签立和平条约。夹谷在什么地方呢？就在现在的山东莱芜南部。这次会盟的政治背景，与孔子有关。齐国大夫黎弥说齐景公：鲁国重用孔子，那么形势的发展会对我们越来越不利，必定会给齐国带来更大的威胁。于是齐景公派使臣约会鲁定公，在夹谷相会洽谈缔结盟约。

鲁定公本来没有一点戒备心理，孔子向他建议说：办理文事一定要有武备，办理武事一定要有文备。古代诸侯出国，一定配备文武官员随行，您不妨安排左右司马同去。鲁定公采纳了他的建议。

果然不出孔子所料，这一次会盟一开始就险象丛生。两国首脑相见的程序刚过，齐国的四方舞乐队伍就以旌旗为先导，头戴羽冠，全副武装蜂拥登场，试图武力劫持鲁定公。鲁定公一时手足无措。这个时候，被齐国大夫黎弥认为“知礼而无勇”的孔子突然站起来，从容不迫地走到盟坛上，大义凛然地对鲁景公说：这些人是干什么的？两国首脑在这里会盟，为什么让这些夷狄的舞乐来出丑，你齐君还怎么号令诸侯？齐景公自知失礼，挥手斥退了舞乐。

紧接着，又演奏宫中之乐，齐国一些戏谑艺人和一群小矮人边舞边唱上了台。孔子又说：百姓迷惑戏弄诸侯，论罪当斩！请命令有司去执行。这些人于是全被腰斩。

盟约快要缔结时，齐国提出：齐国将来如果出兵作战，鲁国必须出动三百辆兵车助战，否则就是破坏盟约。这是一个“霸王条款”。如果鲁国承认了这个条款，就等于是把自己降格为齐国的属国。孔子随机应变，马上提出：如果齐国不把前一年阳货奔齐时侵占的鲁国汶阳地区的郓、灌、龟阴三地归还鲁国，而要求鲁国出兵车，也是破坏盟约。

于是这一条也写在了两国的盟约上。会盟之后，齐国如约归还了他们占据的鲁国汶阳地区郓、灌、龟阴的土地。

夹谷之会真是孔子的大手笔。面对国力、兵力皆大大强于鲁国的齐国，孔子不畏强霸、大义凛然，他所表现的政治家的气度、外交家的风度，让我们今天看来也不由为之鼓掌喝彩。

再说孔子的另一个大手笔“堕三都”。

先要弄明白什么是“三都”。我先讲讲当时鲁国的政治格局。鲁国的政权，是由鲁桓公三个儿子的后裔分享的，其中孟孙氏为司空，叔孙氏为司马，季孙氏为司徒。这三个人就是鲁国三卿，也被称为“三桓”。其中季孙氏势力最大，鲁国国政实际上把持在他手里。“三桓”在各自割据领地内的城堡，被称为“三都”。即季孙氏的费邑、叔孙氏的郈邑、孟孙氏的成邑。这三座城堡，是他们搞分裂、闹独立的大本营。到了孔子仕鲁的时候，发生了很有意味的变化，本来“三桓”向鲁国国君要筹码闹独立的据点，反而变成了“三桓”的家臣向“三桓”闹独立的据点。当时“三桓”全部住在国都曲阜，这三大城堡是由他们各自的家臣盘踞着。他们拥兵自重，对“三桓”造成了很大的威胁，形成了“陪臣执国命”的局面。

我们知道此时的孔子，正怀着平治天下的抱负，他首先要做的事就是加强鲁国公室，削弱“三桓”特别是季孙氏的权力扩张，剥夺“三桓”家臣膨胀的私欲。最终达到尊天子、服诸侯，以仁德统一天下的大目标。

孔子“堕三都”的计划是这样的：“家不藏甲，邑无百雉之城，今三家过制，请皆损之。”不允许“三都”有自己的军队，城市面积要按规矩缩小。这个计划，一开始鲁定公和“三桓”都是支持的。

这个计划的实施却遭到了抵制，拆除叔孙氏郈邑的城堡还算顺利，但拆除季孙氏费邑城堡时就遭到了邑宰公山不狃的强烈抵抗。公山不狃突袭曲阜，吓得鲁定公和孟孙氏、叔孙氏都藏在季孙氏家里。这个危急关头，孔子挺身而出，组织将领率兵反击，大败公山不狃，公山不狃出逃齐国，费邑城堡被拆除。

但是，最后一座城堡：孟孙氏的成邑（在今山东宁阳东北）却成为孔子的“滑铁卢”。

成邑邑宰叫公敛处父，他对孟懿子说：你是孔子的学生，况且堕三都的计划你是投过赞成票的，不能出尔反尔。现在你也知道堕三都对你是多么不利了，那么，你就装作什么都不知道，由我来抗住它。所以由于公敛处父的抵抗，从夏到冬几个月成邑毫发未损。鲁定公御驾亲征，但季孙氏、叔孙氏都持观望态度，不予任何支持。孔子这才醒悟，“三桓”已经把他当成他们的对立面了。随着鲁定公出兵失利，孔子的“堕三都”计划宣告流产。这对孔子是一个致命的打击。

孔子伤心透了。

更让他伤心的还在后面。

齐国国君用大夫黎弥之计，送了80名年轻的美女和披挂彩衣的30匹文马给鲁君，齐国的美女、文马到了鲁国国都曲阜城外，不敢贸然进城，先是派人去谒见季桓子。季桓子穿着便服三番五次去偷看，决定接受下来。就请鲁君外出巡游，借此去城外观赏美女文马。然后照单全收。收下之后鲁定公耽于声色，把政事全懈怠了，而且疏远了孔子。季桓子也是“三日不听政”，连祭天这样的国家大事也不参加了。郊祭结束，又没有把祭肉分给孔子。这个时候的鲁君和季桓子，巴不得孔子早一天离开，好让他们心安理得地享用美女和名马，所以用不分祭肉的方式故意羞辱孔子。

子路对老师说：咱们还是离开鲁国吧。

这一回，他听从了子路的劝告，怀着一腔悲愤离开鲁国，开始了长达14年周游列国的颠沛流离的生涯。

这一年，孔子已经55岁了。

孔子曾对他的学生说：“邦有道，谷；邦无道，谷，耻也”（《论语·宪问》）。国家政治清明时，做官领俸禄，国家政治黑暗，还去做官领俸禄，这是莫大的耻辱！

他用自己的行动，践行了自己的政治主张。

八、理想主义者孔子

孔子是个理想主义者，一个很天真烂漫的理想主义者。

14年的颠沛流离，孔子经历了许多磨难。

不幸的是，各国的诸侯都不愿意用他，不是因为孔子没有才华，相反，他的才华已经到了让他们害怕的地步。他让鲁国的政治、经济环境都有了很大的改观，夹谷会盟的胜利让他在鲁国和周边地区有了很高的声望，“堕三都”虽然功亏一篑，但这个事件本身带给各诸侯国的震撼是非常强烈的。按常理来说，他在哪一个国家谋一个位置都不应该有什么问题。

实际上却不是这样。他有敏感的政治意识，批评诸侯无不切中弊病，而且不留情面，谁愿意把这样一个人放在身边呢？他开头去卫国，受到卫灵公短暂的礼遇，仿照鲁国的俸禄标准，给他六万小斗谷子，但没多久就被猜忌，被诽谤，孔子只好选择离开。

孔子周游列国的目的是什么呢？不外乎“求仕”、“行道”、“教学”。但孔子自己知道，要实现这三个目标，实在是难于上青天。首先，“求仕”之道从他流亡的第一站起就已成为畏途。司马迁说：“孔子明王道，干七十余君，莫能用。”说孔子为了寻求出仕之路，在周游列国的过程中曾游说过七十多个国君，但没有一个国君愿意任用他。孔子游说七十余个国君当是夸张，在14年的流亡生涯中，他到过的国家有卫、陈、曹、宋、郑、蔡等六个，这些国家和地区多分布在现在的山东、河南两省，其中在卫、陈两国待的时间最长，仅在卫国，先后就有十年时间，但没有一个地方能让他施展自己的政治抱负。

他在匡地被当地人围困过五天，在蒲地被人扣押，在宋国又差点让司马恒魋杀了，在陈蔡之间又被围困在野外，绝粮七日，差点饿死。真是历尽劫难。

矢志不改的，是他的道德理想。

在他离开宋国前往郑国时，和他的学生们走散，独自一人站在郭城东门外等他的学生，有个郑国人对寻找老师的子贡说：“东门外有一个人在那儿站着，脑门像尧，脖子像皋陶，肩膀像子产，腰以下比禹短三寸，看他上半身有圣人气象，但下半身却如同丧家之犬。”子贡把这话原原本本告诉了孔子，孔子说：他说得没错！

在被匡人围困时，他说：“文王既没，文不在兹乎？天之将丧斯文也，后死者不得与于斯文也。天之未丧斯文也，匡人其如予何。”意思是说：周文王死后，周代的文化礼乐不还在我这里吗？上天如果要灭绝这种文化，那我死后，人们再也不会掌握这种文化了；如果上天不灭绝这种文化，匡人又能把我怎么样呢？

同样，在宋国时他带领学生们在树下演习礼仪，宋国司马恒魋把树砍了，扬言杀他，孔子又说：上天已经赋予了我传播道德的使命，一个恒魋又能把我怎么样？

在被围困在陈蔡之间，绝粮七日，不少弟子饿昏的情状下，他却照样给弟子讲学、诵诗、弹琴、唱歌，鼓舞他的学生们坚定信念。直性子的学生子路问孔子："君子亦有穷乎？"君子也有走投无路的时候吗？孔子怎么回答？他说："君子固穷，小人穷斯滥矣！"君子走投无路时，会一如既往坚持自己的原则，换了小人，肯定要胡作非为了。

孔子在这里给"君子"和"小人"划了一道分水岭：君子处于困境也不失自己的信仰，保持自己的理想人格。而小人在穷困时却是什么坏事都能做得出来的。

这就是孔子，一个彻头彻尾的理想主义者。

《论语·宪问》中记载了这样一个故事：孔子留居卫国时，有一天正在击磬，有个人担着草筐从门前经过，说："这磬声里有击磬人的心声，含着深意啊。"停了一下，又说："声音硁硁的，太执着了！没有人了解自己，放弃就算了，所谓：水深的话，穿着衣裳走过去；水浅的话，撩起衣裳蹚过去。"孔子说："有这种坚决弃世之心，就没有克服不了的困难。"

孔子在信念问题上是从不讲究"变通"的。

我们再看《论语·微子》中的一则故事。孔子和他的学生在流浪途中要过一条河，不知道渡口在什么地方，正好看见前边不远处有两个农夫在耕田，就让子路去问津，问问哪里有渡口可以过河。原来这两个耕田的农夫，却不是一般的农夫，而是两个"高人"，也就是避世的隐士。一个叫长沮，一个叫桀溺。子路先问长沮，长沮反问他：你替他赶车的那老头儿是谁？子路说：那是我的老师，天下闻名的孔丘啊！长沮哂笑说："既然是孔丘，他理所当然应该知道路该怎么走，还用得着去问别人吗？"这句话有弦外之音：你孔先生周游列国，到处布道，给人指点迷津，你自己还不知自己的路应该走哪一条？这个世界已经烂透了，没救了，你想拯救世界？此路不通呀！

子路又问桀溺，桀溺反问子路是谁？子路以名字相告，桀溺又问他是不是鲁国孔丘的门徒，子路回答说是的。桀溺不告诉他渡口在什么地方，却答非所问地说："如今世风日下，礼崩乐坏，这就像大水泛滥似的成为时代的潮流，谁也不能遏止它、改变它。与其追随逃避坏人的人，你何不跟着逃避社会的人呢？”说完继续埋头干自己的农活，不再理睬子路了。子路把问路的情况向孔子一说，孔子脸色沉了下来，说：“鸟兽不可与同群，吾非斯人之徒与而谁与？天下有道，丘不与易也。”人各有志，各自走各自的路，如果天下有道，那么我孔子也用不着东奔西走，反倒可以回家去种地了。

孔子何尝不知这个世界是他所没有能力改变的，但他又清楚，如果谁也不去管，这个世界可就真的没希望了。

孔子知道他自己走上了一条什么路。他也知道他自己无力改变这个世界，他所做的事情，是“明知不可为而为之”。但他既然上路了，就不能放下自己的行囊。

这就是孔子。

鲁哀公十一年（前484），孔子结束了他14年的流浪生活，回到鲁国，他已经是66岁的老人了。

回国以后，尽管他被国人尊为“国老”，鲁哀公、季康子且每以政事相询，但孔子铁下一颗心，不再去做官了。

孔子晚年，主要做了两件事，一是继续教学生，二是研究整理古文献。经他之手整理的古文献有《诗》、《书》、《礼》、《乐》、《易》等，他对《易》用力最勤，手不释卷，以至于把串联竹简的绳子磨断了三次，后人称孔子读易，韦编三绝，就是这么来的。另外，孔子还据鲁国的国事，编成了《春秋》一书。

公元前479年孔子去世，享年73岁。

晚年，孔子遭受的最多打击，就是他心仪的弟子一个个相继离开人世。

比他小三十岁的颜回死了，死于贫、病；

他最忠实的弟子子路死了，死于卫国的内乱；

他欣赏的弟子冉伯牛也死了，死于瘟疫。冉伯牛病重时，他的家里人怕传染，不敢去看他，但是孔子去了，冉伯牛却紧紧闩着门，不让老师进去。孔子一遍遍敲门，敲不开，就从窗外把手伸进去。冉伯牛哭着把老师这只手握住了。孔子也哭了，只是说：这都是命运啊，这么好的人怎么就得了这样的病呢？这么好的人怎么就得了这样的病呢？

死去的还有他的弟子闵子骞、仲弓……

还有一件让他伤心的事，鲁国贵族们打猎时捕获了一头麒麟。当时谁也不认得这头怪兽，就把它送给管理山林的人了。孔子见了，立刻掩面大哭。他的学生见他哭得这么伤心，问他，孔子说：这是麒麟啊！它是含仁怀义的祥瑞之兽，只在政治清明，社会安定，有仁爱君王出现时它才出现，可现在正是恶人当道的乱世啊，它出来了，真是生不逢时啊。所以它会受到伤害，我就是因此而悲伤啊。最后，孔子长吁一声："吾道穷矣"！我一生所奉行的道已经是穷途末路了。

孔子哭麟，实际上是在哭他自己啊。

孔子怀着一腔悲愤和无尽的惆怅离开人世。

司马迁给他的评价是"高山仰止，景行行止。虽不能至，心向往之。"孔子就像一座巍巍大山，让人敬仰，他一生的学问人品，像大道为人们所遵循。一般的人虽然没有可能达到他那么高的思想境界，但是心灵是永远向往着他的。

这是对孔子一生最权威的定评了。

九、孔子在人间

司马迁对孔子的定评是不过分的。

孔子自己也万万不会想到，他东碰西撞地活了一世，却被世世代代千世百世的人们记在心里。

从他还活着时被自己的学生尊为圣贤，他的头上就已经有了太多的光圈。

这不是孔子自愿的事，他活着时对说自己是圣人非常反感。他从不认为自己是圣人。

孔子成为圣人，是因为有人需要他成为圣人。

千百年来，我们心目中的孔子早已失却了他老人家的"本来面目"。

那个"君君、臣臣、父父、子子"的孔子不是原本的孔子；

那个"君为臣纲，父为子纲，夫为妻纲"的孔子不是原本的孔子；

那个"饿死事小，失节事大"的孔子不是原本的孔子；

那个"存天理、灭人欲"的孔子不是原本的孔子……

那是董仲舒和朱熹们"制造"的孔子。

真正的孔子在哪里？就在历史的紫陌红尘里，就在我们这个烟熏火燎的人世间。

今天，我们研究孔子的学术，重温孔子的思想，首先，应该让那个真性情的孔子回到人间。

以上我所讲的，是孔子学说和思想对世道人心的贡献，还有一点，是我们不能忽略的，那就是孔子的人生智慧。

我们不能忽略一个日常的孔子。

前些年我在一家高等院校讲孔子，学生递了一个条子给我，说老师你说孔子这么了不起，但是我觉得他轻视女人，说“唯女子与小人为难养也”，这是应该批判的吧？

我认为，对孔子的女性观的认识，首先要从“礼”上做一番考察。

坚持“孔子轻视女性”观点的朋友有很充分的理由，光是从《论语》里摘出几条言论就能成为很好的论据了，而且，孔子说他“有教无类”，实际上是“有类”的，他的学生不论穷富只有一类人，那就是男人，孔子弟子三千，贤人七十二，这里面没有一个是女人。

孔子的时代和我们这个时代完全不一样，无论从思想观念还是社会风俗都不一样，首先从周朝的礼制上就规定了男女之间的“大防”。我们看《尚书大传》，那里面记录了孔子从不同风俗的角度看待男女关系的话。孔子说：“吴越之俗，男女同川而浴，其刑重而不胜，出无礼也。”吴越这个地方的风俗，男的女的在一条河里洗澡，虽然刑罚对于这一点是很重的，但还是不能制止这种行为，因为他们不懂得“礼”。接下来他又说：“中国之教，内外有分，男女不同椸架，不同巾栉，其刑重而胜，由有礼也。”什么意思呢？中原这个地方，很重风俗的教化，男女有别，内外有分。男人女人不在同一个衣架上晾衣服，或者更进一步说男人女人的衣服不晾在一个衣架上，男人女人不共用一条毛巾，一把梳子，那里的刑罚与吴越地区是一样的，但是却可以制止犯罪，原因在于他们遵循“礼”的制约。男女没有分别，重刑也不起作用的地区，是因为没有“礼”的制约，这里，孔子是把“礼”看得重于“法”的。所以他当了中都宰，就制订了一条“地方礼规”：（请注意是“礼规”，同时也是“法规”）那就是“男女别途”。男人女人各走各的道，一条街上男人走这一边，女人走那一边。看起来怪怪的，有点滑稽，有点匪夷所思，可那时就是这样的。所以有的朋友递条子给我，说孔子说“三人行，必有我师焉”，这可以为师的“三人”中包括女人吗？我说孔子没说女人不可以为师呀，但那时男女走路是分开的，“大路朝天，各走半边”，这同行的人中肯定不是女人了。但是没关系，如果孔子认为这个女人很优秀，就肯定会赞美她并向她学习。

但是，孔子所赞美的女人，往往是与“知礼”有关的。在《礼记·檀弓下》篇，孔子赞美一个名叫敬姜的女人，她是鲁国大夫穆伯的夫人。赞美她什么呢？她的丈夫穆伯死了，她只在白天哭，出殡的时候，她躲在帐子里面哭。而她的儿子死了，她白天黑夜都哭。孔子赞美她说“知礼矣！”这个女人懂得礼节啊。这里“礼”和“节”是这样构成组合的，即用“礼”来“节”制自己的情感。

我们再看一个记录在《孔子家语·好生》篇中的故事：鲁国有一个男子，独自住在一所房子里。（这个男人没有记下他的名字，后世的人称他“鲁男子”）他有一位邻居，是个寡妇。有一天半夜，下起了暴雨，寡妇家的房子冲毁了，于是就到鲁男子家来打门，要求到他家借住。鲁男子却拒绝了，没有给她开门。寡妇在门外说：你这人怎么没有一点仁爱之心？不肯帮助我呢？鲁男子说：我听说男人和女人不到六十岁是不可以同住的，我们都还年轻，所以我不敢接纳你。女人说：你干吗不学学人家柳下惠呢？人家怀里抱着没赶上出城的女子，可是没有一个人说他心术不正啊。鲁男子说：柳下惠做到的事情，我是做不到的。所以我就用我自己做不到的，学习柳下惠能做到的。

柳下惠我们都知道这个人，当年他差不多就是一个“感动中国”的人物，有一个成语叫“坐怀不乱”就是讲他的事。柳下惠是春秋中叶鲁国大夫，他其实不姓柳，而是姓展，展开的展。名获，字子禽，因为他受封的那个地方叫柳下，他死后谥号叫惠，所以就叫他柳下惠了。还有人说他姓“柳下”，单名叫惠，就更大错特错了。他当鲁大夫是有贤名的，孔子很欣赏他，《论语》中多次写到他，称赞他贤能之人。却说有一天晚上柳下惠夜宿城门，偏巧有一个女人因为错过了出城的时间，也只好在城门洞里过夜。晚上天气很冷啊，柳下惠怕那个女子冻伤了，就把她抱在自己的怀里，抱了整整一夜，一点没有越轨的行为。所以后来就成了“坐怀不乱”的榜样。

我们说鲁男子这个回答太有趣了。鲁男子的意思是：并不是每一个男人都能成为柳下惠，比方说我就不行。一个年轻女人如果抱在我怀里我肯定做不到“坐怀不乱”。所以我只能用“礼”来克制自己，“吾将以吾之不可，学柳下惠之可”。

孔子是赞美鲁男子的做法的，他说：“善哉！欲学柳下惠者，未有似于此者。期于至善，而不袭其为，可为智者乎！”孔子赞扬鲁男子的“活学活用”，说从来学习柳下惠的人，没有像鲁男子这么样懂得变通原则的人。他学到了柳下惠的精神，却用的是另外一种行为方式来达到“至善”，而不是死搬硬套照抄蓝本，可以算是智者了。

这位鲁男子拒绝接纳女人过夜，可能有两种想法，第一是感到自己没有柳下惠那样的道德定力，怕把持不住自己；第二是怕对方也不是柳下惠抱在怀里的那类女人，即使自己有定力，对方没定力也不成。成全了柳下惠“坐怀不乱”英名的那个女子，也是个“坐怀不乱”的人呀。所以孔子称赞鲁男子变通的智慧。

孔子曾说：“饮食男女，人之大欲存焉。死亡贫苦，人之大恶存焉。故欲、恶者，心之大端也。”吃饭喝水、男女之情，都是人生存的大欲望，是人性中最根本的问题。对这个问题怎么妥善处理好，就只有用“礼”去权衡约束了。

在这个问题上我们不必苛求孔子。

孔子自己的婚姻不幸福，他19岁时娶亓官氏，妻子为他生了一儿一女，但他们之间却没有留下任何情深意笃的记录。《礼记·檀弓上》上记载，孔子的夫人死后一年，儿子孔鲤还在哭祭，孔子听到哭声，问：谁在那里哭呀？他的学生说：是伯鱼（孔鲤的字）。孔子说：“嘻，其甚也。”他也太过分了吧。伯鱼听到父亲斥责他，就除掉丧服不哭了。

有一种说法是：孔子是与妻子离了婚的，那个时代叫休妻。这不是野史，而是有据可考的。我们还看《礼记·檀弓上》篇：

> 子上之母死而不丧，门人问诸子思，曰：“往昔子之先君子丧出母乎？”曰然。“子之不使白也丧之，何也？”子思曰：“昔者吾先君子无所失道。道隆则从隆，道污则从污。伋则安能？为伋也妻者，是为白也母。不为伋也妻者，是不为白也母。”故孔氏之不丧出母，自子思始。

我们看这段原文，“子上”是指孔子的重孙子孔白，字上。子思，是孔子的孙子、孔鲤的儿子孔伋，字子思。这段文字涉及了孔家四代人的婚姻问题。子上的母亲，也就是子思的妻子死了，但子上却没有为母亲穿孝服。原因是子上的母亲、子思的妻子是离了婚的。门生问子思：“从前您的父亲孔鲤，不也曾给离婚的母亲戴过孝吗？”子思说：“对呀。”门生又问：“您不让孔白戴孝，是为什么呢？”子思回答：“我的父亲从前没有失礼的地方。按照礼节，该隆重的就隆重，该简单的就简单，我怎么能做到呢？如果是我的妻子，那么她当然也就是孔白的母亲了，但如果她已经不再是我的妻子，就不应该是孔白的母亲了。”

这段文字透出了以下几个方面的信息：

一、孔子是离过婚（出妻）的。门生问孔子的孙子子思：“从前你的父亲孔鲤不是给离婚的母亲戴过孝吗？”子思承认说：是这样。孔鲤的母亲，是孔子的夫人。

二、孔子的孙子孔伋（子思）是离过婚的，所以不让自己的儿子孔白（子上）给他的母亲戴孝。因为妻子既然离了婚，就不再是自己的妻子，也就不再是儿子的母亲了。

三、从子思那时起就立了一条规矩，孔家是不为已经离了婚的母亲戴孝的。

孔子离过婚，这没什么不正常的，谁说名人、圣人、伟人的婚姻就一定要美满幸福呢？这是两码事。孔子为什么离婚？我们也不必深究。孔子自己制订过“出妻”的七种缘由：

一、不孝敬父母；

二、没生育子女；

三、淫乱邪僻；

四、心怀妒忌；

五、身有残疾；

六、拨弄是非；

七、偷盗财物。

但我们还是无从考察孔子婚姻出现问题的原因。

孔子的儿子孔鲤也是离过婚的，他离婚的原因大概可以和以上条款中的某一条对上号，《阙里述闻》记：“伯鱼前妻无德……妻不可化，乃出之。后妻贤，生子伋。”

孔子自己和他的儿子、孙子三代婚姻都是失败的，这给了我们很多值得思考的问题。儿子的婚姻是孔子主的，孙子的婚姻是儿子主的，其结果是一连串的失败，说明不论是谁，都会遇到理想与现实不合卯楔的矛盾。

孔子其实是一个很讲究生活品位的人，比如他对于饮食、服饰的讲究，以我们现在的眼光看起来，那真是精致到了极点。

我们都知道孔子有一句名言叫“食不厌精，脍不厌细”（《论语·乡党》），“文革”期间“批孔”，说他是“寄生虫”，他的上述理论，成为很醒目的靶子。

孔子对吃是很讲究的，他有“十不食”论也非常著名：

一、食饐而餲，鱼馁而肉败，不食。饐，读yi，指食物陈旧，餲，读ai，指食物腐败变质。粮食陈旧发霉，鱼肉腐败变质，当然是不能吃的。

二、色恶，不食。食物的颜色变了，意味着已经变质，这也是不能吃的。

三、臭恶，不食。食物变味，是万万吃不得的。

四、失饪，不食。食物在制作过程中出现了问题，火候不到或太过，不能吃。

五、不时，不食。这里有两层意思，一是不是应时的东西不吃，也就是不吃那些反季节的东西。二是不该进食的时候不吃东西。

六、割不正，不食。肉切得不方正，不吃。孔子认为割不正是失礼的表现，所以不吃。

七、不得其酱，不食。孔子那时吃肉，没现在这么复杂的烹饪手段，煮熟了放点盐，而酱是主要的调味品。如果酱调理的不好，一来败坏胃口，二来也是失礼的表现，所以不能吃。

八、肉虽多，不使胜食气。尽管肉很多，而且烹制也合口味，但是注意不多吃。食气是什么意思？“气”与“饩”是通假字，食饩，指的是主食。这一条的意思是吃肉不要超过主食的量。

九、沽酒市脯，不食。从街上买来的酒和肉干，不吃。这是从卫生的角度谈的。当时的食品加工非常粗糙，不堪入口。

十、不撤姜食，不多食。吃完肉食以后，姜不撤下，但也不多吃。古人对吃姜是很讲究的，几乎每顿饭都有姜，作为一种调味品，也有祛寒湿解温毒的作用。但不宜多吃，要适可而止。

“文革”时批判孔子的“十不食”，说这是奴隶主腐化堕落的生活写照，今天看起来，“十不食”中除了极个别的是出于对“礼”的遵循，大部分体现了孔子的饮食科学观和养生思想。

现代人又把孔子抬举成一个“美食家”，这个观点我也不敢苟同。孔子的饮食观，只不过是反映了最基本的饮食科学常识，相反，他是个“无终食之间违仁”的人，哪怕是吃一顿饭，也不敢违背“仁”、违背“礼”。《吕氏春秋》中有个故事，证明了这一点。那个故事说：周文王喜欢吃菖蒲的根腌制的咸菜，孔子是很崇拜周文王的，处处拿周文王做自己的榜样。他听说周文王喜欢吃菖蒲根腌渍的咸菜，也强迫自己吃这东西。但是这种咸菜实在是不好吃，孔子一边吃一边皱着眉头，“缩頞而食之，三年然后胜之”（《吕氏春秋·孝行览·遇合》）。就这么皱着眉头坚持了三年，终于习惯了这种东西。在孔子心目中，难咽的菖蒲咸菜因为周文王的嗜好而变成了一种“圣物”，他逼着自己用了三年的时间去接受它，是为了让自己去接近“仁”。

据说孔子也是个喜欢酒的人，而且还有海量，古谣曲有“先舜千钟，孔子百觚”之说。觚和钟一样，都是酒器。觚就是牛角大杯，容量很大，能饮“百觚”是夸张，但看出他酒量还是蛮大的。但是孔子喝酒很有节制，他爱酒而不为所困，善饮而不及乱，时刻保持着一种清醒。他从来没有放纵过，你翻遍能看到的史籍，都找不到孔子醉酒的记录。

孔子对穿衣也很讲究。我们打开《论语·乡党》篇，就等于打开了孔子的一架大衣橱。那里边各种颜色、各种款式、各种质地的朝服、祭服、常服、斋服甚至睡衣、亵服应有尽有。而且麑裘、狐裘、羔裘之类的高档服装也不少。齐国的国务总理晏婴就曾批评孔子“盛容饰”。晏子这个国务总理是以节俭出名的，他天天坐着破烂的牛车上下班，穿的衣服上打满了补丁，他对衣冠楚楚的孔子是看不上的。

孔子对服装的过分讲究，当然也是出于“礼”。他的学生颜渊问他怎么去治理一个国家，他讲到其中一点就是“服周之冠”，即戴周王朝款式的帽子。他向来都是从政治的高度来考虑服装问题的。一些国君碰到了服饰方面的难题，总是找他请教。

孔子在服装问题上也有“活用”的时候，比如他在家里穿的皮袍，就做成了一只袖子长一只袖子短的，“亵裘长，短右袂。”右边的袖子短半截，看起来不太协调，但实用、方便。这是他的灵活之处。

孔子这个人，从来不太掩饰自己的真性情，比如他和他的学生们有时也没大没小地争论，比如他也想发财，他自己就说：“富而可求也，虽执鞭之士，吾亦为之。”（《论语·述而》）如果可以求得财富，即使是让我去做拿鞭子干的活儿，我也去干。孔子时代，所谓“执鞭之士”是一种很低贱的职事，拿着鞭子给人家看门儿。孔子认为人想发财是正常的欲望，这叫“可欲”。孔子不掩饰自己这方面的追求。但是他又说“不义而富且贵，于我如浮云”。（同上）不义之财对我来说就是天上的浮云，从来不会让我动心的。

孔子爱哭，但是他又是一个随时随地能给自己找到欢乐的人。《孔子家语》里有这样一个故事：有一回孔子到泰山出游，碰上一个高人。这个高人是一个隐士，名叫荣声期，当时已经95岁了。他穿着鹿皮袍子，腰里扎着绳子，一边走路，一边快乐地弹琴唱歌。孔子看见这个老头活得这么快活，就问他：老人家，您怎么这样高兴呢？荣声期说：让我高兴的事太多了，而最值得高兴的有三件。第一，天生万物，人是最尊贵的，而我呢，能够成为一个人，这是头一件值得高兴的事。第二呢，人中有男人有女人，男尊女卑，我又有幸成为一个男人，这是又一件值得高兴的事。第三呢，人生寿夭不同，有的没出襁褓就死了，而我却活到了95岁。难道这不值得高兴吗？

孔子很受感动，他说：“善哉！能自宽者也。”这个老汉，是个能宽慰自己的智者啊！

孔子就是以一种大生命的意识来创造生活，并且创造生活的欢乐的哲人。

孔子对欢乐的认识是他人生智慧的精华。他曾提出“益者三乐”和“损者三乐”的观点：益者之乐，首先是以遵循礼乐为快乐，其次是以扬人之善为快乐，再次是以多交有德行的朋友为快乐。损者之乐，首先是以骄纵为快乐，其次是以闲游浪荡为快乐，再次是以大吃二喝为快乐。（见《论语·季氏》）孔子告诉我们，欢乐其实是件很简单的事。

这对于我们的人生有着很重要的启迪意义。生命中的大欢乐是人生的大超越。金钱和权力不可能给人带来持久的欢乐，因为金钱有地域性，你到外国，花人民币就不方便了。权力有时限性，你从领导岗位上总有一天会退下来。但欢乐是没有边界的，你可以无所不快乐，无往不快乐。

在日常生活中，孔子是个有七情六欲、喜怒哀乐的凡人。

但他同时又是一个超越了“本我”的大写的人。

孔子的人生智慧，是全人类的精神不动产。

在结束本文的时候，我想起了伏尔泰的话：“人们对孔子的信仰不同于对神的膜拜，人们之所以尊敬他，是因为他在上天的启示下，为人类创造了最崇高的理想。”（《自然法则》）

人间的孔子，他属于中国，也属于世界，属于人类；

人间的孔子，他属于历史，也属于现在，属于未来……

“创造眼睛”读老子

讲老子之前，我想先讲讲奥修。

奥修是谁？他和老子又有什么关系？

奥修是个印度人，当代印度人，一个哲学教授，他在印度波普大学当了九年哲学教授之后，周游各地进行演讲，根据他的讲稿整理出版的著作就有650多部。所以说这是个非常了不起的哲人。奥修对中国老子的哲学情有独钟，他的演讲经常要谈到老子。他曾说：“当我谈论老子，就好像谈论我自己，我的存在跟他的存在合而为一，我的脸被反映出来；当我谈论老子，我完全跟他在一起。即使说‘我完全跟他在一起’也是不对的，我就是他，他就是我。”

奥修还指出，要了解老子的逻辑，你必须要去创造眼睛。他还指出：成为一个老子或认出一个老子是非常困难的，事实上，如果你能够认出一个老子，你已经是一个老子。要认出一个佛陀，你不必成为一个佛陀，但是要认出老子，你必须成为一个老子。否则那是不可能的。

奥修讲“创造眼睛”很精辟，简直是诗的语言。读《老子》是必须要“创造眼睛”的，你如果用庸常的眼光去理解老子的思想，那肯定是困难重重。奥修讲“创造眼睛”，其内涵就是要有发现的眼光。

我们大家想一想，在奥修这位印度圣哲的眼里，老子就是这样一个位置。

老子是属于全世界的。

作为中国本土唯一的宗教，到现在为止，道教已经有了两千多年的历史，道家理论的第一部元典，就是《老子》。

怎么去读《老子》？奥修说得很有道理，那就是在读的时候把你自己变成老子，也就是把自己融入其中，读出一个自我版的《老子》来。

一、老子其人其书

老子，是一位充满了谜团的人物，他的姓名、年龄、世系，以及关于他著作的种种，都有很多谜团。

按照司马迁《史记·老子传》的记载，“老子者，楚苦县历乡曲仁里人也，姓李氏，名耳，字伯阳，谥曰聃，周守藏室之史也。”似乎把老子的姓名籍里说得很明白了。按照司马迁的记载，老子是楚苦县（今河南鹿邑东）人，姓李名耳字伯阳，聃是他死后的谥号，是春秋末期周朝掌管典籍的史官，相当于档案馆的馆长。司马迁并记孔子曾向老子问礼。郑康成注《礼记·曾子问篇》时，释“老聃”则谓“老聃，古寿考者之号”。在这里，老子这个名字就出现了疑问，似乎成为一个不知姓名之人。

后世学者对此多有存疑，王念孙断定《史记》之文有误，应是“名耳字聃姓李氏”，其“伯阳”之号出于《列仙传》，《史记》传文因被窜改而造成了偏差。因为司马迁在《老子本传》中又提出了“老莱子”、“太史儋”可能与老子之名相混，这是造成后世对老子姓名歧说纷纭的重要原因。

首先，老子姓“老”还是姓李？

郑玄注《曾子问》曰：“老聃，古寿考者之号也。”葛玄《道德经序》曰：“生而皓首，故称老子。”张守节《史记正义》引张君相曰：“老子者是号非名，考，考也，子孳也，考众理，达成圣孳，乃孳生万物，善化济物无遗也。”江瑔《读子卮言》曰：“老子，老而隐，故自称老子。”

这里一说老子姓“老”，一说姓子，这两个姓都曾是实有过的古姓，宋国确有老氏，殷人（宋为殷之后）“子”姓，也有过记载，但老氏子姓，却找不到记载。高亨《史记·老子传笺证》则认为“老一李一声之转，老子原姓老，后以音同变为李”。他还举例说，“古人姓氏多无本字，借同音字为之，所借各异，故一姓往往歧为数姓”，如“荀卿亦作孙卿，田仲亦作陈仲，邹衍亦作驺衍，惠子亦作慧子”，“故老之亦李，亦语转而然”。

老子的年龄，司马迁《史记》本传中说他“百有六十余岁，或言二百余岁”，是名副其实的“老子”，这是有悖于常理的，这里用不着多说了。总之老子就这么成了一个“神龙见首不见尾”式的谜一样的人物。至于老子的世系问题，老子的姓氏问题、《老子》一书的成书问题等等，从先秦以后争议很多，限于时间我们就不在这里一一探讨了。

老子的思想，体现在他所著《老子》（又名道德经）一书中，《道德经》五千言，全书八十一章，上篇三十七章，下篇四十四章，上篇称“道经”，下篇称“德经”。后世虽然常将老、庄归于一家，实际上老、庄并不相同。李泽厚说：“庄与老有接近的连续关系，但基本特征并不同。老子是积极问世的政治哲学，庄子则是要求解脱的形而上学。”

与《庄子》不同，在《老子》一书中，我们很少能看到避世隐者的言行，不像《庄子》的文本记叙中，大量避世的隐士，如许由、善卷、石户之农、北人无择、广成子、子桑户、孟子友、伯成子高等频频出现。

《老子》一书，体现了他的哪些思想呢？

《老子》的思想，以“恒无名”之“道”为核心，以动反、用弱为要，以清静自然、返璞归真为旨归，兼有治国和治身两大方面的内容。其观念可分为三组：

（一）常，道，反；

（二）无为，无不为；

（三）守柔，不争，小国寡民——无为观念之展开。

这里的第一组观念为思想之根基，第二组则为其思想之中心，第三组反映了这一中心思想在人事上的应用。

长期以来，人们有个误解，认为老子的思想是消极避世、不思进取的隐士哲学和明哲保身、与世无争的处世哲学，这实在是对老子的误读。

二、老子的宇宙观

我们先从《老子》的第一章谈起：

> 道可道，非常道，名可名，非常名。无，名万物之始；有，名万物之母。故常无，欲以观其妙；常有，欲以观其徼。此两者同出而异名；同谓之玄，玄之又玄，众妙之门。

第一章历来是学者们争议最大、歧解最多的一章，甚至不同的版本，标点亦不尽一致。

“道可道，非常道；名可名，非常名”，第一个“道”字和第三个“道”字是名词，第二个“道”字是动词（谓语）；下一句第一个和第三个“名”字是名词，第二个“名”字是动词，为“命”的假借，即命名之命。“命名”——我们今天叫起名字。这两句话意思是说：道是说得出的，但说出来的道就不是永恒的道（常道）了。名字是可以起的，但叫得出来的名字就不是常名（永恒）的名了。

这里给大家讲一个故事。

五代时期有一位很有名的宰相叫冯道，冯道这个人是沧州瀛洲景城人，现在沧县相国庄就是冯道故里。冯道字可道，历事后唐、后晋、后汉、后周四个朝代十一个君王，当了二十多年宰相。所以后世的人把他称作“不倒翁”。那个故事说，冯道请一位博学多识的门客给他讲《道德经》，开篇头一句就把这位门客难住了。为什么呢？“道可道，非常道”，这句话可是既犯了丞相的名讳又犯了丞相的字讳的。冯道、可道，名和字全都犯了。古代对名讳是非常讲究的，尤其是对皇帝和重要朝臣，就更得注意。所以这位门客头一句就给难住了。冯道直催他：怎么不讲了？门客无奈，只好硬着头皮讲下去，开篇这一句索性就给“翻译”了：“不可说、不可说，非常不可说”。

这个门客无奈之下的“翻译”，恰恰说出了“道”的本质：“不可说。”

道确实是“不可说”的这么一个东西。它看不见、摸不着，恍恍惚惚，无形无状，混混沌沌，但它却是宇宙唯一的存在，是万物之母，一切的根源。同时，它又是天地间万物的运行法则，是天地万物表现出来的一种基本品质。

老子所讲的“常道”，即永恒不变之道；常名，也就是永远不改变，永远不会被废弃的名字。自然界和人世间的一切（形而下的事物）都是有始有终、有成有毁、有生有死的，都是“不常”的，一切形而下的事物的名字也是“不常的”。老子所要说的“道”，不是普通的“道”，而是恒久不变的“常道”，故此，他所要用的名字，不能是普通的、会消逝的名字，而是永远不会废弃的“常名”，所以他说能说出来的“道”就不是恒久的道了，起出来的名字就不是常名了。

“无，名万物之始，有，名万物之母”。既然能说出来的道便非常道，起出来的名字又非常名，那怎么办呢，只好勉强地给它起个名字，所以用“无”作为“万物”创始者的名字，用“有”作为“万物”产生者母亲的名字。“万物之始”的“始”也是“母”的意思，“母”与“始”是同义的，母系社的定义中，始祖就是一位老祖母，所以您看这个“始”字是“女”字旁的。

“无”和“有”都是指的“道”，而不说两个东西。叫作“无”，就是道和有形体的实物对比而言，所以叫“无”。它是恒常存在的，所以又把它叫作“有”。这是道的两个名字，“此两者同，出而异名者”。《老子·第二十五章》说的“吾不知其名，强字之曰道，强为之名曰大”。“道”和“大”也都是指的一个东西。

接下来老子的意思是说应该经常从无形象处认识道的微妙，从有形象处认识万物的终极。以“常无”观“万物”的原始，以“常有”观“万物”的边际。老子认为物质世界是有起源的，即万物有始，万物有母。认为物质世界是有边际的，然而物质世界非常广阔，物质世界的起源也极其悠长，所以老子第七章提出了“天长地久”的观念。——所以老子主张，要以“常无”的观点（即从道的观点）才能领悟物质世界的起源，要以“常有”的观点，才能领悟物质世界的边际。

“此两者同，出而异名。同谓之玄，玄之又玄，众妙之门”：此两者，指的是上句的“常无”“常有”，意思是说，“常无”和“常有”是指的同一个东西，是同一个东西的两个名字，这个东西就是道。“玄”，这里并不作“玄妙”来解，而是指“幽远”之意，《说文》谓“玄，幽远也”。这个“玄”字与第六章“玄牡”相通，“牡”指母亲，玄牡即原始的老祖母——这个老祖母是天地之根。“玄之又玄”是说远而又远，“众妙之门”，即说它是一切物类奥妙所以从出的门户。

哲学家徐复观先生认为：“老学的动机与目的，并不在于宇宙论的建立，而依然是由人生的要求，逐步向上推求。推求到作为宇宙根源的处所，以作为人生安顿之地。因此，道家的宇宙论，可以说是他的人生哲学的副产物。他不仅是要在宇宙根源的地方发现人的根源，并且是要在宇宙根源的地方来决定人生与自己根源相应的生活态度，以取得人生安全的立足点。”（徐复观《中国人性论史》）

我的观点与徐复观先生的不尽一致，我则认为，并不是老子的人生哲学派生出了一个副产品——宇宙论，恰恰相反，是在他宇宙论的基础上产生了他的人生哲学。

这一章是老子客观唯心主义宇宙观的大纲，也等于给全书定了一个基本的概念框架。

三、按照自然规律行事

《老子》第二十五章：

> 有物混成，先天地生。寂兮寥兮，独立而不改，周行而不殆，可以为天地母。吾不知其名，故强字之曰道，强为之名曰大。大曰逝，逝曰远，远曰反。
>
> 故道大、天大、地大、人亦大。域中有四大，而人处其一焉。人法地，地法天，天法道，道法自然。

其意是说，有一种东西是由混混茫茫的物质构成的，在天地生成之前它就存在了，听上去，它寂静无声，看上去，它浑茫无形，自己在那里独立地存在着，永远也不会消失；周而复始地回旋着，永远也不会停下来。我们可以把它当作天地的母体，我不知它的名字，给它起个字，称其为“道”。勉强给它起个名号，可以称其为“大”。因为它大的无边无际，所以可以伸延到遥远的至极；因为它延伸到了遥远的至极，所以就会向回返，由此我们可以对宇宙的状况作这样的概括：道大、天大、地大、人也大，宇宙中有四种最大的东西，而人就是四大中的一大。由于天地是由道产生的，人是由天地产生的，天的禀赋是道赋予的，人禀性又是天地赋予的，所以人按照天地的准则行事，而天地则按道的变化准则运行。因为道是在那里自然而然变化着，所以道的变化准则是依自然而变化。

老子提出了新的本体论依据，也就是关于世界本源的命题。首先，他指出，“道”这个东西比“天”更根本，因为它比“天”更早产生，“先天地生”，“天”出于“道，”是“道”的一个生成物。

那么，这种“先天地生”的“道”到底是个什么东西？老子自己解释说：

道之为物，惟恍惟惚。惚兮恍兮，其中有象。恍兮惚兮，其中有物。窈兮冥兮，其中有精。其精甚真，其中有信。（第二十一章）

老子说：“道”这种东西，是恍恍惚惚的，惚惚恍恍啊，其中却有某种形象。恍恍惚惚啊，其中却有某种物质。深远暗昧啊，其中却有精微之气。精微之气是一种真实的存在，其中竟有可靠验证。

道就是这么一个很抽象的东西。请注意，我用了“抽象”这个词。我们平常总说“抽象”，这个词的概念是什么，具体的形象被“抽”掉了，剩下的是就只有若隐若现的一种不可名状的东西了。道是被“抽”了“象”的，所以它才这么恍恍惚惚，惚惚恍恍，这么一个无状之状，其中虽然有象，有物，但这“象”和“物”却又是看不见摸不着的。这是一种无象之象、无物之物的物质性的存在。所以只好把它命名为“道”。

这是哲学家找不到确切的语词表达自己思想时常常遇到的痛苦和困窘，也是中国上古哲学带着相当的模糊性、朦胧性、混沌性的一个表现。老子用了许多很不确定的词来形容道的不可捉摸，但是这些不确定的词却非常美，让我们今天读起来很容易进入一个“恍兮惚兮”的迷离世界之中。

老子认为，这个“道”是有着生成功能的。他说：

道生一，一生二，二生三，三生万物。万物负阴而抱阳，冲气以为和。（第四十二章）

道这个东西，是万物生长的源头，它生出的是“一”，一再生二，二再生三，三可以生万物。我们不妨形象一些，如果说“道”是“无”，那么，“一”呢？“一”就是“有”。无中生有。“二”是什么？“二”是“无”和“有”。下面很关键了，“三”呢，“三”是“无”与“有”生出的“物”。即万物之本源。在这一组关系中，“道”是一切存在的根本，是自然界中最初的原动力和创造力。

也有一种更直接的解释，说“一”是指一团混沌的原物质之气，也就是后世道家们讲的“元气”。这个气是什么？是混沌的具体化，是原初物质，是天地之母。这种原初物质用现代物理学来解释就是一种微粒物质，所以我们的沧州老乡、当代大哲学家张岱年先生认为，道家关于“气”的理论是原子论的萌芽。

老子接下来又指出万物都是背阴而向阳，由阴阳激荡而成的和谐体。也就是说，万物具有阴阳二气，阴阳二气互相作用，成为和气。老子的这一哲学贡献是很了不起的。

“道生一，一生二，二生三，三生万物”，是进一步讲“道”为“万物之母”、“万物之始”、“万物之宗”、“众妙之门”、“天地之根”的。

在这里，老子所讲的“道”，与印度的“梵”，都表达了一种无限的涵盖、一种普遍关系、一种最高境界的存在。“梵”在印度哲学中表达了什么意思呢？按照《奥义书》的解释，它是“唯一的灵魂”，天地和空气都由它织成，还有风和所有的生命体。

同时，我们也应该特别注意，这里“人”的位置是十分明确的，“道大、天大、地大、人亦大”，“人”不但可与万物并列，而且与他的母体天地相并列。与他的祖体大道相并列，被放在了万物之上，列为宇宙的四大之一。

注意，这里“人”不是指人的个体，也非群体，而是指人的总体。是一个“类”概念。这一概念提出，是人类自我意识产生的标志，是人作为一个物类进行自我探索的前提，更是人对自我本性、自我本质、自我价值认识的前提，也是从本质上理解人生和解决人生问题的前提。

这里谈人，已超越了人自身，追溯到人类的母体，进而追溯到人类母体之母体。这样就把对人的研究放在宇宙学说的指导之下。

这里谈人的时候，也不再局限于人的本身，而是从人与他的母体的关系上，从人与他所处的宇宙环境的关系上来讨论，指出人是天地的产物，天地是“道”的产物，所以人的禀性在本质上与天地一样，与“道”一样。要认识人的禀性，就要认识天地的禀性，就要认识“道”的禀性。“道”的禀性是自然而然，天地的禀性源于“道”，也是自然而然，人的禀性源于天地和“道”，所以也是自然而然的。

因此，我们完全可以说，老子在中国第一次提出了有关宇宙的观念，第一次从宇宙之中选出了四个大类，其中包括宇宙的源头——“道”，人类借以生存的天和地还有人自己。第一次将人作为一个独立的“类”，展示于人的眼前。唤醒了人的自我意识。老子也是第一次站在宇宙的源头来观察人，探索人类自我，以此来确定人的基本特征和行为准则。

从此，人类的智能开发史掀开了新的一页——以寻根溯本的方法来寻找自我。

《庄子·田子方》中讲了一个孔子请教老子的寓言故事，它用现身说法的形式说明了个人如何亲自体验“初始之完美”，以及由此而获得至高无上的意境：

孔子去拜见老子，老子刚洗完头，披散着头发等待它干，站在那里一动不动，好像木头人，孔子退出静候。过了一会见到老子，孔子说：“莫非是我眼花了，抑或果真如此呢，刚才先生形体直立不动有如枯木，好像超然于人世之外而独立存在。”

老子说：“我的心已在最初万物发生的虚无之境游历。”孔子问：“这是什么意思？”老子答：“那是理智之心难以认知、人类语言难以描述的，只能给你说个大概：至阴寒冷，至阳炎热。寒冷出于天，炎热出于地，两者互相交合而万物产生，万物产生有其规律，但看不见形象，死生盛衰，时隐时现，日迁月移，每日都有所作为，却看不见它的功绩。生有所萌发之本源，死有所归返之境地。始终循环往复，既无端点也无穷尽处，若不是这样，还有什么能构成初始本源呢。”

孔子又问：“您能告诉我游历此境的情景吗？”

老子回答：“到达这种境界是最美好快乐的，谁能体会到最美好最快乐的境界，谁就可以被称为圣人。”

庄子借这个故事表明了道家的个人理想——能够像老子那样“游心于物之初”，从而超凡脱俗成为“至人”。

柏拉图和他的学生亚里士多德认为，在人世之上，人世背后，有一个超越于人世的世界，是事物的条理、法则和规范的世界。这个世界是宇宙的源头和人世的根据，人世上的一切都由这个世界产生并由这个世界主宰。

这一点与老子的思路是不谋而合的。

四、无为无不为

无为而无不为，是老子思想的一个重要方面。

老子认为，万物芸芸，都在不停地变化之中，每一件事物皆无实性，所以凡于事物有所固执，都是不明白至道的表现。

老子说："为者败之，执者失之，是以圣人无为故无败，无执故无失"（六十四章）。

什么意思呢？意思很明白：作为的将会失败，把持的将两手空空。因此，圣人无所作为，也就不会失败；无所把持，也就不会落空。

老子还强调："吾是以知无为之有益"（四十三章），老子说：我因此知道了无所作为是有益的；"是以圣人处无为之事，行不言之教"（二章），圣人以无为的态度来处事，以不言的方法来实行教化；"故圣人云：我无为而民自化"（五十七章），所以圣人说，我无所作为而人民自行发展。

这里的无为，并不是"没有作为"或"不作为"，而是指自觉心不陷溺于任何外在事物。事物皆在"反中"，故不可执，"为"者必"执"，亦必成陷溺。所以"无为"的第一层意思即从"破执"而言。

老子"无为而治"的思想，正是针对西周末年以来统治者的所谓"有为政治"而发，他看到统治者们越"有为"，越"干预"，这个天下就越乱得没法收拾，因为他们不遵从事物发展的本身规律，甚至逆历史潮流而动。

他劝导人们回归淳朴的本性，减少私心利欲，不要玩弄花样技巧，他说："绝圣弃智，民利百倍，绝仁弃义，民复孝慈。绝巧弃利，盗贼无有。此三者以为文不足，故令有所属；见素抱朴，少私寡欲，绝学无忧。"

这里的"圣智"即小聪明，老子认为，人的私欲是由小聪明导致的，有了私心利欲，就会引起纷争，人世就会大乱，百姓就会遭殃。故说"绝圣弃智，民利百倍"。

这里所讲的"仁义"，是指强制人们遵守的宽心待人、严于律己的行为规范。老子认为，人与人之间原本存在着自然的亲和关系，用不着人为的规范来制约，越是强制，人与人就越是疏远，人与人之间的孝慈也就越虚假，所以说"绝仁弃义，民复孝慈"。

老子认为，容许以巧取利，就会刺激人的利欲之心，利欲没有止境，欲而不得，就会为盗，故“绝巧弃利，盗贼无有”。

老子认为，绝圣弃智，绝仁弃义，绝巧弃利，这三绝三弃，有助于帮助人们返璞归真，节制日益膨胀起来的欲望，杜绝臆想，消解忧愁，一旦达到了这样的境界，也就可以自由自在地生活了。

老子推崇“圣人”的标准是“圣人去甚、去奢、去泰”——“去甚”——去掉过分的追求；“去奢”——去掉过分的欲望；“去泰”——去掉过分的企盼。简而言之，就是顺随自然，消除迷执。

因此，老子说“祸莫大于不知足，咎莫大于欲得”；（四十六章）“故物或损之而益，或益之而损”（四十二章）。“是以圣人欲不欲，不贵难得之货”（六十四章），“难得之货令人行妨”（十二章）。

意思是说，没有比不知足更大的祸患了，没有比想得利更大的过错了。不知足会引人进入没有止境的求利之路，没有止境地追求利益，恰恰会损失利益。正因为如此，圣人不珍惜那些难得的奇货，那些东西带了上路，会时时刻刻出现危险，命好点的或许会让小偷偷了，命不好的，还有可能连自己也断送于它。所以无私才是立身之本。所以老子强调“上善若水，水善利万物而不争……夫唯不争，故无忧”（八章）。“江河之所以能为百谷王者，以其善下之，故能为百谷王……是以圣人处上而民不重，处前而民不害；是以天下乐推而不厌；以其不争，故天下莫能与之争”（六十六章）。“圣人之道，为而不争”（八十一章）。

老子“不争”的理论，讲了三个方面的内容：

一、“不争”则“无忧”，人有所“争”则必有所为“敌”者，有“敌”，则难言必不败；唯不争则无所为敌，亦可无忧。

二、就“容”言不争，即“江河为百谷王”之意。人以容天下之心临天下，不与天下争，则天下之人转为己所用；此不必是直接用人，但能不与人争，则天下无为我之敌者，即所行不与我冲突，即为我“用”。

三、“为而不争”。这又进了一步，道者之自处，非求己之所得，而唯尽己力以“为”，此“为”即与“无不为”之“为”相接，盖属由“无为”转至“无不为”后之义，虽“为”但是“不争”，因不欲占有也，这同老子讲的“生而不有，为而不恃”（二章）是一个意思，如果真能做到这一点，则你就超越了众人之“争”而上之，于是天下“乐推”，而莫能与之争。

有的朋友可能会问：按照这个说法，我们主动放弃了“争”，那些“争”的人难道不是该会所向无敌了吗？因为所有想“争”的人都不会有对手了呀。这个问题在老子的思想中是很容易找到答案的，老子从见“反”之理，视一切勉力以为之事皆为“无常”，惟持“不争”之态度而守柔弱，乃能常胜。常人以“争”心而求“强”，于是“为者败之”。见道者以“不争”的态度而守柔弱，故“为而不争”。

这种“无为”的思想，展开以后，即派生出了“小国寡民”的观念。

《老子》第八十章：

> 小国寡民，使有什伯人之器而不用；使民重死而不远徙；虽有舟舆，无所乘之；虽有甲兵，无所陈之；使民复结绳而用之。至治之极，民各甘其食，美其服，安其居，乐其业，邻国相望，鸡犬之声相闻，民至老死不相往来。

国土要小，人口要少。即使有各种先进的工具也不使用；使人民爱惜生命而不远离故乡，虽然有车船却没有乘坐的想法，虽然有武器装备，却不去陈列。使人民再用古代结绳记事的办法。饮食香甜，服装漂亮，住的地方安适，并且乐其习尚。邻国彼此相望，鸡鸣狗叫声听得很清楚，而人民活到老死却不互相往来。这是老子心目中的“理想国”。但这是不可能取得人类的共识的。

老子讲的“小国寡民”，在周初，部族国家还相当多，号称万国，大国方百里，相当于现在的一个大县，中等国方七十里，相当于现在的一个大乡镇，小国方五十里，相当于现在一个一般的乡镇。当时人口稀少，确是“小国寡民”。到了东周以来，人口逐渐繁衍，大国兼并了许多小国，到了老子的时代，已不再有“小国寡民”的旧观，所以前些年一种说法，说老子理想的政治是回到西周初年的奴隶制，虽不全对，但也有一定道理。老子心目中这个“小国寡民”的社会是什么样子呢？

“使有什伯人之器而不用”，这里“什伯人之器”，解法很多，有人解作兵器，胡适则解为“十百人之器”，他说“什，是十倍”，“伯”是百倍，文明进步，用机械之力代替人工，一车可载千斤，一船可装几千人，这就是

“什伯人之器”。这个解释是正确的。在老子看来，民众智慧一开启，就要诈伪蜂起，天下大乱，而新式工具又会启迪民众的智慧，所以他说过“民多利器，国家滋昏”的话。老子在这个问题上的逻辑，《庄子·天地篇》的一则故事，可谓互揭其底蕴。那则故事说：子贡在汉阴见到一位老人抱着罐子提水浇菜，“用力甚多而见功寡”，于是子贡向这位老人推荐新式工具，说这一工具乃是“凿木为机，后重前轻，挈水若抽，数如泆汤”，一日可浇灌百畦，用力甚少而工效十几倍。这位老人却“忿然作色而笑曰：‘吾闻之吾师，有机械者，必有机事，有机事者，必有机心，机心存于胸中则纯白不备，纯白不备则神生不定，神生不定者，道之所不载也’。吾谁不知，羞不为也。”

这位老者的意思是很明白的，人用了机器，就是讨巧，就会生讨巧的心。就会有欺诈，心地就不会再那么纯洁，心灵上有了一些复杂的东西，就会心神不宁，而心神不宁，自然也就远离了“至道”。所以他说：因为我明白了这个道理，所以才拒绝了那些有可能产生机心的机械，不是我不懂得用了机械会省力气，而是羞于那么做。

“有机心”即“智慧出”，所以要产生大伪，这里是老子反对新技术的焦点，也是解开“小国寡民”这一章的一把钥匙。

“使民重死而不远徙”，老百姓把死看得很重大，而不迁往远方，这是古代的一种习俗，所谓“狐死首丘”——狐狸这种动物家园意识非常强，据说它死了头要朝着它窝巢的方向。

“虽有舟舆，无所乘之；虽有甲兵，无所陈之；使民复结绳而用之”，这就是说要废弃车船，闭塞交通，甲兵也不用，即不再有战争，回到结绳记事的野蛮年代，文字索性也不用了。老百姓的生活呢？怎么提高生活质量？社会怎么进步？有人说老子说甘其食，美其服，是说那里人民吃得好，穿得好这就行了。把先进的生产工具、交通工具，甚至先进文明都不要了，怎么能吃得好、穿得好？其实，老子的意思是说，在那至治之国里，人民各甘其食，各美其服，各乐其业，各安其属，并没有人人吃得好，穿得美的意思，也不是大家都平等、吃穿都一样的共产主义的意思。

老子为什么异想天开地设想出了“小国寡民”这样一个“理想国”？不妨先从历史背景上看。

进入春秋以来，民众开始吃了“智慧果”，第一次吃了一个小小的智慧果，他们聪明了，难治了。为什么能吃了智慧果呢，他们使用新式生产工具，聪明了，有了小小的私有财产，有了车船或乘车船的条件，不远百里千里地乱跑，交往频繁，互通信息，变得聪明了。他们也学起文化来，这更让他们变得耳聪目明。这样的人就不好管了，所以必须让他们愚下来才行。“民可使之不可知之”，这同老子的愚民主张是密不可分的，也是他“无为”观念的一个必然产物。

五、老子的人生观

1. 主张“柔”的人生

老子曾以水为例，说明“柔弱胜刚强”的道理：

> 天下莫柔弱于水，而攻坚强者莫之能胜，其无以易之。弱之胜强，柔之胜刚，天下莫不知，莫能行。是以圣人云：受国之垢，是谓社稷主；受国不祥，是为天下王（第七十八章）。

天下没有什么比水更柔弱的东西了。但是攻打坚强之物时，也没有什么东西能胜过水。因为它是无法被取代的。弱可以胜强，柔能够克刚。天下没有人不知道这个道理，却没有人能做得到。因此，圣人说，承担一国的屈辱，才可称为国家的君主；承担一国的灾祸，才可以称为天下的君王。

老子还指出：

> 知其雄，守其雌，为天下溪。为天下溪，常德不离，复归于婴儿（二十八章）。

这几句话的意思是说：了解“雄”的特性，保持“雌”的特性，像卑下的溪一样容纳山上流下来的水。这样，“常德”就不会离散。这里的“常德”即与“常道”相统一的最佳品德。老子以“雌”来表现好静、好下、好柔之德，以“雄”表现好动、好上、好刚之德。老子认为，明知什么是雄健，但却保持柔弱，宁肯做天下最小最小的小溪，自然的本性就会永久不离，就如同回到婴儿的状态一样，无知无欲。老子多次在书中提到“婴儿”这个词，如“能婴儿乎？（第十章）”；“如婴儿之未孩（第二十章）”等。老子认为，混沌无知的婴儿才具有最纯粹的品德。老子还说：“含德之厚，比于赤子（第五十五章）”，赤子，也是指婴儿。

老子运用自己的生活经验，敏锐地感觉到了柔与刚、弱与强之间存在着一种奇特的现象：刚强并不像人们通常认识的那样总是战胜柔弱，而在更多的情况下，偏偏是柔弱战胜了刚强。从自然现象看，柔弱是事物萌发蓬勃生命力的象征，而刚强反倒是事物在迅速走向衰败和死亡的根源。所以老子举例说：人活着的时候，身体是柔软的，死了以后就变得僵硬了。草木也是这样，当它充满生机的时候，枝干是柔嫩脆弱的，一旦死去，就变成干枯的了。（第七十六章）所以说“物壮则老”。

老子认为：“强大处下，柔弱处上”（七十六章）。“天下之至柔，驰骋天下之至坚。”（四十章）强大的东西看起来很厉害，实际上它是处于下位的。天下最柔弱的东西，往往能战胜最刚强的东西。还是以最柔弱的水为例，可以说天下没有比水更柔弱的了，它柔弱到了在圆而圆、在方而方的程度，可是它却能滴穿坚硬无比的石头。从河床里捡出来的石头大多数是圆的，是水磨平了它的棱角。

有一个观点认为，7000年之内，举世闻名的尼亚加拉大瀑布将会消失。为什么呢？它会用未来7000年的时间完全溶解掉它周围所有的山。现在已经有7英里的山和石头被它溶解掉了。等到它完全把周围的山溶化掉了，当然也就不再有山让它落下来。在柔弱的水与坚硬的岩石的对抗中，柔弱的水是当然的胜利者。

所以老子宣称：“强梁者不得其死，吾将以为学父！”（四十二章）——那些强梁霸道的人总是不得善终，所以我要把这一条作为教育人的纲领！

柔弱的能战胜刚强的，在于柔弱的一方从来不去争，它丝毫不会想去溶解和摧毁任何东西。它只是按照自己的本性在运动，它甚至连自己固定的形状都没有，把它装进圆的容器里它是圆的，把它装进方的容器里它就是方的，但它有一种内在的坚强。

西汉之初“黄老之学”大行其道，西汉的功臣将领中，有很多人对老子守柔处弱之术学得很到家。比如韩信钻过无赖的裤裆（后来他变得很强梁时就忘了守柔处弱的道理，处处表现自己的强硬，以至于被吕后诱杀了）；比如张良就为黄石公拾过鞋子。（张良倒是把“处弱”之术坚持到底，他是兴汉三杰中唯一得到善终的一个。）

张良之所以得以善终，是因为他明白了老子主张的“功成身退”的道理。

老子认为，“功成身退，天之道”。（第九章）老子看来，世界上确实存在着功成事就之后又事败功溃的情况，但这种情况不是必然的，之所以出现这种情况，往往与人的骄傲自大联系在一起。一些人得成就之后骄傲自大了，那就走上了事物的另一个方面，转向衰败。

老子说：“善有果而已，不敢以取强。果而勿矜，果而勿伐，果而勿骄。果而不得已，果而勿强。物壮则老，是谓不道，不道早已。”

意思是说，一个人在生活和事业中，最重要的是善于取得和保持成果，如此而已，千万不能逞强，取得了成果也不要陶醉，不要炫耀，不要骄傲，不要以为自己了不起，那样就离毁灭不远了。

功溃事败一般有两个方面的原因，其一是失去理智，其二是失去人和。最要紧的是忘记了“知雄守雌”、“守柔处弱”的道理。

在这里讲一个萧何的故事。

萧何是西汉的开国元老。西汉建国后，论功行赏，萧何被列为“元功第一”。可是萧何始终很低调。吕后杀韩信，是萧何帮了大忙，是他把韩信从家里骗出来的。刘邦当时正在前线平息英布的叛乱，听到这个消息就在军中下令重赏萧何，给他增加五千户食邑，并给他组织起一个五百人的警卫部队，负责他的安全问题。诏令传回长安，萧何住的丞相府里可就热闹了，一时间贺客盈门，大家都来给萧何道喜。

这时，偏偏有一个人到丞相府上“吊丧”来了，他一身吊客打扮，披麻戴孝，一进门就大哭不止。萧何愣了，这是谁呀，大喜的日子来这里哭丧，这不添堵吗？一看，这个人是他的一个朋友，名叫召平。召平这个人，曾做过秦国的东陵侯，秦灭亡后他成为平头百姓，在长安城外种瓜。由于他种的瓜好，他本人又有一个特殊的身份，被当时人誉为“东陵瓜”。这个人物上门“吊丧”，让贺客们大跌眼镜。

召平对萧何说：“皇上对君相您的赏赐绝不是幸运，而是祸患。先生喜从何来？我倒是认为先生死期已近，所以先来吊丧。”

萧何还是弄不大明白。召平又说：“皇上现在正在前线平叛，而您守在宫里，又用不着冒矢石之险，相比之下，皇上比您的危险系数要大得多，他干吗要给您配五百人的警卫部队呢？您用得着吗？”

萧何愿闻其详。召平说：“这是皇上对您不放心啊，这些卫队，五百人五百双眼睛，您有什么遮藏的事能逃过五百双眼睛呢？”

萧何问：“那我该怎么办呢？”召平说：“您马上给皇上打个报告，说现在正是国家财力紧张的时候，我不但不应该要这五千户的封邑，而且要变卖家产，以助军资，这件事要马上办，越快越好！”

萧何真按召平说的做了，刘邦很高兴，批复了萧何的申请，那五百人的卫队也就自然撤销了。

张良的例子就更典型。张良也是兴汉三杰之一，刘邦当了皇帝，封赏功臣，张良的封赏是最重的，给他的封邑是三万户。这个赏格超过了元功第一的萧何。萧何居功第一，封邑也只有八千户。张良不要这个封赏，他向刘邦提出只要陈留县那块地方。为什么只要那么一个不足五千户的小县？张良的理由是：我是在留县那个地方认识了皇上，从此改变了命运，我要那块地方，因为那块地方对我来说有纪念意义。我们如果去张良庙，你看庙门上曾有这样一副对联：“送秦一椎，辞汉万钟”，概括张良的品格。什么叫“送秦一椎”呢？张良本出身于韩国贵族，他的祖父、父亲曾辅佐过韩国的五世君主。秦灭韩，张良家道中落。他年轻时发誓为韩复仇，花掉全部家产收买刺客谋刺秦王嬴政，后来访得一个大力士，为他铸造了一个重达一百二十斤的大铁椎，秦始皇东游时，张良与这位大力士在博浪沙那个地方设下埋伏，可惜大铁椎投出去，却误中副车，功败垂成。这就是“送秦一椎”。那么“辞汉万钟”呢？是说张良功成之后不要汉高祖给他的封赏，不受万钟之禄。“送秦一椎”，是他投身“革命”的开始，功成身退，辞万钟之禄而隐于名利场外，是他最明智的选择。

老子说：“成功遂事而弗名有，衣被万物而弗为主，则恒无欲也。”功成而不追求名显，不做万物之主，永远没有名利之欲，才符合“天道”的品格。“是以圣人为而不恃，功成而不处，其不欲见贤。”意思是圣人有了作为而不恃恩求报，功成而不自居，因为他没有私欲，所以他的品行可与古圣贤相提并论。

这是老子少私寡欲思想的具体体现，也是他“守柔处弱”主张的一种延伸。

人性的弱点是好名、好利、好胜、好强，许多烦恼和祸患也便由此而生。而且偏偏又有一些人，心理阴暗，见不得别人好，自己没本事又嫉贤妒能，打击好人不遗余力。对这些人性的弱点，老子洞若观火。他冷静地提出了智者实现理想的操作智慧，就是“守柔处弱”。为了避免人性恶劣质素的伤害，在事务进行时必须实行反面操作的艺术，一定要让自己站到灯影里去，千万别往聚光灯底下站，须知聚光灯下才是一个最危险的位置。老子以“处柔守弱”的操作智能，明确提醒世人：事情是要做的，但一定要讲究做事情的技巧。

把心挂在胸膛外面是光明磊落的表现，但一定要小心不要让别人做了射击的靶子。靠激情生存的人是值得钦佩的，但一定要懂一些生存的技术（生存真的需要技术），在生存上出现了“技术问题”往往难以补救。

2. “为而不争”与“以退为进”

人类为什么会有无休无止的战争？为什么会有无所不在的明枪暗箭？为什么会有防不胜防的网罗陷阱？为什么会有罪恶？为什么会有骗局？为什么会有祸乱？为什么会有狗仔队？为什么会有冤死鬼？

这一切，都肇端于人类相互争斗的恶习。

基于此，老子提出了“为而不争”的主张。他认为，这一主张才是人类消除悲剧的解脱之道。

老子有着强烈的“水情结”，他再次以水为喻，提出自己的观点：

> 上善若水，水善利万物而不争。处众人之所恶，故几于道。居善地，心善渊，与善仁，言善信，政善治，事善能，动善时。夫唯不争，故无尤（第八章）。

老子的观点是：最高境界的善就像水一样，水养育万物却从来不争什么。它停留在众人不愿意停留的地方，所以它能够接近最本体的“道”。居处善于卑下、心思善于深沉、施与善于相爱、言谈善于验证、为政善于治理、处事善于生效、行动善于待时。正因为它不与万物相争，所以也不会引起责难。我们立身处世就要学习水的这种美德，安于卑下，甘于居后。我们的心地要像水那样清明、深沉；交友要像水那样无私、亲爱，说话要像水那样真实诚恳；为政要像水那样有条不紊，为而不争；办事要像水那样不逞能而能；行动要像水那样与时迁移，相机而动。正是因为圣人能像水一样与物无争，所以就没有痛苦与烦恼。

老子特别喜欢用水来做比喻，他认为水可以代表最高的德行。现代科学认为水也是一种有情感的物质，前些年日本有个生命科学家写了一本书，专门论水的情感。他说，你如果对着一杯水大加赞美，那么从显微镜下看被赞美过的水，它的分子结构非常美丽，好像开放的花束。如果你对着一杯水恶语相向，咒骂它肮脏，那么这杯水的分子结构就会变得十分支离、丑恶。但不管怎么样，水确是“利万物而不争”的。

在老子这段话中出现了七个“善”字，这是处世的七种境界，七步阶梯。“不争”之所以能够成为美德，不仅仅是这一思想能使人谦虚谨慎，而在于它构成了人生的一种大器局、大姿态、大品格、大境界。

老子进而指出：“曲则全，枉则直，洼则盈，敝则新，少则得，多则惑。是以圣人抱一为天下式，不自见，故明；不自是，故彰；不自伐，故有功；不自矜，故长。夫唯不争，故天下莫能与之争。古之所谓‘曲则全’者，岂虚言哉！”这是第二十二章的一节原文，意思是说：弯曲才可以保全，委屈才可以伸展，低洼意味着充盈，敝旧可进行更新；少取反而获得，多取反而迷惑。因此，圣人坚守着“道”，来作为天下事物的准则。这段话涵盖自然与人事，以人事为主。换一个角度说，一个人能受得了委曲，才能保全自己，经得住冤枉，事理才会得到伸张。同样的道理，低洼的地方容易囤积才能盈满，凋敝之后往往是崭新生命的开始；最少的索取往往有最多的收益，贪心不足反而会一无所获。

曲全、枉直、洼盈、敝新，是老子哲学的基本原则。

基于此，圣人才把作为“至道”的“一”当作处理天下大事和观察人生命运的工具，不固执己见，才能明察秋毫，不自我夸饰，才能有所进取。不自高自大，才能取得长足的进步。正因为他不与天下人争，所以天下也没有人能与他相争。

曲全、枉直、洼盈、敝新，是老子人生艺术的精华部分。最珍贵的真理往往是最简单的。我们只要能按老子所说的那样，把握住这几个字中所体现的道家精神，就会把自己的生活、事业安排得平稳和顺，井井有条。

老子说得再明白不过了：如何能做到以上八个字？必须无争。只有不争，才能在这个竞争激烈的“人间世”中处于不败之地。这差不多就是一种大巧若拙、大智若愚的生活方式了，同时，这也是一种高级的生命感悟。须知，“曲全枉直”是人生的至道，不是可以玩弄的权术。老子是教你真，绝不是教你诈。

如何做到“不争”？老子提出了三个基本原则：

一是“不敢为天下先”。老子把其奉为人生“三宝”之一，他说：吾有三宝，曰慈、曰俭、曰不敢为天下先（第七章）。“慈”，指的是内心深处纯良与中正的外在表现；“俭”，指适中适可的处世方式，不是“节俭”的本意。“不敢为天下先”，不是教你做“缩头乌龟”，而是告诉你做事情不要过多的形式与修饰，不要违背道。无论是事务内在的道或外在的道，都不要违背。不具备某种能力时就不必逞强，没认清时势就不能轻举妄动，为天下先。

有的人把老子这句话理解为做人要低调，别当出头椽子。这样理解就有些浅了。

这不是消极避世的人生态度，而是纵浪大化的一种人生境界。按照老子自己的解释，是“圣人后其身而身先，外其身而身存，非以其无私邪？故能成其私。”圣人先天下之忧而忧，事事处处吃苦在先，他在道德上实际上已走在了别人的前面；圣人使自己置身于名利之外，所以他才得以立身，得以成就大业。

我们来举一个汉文帝刘恒的母亲薄太后的例子。这位薄太后，就是汉高祖刘邦的一个妃子。她原来是魏王豹的一个妾，长得有贵相。魏王豹请一个很有名的相术家叫许负的给她看过相，许负看了后对魏王豹说：这个女人将来一定会生下一个做皇帝的儿子。魏王豹就非常高兴。他本来是投靠刘邦的，听说这件事以后他就离开了刘邦。他要自己去争天下，没准捞个皇帝做做。因为最著名的相术家说了，他的王妃能生皇子，那就意味着自己命数里有一把龙椅，既然这样，我干吗给刘邦打工呢？他就加入了中原逐鹿的行列。后来魏豹被刘邦俘虏了，薄姬也和众多魏王豹的女人一起，成为俘虏，被打入织室做工。织室就是宫廷里的纺织作坊。刘邦去织室视察，发现了薄氏，就把她从织室调出来，做了自己的妃子。但很快刘邦就把薄氏给忘掉了，那时他身边年轻貌美的女人成群结队，忘掉一个女人是很正常的事。有一次刘邦听见他的两个妃子——管夫人和赵子儿在一边说笑，问她们笑什么，她们说：过去和薄氏同在织室做纺织女工的时候，三个人曾共同约定，如她们中哪一个富贵了，一定不要忘掉在一起的姐妹。刘邦这才想起被他冷落了很久的薄氏，当天就召幸了她。薄氏怀了孕，生下一个男孩子，就是后来成为汉文帝的刘恒。

生下儿子以后，薄氏一直很低调，所以不像戚夫人一样遭到吕后的嫉恨。刘邦当了皇帝，刘恒只有八岁，被封为代王。代国在现在的河北省西北部与山西的北部一带。刘邦死后，吕后清洗后宫，凡是受刘邦宠爱的妃子全都遭到清洗，但薄氏因为一直保持低调而被幸免。薄氏看到当时宫廷斗争非常激烈，就要求到代国去陪伴儿子。吕后允许了。于是薄氏就来到代国。

薄氏是一位贤母，她自己非常喜欢读《老子》，也用老子的思想教育儿子。所以汉文帝一生受母教影响很大，他以黄老之学治天下，他一生恪守的就是老子的“三宝”：“一曰慈，二曰俭，三曰不敢为天下先。”《史记》上介绍他在位二十二三年间，车骑服御，无所增益，一切从老百姓的利益出发。曾想在皇宫建一座露台，召计工程师们搞了一个预算，费用约百金。他说：一百金，差不多等于十个中等人家的产业了。还是不要造了。我住在先帝的宫室里，常常有一种愧疚的心理，造这露台干什么！

史书又记载他常穿一件黑色的粗茧丝袍，他的王后，衣不曳地，帷帐上也不绣花，“以示敦朴为天下先”。所以，才开启了历史上有名的“文景之治”。汉朝天下的根基，实际上是由他奠定的。

我刚才说，汉文帝刘恒把老子的三宝作为人生准则，三宝之一是“不为天下先”，而我又讲他“以示敦朴为天下先”，到底是怎么回事，这不是矛盾吗？正因为刘恒以“敦朴”为“天下先”，在道德上为天下先，才能做到先天下之忧而忧，而不是“先天下之乐而乐”。

二是“为而不争”。老子主张：“人之道，为而不争”（第八十一章），这里有两个关键词，一个是“为”，一个是“不争”。“为”是有作为、积极进取、奋发有为的意思，人生的终极价值和生命的全部意义就在于“有所作为”。但是积极进取、力争上游本身就是“争”嘛，为什么还说“为而不争”，怎么来把握这个尺度？我认为，老子这里讲不争，是说虽有所作为但也不要争名于朝，争利于市，这是做事情的一个最基本的底线也是最高的准则。

老子说：“善者果而已，不以取强。果而勿矜，果而勿伐，果而勿骄，果而不得已，果而勿强。物壮则老，是谓不道，不道早已。”（第三十章）什么意思呢？就是说善于用兵的人，只求达到目的，“果”是目的的意思。而不靠兵力来逞强。达到了目的也不要自负，就是“果而勿矜”。达到了目的也不能夸耀，这就是“果而无伐”。达到了目的也不能骄傲，就是“果而勿骄”。达成目的出于不得已，达成目的却不可逞强。事物壮大了就会趋于衰老，这就叫作不合乎道，不合乎道，很快就趋向衰亡。告诫人们不要居功自傲，时刻保持谦虚谨慎、不矜不骄的人生姿态。

为什么老子“不争”和“不为天下先”的思想历代都受到推重？这里面有许多值得我们思考的内容。首先，中国文化中有天然的“保守”因子，很多劝人莫为天下先的俗语是我们耳熟能详的，比如“人怕出名猪怕壮”，比如“出头椽子先烂”，比如“木秀于林，风必摧之；堆出于岸，流必湍之”等等。因为中国人在这一方面的教训太多、太多，所以在这一方面的智慧也就特别丰富、特别生动。很长时间以来，中国曾经是一个“精英淘汰”的国家，历代都有很多精英人物倒在各种各样的明枪暗箭之中。从先秦到近现代，这么大一个国家，天才人物，尤其是天才思想家非常罕见，天才人物在中国存活率极低，偶有成功的天才，也是历经了九九八十一难。哲学家黎鸣先生有一句话，他说：“中国自古以来实为天才者的地狱，很不适宜天才者的生存成长。”他还把中国人的人性与犹太人的人性进行对比，认为：“人类中的犹太人现象简直就是天才现象，而人类中的中国人现象则简直就是扼杀天才的现象。”（《中国人性分析报告》）这句话听起来有点尖刻，细细一琢磨是十分深刻的。

为什么会出现“精英淘汰”现象，黎鸣先生认为这是因为中国人十分缺乏对自己嫉妒原恶的抑制能力。他说：“中国人始终在一个大官场中生活，可以有希望的东西太少，可以通过人的勤奋努力而争取到的东西太少，一切可能性都被大官场的权力固死了，堵死了。中国人太缺乏可以激发他们的想象力的自由空间了。”（同上）

这是一个我们绕不开的社会现实。所以人们要从老子、庄子的思想中去寻找遁世之策。

还有一点是文字背面的东西，那就是老子告诉我们，人生最应该看重的，其实只是一个过程，在这个过程中你全身心地投入了，你实际上就完成了你自己，就实现了你人生的价值，就不白来一世。而结果你不要管它，因为你说了不算。结果是不能由你操控的东西。

人生是什么？人生就是一个过程。如果你是一个智者，在这个过程中，你可以品味到生命的大内涵和真滋味。

讲一个小故事：乾隆皇帝下江南，在镇江金山寺，看着山脚下大江涌流，千帆竞渡，大发感慨，问金山寺的一位大和尚道记：你在这里住了几十年，可知道每天来来往往多少船？道记大和尚回答：贫僧只看见两只船，一只争名，一只夺利。

真是一语道破天机。

三是和光同尘。老子主张“挫其锐，解其纷，和其光，同其尘。”（第四章）这是什么意思？所谓“挫其锐”，就是说做人一定不要锋芒毕露，要注意时时打磨自己的锋芒。所谓“解其纷”，是说做人更忌讳一天到晚处在纷乱之中，要时时注意排除干扰因素。那么“和其光”呢？这是顶要紧的一点，就是让自己的光芒不要太耀眼，一定要设法遮蔽自己的光耀。“同其尘”呢？就是把自己混迹于世俗之中，不要把自己打扮成“羊群里的骆驼”。

老子很看重这后者。他给圣人下了很多品格定义，最重要的是“圣人”都要夹紧自己的尾巴，做到“方而不割、廉而不刿、直而不肆、光而不耀。”（第五十八章）圣人虽然方正但能“随物赋形”，可圆可方，与时俱进。圣人即使有棱角也能做到谦下不争，不伤害别人。圣人虽刚直但不会肆意妄为，做事情有道德底线。圣人有光芒，但他的光芒是柔和的，明亮而不炫目。如此，圣人既保持了自性的品格，又不随波逐流。

怎么能做到“为而不争”呢，老子认为“以退为进”的目标追求是明智的选择。整部《道德经》几乎都在讲这四个字。“将欲歙之，必固张之；将欲弱之，必固强之；将欲废之，必固举之；将欲夺之，必固予之”（第三十六章），说得够透彻了。但是后世的纵横家、阴阳家却把老子的这一思想用于权谋欺诈，作为君道政治上谋略的运用。这就把老子用反了。老子说“将欲歙之，必固张之”，是指物理世界中的一个普遍规律。比如花朵开得最茂盛、最张扬的时候，恰恰是它即将衰败的时候。“将欲弱之，必固强之”是什么意思呢？一个事物发展到强势状态，正是它衰弱的开始。“将欲废之，必固举之”，则是说你想把一个东西远远抛出去，但先要把它高高举起来。“将欲夺之，必固予之”呢？就更不难理解了：凡是要从你手里拿去什么，先要给予你什么。

这些也都是宇宙世界的常律。

所以老子提倡：“是以圣人处无为之事，行不言之教，万物作焉而不辞，生而不有，为而不恃，功成而弗居，夫惟弗居，是以不去”。圣人会尽量成全别人，尽量付出而从不索取，这样一来他用不着说什么，也会起到教化作用，因为“榜样的力量是无限的”。他创造而不占有，有作为而不骄傲，有功而不居功自矜，这样才会真正得到人们的拥戴。

3. “重身轻物”与“见素抱朴”

老子指出“太上，不知有之。其次，亲而誉之。其次，畏之。其次，侮之。”（第十七章）最好的领导（太上）是让老百姓感觉不到有领导的存在。他从不吆五喝六，也从不抛头露面，搞“形象工程”，或作“亲民秀”。他用“润物细无声”的大爱温暖着一方土地。比较好的领导是用身心贴近百姓的，所以赢得了老百姓对他的亲近和赞美。而有些领导则特别注重树立自己的权威，摆官架子，吹胡子瞪眼，老百姓对他只有怕的份，和他亲近不起来。至于那些贪官，除了老百姓的骂声，他们是什么也得不到的。

这里涉及了一个核心问题，作为一个当领导的，甚至一个君子，怎么处理他面临的名、利问题。

老子认为：“金玉满堂，莫之能守。富贵而骄，自遗其咎。”（第九章）金玉堆积家中，没有人能守住。富贵而且骄纵，自己招致祸患。财富给人带来物质享受的同时也会给人带来灾难，并且可以腐蚀人的灵魂，败坏人的品德。对这个问题，庄子说得更深刻，他说：现在有些世俗君子，“多危身弃生以殉物”，“居高官尊爵者，皆重失之，见利轻亡其身。”这些都是令人感到百思不得其解的（《庄子・让王》）。我们想一想，中国那句古语“人为财死，鸟为食亡”，可是字字可作金石声啊。

老子提出了“重身轻物”的原则。他说：“名与身孰亲？身与货孰多？得与亡孰病？甚爱必大废，多藏必厚亡。故知足，不辱；知止，不殆；可以长久”的思想。这段话是什么意思呢？老子向我们发问：名声与生命，哪个更可爱？生命与财富，哪个更重要？获得与丢失，哪个更有害？

他没有正面回答这些问题，他接下来说的是：过分的吝啬，必定会造成更大的浪费。过多的贮藏，必然会遭受更重的损失。因此，一个知足的人，就不会受到侮辱，知道适可而止，就不会遇到危险，知足、知止，才能长久。我想，他已经回答了他前面提出的问题。

对于名、利，与老子同时代的儒家、墨家、法家有不同的认识。孔子曾说，名、利这些东西，是人人都想拥有的，但不用正当的方式得到它，君子是不接受的。贫、贱是人人都厌恶的，不用正当的方法避开它，君子也是不屑于去做的。如果君子抛弃了仁德，靠什么去成就他的功名呢？（《论语·里仁》）。以孔子为代表的儒家，一方面承认名、利的合理性，一方面由此强调道义的重要性。儒家是特别注重“义”“利”之辨的，在名与身的关系上，他们理所当然地把“名”排在首位。而墨家和法家，则薄名而重利，墨家把兴利除害视为人类社会生活的全部内容，法家代表人物韩非子就说：“先王所期者，利也。”（《韩非子》）墨家与法家的功利原则，肯定了人们追求物质利益的合理性，但他们把人的需要及人生的价值仅仅看作物质利益的满足，显然是有些简单化了。

老子不同意儒家的“杀身取义”，也不赞同墨家和法家对物质利益的过分追求，他从“重身轻物”的基本立场出发，认为人的生命比任何外在的名声、财货等都要贵重得多。老子认为，追求名利无非是为了使人的生命得到延续，如果名利对人身构成威胁与损害，那就宁可放弃名利而保身。因为名利毕竟是身外之物，为追逐名利而丧失生命，是舍本逐末。

对于一个物欲横流的时代，老子的“重身轻物”，真是一声警钟。

老子以为，人是很难抵挡外部物质世界的诱惑的，他反复提醒人们要力戒过分的官能刺激与发泄。他说，人生存的途径有十三条，死亡的途径也有十三条（第五十章），这十三条的具体内容他没讲，据高亨教授的看法，这十三条途径指人的七情六欲，即喜、怒、哀、惧、爱、恶、欲这七情，和声、色、衣、香、味、室这六欲，加起来正好是十三。人对七情六欲如果加以节制，可以养生，这就是生存的途径。而对这七情六欲不加节制，一味放纵，则可致死，这就是死亡的途径。

因此，老子提出了“见素抱朴”的主张。“素”是什么，是洁净纯正。我的理解就是“平常心”，要知道这个平常心实际上是很不容易得见的，也更不容易保持的。为什么呢？人都有个攀比心理，人家骑马，你骑毛驴，人家坐奔驰，你骑自行车，人家住别墅，你住廉租房，人家吃山珍海味，你吃馒头咸菜，很难让你心理平衡。搁谁谁都难泰然处之，安之若素。居陋巷的颜回算是个特例。

“朴”是什么，它的本意是未经雕琢的木头。我的理解，在这里它是“道”的代名词，是至上至高的道、平常心的道。见素抱朴，是人类纯净淳朴的自然品性。老子清楚人类有一个怪圈，那就是：“欲望”——“满足”——“再欲望”。欲望总是在这个公式的两个端点上，人的欲望是有阶段性的，一个欲望满足了，另一个欲望又接着产生，永无休止。所谓“贪得无厌”就是这个意思。如果欲望无法满足，则会产生痛苦与烦恼。因此，伴随着欲望的痛苦也是永无休止的。

有一位老和尚是个著名的高僧，有一天，他的一位朋友来拜访他，吃饭时，他只吃一道咸菜，朋友说，这样不会太咸吗？老和尚说：咸有咸的味道。吃完饭后，老和尚倒了一杯白开水，老友又问：为什么不加一些茶叶呢？这多淡啊。老和尚说，淡有淡的味道。

这位老和尚，简直就是一个哲学家。

咸有咸的味道，淡有淡的味道，这才是人生的真韵味。

如何从永无休止的痛苦与烦恼中解脱出来，借助老子“少私寡欲”“见素抱朴”的观念，来泯除过分的功利心，不失为一条有效的途径。

4. 千里之行，始于足下

《老子》第六十四章：

> 其安易持，其未兆易谋。其脆易泮，其微易散。为之于未有，治之于未乱。合抱之木，生于毫末；九层之台，起于累土；千里之行，始于足下。

意思是：局面安定时容易把握，情况还没有出现征兆时容易图谋，事物脆弱时容易化解，事物细微时容易消散。要在事情还没有发生时就处理好，要在祸乱还没出现时就控制住。合抱粗的大树，是从不起眼的小芽芽长成的，九层的高台，是从一筐土一筐土堆起来的；千里的行程，是从脚底下一步一步迈出的。

这一段，老子提出了一个“慎始”问题。即要谨慎小心地对待那些萌芽状态的事物，那些有害的东西，一定要把它消灭在初始阶段，在它的细微状态就设法让它消散，不要等它发展起来造成大害。而对我有利的东西，则要在它细微容易消散时努力扶持之，让它顺利发长壮大。

“合抱之木”一节，包含着一个从量变到质变的过程，当然老子还不可能抽象出量和质的概念，他以形象、感性的语言，表达了由量变到质变这种初步思想。

老子的这一辩证法思想，反映了客观事物发展的一条重要规律，即一切事物都是由微末至巨大，人们应该把不利因素力求消灭在萌芽状态，对有利因素，在萌芽状态就要大力扶植。“千里之行，始于足下”，这句耳熟能详的名言，更用朴素的思想，激励今天的人们去进行更扎实的开拓。

大生命的放犷与逍遥

——庄子的人生设计

一、庄子这个人

庄子（前369—前286），姓庄名周，宋国蒙（今河南商丘东北）人。曾在他的家乡做过管理漆园的小官，这个小官叫“漆园吏”，也就是一个林场的场长。还有一个说法认为“漆园”不是漆树园子，而是一个基层行政单位的名字，大概相当于一个乡镇。那么庄子这个“漆园吏”也许就是个乡镇长的角色。这个“漆园吏”庄子不知当了多久，史料上没有记载。后来庄子一直过着贫困的隐居生活，有时甚至要靠打草鞋为生。他虽与当时一些上层统治人物有交往，但在政治上不与他们合作，更鄙求仕取禄。当时诸侯之间战争不断，而庄子所在的宋国，正值暴君宋王偃在位。《战国策·宋策》用很多笔墨记载过这位暴君的行径，他先后灭绝了滕、薛诸国，败齐、楚等地，恶行比纣王有过之而无不及。所以，庄子宁可过贫困潦倒的生活，也不愿与这样的人为伍。当时楚威王听说庄子的贤名，专门派使者以重金迎请庄子为相。让他出任楚国的国务院总理。庄子以轻蔑的口吻回答使者说：“千金，重利；卿相，尊位也。子独不见郊祭之牺牛乎？养食之数岁，衣以文绣，以入太庙。当时之时，虽欲为孤豚，岂可行乎，子亟去，无污我。我宁游戏污渎之中自快，无为有国者所羁，终身不仕，以快吾志焉。”（《史记·老庄申韩列传》）庄子也是一个从旧贵族没落下来的平民知识分子，他过着贫困隐遁的生活，从事著述、讲学，但他的门徒并不多，史书上没有留下关于他门徒的记载。

日本物理学家汤川秀树曾说：“中国人是最早进入精神成年时期的人……而道家似乎用惊人的洞察力看透个体的人和整个人类的命运。”庄子正是代表了中国进入精神成年期的哲学家，他继承和发挥了《老子》的思想，形成了一个在内容和形式上都富有独创性的庞大学术思想体系，成为战国中期道家学派的主要代表人物。所以后世以老、庄并称。

庄子的思想，体现在他所著的《庄子》一书中。该书分“内篇”七、“外篇”十五、“杂篇”十一，据历代学者考证，“内篇”是庄周所著，“外篇”、“杂篇”则为后学之作，还混入了其他学派的文章。但也有人根据司马迁《史记》的记载，认为“外篇”、“杂篇”才代表庄子的思想，内篇则属于庄子后学的著作。《庄子》内、外、杂三篇中，其中思想倾向不尽一致，这反映了庄子学派内部思想上的分化。

解读庄子的思想、解读《庄子》这部书，有一把钥匙，这把钥匙藏在哪里？就藏在这部书的最后一篇《天下》篇中。庄子说：“以天下为沉浊，不可与庄语；以卮言为曼衍，以重言为真，以寓言为广。”

庄子认为，这个天下是这样的无道、无奈，天下人又是这样的沉迷混浊，我还能认认真真地跟他说话吗？还能跟他们讲正儿八经的道理吗？所以对这个不庄重的世界，“不可与庄语”。什么叫庄语？有一个博士生论文答辩中说：“庄语就是庄子说的话。”这真是闹了个天大的笑话。“庄语”很好解释，就是庄重的语言，正儿八经的话。庄子说，我的思想不能用正儿八经的语言表述出来，只能以随机应变的话来引申，以借重别人的话来证明可信，并且以寓言的形式来推广自己的想法。这段话是打开他这部书的钥匙。这把钥匙就是“卮言”“重言”“寓言”。

什么叫“卮言”？卮，就是漏斗，卮言就是漏斗式的话。怎么才是漏斗式的话呢？漏斗这种器物，虚空无底，多少水注进去都会漏下来。庄子用漏斗来比喻，意思是说他说的每一句话都无成见，就好像从一只漏斗里漏下的水一样。他只是替大自然宣泄声音。只是把大自然想要表述的东西通过他这只“漏斗”给漏下去。大自然往我这只“漏斗”里倾倒多少，我就漏下去多少。他不往里倒了，我也就不漏了。有的先生讲庄子，把“卮言”解释为酒后之言，因为“卮”同时又是一种酒具。北大王博老师就认为：“所以卮言就是无心之言，任何一句话你只要有心，经过琢磨之后说出来，就不是真话。无心之言才是真话。”这也是一种观点。

什么叫“重言”？重言就是借重古代先贤或当世名人的话，来论证要讲的道理。“重言”的关键是这个“重”字，这个字有两重意思，一是重量级的人物，二是重量级的语言，当然更多的时候这两者是合而为一的。我们看《庄子》这部书里，他有时把黄帝抬出来，有时把老子抬出来，有时借重他不太瞧得起的孔子，这些古人不够用了，自己再造一批“乌有先生”。让他们当“托儿”，思想的“托儿”。庄子和他们演双簧，让他们说出的话来验证自己的思想。

什么叫“寓言”？言在此处而意在彼处，就叫作寓言。在《庄子》这部书中，“寓言”的比重占得最大，所以说“寓言十九”，十篇里面有九篇是用寓言的手法写出来的。庄子笔下的河伯海若、山灵水怪、混沌魍魉、鸱鸦狸牲，林林总总，构成了一个异彩纷呈的寓言世界，看起来是“满纸荒唐言”，都成为他思想的一种载体。

为什么要用寓言和重言？庄子很了解世俗人心，同样的道理，你讲出来可能没人听，但如果是圣贤讲的，那就不一样了。庄子举过一个很有趣的例子，他说，父亲一般不给自己的儿子做媒介绍对象，为什么呢？“亲父誉之，不若非其父者也。”儿子是自己的好嘛，我的儿子再笨、长得再丑，在当爹的眼里也是最好的，对不对？当爹的对女方夸耀自己的儿子怎么出色，总不如让媒人夸耀更能让女方相信。庄子说，这不是我的罪过，而是世俗的罪过。世俗人心就是如此。

所以庄子在他的书里搬出来许多圣贤，尧、舜、禹、文王、周公，等等，不过你千万别当真，在他书里的文王不是真文王，周公也不是真周公，甚至孔子、颜回也都是用真名来假托其事。庄子有时甚至会“恶搞圣贤”，庄子说的你不信，孔子说的你就信了，殊不知，在《庄子》这本书里，孔子说的就是庄子说的。不但孔子说的就是庄子说的，所有的圣贤都是庄子的木偶，都是庄子的代言人。

这“三言”的比例，庄子自己说是“寓言十九，重言十七，卮言日出，和以天倪。”寓言占了十分之九，重言占了十分之七。至于卮言嘛，每天都会出现，什么叫“和以天倪？”意思是我说出的话都是上天借我的嘴说的，大自然借我的嘴说的，体现的是老天和大自然的意志。所以我说的每一句话里都有“卮言”在其中。我们可能会说庄子这个人是一笔糊涂账，寓言占了十分之九，剩下的只有十分之一，而他又说重言占十分之七，这笔账是怎么算的？十分之九加十分之七，那是十分之十六啊，这个比例不对。我们不能较这个劲儿。庄子的意思是说，他的寓言中可能包含着重言，而重言中又有可能渗透着寓言。两者之间往往互相交叉。

那么我们怎样读《庄子》这部书呢？

首先我们读这部书时，不一定非从开头往后读，因为现在我们读到的《庄子》，是由郭象本传下来的，郭象本的次序，历代争议纷纭。而且先秦人作书，是用竹简，一根竹简就是一行，若干竹简串起来就是一编，也就是一篇。篇与篇之间不一定要有连属关系。很多学者都指出，《庄子》中三十三篇，实际上都是可以独立成篇的。北大哲学教授王博先生讲《庄子》，从来不从第一篇《逍遥游》开始，而是从《人间世》开始，中心开花，然后左右两路突破，这也算是一个方法。我认为，读书无定法，至于读庄子，你可以从头读到尾，也可以中间开花，但无论怎么读，最关键的还是要能够体悟。

这种体悟，就是禅家讲的“活参”，不能把庄子读死了，不要把《庄子》这部书仅仅看作一部哲学著作来读，也不要仅仅把它当作思想来读，而应该把它当作庄子本人的一部生命史来读。从书里真正读出庄子的生活，读出一个活脱脱的庄子。这样读了，可以把我们的生命融入其中，用我们的心，去和庄子的心沟通，用我们的生命体验，去体会庄子的生命。虽然庄子在与我们相隔了两千多年的时光隧道的另一端，但我们生命中和生活中的某一个部分，是肯定能与他打通的。

读《庄子》首先要抓住庄子哲学的两个基本点，这两个基本点，一是庄子的“本体论”，也就是他所说的“道”；二是庄子的“人生论”，也就是“因”。庄子这一部书，说到家就讲了这两个字。把握住这个总纲，才能读出境界。

另外就涉及读哪些书的具体问题，从古到今，注释《庄子》、解析《庄子》的书很多很多，我们选择起来会有些眼花缭乱。这就需要我们认真做好选择。我建议大家选三本书，一是王先谦的《庄子集解》，这本书的特点，是收录了不少清代考据家对《庄子》文句的校改和字义解释，信息量较大。二是郭庆藩的《庄子集释》，这本书应该以中华书局1961年7月版和之后的复版本为准。这本书的优点，是把郭象和他之后十余家的注释都收在书里，同时还收了成玄英的疏和陆德明的音义。另外就是读一些当代人解释《庄子》的著作，比如曹础基先生的《庄子浅注》，中华书局1982年10月第1版，2007年3月第3

版。这本书以郭象本为底本，注释很精准，且篇篇有导读、有点评，每段之后有段意说明。这些对我们理解本文，都会起到引路的作用。

二、庄子的宇宙观：强调人与自然的高度和谐

庄子是一位诗性哲学家，他以浪漫诗人的情怀，十分明确地提出了探索世界存在的本原和本质的问题，他在中国人文文化史上第一次提出自然不可分割的整体思想。在《应帝王》篇中，他讲了一个寓言故事：南海之帝名叫“倏”，北海之帝名叫“忽”，中央之帝名叫“混沌”。倏与忽相遇于混沌之地，混沌对待他们很友善，倏和忽想报答混沌的恩德，说，“人都有七窍，用来视、听、饮食和呼吸，可是混沌都没有，我们不妨给它凿开七窍”。于是他们每天为混沌凿开一窍，第七天混沌七窍俱有，但它却死掉了。

庄子用这个故事告诉人们，自然是一个有整体，是不能加以分割和破坏的。人作为自然的一部分，应当维护自然的这种整体性。而“混沌”作为自然的代号，人们对它的认识却是远远不够的。它是人们认识自然的源泉，但是人们不应按照自己的意志去肢解它，强加给它一些原本不属于它的东西（器官），而应该从整体上去研究它。

庄子由此提出了“齐一”的思想，主张从自然整体方面去思考问题。他在《齐物论》中讲了一个寓言故事，有位叫狙公的老者养了一群猴子，每天用芋头去喂养它们，原先早上发给它们三个芋头，晚上发给它们四个芋头，猴子们十分愤怒，于是老者改变方式，早上发四个，晚上发三个，猴子们非常高兴，这就是所谓“朝三暮四”的故事。猴子们只看到早、晚芋头数量的差别，不了解芋头的总数未变。这不是可怜又好笑吗？庄子用这个寓言嘲讽世俗，世人大多囿于眼前的利益，而不从整体的自然角度去看问题，从而就产生了错觉和偏差。

如果仅仅发生错觉和偏差，还不算什么大问题，但是这种偏差却往往能酿造出人类本身的灾难。比如，我们为了自身的发展，掠夺性地向自然去索取，以至于环境恶化，臭氧层破坏，酸雨和灾难性气候给人类以惩戒式的示警。

如何去观察我们所处的宇宙与自然，庄子提出“以道观之”的命题，主张从大道的高度去观察自然和人自身。

他在《达生》篇中讲了这样一个故事：有一位善于驾车的人，名叫东野稷，在鲁庄公面前表演驾车技巧。只见他驾技娴熟，出神入化，往前行，车辙笔直，如同木匠用墨斗弹出的直线；旋转而行，车辙则如同圆规划出的一样圆。鲁庄公认为巧手刺绣也不过如此，于是要求东野稷连续转了一百圈，看是不是都压在一条圆线上。这时候恰好遇到一位叫颜阖的经过这里，他就向鲁庄公说，东野稷的马快不行了，鲁庄公不回应他的话。过了没多大一会儿，东野稷的马跌倒了，鲁庄公觉得很奇怪，问颜阖："先生怎么知道东野稷的马快不行了？"颜阖回答说："马力已经用尽了，东野稷还在那里让它快跑，自然会将它累死。"

这个故事正是从事物的限度说明事物反向转化的道理。东野稷的马训练有素，然而最后却跌倒了，为什么，就是因为驭马的人不懂得"物极必反"的道理，超限度地使用它。

马的力量是有限的，在它自身的限度内，能施展各种本领，而且可以出神入化，一旦超过了它的限度，那就不行了。

这种"反向转化"的思想对人类生存有着重要的指导意义，它告诉人们事物不但发展着、变化着，而且是向一定的方向发展变化着，从宏观趋势上看，当它向着一定的方向发展变化达到一定限度时，就会反转过来，朝着相反的方向发展变化。

比如我们用酒精消毒，有人认为，度数越高，消毒效果越好，其实不然。超过75° 之后，酒精的消毒效果就会减弱，之所以这样，是因为当超过75° 之后，酒精的杀菌力量过强，细菌群体外围的细菌在被杀死之后，它们的尸体很快会熔结成一个硬壳，使酒精难以进入深层，这样处在深层的细菌便被保护了起来。

我们对自然环境的治理，对一种事的限制，或是对一种事物的提倡，都要讲究限度，既不能无限度地限制，也不能无限度地提倡。

比如澳大利亚草原野狼成灾，为了消灭野狼，组织了打猎队，狼打光了，野兔没有了天敌，迅速膨胀，把草皮都啃光了，只得又去引进狼。

庄子的宇宙观，更体现在他对"泰初"理论的发明上。《天地》篇中说：

> 泰初有无，无有无名。一之所起，有一而未形，物得以生，谓之德。未形者有分，且然无间，谓之命；留动而生物，

物成生理，谓之形；形体保神，各有仪则，谓之性。性修反德，德至同于初。同乃虚，虚乃大。

什么是“泰初”？“泰初”就是宇宙最初的时候。这段话从宇宙初始形态讲起，讲到生命的产生，再后又讲到人的精神如何回归，与原初的宇宙状态融为一体。大意是说，宇宙原初什么也没有，没有有形的事物，也没有有形事物的名称，但它确实是一种存在，是浑然为一的存在，所以说它是一；说它是一，也就是说它没有形象，因为有了形象就有了分界和边境，而有了分界和边境也就不可能再是一了。

万物都是从“一”中得到了基本因素而产生的。从“一”中移到万物之中的那基本因素称为“德”。但万物的形成有一个过程，万物的基本因素原先处在“一”中，没有形象，是“一”的组成部分，而且它们之间还没有界限，至于哪一部分转移到哪里，形成什么样的事物，是由自然而然的趋势所决定的。这种自然而然的趋势称为“命”。“一”在不停地流动，流动之中产生了物，物产生出来便有纹理，物的纹理就称为“形”。有生之物的形体之中都有精神，不同的生物中不同个体，其精神的档次是不同的，有智有愚有灵有钝，因为它们常有各自档次的色彩，所以称为“性”。虽然性有不同，所以作为人就必须进行精神修养，让自己的精神恢复到较高的档次，即“德”的档次，也就与宇宙原物状态融为一体了，所以说“德至同于初”。与宇宙原物状态融为一体，也就进入了一切虚空的境界，这一切虚空的境界就是“大”。

“宇宙之初”，也就是庄子一再提出的“大道”理论，所谓“反德”，也就是回归大道。请注意，这个“反”字，《庄子》中，“反”字有88次出现，其中用于归返之义的占了半数以上，可视为老子《道德经》中“反者道之动”一说的发扬光大。《大宗师》中讲“反复终始，不知端”，和“反其真”，《在宥》中讲“今夫百昌，皆生于土，而反于土”，《秋水》中“谨采而勿失，是谓反其真”等等。与“反”的概念相呼应的是“归”，《老子》五千言中，“归”字出现了11次，典型的措辞有“归根”、“复归”两种，《庄子》中则出现了33次，如《山木》中“复归于朴”，《知北游》中“欲复归根”等等。都是讲人与自然的和谐与自然的复归。

庄子主张人与自然的和谐，这不仅表现为爱护自然、保护自然，而且含有向自然学习的内容，这比儒家所谓“天人合一”更富有哲学的理论思维。

庄子认为与自然合一的人可称为“至人”，这种“至人”能顺应自然，乘“六气”之变化，遨游于无边的宇宙，进入绝对自由的境界。

三、庄子对人的发现

庄子生逢乱世，对人生命运的思考自然会比老子更深一层，他更深刻地体察到人类随着文明的发展，除了使自己充实发展外，同时也不断受到某些“文明”的“遮蔽”，从而使人的真正自我不得彰显，乃至于丧失。针对这种人的本质的异化，庄子进一步提出恢复人的真正自我的要求，并为此建立了反异化的超越思想体系。

神人、至人、真人

在《逍遥游》中，庄子如此描绘他心目中的“神人”，

藐姑射之山，有神人居焉，肌肤若冰雪，淖约若处子，不食五谷，吸风饮露，乘云气，御飞龙，而游乎四海之外，其神凝，使物不疵疠而年谷熟。

在《齐物论》中，他如此描述“至人”的形象：

至人神矣！大泽焚而不能热，河汉冱而不能寒，疾雷破山而不能伤，飘风振海而不能惊。若然者，乘云气，骑日月，而游乎四海之外，死生无变于己，而况利害之端乎！

在《大宗师》中，他描述的“真人”是：

何谓“真人”？古之真人，不逆寡，不雄成，不谟士。若然者，过而弗悔，当而不自得也。若然者，登高不栗，入水不濡，入火不热。是知之能登假于道者若此。

这里需要解释一下，什么叫作“不逆寡”？所谓“逆”，是“违逆”之意，“寡”即“失”。“不逆寡”就是不以失败为不顺利。那么“不雄成”又是什么意思呢？很直接的意思就是不以成功逞雄。“不漠士”，即是不把任何事情放在心上。

从上述关于“神人”的描述中可以看到，虽然表面上是在写一个玉洁冰清、不食人间烟火，能自由遨游于四海之外的女神，但是，只要透过这种表面描写，就不难领悟到，庄子不过是借此比喻一种他矢志追求的精神——即超越于乱世之中不为物蔽物累的自我之精神，其中，“其神凝，使物不疵疠”，画龙点睛地道出了这种追求的真谛和对于使人受物蔽物累的乱世的抗议。

在关于“至人”的描述中，也使我们看到了一个具有神力的人物形象，巍然屹立于天寒地冻、山崩海啸之中。但是，透过这种形象，庄子所描绘的，也正是一种任何力量也压不垮的精神——“死生无变于己，而况利害之端乎”——这种对于自我的超越，就使精神得到了巨大的解脱和自由。

同样，在关于“真人”的描述中，庄子也在借一位不惧孤立、不为事功诱惑的人物形象，也就是一位经过知识修养得道的人物形象，喻指他所追求的即使在水深火热中也要保持自我本性的理想境界。

庄子是追求人生的大境界的。

他在著名的篇章《逍遥游》中说，在远之又远的地方，有一个辽阔的大海，名叫天池。天池里面有一种鱼，宽度足有几千里，而那长度就没有人知道了。这种鱼名叫“鲲”，在那里还有一种鸟，名字叫“鹏”，脊背如同高大的泰山，羽翼像遮天的乌云，搏击长空，盘旋而上，高达九万里。驾着云气，背负着青天，而后向南飞，它是要到南海去。小雀看到了便嘲笑它：我腾地一下就飞起来了，大不了飞上几丈高就下来，在蒿草之间飞来飞去，这也就算是飞翔的极限了，它这是要飞到哪里去?

小雀无论如何也不理解大鹏的志向，因为它与大鹏处在根本不同的两个境界。

庄子告诉人们，懂得小道理的人不懂得大道理，处在小境界的人不能理解人生的大境界，因为不同的境界有不同的体验，知了到了中秋就死了，所以它不知道一年中还有冬天，朝生暮死的朝菌永远也不知道三旬为一个月的事情。

《庄子·外物》篇还讲过一个“任公子钓大鱼”的故事：

任公子做了大大的鱼钩和一根又粗又长的鱼绳，鱼钩有多大？——用五十头犍牛做鱼饵。任公子蹲在会稽山上，把鱼竿甩到东海之中，一天又一天在那里等着，可是一年过去了，并没有鱼来上钩。后来终于有一天有一条鱼游了过来，吞下了他的鱼饵，将鱼钩深深卡在了咽喉之处。它急忙向海底窜去，把海水搅成了一个山谷一样的大漩涡，它奋鳍上扬，掀起山一样的波浪，海水震荡，惊动鬼神。任公子钓得这条大鱼，做成腊肉，自制河（即今浙江）以东到苍梧（九嶷山）以北，没有未曾吃过他这条鱼的人。庄子由此发表议论说：平时用小鱼竿到小河沟里去钓那些小鱼，要想钓到大鱼自然是不可能的。那些把没有价值的小计谋去向当政献计献策的人，距离通达的大道实在是差得太远太远呢。

任公子期待了一年没钓上鱼来，不是他钓鱼的技术不过硬，而是他的志向在于钓到震动乾坤的“大鱼”，所以他用的鱼钩很大、很大，他用的鱼绳又粗又长，脚蹲浙江的会稽山就能把鱼竿甩到东海之中，仅鱼饵就有五十头犍牛。这样的志向，不成则已，一旦成功，就会惊天动地，惠及天下。这就是最大的价值。

庄子讲这个寓言的用意很明显，他号召人们做“大人”而不要做“小人”，做一个将自己与他人的界限完全泯除、物我两忘，甚至连小人也可以包容的“大人”。这就是最核心的人格自尊。这个问题我们接下来会拓展开来讲。

关于人格的自尊

中国的传统人格自尊源于老庄。

老庄意境提供的思维方向，也就是人格自尊的方向。它告诉人们，人生在世要追求物质，因为没有物质，人就不能生存，但除了物质追求外，还要有精神，人之所以为人，就在于他高于万物，贵于万物，与天地同大。维护自己的人格尊严，是人生之必须。庄子倡导一种“其为人太多，其自为太少”（《天下》）的人生大境界，把“利他”作为第一追求，从超时代性的角度看，这对现代人树立人格自尊，具有深刻的影响。

庄子把道的追求当作人生的终极追求，把修养精神的境界视为人生的终极价值，他提出修养精神的一套程序，即“坐忘”——“心斋”——“悬解”——“见独”。

刚才我们说了，庄子推崇真人，真人就是能体悟大道，驾驭大道的人，是庄子心目中最高尚的人格代表。

什么是“坐忘”——即坐在那里，静下心来，把一切都忘掉。把一切都忘掉了，那在自己心中就什么东西都没有了。包括身外之物和自己的身体，还包括自己的聪明和自己的心智。把一切都忘掉了，那在自己心中就剩下了一片朦胧，形成了一团混沌，庄子把它叫作“大道”。认为这就是大道的状态，就与大道融为了一体。

在《大宗师》中，他讲了一个“颜回坐忘”的故事，说颜回向他的老师孔子说自己精神修养有了长进，但每次孔子都认为他还有差距。最后颜回说到了自己的“坐忘”，并由此通过二人的对话，解释了什么是坐忘——“隳肢体，黜聪明，离形去知，同于大道，此谓坐忘”，意思是把自己的四肢身体都抛掉，把自己的耳聪目明都除掉，离开自己的形体，泯灭自己的智慧，与混沌的大道融为一体。

“心斋”是什么，从字义上讲，就是将心境打扫干净。在《人间世》中，庄子讲了“颜回将赴卫”的故事，颜回要去卫国，特来向老师孔子辞行，孔子问他去卫国干什么，颜回说要去劝说卫国国君改邪归正。孔子认为颜回的自我修养还没有达到劝说卫君的水平，但他愿意听一听颜回劝说卫君的办法，颜回讲了许多办法，孔子都说不行，最后颜回请教老师，孔子要他先去“心斋”，然后再告诉他，颜回不知“心斋”是什么，孔子就告诉他说，就是要把心境打扫干净，使之像大气那样虚空，以虚空的心境与外界相感应。

为什么要把心境打扫干净？因为只有把心境打扫干净，大道才能进入心中，就像虚怀若谷，万物都自然向大地归附一样。

大道进入了人的心境，人也就与大道融为一体了。人与大道融为一体，心中也就没有了外物，没有了自我。

何谓“悬解”，悬解就是从外物的纠缠中解脱出来。庄子将心境洁净称为心斋，将心中无物称为坐忘。他认为人的心思陷入物欲之中，让外物充满心境，那就像是把自己捆在了物上，头朝下似悬起来，一切听从外物的支配，没有了自己的主动和自由，这才是人生最可怕的事情。

庄子的意思是说，人被绳悬在空中而不能自己解开，是因为绳子捆着脚，人们心中有烦恼而不能自己解开，那是因为有物欲捆着心。只要将外物从自己的心中排除出去，不受外物左右，一切都顺随着时间变化而变化。

“见独”为何物，见独即是体悟大道，因为大道是浑然一体独立不一的，所以庄子将心中体悟大道，称为见独。

——既然心中只有“独”而无他物，他就没有了古今和生死的区别。“见独”是排除外物的最后结果。当人们不但将天下的得失排除到心外，而且把世间事物排除到心外，把自己的生死排除到心外，最后达到心中无一物的境界，才能进入那虚空且光明的境地。

庄子的“坐忘”——“心斋”——“悬解”——“见独”的含义，是一种内心修养，一种精神活力。用这种崇尚精神的学说解读现实人生，可以激励我们弃燕雀之小志，慕鸿鹄而高翔。

四、庄子对理想人格的设计

“待”和“无待”

什么是“待”，什么是“无待”？庄子所谓“待”，即是客观条件——庄子在中国哲学史和思想史上的杰出贡献之一，就在于他比老子更深刻地发现了人的本质异比，并试图探求克服这种异化的途径。

《逍遥游》中，“鲲”需依赖北冥生存，而当其化为“鹏”，飞往南冥时，也要以“六月息者”——六月之风。而蜩与学鸠“决起而飞”，也是以榆枋（榆树和檀树）与大地之间的空间作为其活动条件。在庄子看来，人很容易被自己所处的生活条件所束缚。庄子所说的“待”，是异化所形成的精神枷锁——异化的精神枷锁从“物累”一直演变到“物”之“待”。庄子所解决的，实际上是异化产生的必然性及普遍性问题。

庄子《养生主》讲了一个庖丁解牛的故事，大家都熟悉的，庖丁为文惠君宰牛，用手触摸的时候，用肩抵顶的时候，用脚践踏的时候，用膝盖压制的时候，都发出一种合乎韵律的声音，伴随着刀子的出出进进，那个动作像是在跳《桑林》之舞，那个声音似是奏《经首》之乐，抑扬顿挫，优美动听。什么叫“《桑林》之舞”呢？我还得解释一下，《桑林》是商汤王时的乐曲名，用这个曲子配乐的舞蹈就叫“《桑林》之舞”。那么“《经首》之乐”是什么呢？《经首》是尧时咸池乐曲中的一章，这比喻庖丁的动作像舞蹈、音乐一样悠然自得，又行云流水般畅快。

庖丁向文惠君讲解牛之道，而文惠君悟到的却是养生的道理。因为养生与解牛具有相似之处，就是不要做危害自己的事情。

所谓己身，对于解牛来说，那就是刀刃，对于养生来说，那就是身体，刀刃要想长久保持自己的锋利，那就不要去碰牛体的硬骨，就像庖丁的刀一样。庖丁的刀十九年不磨却像新磨的一样，因为它从来就不去碰那些硬骨头，甚至连软骨和经络也不碰及，只是在牛体原有的空隙间穿行游走，不但牛体会顺利解开，而且也不伤刀刃。就是顺其自然，同样，人的身体要想长存，也不能触及那些有伤于自己的硬东西，而要在那些硬东西中间行动。

这些硬东西不是别的，说得简单一点，也就是两个字：一者是名，一者是利。图名，那就可能会出现两种情况，一种是真做好事，往往忘我地操劳，把自己搞垮。另一种那就是做坏事，做了坏事，没有不结恶果的，到了恶贯满盈之时，那就连命也保不住了。人生在世不仅要做好事不做坏事，而且好事也要自然而然地去做，千万不要刻意，不能沽名钓誉。为了获名而做好事，就像是刀刃能及牛体的硬骨，一样会伤及自身。

对这一点，老子有过忠告，他说："宠辱若惊，贵大患若身。何谓宠辱若惊？宠为下，得之若惊，失之若惊，是谓宠辱若惊。何谓贵大患若身？吾所以有大患者，为吾有身，及吾无身，吾有何患。"（《第十三章》）

老子也认为，追求好名声是没有好处的，之所以这样说，原因有二，其一是，想得到好名声，这本身就是将自己放在了低下的地位。自己本来是一个与人平等的、独立的、自然而然的存在者，为什么要刻意让别人赞美呢。让别人去喜爱和赞美也就将自己置于别人从属的地位，故说"宠为下"。其二是，想得到好名声，得到了与得不到，都没有好处。得到了会大喜，得不到就会大悲，无论大喜和大悲，都会失去内心的平静和安宁，都会损害自己的身体。

所以庄子提出"名止于实，义设于适"这样一个境界（《至乐篇》）。也就是说，名誉要与实际相符合，善行要与能力相适应，不要勉为其难，刻意去做自己不能做的事情。因为名誉本来就是实际行为的反映，善行只有在自己的能力的范围内才能产生实效。那么对于利益怎么办呢？老子开出的药方，第一是"见素抱朴，少私寡欲"。庄子进一步发挥了老子的思想，讲究纯朴、自然，鄙视奢华、功利。

他讲了一个"庄周贷粟于监河侯"的故事（《庄子·外物》）：庄子家

中断了粮，只要斗升之米就可以活下去，监河侯不但答应借谷，而且许诺借给三百两白银，不过有一个前提，就是要等过这一段时间，收了利息之后，这等于许诺，在庄子饿死之后将他变成大富翁。庄子听了十分愤怒，他对监河侯说：我昨天到你这儿来时，半路上看见一条鲫鱼被困在干涸的车辙之中。它向我呼救，对我说只要有斗升之水就可以让它活命。我说：可以呀，我可向吴越之王游说，引长江水来救你。不过这得需要一段时日。鲫鱼愤然说：我离开赖以活命的水，就没有办法活下来。但我只要斗升之水就可以活下去，你却答应一个月后把我放回江河，还不如干脆就把我送到卖鱼干的市场上去好了！你监河侯的这种许诺，与将涸泽之鱼晒成鱼干，卖于市场又有什么区别？

“命”与“时”

庄子主张，理想的人格必须要冲破社会的“命”、“时”之限。

我在开头讲了，庄子所处的时代，是一个乱世，那时正是战国中期，是社会大分化、大动荡、大变革的时候。另一方面呢，长期的诸侯之间的割据与战争，给国人带来了深重的灾难。孟子形容当时的国家动乱危局，曰“争地以战，杀人盈野；争城以战，杀人盈城”（《孟子·离娄上》）。庄子也说，当今之世，被杀死的人尸首一个挨着一个，戴着刑具坐牢的人一个接着一个，遭到毒打的人一个跟着一个（《庄子·在宥》）。这是一个朝不保夕的白色恐怖时代。

但这同时又是一个物欲横流的时代。人们疯了一样追逐财富和权力，为了满足自己永无休止的欲求，从来就不择手段。所以也就形成了“无耻者富，多信者显”、“窃钩者诛，窃国者侯”（《庄子·胠箧》）的社会现实。厚颜无耻的人成了富翁，花言巧语的人成了达官显贵。请注意，庄子说的“多信者”并不是指讲信义、信用的人，这里“信”是“言”的意思，“多信者”即那些夸夸其谈的人。你偷一个钩子，可能要被杀头，但是你要是偷了一个国，那好，就轮到你做王侯了。

对社会现实有着切肤之痛的庄子，由此提出了他“命”、“时”观。庄子认为，在现实世界里，“命”似乎以一种内在的必然规律来主宰着人生：“死生、存亡、穷达、贫富、贤与不肖、毁誉、饥渴、寒暑，是事之变，命之行也”。这就好比日夜在我们眼前交替，而我们的智力不能够窥察它从哪里发端。命之行，也实在不可知，只好任之由之，不应该让它来扰乱心性的和顺

（《庄子·德充符》）。

庄子认为，“命”的这种必然性是社会多种力量的凝聚、堆积，是一种内在的决定性。那么，必然就会有一种外在的必然因素与它相对应。这种外在的必然因素就是“时”。

在《秋水》一篇中，庄子讲孔子到一个叫作“匡”的侯国（其位置在郑、卫、宋三国之间）去游历，路过宋国时被宋人团团围住，但是孔子依然很快乐，“弦歌不辍”。子路问他：夫子为什么这个时候还如此娱乐？孔子说：来，我告诉你，我为自己的贫穷担忧已经很久了，但仍免不了受穷，这是什么？这就是命。我追求自己的通显也已经很久了，但求而不得，这又是为什么？这就是因为时机和时势的问题了。

“当尧、舜而天下无穷人，非知得也；当桀、纣而天下无通人，非失知也。时势适然。”在尧舜那个时代，天下没有穷人，这并非是天下人都是智士，在桀、纣那个时代，天下没有通达之人，这也不是因为天下人都失去了智慧，而是时势所造成的。接下来孔子又说：在水上行船不避蛟龙，是渔夫之勇，在陆地上行走不避凶狠的犀牛和老虎，是猎夫之勇；真刀真枪地打斗而视死若生，是烈士之勇，唯有知穷之有命，知通之有时，临大难而不畏惧，这才是圣人之勇啊。子路呀，你就安心等待吧。

庄子借孔子的话说明了一个什么观点呢？他认为，“命”和“时”都是在一定程度上限制人的本性得以充分发挥的因素，并且这种给人生构成困境的因素是不受人力干扰的。“命”既然是社会、自然多种力量的堆积、聚合，“时”便正好是这些力量的展开和显现，它构成了一个时代的政治、经济、道德的诸方面全部的社会环境。那么，最理想的人格设计，就是从“命”与“时”的局限中解脱出来。能做到这一点，才是“圣人之勇”而不是“匹夫之勇”。

怎么能做到这一点，首先要“安时处顺”。有人认为这是庄子提倡“听天由命”的天命观，我不赞成这个说法。庄子讲“安时处顺”，是说要遵从社会和自然发展的规律，不要做盲目的抗争。其次是做到“哀乐不能入”。要超脱自我的哀乐之限。从个人的苦闷情绪中解脱出来。请注意这个“解脱”，一部《庄子》讲什么？讲的就是“解脱”的学问。

怎么才能从个人的哀乐情绪中解脱出来？要知道这个情绪是很可怕的，

一个人一辈子像一匹惊马一样追逐着名利，这不是太可怕又太可悲了吗？一辈子被外物役使，却看不到自己的成功，困苦地疲于奔命，却看不到自己的归宿，这不同样太可怕又太可悲了吗？而使自己陷在哀乐的情绪中不能自拔，就更是一件可怕又可悲的事情。

可是，这种哀乐的情绪却是十分不容易从我们的头脑中排解掉的，庄子自己就说“人之生也，与忧俱生”（《庄子·至乐》），谁活在这个世间，不想好好活一回？谁不想拥有富贵、长寿、好名声，谁不想吃香的喝辣的、开奔驰坐宝马，眼睛里看着美色、耳朵里听着婉转的音乐，然而现实却不是这样，有时候甚至连生存都成了问题，能不悲从中来吗？

怎么解脱？庄子给我们支了一个招儿，那就是“放下”。

必须放下！

庄子深知，同时他也告诉人们，如果说天地是一个大熔炉，那么造物主就是一个铁匠，人是什么？人是铁匠从熔炉里用钳子夹出来的那块生铁。庄子说：“吾在于天地之间，犹小石小木之在大山也。”在精神世界里逍遥游的庄子，在现实世界里却推崇“安命论”。这矛盾吗？

我们要弄清庄子这放下的本意。

庄子说：“知真不可奈何而安之若命，唯有德者能之。”（《庄子·德充符》）又说：“圣人安其所安，不安其所不；众人安其所不安，不安其所安。”（《庄子·列御寇》）意思很明白，这里的“所安”指的是自然和社会的发展规律，“不安”指的是人为因素。有德行的人安于自然，不安于人为。一切遵从自然规律，俗人正好相反，安于人为，不安于自然，总要想方设法改变自然规律，他们不知道这其实是劳而无功的。安于自然，不论遇到什么情况，处于什么境地，都能泰然自若，始终保持内心的平静。安于人为，则情绪就会大起大落，喜怒无常。顺利时踌躇满志、得意忘形，不顺利时则万念俱灰、怨天尤人。

庄子主张“放下”，是说人要能把自我卸下，把哀乐忘却，不以物喜，不以己悲。只要把那个永不满足的“我”放下了，达到“无心于万物”的境界，心灵才能获得彻底的自由。

“外化”与“内化”

庄子在《知北游》篇中，借孔子的口说：“古之人外化而内不化，今之人内化而外不化。”什么叫“外化而内不化”？就是顺应着外界的变化而变化，内心却保持着本来的宁静而不发生变化。庄子说古代的人就是这个样子，不管外面的世界变得多么精彩、多么无奈，他可以始终如一地保持着他内心的坚定。而现在的人（指庄子那个时代）则正好相反，他们的内心经常发生变化，却不能适应外界的变化而变化。

为什么能够做到“外化而内不化”？就是因为他的内心是坚强的。用庄子的话说，即“不失己”。也就是顺应自然变化而不失个性、不失人格，不失尊严，不失自我。聪明的人既能安于变化，也能安于不变。这就叫“安时而处顺”。

“外化”是为了尽量不与外部世界产生摩擦、产生矛盾，以免使自己受到伤害。“内不化”是保持自己清醒的人格，让自己的内心不受外部世界的污染。这是庄子人格设计的两个方面。相辅相成，缺一不可。“外化”是“内不化”的前提，“内不化”是“外化”的目的。两者之间互为因果。

在安时处顺的基础上实现“内不化”的人生追求，达到“哀乐不能入”的精神解脱，是庄子人生哲学的一个重要特色。

“外化”可以泯除人与自然的对立，让人融入自然之中，“内不化”则保持着人格的完整，心无得失祸福之累，自然也就超越了自我哀乐之限。

当然，这“外化”有一个前提，就是“处顺”。关键词就是这个“顺”字。我前边讲过庄子给“真人”制定的标杆：“不逆寡、不雄成、不谟士”，从另一个层面上讲，就是既要顺着少数人，又要顺着大多数人，自己有成就不要妄自尊大，也不要对别人要阴谋。

怎么去“顺”？庄子《人间世》中讲了一个故事：说鲁国有一个贤士名叫颜阖，他就要去做卫灵公太子的老师了。临走前，他去问卫国的贤大夫蘧伯玉，他说：卫灵公立的这个太子，天性残忍好杀，我去做他的老师，如果没有作为、不讲原则就会危害国家，如果跟他较真儿我自己就难保全，您说我该怎么办？蘧伯玉说：你问得好。你所应该引起警觉的，就是要谨慎地依从他。怎么依从，就是你要彻头彻尾地变成他的“另一个”。他如果像婴儿一样天真无知，你不妨也学他的样子，像婴儿一样天真无知。他如果不分界限和是非，那么你也一定要不分界限和是非；他如果随心任性，做事不靠谱儿，那你也要随心任性，做事不靠谱儿。总之他怎么着你就怎么着，顺着他来。你的姿态就是大智若愚，大巧若拙，不显山，不露水，逍遥天放，达到了这个境界，别人就难挑你的毛病。如果不这样呢？你见过怒气冲天地伸着两条长臂挡车的螳螂了吗？它只能被车轮碾得粉碎。你没见过人怎么养老虎吗？不敢拿活的小动物喂它，也不敢给它囫囵个儿的东西吃，为什么呢？就是为了避免刺激它的野性。你只能小心地掌控它的饥饱，对它发怒的性情加以引导，使它在可能发怒时而不发怒，虎与人本是异类，可是这么个凶残的畜生，却能媚顺于养它的人，就是养它的人是顺着它的性子调教它的。而那些被老虎伤害的养虎人，他们都犯了一个错误，就是逆了老虎的本性。蘧伯玉又说：爱马的人，用精美的筐子接马拉下的粪蛋蛋，用大蛤壳接马尿，对它侍候的不算不周到了，可是如果正好有一只蚊子或牛虻叮在马屁股上，你拍蚊子、牛虻拍得劲大了或不合时宜，马就会因为发怒而咬断口勒，挣脱肚带笼头之类而逃走。你因为爱它爱的方法不对了，这过分的爱所产生的效果就会适得其反。

当然，这种“外化”首先要做到“内不化”，自己要有十分坚强的内心的定力。

人格的独立在这里是十分重要的，没有人格的独立，内心的坚定，只做到表面上亲附，内心里和顺，仍然会产生祸患，因为亲近太过分了，就容易同流合污，和顺出了格，就等于博取名声。这就离自己的心旨太远了。

有的朋友可能会问：庄子这一套“顺”是积极的人生态度还是消极的人生态度？

有的朋友可能会问：庄子说要顺着大多数人，也要顺着少数人，在大多数人和少数人意见不一致时你这么骑墙如何能保持“内心的坚定”？保持“内不化”？

我说：庄子这一套顺时安命的理论，是有他消极的一面，但我们应该看到，庄子是个始终高扬着生命自由大旗的哲学家，他追求超脱世俗的理想人格，倡扬泯除人与自然的对立，他用超世、顺世的处世方法抗争、软化甚至避开来自社会的压力，他崇尚的实际上是一种无惧、无忧、无求的精神状态。所以他的理论的积极意义是占主导地位的。

同时，庄子的“外化”论也不是对“定命”的盲目顺从，而是积极地改变它的形态，使之符合“内不化”这个大前提。庄子的《大宗师》中讲了这样一个故事：有一个名叫子舆的人得了一种怪病，什么怪病？鸡胸驼背、背上像倒扣了一口锅，头低得快要把脸藏到肚脐上去了，肩膀反而高于头顶，颈椎则向上，“曲偻发背，上有五管，颐隐于齐，肩高于顶，句赘指天”，人活到这个分儿上，命运算是特别的苛待他了。他自己曾跌跌撞撞地走到井口上照自己的面容，长叹造物主怎么给了他这样一种命运。

他的朋友问他：你厌恶自己的命运吗？子舆说：不！我不厌恶。我怎么可以厌恶它呢？假如造物主把我的左臂变成鸡，我就用它来打鸣儿报晓。如果造物主把我的右臂变成弹丸，我就用它来打鸟烧着吃，假如他把我的屁股变成车轮，把我的精神化为马，那就更好了，我就乘车马而行，不必另外驾车了。安时而处顺，哀乐不能入，这就是古人说的“悬解”吧。而不能自我解脱的人，那是因为他被外物所束缚、缠绕了。况且人和万物不能胜天久矣，从这一点上说，我为什么要厌恶自己的命运呢？！

有些学者把这个故事里的子舆当作一切听凭造物主安排、顺应命运的典型，我则不同意这个观点。正是子舆有着坚强的内心，他才能够坦然接受命运的苛待，而且有了积极的（且带有浪漫色彩的）人生姿态。恰恰相反，这正是庄子树立的一个“外化”而“内不化”的典型。

“欲得者咎，无足者祸”

这个观点首先由老子提出，他的意思是天下最大的祸患，莫大于不知足。庄子认为，无私是立身之本，一个人利欲重心，就会迷惑自己的心志。因为利益可以让我们忘却实际存在的危险。

《庄子・山木》中讲了一个故事，庄子曾在一个栗园里游玩，突然从南面飞来一只大鸟，只见这只鸟，翅膀有七尺长，眼睛有一寸大，它擦着庄子的头飞过去却没看见庄子，最后落在栗林之中，庄子感到很奇怪，这是只什么鸟呀，长这么大的翅膀却不远飞，长这么大的眼睛却看不见人？于是拉起衣服，加快脚步，拿着弹弓追过去，想抄个冷子把它打下来。

到了跟前庄子明白了，大鸟之所以睁着大眼看不见人，原来是为了捕食一只螳螂。

而螳螂呢，它的注意力凝聚在不远处一只蝉的身上。

庄子很为感叹，深为它们悲哀，觉得它们太不知道轻重了，为一点蝇头小利，而忘了眼前的危险，由此可见物欲对生命的危害。

《庄子・列御寇》讲了一个故事：有一位宋国人，名叫曹商，他为宋王出使秦国，在他去时宋王给了他几辆车子，到了秦国，正逢秦王高兴，就把他的车子增加到一百辆，回到宋国后他非常得意，就在庄子面前显摆，“像你这样住在穷街陋巷，以编织草鞋为生，生活如此困苦，饿得面黄肌瘦，我是做不到的。一见万乘之主，就得百乘之车，这是我的本事”。庄子说，“有一次秦王得病要召医生，说是能破疮挤脓的赏给一辆车，能为他吮痿舐痔的赏给五辆车，越是做下贱的事就赏给越多的车子，先生大概是为秦王吮痿舐痔了吧？否则的话怎么得到这么多车子呢？先生还是快离开这里吧，免得臭气熏着我”。

庄子以为，一个人所以能自立于世，首要的条件是能够自食其力，否则就不配做人。以不正当的手段获取利益，最后的结果一定会引火烧身。

在现实生活中，人们绝大部分烦恼来自欲望的不满足。为了一己私欲，很多人铤而走险，踏上万劫不复的不归之路。

我想，如果贪官们读了《庄子》，他一定会收敛自己的膨胀的欲望。

“无用”之用

庄子的寓言中，有很多在探讨“无用”之用的问题。

《人间世》中的一则寓言说：有一个名字叫石的木匠，他要到齐国去，路过曲辕那个地方时，他看见神社中有一棵栎树，这棵树太大了，它投下的树荫，就可以遮住一千头牛，它的树干有多粗呢？足有十丈之粗。这棵树有多高呢？从山脚下一直突过山顶，好像俯视着整个群山，一直到了七八十丈高才有旁枝。如果取用那棵树的一小部分，就可以造成几十只木船。真是“好大一棵树！”四面八方来看这棵树的人，天天像赶集一样拥挤。但是这位名叫石的木匠路过那里，却连看也不看这棵大树一眼，匆匆忙忙走自己的路。他的徒弟却饱看了一顿，于是追上他的师父，问他说：“我从跟你学艺那天起，还没见过有这么好的木材，可是师傅您呢，连正眼都不瞅一瞅，就走过去了，这是为什么呢？石木匠说：你不要说了，那是一棵无用的散木啊，用它做船，就要沉到水下去；用它做棺椁，很快就会腐朽；用它做器具，很快就得拆毁；用它做门户，很快就会出脂油。用它做屋柱，它会生蛀虫。总之用它做什么都不堪大用的。真是一株不材之木啊！它为什么能长得这么高大呢？就是因为它没有用处啊。

这个石木匠回来之后，栎树就托梦给他说：你将以什么样的木头来同我进行比较呢？以那些有用的文木来比我吗？那楂树、梨树、橘树、柚树以及其他果蔬一类的树木，它们的果实一熟，就遭到击打，遭到扭折，于是大枝被折断，小枝受牵扯，这就是因为它们的果子好吃，才伤害了它们的生机。所以不能终其天年而中道夭折。这是因为它们自取打击于世俗的人啊！其他有用的东西，也莫不如此。且我求无处之用已经很久了，几次遭到砍伐，现在才得到这无用之用为我的大用。假使我有用的话，还能得到这样大的结果吗？而且你和我，各为万物中的一物，总归都是物，为什么你这个物又来评论我这个物呢？你这将死的散人啊，你又怎么能知道散木呢？

石木匠醒了，把这个梦告诉他的弟子，他的弟子说："那树急求无用的话，又何必以为社树而自荣呢？"石木匠说：住嘴！你不要再说了。它是特托神社，使那不知道它的人随便讥评，这是连无用为用的意思也不被人看出来啊。它若不为社树，不早就被人砍伐了吗？况且它之所以保全自己的用意，与众物不同，若以常理来比喻它，不也相差太远了吗？

这个故事很能引发我们的思索。它的重点在栎树托梦那一节。栎树自陈心迹：凡是有用之木，都遭到不幸，或被砍伐，或大枝遭到攀折，小枝被扭曲，然后又推及万物"莫不如是"。从社会角度看，这正喻指有用之人才都难免遭到打击、摧残，甚至夭折的悲惨命运。庄子认为，为了保全自己而不被"中道夭折"，就一定要隐匿自己的才智，你看那棵无用的栎树，它甚至连自己的"无用"也不愿为人所知。有才华的人，尤其要向它学习。庄子为什么要提出这样的观点呢？因为他所处的那个社会是个"邦无道"的社会，在那个朝不保夕的社会环境里，"无用"倒不失为一种自保之道。

与这一篇产生内容和思想关联的，是《山木》一篇。开篇庄子现身说法，说他在山中行走，看见有高大的树木，枝叶非常茂盛，可是伐木的人在它旁边都不去砍伐它。庄子问其故，伐木的人回答说："因为材质不好，没有用处。"庄子就说："这棵树因为无用，所以能以不材终其天年，享尽老天所赋予它的寿命。"

庄子从山中走出来，到一个朋友家中去，朋友见了庄子很高兴，命童仆杀一只鹅请他。童子问主人："一只鹅会叫，一只鹅不会叫，杀哪一只吃？"主人说："杀那只不会叫的好了。"

第二天，庄子的学生问庄子："昨天，我们看到山中的树木因为无用，而能保全它的寿命，现在，主人的鹅又因为无用而被杀死，请问先生，将何以自处呢？”学生问他老师您自己怎么处世，是坚持有用还是固守无用？

庄子怎么回答？他说：“周将处乎材与不材之间。材与不材之间，似之而非也。故未免乎累。”意思是什么呢？他说他将处身于有用和无用之间，处于有用和无用的一个中间状态，对于处世之道有些近似，却不是正道，所以还不能免于物累。若心怀道德以处世，就不必论有用和无用了。这样，既没有荣誉，也没有毁辱，或如神龙显现，或如虫蛇隐伏，随时变化，不要执一而行。或曲或伸，以和为量，寄身于未曾有物之先，主宰物而又不被物所捆绑，又怎么能受物的牵累呢？这是神农和黄帝处世的法则啊。至于万物的情伪和人类的转变就不是这样。有会合就有分离，有成功就有毁坏，清廉的就受挫折，尊贵的就遭物议，有作为的就要亏败，贤人遭人谋害，愚人受人欺诈，怎能必免于物累呢？可叹啊。学生们，你们要记着，处世要想免除物累，只有归向道德了。

庄子在这个故事中进一步强化了“直木先伐、甘井先竭”这个道理。有的朋友可能要提出批评，说庄子的思想太消极了，太缺乏抗争精神了，这与我们提倡的积极进取的人生观是两条道上跑的车。我说，您批评得有道理，但我刚才已经说过，庄子这些话，是针对他当世的社会大环境而言的，当社会的斗争形势使抗争者的抗争变得不过是以卵击石，则庄子的“无用”之道，就不但不是消极的，而且是一种极高明的保护人才之道。

如果我们在文本上多下一些功夫，我们会看出，庄子所说的山木的“不材”和鹅的“不材”是两个层面上的“不材”。它们是有着不同的寓意的。前者是指真正有材，而能超越对“材”的认知，是大智若愚的“不材”。后者是指真正不材，以致愚不可及而被宰杀。大家想一想是不是这样。那一棵高大的山木，全是凭着自己的生存智慧（它甚至连自己的“无用”也隐藏着不示世人）才活下来，而那只不会叫的鹅呢，它天性就是愚钝的。这个寓言的核心问题就是“有用”和“无用”的辩证关系。这是第一个层面。

另外，我们如果从非直接实用的角度观察，庄子所倡导的“无用”，并认为“无用”为“大用”，其中包含着解除物蔽、物累以达到心灵自由的意义。也正是在这一点上，才可以说“无用”为“大用”。

我们返回来再看《逍遥游》中庄子和惠子关于“有用”和“无用”问题的争辩。

惠子姓惠名施，宋人，是梁惠王的丞相。他是战国时代的名家，与庄子是好朋友。《庄子》这部书里，多次写到他与庄子的论辩。这一回，惠子对庄子说："梁惠王赠给我一粒葫芦的种子，我把它种在地里，后来结成很大很大的葫芦，单只是它的种子，就有五石之多，我用那葫芦盛水，它虚脆不结实，我就把它做成了瓢，它又平浅盛不下多少东西。接说，它并非不虚而大，但是我因它大而无用，又将它打碎了。"

庄子怎么说呢？他说"老先生啊，你实在是不懂得用大东西啊。我说一个故事你听。宋国有那么一户人家，善于制造不皲手的药，因此世世代代得以靠洗衣为生。有个人听说这事，就想用百斤金子来买他的药方，于是这个宋国人就召开家族会议，商量卖不卖药方。他说'我们祖辈以洗衣为生，所得也不过数金，今天我们把这个药方卖了，就可以得到百金，我看还是卖给他吧。'家里人没有提出反对意见，就把药方卖掉了。那人得到这药方，就去游说吴王。适逢越国有难，吴王趁此机会，就让那人带兵去攻打越国。那时正是冬天，而又与越国水战，就靠这不皲手的药，大败越国的军队。归来后，吴王重重赏了那人，封给他很多土地。你想想看，能不皲手的药是一样的，在洗衣专业户那里，仍不能让他摆脱贫困，可一到了买药方的人手里，竟让他得以受到大分封。这里有什么问题呢？就是用药的人素质不一样了。现在您有了能容五石大的瓢，为什么不把它捆在腰上，而浮游于江湖呢。你还在这里忧愁它平浅盛不下东西，你也未免太固执了。你的心也太不通达了。"

惠子执着的是什么呢？是"有用之用"。庄子则一无执着，是"因物为用"。所以说惠子是"拙于用大"的。

惠子当然也是从"有用"的角度去分析、利用这只大葫芦，他先是把整个的葫芦剖开为瓢，由瓢又击成碎片，他是以有为的态度，去寻求大葫芦的适用因素，结果却归之于无用。为什么会出现这样的结果呢？因为惠子心里先有了成见：葫芦是用来做瓢的，做不成瓢，就等于无用。而庄子呢？他是循着物的本性，顺着自然的变化而变化的。一只做不成瓢的大葫芦，却可以做成葫芦舟，利用它去浮游于江湖，那么这只做成葫芦舟的大葫芦，它的用处比做成一只瓢当然更合适也更大一些。按照庄子的这个观点去想问题，这个世界上没有一种东西是真正"无用"的，只不过需要人们"发现"的眼睛。那些看起来"无用"的东西，合理地利用起来就可以当"大用"。

什么是伟人，伟人就是"为常人所不能为者"。一般人无法完成的伟业，他完成了，就是伟人。什么是智者？“见常人所不见者”就是智者。庄子不是伟人，但他是一个了不起的智者。

从奇妙的事物、神奇的地方获得新的发现，是令人钦佩的，但是真正难能可贵的，是从平常之物，甚至遗弃之物中发现大道理，发掘出有价值的东西。这些我们司空见惯的事物、这些被我们当成“无用”的垃圾的废弃之物是大量的，它们看起来毫无值得珍惜之处，但是你如果有一双慧眼，就会在一片乱石之处看到下面的活水。如果没有这双慧眼，你看到的就只有一摊乱石。这就是“愚者见石，智者见泉”的道理。

这里举个例子，我的老家河北黄骅那地方过去很穷，土地是大片大片的盐碱滩，一年四季刮着大西北风，可现在看呢，大片大片的盐碱滩和一年四季不停刮的西北风都是可以当“大用”的资源。盐碱滩长不出粮食，但可以长出工厂，在全国土地资源紧缺的形势下黄骅的盐碱滩就是宝贝疙瘩。那么西北风呢？谁也没想到它也是个好东西。过去的年代人们把挨饿说成“喝西北风”，西北风当然是不能吃也不能喝的。现在不一样了，黄骅、海兴一带要建风力发电站，搞风电，最基本的资源是什么？就是西北风呀，没西北风不成。你看，过去人们认为“无用”的东西现在却有了“大用”。一个更直观的例子是，垃圾是无用的东西吧？但是利用垃圾发电，垃圾就有了“大用”。

把这个观点返回来用到人才的利用上也是一样。我们应该走出一个误区，那就是认为只有从名牌高校出来的人才是“人才”，名牌高校是出人才的地方，这不假，但并不是所有的人才都要经过名牌大学这道门槛。在我们周围处处时时都会有这样的例子：你自己的同学、你邻居的孩子，在上学时可能成绩一直不好，考试老坐“红椅子”。可是再过若干年你看，那个经常抄你作业的差等生却成了某一方面的风云人物，你邻居家那个经常让他娘老子揍屁股的“鼻涕虫”也成了一个人们都尊重的人物。

经常有农村的业余作者到我家里来，让我看他们写出的作品，这些朋友应该说都很努力，过着最贫困的日子，就像颜回那样，一箪食一瓢饮而不改其乐。但他们中有的确实不是当作家的材料。我被他们对文学的虔诚感动着，不忍心给他们泼冷水，可又明知他们在文学这条小道挤不会有什么出息，所以我很痛苦，很矛盾。我夫人倒是对这个问题看得开，这些朋友来了，她会买上一大包东西，然后给人家带上一大包衣物，然后直截了当地告诉他：我觉得你把所有的精力和时间投到这上头会误事，你得先考虑生存问题。文学作为你的爱好没什么不可以，但你想把它作为职业路子就偏了。你还是想想找一件合适你的事先做起来，这个忙你何老师肯定也会帮。

后来，他们中果然就有人成了小老板，开上自己的车来看我，不说感谢我，先感谢我夫人。

同样，没有真正“没用”的人，或者说他的“无用”只是暂时没有找到“大用”的平台而已。对一个领导来说，在座的大大小小都是领导，你们应该树立一个观念，没有哪一个下属是“无用”之人，只是你还没有发现他发挥“大用”的条件。

总之，庄子的“无用之用”是一个大课题，值得我们下功夫去研究。

本篇为作者的演讲稿

附：

课后答听众问

问：您上次讲到中华人文精神，基本上是以儒家思想为主的。儒家文化的基调是进取的、积极的、入世的，而以老庄为代表的道家思想却是消极的，或者说是退避的、出世的，请问它们在哪些方面能够共同构成中华民族的人文精神?

答：这是个很有深度的问题。儒家思想中所体现的社会责任感、积极进取的用世精神我在上一讲《中华人文精神》中已经说到了很多，不再重复了。这里只谈以老庄为代表的道家。实际上道家思想被认为是消极的、退避的、出世的这一类的看法早就有过。最突出的是林语堂先生，他在《吾国与吾民》中批评道家的人生观是消极遁世的。他指出："孔子之对待人生的眼光是积极的，而道家的眼光则是消极的。"他又在《中国人之聪明》中说老庄哲学是"老奸巨猾之哲学"，认为老庄教人退而守愚、藏拙以全其身，看破一切，致使中国文明由动转为静，主退、主守、主安分、主适中，而成为重持久不重进取、重和让不重战争之文明。在林语堂先生看来道家思想几乎就成了民族进步的一种反动力。道家哲学中有消极的一面，但其主调却不是消极的，更不是"老奸巨猾"。道家的直觉思维没有儒家的理性思维那么缜密，但是却可以纯化人们的思想，将人们引向追求超现实的终极目标。道家思想与儒家思想共同构成了中华民族精神的主干。它同样也体现了人类文明的最高智慧，同样是中华民族珍贵的精神不动产。

这首先体现在以下几个方面：一是儒家和道家都塑造了尚中贵和、勤俭朴实、谨慎谦虚、和平温厚的民族性格。第二是道家天人合一的思维方式、顺应自然的行为原则、抱朴守真的人格追求、淡泊廉俭的人生态度、慈让少私的处世之道等都与儒家思想殊途而同归地成为中华人文精神的有机组合。第三是道家思想与儒家思想在很大的层面上可以形成互补、互动。这个问题怎么讲？北大王博教授说过一句话我很赞同，他说儒家培养的是"实心人”，而道家培养的是“虚心人”。什么叫“实心人”？用纪晓岚的话说就是“以实心励实行，以实学求实用”。什么叫“虚心”？我的理解是“虚静空明之心”，也就是我前面讲过的“心斋”。虚心不是“空心”。恰恰相反，它的容量会因为虚而有更大的包容空间。儒家的“实”与道家的“虚”如果能形成互补、互动，那我们才会有一颗涵纳天下万物又不失其真的“妙明本心”。这仅是顺手举了一个例子，因为时间关系不能展开说了，这是一个很大的话题。

问：您刚才讲了“无用”和“大用”的问题，我想知道庄子的思想对于今天的我们“有用”吗？

答：首先要正确理解这个“用”字，庄子所倡导和追求的“无用”之大用，实际上是他努力倡导和追求的一种精神生活。这种理想的精神生活，不是轻而易举得来的，同样要经过艰苦卓绝的修炼功夫。是在解除“物蔽”、“物累”后所达到的“天人合一”的境界。您这么理解这个“用”字，会发现庄子虽然与我们隔了两千多年，但实际上他就在我们身边。

前些日子我的一个朋友很郁闷，郁闷得吃不下饭睡不好觉。我说：你读读庄子吧。他说：没用，谁也帮不了我。我说：你试试看，反正你这些日子失眠，就当给你催眠。我就顺手给他从书架上拿了一本《庄子浅注》，开头我向你们推荐的书目里有这本书。一个星期后这个朋友要请我喝酒。我问他怎么样？他说：不知道该感谢你还是感谢庄子，反正我不郁闷了。

我说：为什么不郁闷了？他说：读了《庄子》我把世事看破了。我说：你又错了。他说：为什么？我现在真的不郁闷了。我说：你误读了庄子，庄子不是让你把世事看破，而是让你把世事看透。我早就讲过这个观点，凡事看透别看破，看破和看透在本质上是不一样的。薛泽通先生著《论语的领导艺术》引用了我这句话。我对朋友说：看透了你读懂了庄子，看破了你读歪了庄子。

为什么这么说？庄子告诉我们的是一种生存的智慧，这种生存智慧的核心就是大生命的放旷与逍遥。人生有许多无奈，有许多“生命不能承受之轻”，有许多困惑，任何一个时代的人都会有无奈、困惑和“不能承受之轻”，所以任何一个时代我们都需要庄子。

一个哲人的精神洁癖

——说荀子

一、荀子是儒家还是法家

在说到荀子的时候，我们首先应该弄明白的一个问题是：荀子是儒家还是法家?

记得我上中学的时候，正是“评法批儒”时期，法家被抬到了九十九天之上，儒家被踩到了十八层地狱之下。因为我会画画，学校就让我画了很多法家人物的画像，挂在教室里。那些法家人物中头一个就是荀子，还有他的学生韩非、李斯以及商鞅、桑弘羊等人。后来我父亲看到了我画的法家人物，他说，你画的那个不对，荀子不能算是法家，他是儒家才对。我说，我是按照上面交下来的样子画的。如果荀子是儒家，那么他就是被批判的对象了。

总之从那个时候我就对这个人感兴趣了。

但是后来我发现荀子算是哪一家还真是个问题，一个很难一下子说清的问题。

但是这同时又是一个必须说清楚的问题。我们先留着这个悬念，看看荀子的生平。

荀子，名况，字卿，又称孙卿。他是战国末期赵国人。当时赵国在哪个地方呢？就在现在的山西省南部安泽县一带。荀子的生卒年月，在历史上一直存有争议，有人认为他生于公元前314年，卒于公元前217年，活了93岁。也有一种说法，认为荀子生于公元前317年，卒于公元前221年，活了97岁。荀子为什么又称孙卿呢？他到底是姓荀还是姓孙？对这一点说法也不一样。一说是汉代为避讳汉宣帝之名而称孙，另一种说法是荀和孙是近音字，因为俗音不正，故而荀又读作孙。《荀卿别传考异》就指出："战国末，宗法废绝，姓氏混一，故人有两姓并称者。"荀为姓，孙为氏，所以荀子又被称为孙卿。孙为公孙之后，各国都有孙氏，为了与他国的孙氏加以区别，晋国孙氏又以荀为姓。"卿"是个尊称，为列大夫之长。荀子从五十岁时出来游学，到什么地方游学呢？他到了齐国，齐国的临淄有一座稷下学宫，非常有名气，相当于现在的北大，或者中国社会科学院，各国一些有志于学的人都往这儿投奔。

荀子所处的时代，是一个社会大变革的时代。周王朝的统治已经完全分崩离析，大国争霸，小国争强，各诸侯国不断变革自己的政治和经济战略，争夺生存权和发展权。同时，那个时期各国的思想文化都非常活跃，持有不同学术观点和政治主张的学者，成为各国诸侯的幕僚，软实力的竞争时代开始呈现了它异彩缤纷的景观。

春秋五霸之一齐桓公为了争夺软实力竞争的霸权，在临淄修建了一座高等学府，这座高等学府就是稷下学宫。这座学宫非常气派，高门华屋。到这里来游学的人，来自于各个国家，所以这座稷下学宫也就成为中国最早的"社会科学院"。由于后来齐威王和齐宣王也非常重视软实力的建设，礼贤下士，学宫因此进入鼎盛时期。在学宫的学者，年长的博学者称"稷下先生"，年幼的从学者称"稷下学士"。齐宣王时，给学者们的待遇非常优厚，让他们奉领大夫的厚禄，享受大夫级别的政治和物质待遇，号称"列大夫"。学问最出色的尊长者则被推举为祭酒，也就是相当于大学校长或社科院院长的角色。荀子曾三次被推选为祭酒。《史记·孟子荀卿列传》是这样记载的："齐襄王时，而荀卿最为老师，齐尚修列大夫之缺，而荀卿三为祭酒焉。"这是一个很了不起的荣誉。

荀子和孟子，都是稷下学宫中有名的学者。他们的老师根牟子、虞卿等，都是名重一时的儒学宗师。稷下学宫的各家学派，如宋钘的墨学，魏牟的道学，田骈、慎到的法学等，也为荀子治学开拓了更为广阔的视野，所以荀子后来成为集先秦文化之大成的重要学者。

荀子很出色，三次做祭酒，在那个知识分子成堆的地方就很不好混了。《史记》记载："齐人或谗荀卿，荀卿乃适楚，而春申君以为兰陵令。"有人在齐襄王面前进荀子的谗言，打小报告，告黑状，荀子待不下去了，不得已去了楚国，到了楚国以后，楚国的大臣对相国春申君说："汤以七十里，文王以百里，皆兼天下。今荀子天下贤人也，君藉百里之势，臣窃以为不便，于君若何？”意思是说，商汤以七十里的地盘、周文王以百里方圆的地盘，都得了天下，荀卿是天下贤人，以百里之地而渐起称王，到时候您怎么办呢？春申君以为有道理，于是婉言谢绝了他留居楚国的请求。荀子于是又到了赵国，被任命为上卿。不久，又有人对春申君说：“昔伊尹去夏之殷，殷王而夏亡；管仲去鲁入齐，齐强而鲁弱。由是观之，贤者之所在，其君未尝不善，其国未尝不安也。今荀子天下贤人，何为辞而去。”意思很明白：当年贤人伊尹在夏国待不下去而去了殷地，结果是殷人王天下而夏却灭亡了。管仲在鲁国无立足之地，去了齐国，结果是齐国日益强盛而鲁国运势衰败。从这个例子看，贤者之所在，不会危及国君，更不会给国家带来不安定的因素。荀子是天下贤人，为什么这里就留不住他呢？春申君觉得有道理，就召回了荀子，任命他做了兰陵令。兰陵在今山东枣庄峄县，在荀子任职前有十二个县，荀子任职时，鲁国被灭亡，兰陵的范围就更大了。大县的行政长官为令，小县则为长，当时的兰陵是大县。

荀子做兰陵令，直到春申君死，为官十八年，推行王道，深受民众拥戴。春申君在考烈王死后被杀，荀子的兰陵令也被免职。但他喜欢这块土地，遂把家安在这里。他在这里著书立说，培养后学，李斯、韩非都是他在这里培养出的学生。又据史料记载，荀卿授《诗经》于鲁国毛亨（后毛亨在河间设君子馆授《诗经》，其学渊自荀卿），授《春秋左传》于阳武张苍，传《穀梁春秋》于鲁人申公。又据《史记·仲尼弟子列传》，荀卿善为《易》，得子弓之传也。刘向也考证仪礼为荀卿之所传。从这些零散的记录中可以看出，荀子真是博学的人。他精通易、诗、礼、春秋，是集先秦文化之大成而承先启后的一代宗师。

荀子的著述，《史记》所说有“列著数万言”，今天见到的有三十二篇，由唐代东川节度使、刑部尚书杨倞整理编纂为《荀子》一书传世。

荀子的思想，对中国两千多年来的历史产生过深远的影响，司马迁的《史记》，将孟子与荀卿合为一传。在元代时，荀子是仅次于“亚圣”孟子被尊为“伯圣”的。即中国的第三位圣人。第一位是孔子，第二位是孟子，第三位就是荀子。近代思想家章太炎把荀子与西方哲圣苏格拉底、亚里士多德相提并论。著名学者梁启超也认为：中国两千年的文化实质上是荀子文化。因为在先秦之后，荀子的学生李斯和韩非在实践上和理论上继承了荀子的思想，建立了封建等级制度，而这个制度一直延续了两千多年。

荀子的影响虽然很大，但是长期以来，他的学说和地位却一直受到质疑和排斥。把荀子排除在儒家之外，不是当代的错误，从宋代就开始了。理学家程颐、程颢这两个人，特别反对和攻击荀子的学说，将荀子排除于儒家之外。这种情况到了近代才得到改变。但在“史无前例”的年代中，由于受极“左”思潮的影响，荀子又被列入法家之列，为极端主义理论服务，这是荀子自己万万不会想到的。

我们今天，应当还荀子以儒家的地位。

荀子不是法家，他是不折不扣的儒家！虽然，他是儒家中的一个“另类”。

二、荀子的“性恶论”

荀子理论体系中，最著名的是他的“性恶论”。

关于“人性善”还是“人性恶”，儒家学派历来有两种观点，孟子是“性善”论的代表。他认为，人性从本质上来说是向善的，就好比水总是往低处流，人心向善是人的天性，水性向下是水的天性：“人性之善也，犹水之就下也。人无有不善，水无有不下。今夫水，搏而跃之，可使过颡；激而行之，可使在山。是岂水之性哉？其势则然也。人之可使为不善，其性亦犹是也”（《孟子·告子上》）。为什么人心向善？孟子认为：“人皆有不忍人之心。”什么叫“不忍人之心”呢？孟子自己解释说：“今人乍见孺子将入于井，皆有怵惕恻隐之心。非所内交于孺子之父母也，非所以要誉于乡党朋友也，非恶其声而然也。由是观之，无恻隐之心，非人也；无羞恶之心，非人也；无辞让之心，非人也；无是非之心，非人也。”人看见一个小孩子要掉到井里去了，都会有害怕和恻隐之心，而主动去救助他。这不是因为存心要和这孩子的父母套近乎，也不是要在乡亲和朋友中博一个好名声，也不是怕不去救孩子而让自己背上恶名，这么做是出于一个人善良的天性。一个人如果没有恻隐之心，没有羞恶之心，没有礼让之心，他就不配做人了。人性的善是这一切的本源。这是他人性本善的理论根基。反映孔、孟思想的蒙学读物《三字经》

开篇就写："人之初，性本善。苟不教，性乃迁。"人的本性，最原初的、没有污染的本性都是善的，只是如果不施以教化或稍稍放松了教化，他的性情就可能改变。

荀子的观点正好相反，他主张人性"本恶"。他的一篇著名的专论，就叫《性恶》。这一篇文章以孟子的"性善论"作为靶子，进行了针锋相对的论辩。

这篇文章一开头就说："人之性恶，其善者伪也。"他的意思再明白不过了：人的天性是恶的，所谓的善是他有所作为的结果，也就是他做善事时他才善。请注意，这里的"伪"，不是"虚假"和"伪饰"的意思，而是"作为"的意思。

荀子说："今人之性，生而有好利焉。顺是，故争夺生而辞让亡焉；生而有疾恶焉，顺是，故残贼生而忠信亡焉；生而有耳目之欲，有好声色焉，顺是，故淫乱生而礼义文理亡焉。"意思是说：人都是有私欲的，生来就知道好利恶害，好逸恶劳，满足各种心理和生理的需要，压根儿就不知道仁义道德，压根儿就不知道辞让忠信，压根儿就不知道礼义文理。

人性本善还是人性本恶，是战国时期思想界论争的一个重点命题。除了孟子的性善论，荀子的性恶论，还有告子的一种骑墙理论，即非善非恶论。告子主张人性本来既不善也不恶。他也以水来作比喻，他说："性，犹湍水也，决诸东方则东流，决诸西方则西流。人性无分于善不善也，犹水之无分于东西也。"（《孟子·告子上》）告子的意思是：人性好比水渠中的水，让它向东流它就向东流，让它向西流它就向西流。人性的善端，不是生而就有的，是靠后天的教育和社会环境的熏陶而形成的。其实对于这个问题的争论东西方在不同的历史时期都发生过，比如西方基督教的"原罪"说就是主张人性恶的，另外一种观点则认为人一半是天使，另一半是野兽，即人性同时有善与恶的两面，则又是另一种姿态的"骑墙"了。

荀子旗帜鲜明地反对孟子的"性善论"。他的《性恶》篇，直截了当地指出："孟子曰：'人之学者，其性善'，曰：是不然！""孟子曰：'人之性善'，曰：是不然！"

荀子在《荣辱》篇中，更是把这种思想发挥到了极致，他说："人之生固小人，无师、无法，则惟利之见耳。人之生固小人，又以遇乱世、得乱俗，是以小重小也，以乱得乱也。"人生下来就是"小人"，有唯利是图的天性；

人生下来就是"小人"，再加上遭遇乱世，长于乱俗，所以他的心性也就随着乱成一团糟。

荀子认为，无论圣贤、君子、小人、邪恶之人，在生命的欲求这一方面，都是与生俱来的。所谓："凡人之性者，尧、舜与桀、跖，其性一也；君子之与小人，其性一也。"（《性恶》）无论是尧、舜这样的圣贤，还是夏桀、盗跖这样的恶棍，无论是君子还是小人，他们的本性、本质、起点都是一样的。圣贤不是一生下来就是圣贤，恶棍也不是一生下来就是恶棍。君子不是一生下来就是君子，小人也不是一生下来就是小人。

不但从感官官能上，人的眼、耳、口、鼻、舌、身、体肤，其功能是一样的，甚至在智能和理性要求上人也是一样的："材性知能，君子、小人一也。好荣恶辱、好利恶害，是君子、小人同也。"（《荣辱》）这里，荀子提出了一个很发人深思的问题，就是"天性平等"问题。大家都是人生父母养的，基本的天性全都一样，谁也别故意充大爷或者装孙子。

如果用现代遗传学的观点来分析荀子的"天性平等"观，可能会认为这个观点有些幼稚。人作为生命的个体，其差异是永远存在的。但是我们也要注意，荀子是站在"类"意识的角度来谈"天性平等"的，他指的是一般意义的感性欲求和一般意义的天资和人生追求。人类的许多问题就出在这个"天性平等"上，因为等级和阶级的分野给人们带来了越来越多的困惑。统治者认为自己"受命于天"，而老百姓却是天生的"贱民"。乃至于"文革"时期极"左"思潮影响下的"血统论"，"龙生龙，凤生凤，老鼠生儿会打洞"，也是论证人在天性上存在着不平等。从这个角度看问题，荀子的"天性平等论"实在是对中国乃至世界思想史的一大贡献。所以我要说荀子是一个伟大的哲学家。

荀子进一步认为，人的生命乃是出于天的，人的性也理所当然出于天，所谓"天性"是也。"凡性也，天之就也，不可学，不可事。"（《性恶》）荀子认为："今人之性，饥而欲饱，寒而欲暖，劳而欲休，此人之情性也。今人饥，见长者而不敢先食者，将有所让也。劳而不敢求息者，将有所代也。夫子之让乎父，弟之让乎兄，子之代乎父，弟之代乎兄，此二行者，皆反于性而悖于情也。然而孝子之道，礼义之文理也。故顺性情则不辞让矣，辞让则悖于情性矣。用此观之，则人之性恶明矣，其善者伪也。"按照人的本能、本性来说，饿了就想吃顿饱饭，冷了就想暖和一些，干活累了就想休息，这是人生而俱有的感性欲求。现在我们饿了，可是有长者在我们不敢先吃，我们干活累了，不敢在长辈还没有休息时休息。这些实际上都是反于性而又悖于情的。但这里边就出现了不可调和的矛盾：如顺人之性则会为恶，你饿了，不管有哪个长者在场，旁若无人，坐下就吃；你累了，不管有哪位长者在场，倒下头就顺，你倒是顺乎了自己的天性，可这些全是不该做的呀。但你如果不这样做了，又会违背自己的性情。这不是玩概念，玩逻辑，玩急转弯儿，而是玩真格的，这对矛盾，怎么去解？

这里有一点是应该值得注意的，就是荀子的“性恶论”和孟子的“性善论”，有一个共同点，就是对人的本来原欲的承认。荀子讲：“目好色，耳好声，口好味，骨体肤理好愉佚，是皆生于人之情性者也。感而自然，不待事而后生之者也。”（《性恶》）眼睛喜欢看到美丽的东西，耳朵喜欢听到曼妙的音乐，嘴巴喜欢吃到可口的食物，身体喜欢安逸舒适，这是人们性情中固有的，是不需要学而知之的。

孟子说：“天下之士悦之，人之所欲也，而不足以解忧：好色，人之所欲，妻帝之二女，而不足以解忧；富，人之所欲，富有天下，而不足以解忧；贵，人之所欲，贵为天子，而不足以解忧。人悦之，好色，富贵，无足以解忧者。”好色，即使娶了天帝的两个女儿，也不会完全满足；富贵，即使富有天下、贵为天子，也不会满足。真正是“人心不足蛇吞象”。孟子认为这些都是人所固有的本性，也是人所共同具有的普遍的人性。

现在我们作进一步分析，荀子讲性恶，一直讲到了源头，讲到了人的本能，人的本性，人的原欲，人的感官官能和感性欲求。那么，接下来的问题是：既然人——不论圣贤还是恶棍，不论君子还是小人，大家在本性、本能、原欲、感官官能方面都是平等的，那么，为什么又会有君子小人和高低贵贱的区别？

荀子认为，这其中的差异，在于人们后天受到的教育和社会影响的不同。

荀子说：“若其所以求之之道则异矣。小人也者，疾为诞而欲人者信己也，疾为诈而欲人之亲己也，禽兽之行而欲人之善己也……故君子者，信矣，而亦欲人之信己也；忠矣，而欲人之亲己也；修正治辨矣，而亦欲人之验己也”（《荣辱》）。荀子说得很明白了，君子与小人，虽然他们在天性上是相同的，但是他们在教养中所“求之之道”不同。小人欺骗、虚妄而希望别人相信他，阴谋奸诈而希望别人亲近他，自己不干人事却希望别人善待他。君子呢，他自己奉行信义，才希望别人相信他，他自己行为忠贞，才希望别人亲近他，他自身行为端方，而希望别人时常用端方的标准来衡量他。

君子与小人思想行为的不同，是他们所受到的教育和社会影响不同。荀子讲“求之之道”，“求之”是人的主观选择，“之道”则是客观存在的“道”。当然这个“道”是比较广义的“道”。人走上邪路，成为“小人”，主要不是他骨子里天生就坏，而是因为受到了坏教育，或受到了坏的社会影响。是他的心灵受到了污染。荀子把这种灵魂的污染源称为“陋”。灵魂一旦被污染，就会走上与圣贤、君子背道而驰的道路。前边荀子讲过的“生固小人”，指的是没有受到教化的“人之初”状态，这个状态，人可以成为君子，也可以成为小人，走哪条路，要靠自己去选择。

接下来我们已经进入了荀子人性论思想的核心。

荀子讲人性本恶，要把这种恶导向善，就需要化性起伪。注意，这个“伪”首先仍然是“作为”的意思。荀子把“伪”——人的作为，定义在“可学而能，可事而成”（《性恶》）这个基本点上，就是人要有所作为。“可学而能”“可事而成”讲的是学习与实践的辩证关系。

“伪”与“性”有什么区别呢？区别在于性是“感而自然，不待事而后生之者也”（《性恶》）。是人的自然本性。而“伪”是心虑而生积习而成的人的作为，同时，它还有一个“引申意”，即指礼义、法度，即道德意识、道德修养与道德实践。这一点也是荀子特别予以强调的。只有符合礼义、法度的学习、思考与行为，才能称为“伪”。如此，才能用“伪”来化“性”而至于善。

荀子指出：“性者，本始材朴也；伪者，文理隆盛也。无性，则伪之无所加；无伪，则性不能自美。性伪合，然后圣人之名一，天下之功于是就也。故曰：天地合而万物生，阴阳接而变化起，性伪合而天下治”（《性恶》）。你看他讲得多透彻。性，是人的原始本质，伪是礼义道德的教化、学习与实践。性本恶，顺性之自然则不能为美善，所以需要“伪”。同时，“伪”也是需要以“性”来做基础的，没有性，则“伪”就没有施展的土壤。性为恶，则“伪”作用于性，可以改造“性”、引领“性”向美善的方向发展。正如天地和谐则万物萌生，阴阳和谐则发生变化，“性”“伪”合和天下才能达到大治。

怎么样来“以伪化性”？荀子开出了一个药方，我把这个药方称为“养心方”。

荀子认为，心是形与神的主宰，人的一切行为都受心的指挥，同时，这个“心”也是最容易被污染、被遮蔽。荀子说：“人心譬如槃水，正错而勿动，则湛浊在下，而清明在上，则足以见须眉，而察理矣。微风过之，湛浊动乎下，清明乱于上，则不可以得大形之正也。心亦如是矣。”（《解蔽》）人心好比一潭静水，在没有风的时候，清明在上，污浊在下，可以用它来当镜子。如果有风吹动，则水底的污浊就会翻动，澄明的水面就会因此而变得污浊，再也不能照映出完整准确的物象。心也是这样。所以要“导之以理，养之以情，物莫之倾，则足以定是非，决嫌疑矣。小物引之，则其正外易，其心内倾，则不足以决庶理矣”（《解蔽》）。心是个很脆弱的东西，又是个很坚强的东西。能不能定是非、决嫌疑，是不是会被物、欲所蔽，就取决于引导与将养了。

我们知道孟子也是讲“养心”的，孟子讲“养心”，注重的是内在的心性功夫，是就心灵的善端而将养。而荀子的养心，则注重外部的移夺造化。主张“解蔽”，即去掉心灵的遮蔽。这些遮蔽包括的范围而广，“欲为蔽，恶为蔽，始为蔽，终为蔽，远为蔽，近为蔽，博为蔽，浅为蔽，古为蔽，今为蔽。凡万物异则莫不相为蔽，此心术之公患也”（《解蔽》）。把这些心灵的遮蔽全排除了，才能使心无旁骛，唯正道是从，专注于善。

三、荀子的“时势”论

前些年最多谈到的一个词是“与时俱进”，这个词最原始的出处在哪里？就在荀子的思想中。荀子所提出的“与时屈伸”、“与时迁徙”的时势观，可以说是“与时俱进”的思想源头。

荀子指出：“与时屈伸，柔从若蒲苇，非慑怯也”，“以义应变，知当曲直故也”（《不苟》）。“时屈则屈，时伸则伸”（《仲尼》）。他讲的意思是：用辩证的观点顺应时势的发展与变化，与时势的屈、伸保持同步，让自己柔顺得好像随风的蒲苇，这不是胆怯害怕，而是义理使然，是顺天应时的基本道理。

荀子又指出："与时迁徙，与世偃仰，千举万变，其道一也，是大儒之稽也。"（《儒效》）随着时代的发展变化而变化，顺应社会潮流的发展与要求，既是最基本的道理，同时又是衡量一个人是不是大儒、大思想家的标准。

荀子主张"明于天人之分"。这是荀子"时势论"的思想基础。

什么叫"明于天人之分"？就是明白天和人两者各自的职分，人的祸福吉凶取决于自己的行为是否符合自然规律，在人而不在天。这一思想打破了传统的思维方式，把人从对天的依附中解脱出来。

荀子《天论》开宗明义说："天行有常，不为尧存，不为桀亡。应之以治则吉，应之以乱则凶。强本而节用，则天不能贫；养备而动时，则天不能病；修道而不贰，则天不能祸。故水旱不能使之饥渴，寒暑不能使之疾，祆怪不能使之凶。本荒而用侈，则天不能使之富。养略而动罕，则天不能使之全。背道而妄行，则天不能使之吉。故水旱未至而吉，祆怪未至而凶。受时与治世同，而殃祸与治世异，不可以怨天，其道然也。故明于天人之分，则可谓至人矣。"荀子的意思是：天自有它的常行之道，不因为尧是圣贤而存，也不因为桀是暴君而亡。顺应天的常行之道，也就是自然规律治理邦国则吉，而逆天的常行之道而行则凶。加强农业而节约用度，则天不可能使你贫穷。生产与生活资料完备而勤劳适时，则天不可能让你生病患。遵循大道而坚定不移，则天不可能把灾祸强加于你。这样的话，水、旱等自然灾害不能让你挨饿，寒来暑往不能让你生病，兴妖作怪也不会给你带来凶险。注意，这里的"祆"字同"妖"。如果荒废了农业而用度奢侈，则天不能够让你富有；忽视养生之道而怠惰，则天不能使你有寿；背离正道而一意孤行，则天不能使你吉。所以，顺应了自然规律，水旱未至而吉，违逆了自然规律，妖怪未至而凶。遭遇到的天时与治世同，而灾祸与治世不一致，不可以怨天，这是你对顺应天时的措施不到位造成的。所以明白自然和人事的职分，可以说是明白事理的人了。

在这几组辩证关系中，体现着荀子最本质的天人观：天与人是两码事，天没有福善祸淫之意，人也不可能因其德行感动天或得到天的福佑。

荀子说："天不为人之恶寒也辍冬，地不为人之恶辽远也辍广"（《天论》）。天是不会因为人厌恶寒冷把冬天这个季节省略掉的，地也不会因为人厌恶辽远而放弃了它自身的广阔。天地的运行是不以人的意志为转移的。

同时，天又是公平无私的，"天非私曾、骞、孝己而外众人也"，"天非私齐鲁之民而外秦人也”（《性恶》）天不会因为曾参、闵子骞是孔子的学生，孝己是殷高宗的太子对他们有所偏私而外待了众人，天也不会厚爱齐国、鲁国的人民而外待了秦国的人民。

天有天的职分，人有人的职分。天的职分是什么呢？“列星随旋，日月递炤，四时代御，阴阳大化，风雨博施”（《天论》）。让那些大大小小的星星按照一定的轨道运行，让太阳和月亮交替照耀大地，让阴阳协调平衡造化万物，让风吹拂人间，让雨滋润禾稼，天就是干这些事的。可是人却总是想着让天干不属于它职分之内的事，比如裁决人类的善恶等等。我们常说的一句话是“老天爷有眼”，或者我们常抱怨的一句话是“老天爷没长眼”。这实在是冤枉了老天。天是自然的天，天没有意志。况且天有天职，人有人道，凭什么让天去代行人的职分？你做了好事，别总想着让上天恩赐福祉，同时，也别指望、别幻想天会惩罚那些作恶的人。这话说出来很残酷，但事实就是如此。两千多年前的荀子就把这个道理说清爽了。

人不必求知天，但人可以把握和利用自然变化的规律，“故大巧在所不为，大智在所不虑。所志于天者，已其见象之可以期者矣。所志于地者，已其见宜之可以息者矣。所志于四时者，已其见数之可以事者矣。所志于阴阳者，已其见和之可以治者矣”（《天论》）。所以最高境界的“巧”是有所不为，最高境界的“智”是有所不虑。注意，这里“在所”是“有所”的意思。接下来，“所志于天者”，“志”是“知”的意思，意为：知道顺守天道的人，由于他观其天象变化而懂得如何待时而动。知道土地生长的条件的人，可以因地制宜而可以使作物繁殖。知道四季更替规律的人，可以按照时序变化安排生产计划。知道阴阳调和的人，可以用这阴阳调和的道理来治理政事。聪明的智者可以守天、守时、待时、顺时，不为不虑而坐享其成，荀子认为这就是“守道”，即从宏观上把握自然规律。

那么，什么是人应采取的积极态度呢？

荀子指出：“大天而思之，孰与物畜而制之？从天而颂之，孰与制天命而用之？望时而待之，孰与应时而使之？思物而物之，孰与理物而勿失之也。”天地万物生来是供人所取用的，人如果不想去利用万物，不应时而动治理万物，而去崇拜天、歌颂天，则失去了万物之情状，是不知物又不知天。这段话的核心思想是“制天命而用之”。即利用自然规律，因时制宜，应时而使之。则“天之所覆，地之所载，莫不尽其美，致其用”（《王制》）。荀子的“制天命”思想，如划破夜空的闪电，将人们从天命论中解放出来。

荀子所讲的“制天命”，指的是利用规律，因时制宜，应时而用。荀子认为，如果不能抓住时机，甚至违逆天时，举措非时，就会政令不明，本事不理，政险失民。

在荀子的治国方略中，特别强调的一点就是“务时”。不仅要知时、顺时，更要应时、务时。抓住时机，顺应时势，采取积极的态度，而不是消极的等待观望。

可以说，荀子的“时势论”思想中，也汲取了一些与他同时代的思想家的营养。尤其是管子的时势观，给荀子的影响最大。管子认为，对于为政者来说，时势是第一重要的。“举事而不时，力虽尽其功而不成”（《禁藏》）。办一件事情不看时势对不对，那是很盲目的，虽然使尽了气力，但终会因“失时”而遭到失败。管子提出“务时而寄政”（《四时》）的思想，指出处理政务要顺时应世，“索之于天，与之为期，不失为期，故能得之”（《四时》）。首先是选择最佳战略机遇期，一旦这个战略机遇期已经到来，就要牢牢抓住不放，制订严密的工作计划，力争在最佳时间段内取得最大的成果。管子不仅在理论上对“时势”问题多有精辟的论述，在实践上也得到了丰硕的成果。比如，他顺应潮流，采取了跨国贸易、农工商并举、国有民营等治国方略，使齐国成为列国中的强国、富国，称霸于四方。

荀子吸取管子上述思想，提出了“先事虑事，先患虑患”的观点。在做一件事情之前，要有充分的思虑和准备，不要等干起事来手忙脚乱。在灾祸没有到来之前，应该把产生灾祸的各方面因素都考虑周全，尽量把灾祸所能造成的损失减小到最低程度。荀子认为：“先事虑事谓之接，接则事优成。先患虑患谓之豫，豫则祸不生。事至而后虑者谓之后，后则事不举，患至而后虑者谓之困，困则祸不可御”（《大略》）。在举事之前周密谋划，这叫作“接”，是计划与实践的一种对接，这种对接工作做好了，事则可举。在祸患未到之前而有周密的思虑计划，谓之“豫”，毛泽东也说：凡事预则立，不预则废。“豫”是预防的意思，预防工作到位，防患于未然，才能做到灾患不生。事情过了再思虑谓之“后”，马后炮，事后诸葛亮，于事无补。灾患到了才想到思虑，虽然可以“兵来将挡，水来土掩”，但毕竟被动了许多，所以叫作“困”，这个“困”如果力量强大，则灾祸是无法抵挡的。所以荀子提出，管理礼仪、农业、农村基层组织和市场的官员应当“以时顺修”，就是按照时势规律去管理农村与市场；管理水利农田的官员应当“以时决塞”，及时决定拦坝和开闸；管理山川林泽的官员应当“以时禁发”，按照自然规律适时制定禁止砍伐的政策，保护生态平衡。而负责国家大政方针的官员应当“以时慎修”，使百官勤于职事，百姓也奋发有为。

同时，荀子还提出了“敬日”、“敬时”的思想，他指出“善日者王，善时者霸，补漏者危，大荒者亡”（《强国》）。对于执一国之政的国君来说，善于把握好每一天的可以称王，善于利用好每一时光阴的人可以称霸，而做事无计划，只忙着堵塞漏洞，那就很危险了，如果他把什么都荒废掉了，就只会有国亡身败的命运在等着他。泛言之，只有善于争分夺秒地利用好一点一滴的时间，才能取得事业的成功。这就是“能积微者速成”（《强国》）的道理。

荀子是一个有所作为的儒家。他的“时势”论思想对于我们今天仍然是有着积极意义的。他的“与时屈伸”、“与时迁徙”以及应时、顺时、务时、敬时、善时的观点，吸收了墨子、管子及当时诸子百家的“时势”理论，可以说集其时“时势”论之大成，对我们今天坚持以科学的发展观统领全局，正确理解和认识解放思想、与时俱进的思想路线仍然有着重要的启迪意义。

四、荀子的“法后王”论

让荀子成为“另类”哲圣的，除了他的“性恶”论，还有他的“法后王”论。

“法后王”是针对孔、孟的“法先王”理论提出来的。所以后来评价荀子这一思想时，就把他与孔、孟对立了起来，认为孔、孟的“法先王”是复古主义的理论，要求后世永远要认同祖先的经典，是“厚古薄今”的历史观。而荀子的“法后王”正好反其道而行之，要求后世不必保持祖先的经典认同，而立足于当前，是“厚今薄古”的理论。这种认识是有一定片面性的。到了“史无前例”的“文革”期间，荀子“法后王”的理论更被贴上“厚今薄古”的标签，这个标签一贴，索性就把荀子从儒家阵营中剥离出来了，荀子就这么稀里糊涂地成了“法家”。

荀子的本意，“法后王”与“法先王”从内质上并不是完全对立的。

儒家讲王道政治，都要用历史上实行王道政治最为成功的例子来证明王道的可行。孔子言必称尧、舜、禹、汤、文、武、周公，言必称“吾从周”；孟子亦“言必称尧、舜”。荀子绝不是不要“法”这些“先王”，他提出的问题的归旨在于，如何才能“法先王”而不使先王之道中断。从上古至今，圣王有很多，因为年代久远，随着时代的推移，其礼法逐渐失传，如何恪守先王之法？荀子因此才提出了“法后王”的思想：

> 圣王有百，吾孰法焉？故曰：文久而息，节族久而绝，守法数之有司极而褫。故曰：欲观圣王之迹则于粲然者矣，后王是也。彼后王者，天下之君也，舍后王而道上古，譬之犹舍己之君而事人之君也。故曰：欲观千岁则数今日，欲知亿万则审一二，欲知上世则审周道，欲知周道则审其人所贵君子”。故曰：以近知远，以一知万，以微知明，此之谓也（《非相》）。

荀子已经说得很明白了，有成百个圣王，我“法”哪一个呢？所以说，随着时间推移，其文日息，其礼日疏，先前的圣王遗迹，在历史中已经流失，能够寻得到的，也是寥若晨星，黯然失色。在哪里寻找先王的踪迹呢？只有在后王那里才能寻到。作为先王之迹在原来的形式上大部分消失了，但其中最具生命力的那些东西，则会在后王那里以新的形式保留下来。所以“欲观千岁，则数今日”，“欲知上世，则审周道”。这就叫“以近知远”。从另一方面看，要想把握一个时代的时代精神，从哪里入手呢？那就要先考察能代表这种时代精神的“个案”，这就是荀子所谓“欲知周道则审其人所贵君子”。如此，“以一知万，以微知明”，就找到了解决问题的门径。从这个角度上看，荀子的“法后王”和孔、孟的“法先王”，可谓殊途而同归。其不同之处，是荀子从新的历史观念出发，寻到了从“后王”中发现先王“粲然”之迹的路子。

那么，接下来的问题是，荀子提出“法后王”，这“后王”指的是谁？

唐代杨倞认为所谓“后王”指的是“当今之王”或“近时之王”；

刘师培认为“后王”是指“守成之主”；

梁启超认为“后王”“似是指总汇‘百王’、‘圣王政教’之迹的‘君师’”；

章太炎认为“后王”指“素王”即孔子。

这些都算是有见地的“一家之言”。但荀子的“后王”确实没有具体所指。

我们所应关注的，是荀子“法后王”所“法”的内容。

《荀子·王制》篇有一段话：“王者之制，道不过三代，法不贰后王。道过三代谓之荡，法贰后王为之不雅。衣服有制，宫室有度，人徒有数，丧祭械用皆有等宜。声则凡非雅声者举废，色则凡旧文者举息，械用凡非旧器者举毁。夫是谓之复古。王者之制也。”这段话，既讲了“法后王”的理由，也讲了所“法”的内容。理由嘛，和前边讲过的“文久而日息”差不多，道不过三代，“道过三代谓之荡”，三代之后先王之道就损益得差不多了，而且即使不损益，也不会太适合当代的要求。而“法后王”，则在统一其礼仪、制度。

同时，荀子也看到，历史是很难保持其本来面目的。真正意义上的“信史”，实际上根本就不存在。因为不管是多么伟大的史学家，他们在根据有限的资料编纂历史时，都难免带有一定程度的局限性。况且，由于年代的阻隔，语境的转换，史学家个人创造性和想象力以及知识结构、历史观念等因素，实际上被写到纸上的历史很难说是真实的历史投影。两千多年前的荀子，以天才的洞察力发现，任何时代的人，都不可能真正做到“由古通今”。“文久而息，节族久而绝”，似乎是不可改变的历史宿命。

但荀子也发现，历史作为传统会在一定程度上活在现实之中，“欲观圣王之迹，则于其粲然者矣，后王是也”，讲的就是这个道理。“千岁”已经成为逝水，但却可以从“今日”中“数之”；“上世”已不可追，但却可以从“周道”中窥探之。荀子最重要、最了不起的发现是：真正可以把握的历史，是活在现实中的历史。

所以，荀子说：“圣人者，以已度者也。故以人度人，以情度情，以类度类，以说度功，以道观尽，古今一也。类不悖，虽久同理，故乡乎邪曲而不迷，观乎杂物而不惑，以此度之”（《非相》）。历史与现实有着同一性，能把握这种同一性的人，就是圣人。从历史与现实的同一性出发，荀子得出了“类不悖，虽久同理”的结论。古人与今人，都在这个“类”的群体中，从人类发展和完善的角度上考察，现代人同古代人相比，有进步与发展的一面，也有退步和落后的方面，不断克服人类自身的种种异化，是人类重要的历史使命。

五、荀子的“解蔽”论

“解蔽”，是解除封闭、闭塞的意思。《荀子》第二十一篇即以《解蔽》命题。

首先我们要弄明白什么是“蔽”。说得明白一点、通俗一点，“蔽”就是一个人的“眼罩儿”，好比拉磨的驴戴的“捂眼儿”。当然，人的“捂眼儿”是隐形的。驴子戴了“捂眼儿”，只管在一条磨道上跑到黑。人戴了“捂眼儿”呢，问题就严重得多了。

荀子说：“凡人之蔽，蔽于一曲，而暗于大理。”人戴的这个“捂眼儿”很奇妙，它不是让你什么都看不到，而是让你睁着两只大眼把物象看走了形儿，把兔子看成羊，把睡倒的石头看成卧着的老虎，把一个很精彩的世界看得无奈，把一个很无奈的世界看得精彩。如果回归荀老先生这句话的本意，就是让人拘于一隅的偏见，而忽视了事物的整体性，因此也就不明白全面性的真理。

荀子以为，“蔽”这个“捂眼儿”，是挺可怕的东西。

戴上它，“白黑在前而目不见，雷霆在侧而耳不闻”。这还不算，戴它的人级别越高，它制造的麻烦就越大。如果做人君的戴了它，不用说，将会带来一个国家的灾难。荀子举例说：“昔人君之蔽者，夏桀、殷纣是也。桀蔽于妹喜、斯观，而不知关龙逢，以惑其心而乱其形；纣蔽于妲己、飞廉，而不知微子启，以惑其心而乱其行。故君臣去忠而事私，百姓怨非而不用，贤良退处而隐逃，此其所以丧九牧之地而虚宗庙之国也！”这是历史上国君陷入片面性之蔽的典型例证。夏桀被他的妃子妹喜和宠臣斯观所蒙蔽，看不到诤臣关龙逢的一颗赤诚之心，因受蒙蔽而迷乱心性，杀了龙逢，自己也最终弄了个国破身亡的下场。殷纣被他的妃子妲己和宠臣飞廉所迷惑，而听不进他同母兄弟微子启的劝谏，其下场和夏桀一样可悲。所以君臣没有公心而只奔走于私利，百姓对国家失去信心，怨恨诽谤而不为国效力，贤良方正之人逃避隐居而不与当政合作，这些都是导致亡国的原因，但其主动因，却是因为国君被奸佞蒙蔽造成的。

人臣之蔽也是可怕的。荀子举例说："昔人臣之蔽者，唐鞅、奚齐是也。唐鞅蔽于权欲而逐载子，奚齐蔽于欲国而罪申生。唐鞅戮于宋，奚齐戮于晋。逐贤相而罪孝兄，身为刑戮，然而不知，此蔽塞之祸也。"

荀子在这里列举了受片面认识蒙蔽的臣子，如战国时宋康王的臣子唐鞅和春秋时晋献公的庶子奚齐。唐鞅被权力的欲望所蒙蔽而驱逐了太宰戴讙，奚齐被篡国的欲望所蒙蔽而隐害太子申生。结果唐鞅被宋国杀掉，奚齐被晋国杀掉。唐鞅驱逐贤良的宰相，奚齐陷害有孝名的哥哥，结果自己被杀还不知道为什么，这就是受片面认识蒙蔽的祸害。

接下来荀子又指出了受片面认识蒙蔽的游说之士，就是那些用一己之见去混乱人心的学者。墨子受实际功用的蒙蔽而不懂得礼乐制度的重要，宋子受寡欲的蒙蔽而不懂得如何正确地满足欲望。慎子受法的蒙蔽而不懂得贤人的作用，申子受权势的蒙蔽而不懂得智慧的重要。惠施受判断力的蒙蔽而不懂得事物的实际情况，庄子受自然的蒙蔽而不懂得人。

那么，怎样才能不受片面思想的蒙蔽呢？荀子开出的药方是："圣人知心术之患，见蔽塞之祸，故无欲、无恶，无始、无终，无近、无远，无博、无浅，无古、无今，兼陈万物而中县衡焉。是故众异不得相蔽以乱其伦也。"圣人懂得思想方法上容易犯的错误，也看到受片面认识蒙蔽的祸害，所以不只看到欲望，不只看到厌恶，不只看到开始，不只看到终结，不只看到近处，不只看到远处，不只看到广博，不只看到浅显，不只看到古代，不只看到现在，而是把各种不同的事物都排列出来，在中间设立一个正确的标准去进行判断。这样，各个不同的方面就不能相互蒙蔽以致扰乱事物本身的秩序了。

这个正确的标准是什么？荀子指出：是道。

那么，怎样才能认识道呢？荀子指出：靠心。

如果人心不了解道，那么他就会"背道而驰"。只有认识了正道，才能遵循正道并禁止邪道。

心怎么才能认识道呢？荀子指出，要做到"虚一而静"。荀子说："心未尝不藏也，然而有所谓虚。心未尝不两也，然而有所谓一。心未尝不动也，然而有所谓静。"心里不是没有隐藏的东西，然而还要有所谓虚心，就是不要先入为主。心不是不能同时认识不同的事物，然而还要有所谓专一。心不是不能活动，然而还要有所谓平静。人生下来就有认识能力，有了认识能力就会有记忆，记忆就是贮藏，然而还要有所谓虚心，不因已有的认识去妨碍将要接受的认识，这就叫作“虚”。人生下来都是具备了认识能力的，有了认识能力就能认识不同的事物，能认识不同事物就能同时认识更多的事物。然而还是要讲“专一”。

什么叫“一”？不因对彼一事物的认识而妨碍对此一事物的认识就叫“一”。

什么叫“静”？排除一切干扰因素，不让那些因素来惑乱对事物的认识就叫“静”。

这就是荀子对“虚一而静”的理解。

这个理解非常透彻。

“虚一而静”，才能做到毫无偏蔽，极端透彻明白。

谈到专一于道，荀子讲了一个故事。荀子不像庄子，他特别不善于讲故事，但是这个故事却很有意思。故事说：有一个地方叫“空石”，那个地方有一个人名叫觙。觙这个人有个最大的特点，与众不同。什么特点呢？他善于猜谜，同时又喜欢思考。如果耳朵听到了声音，眼睛看到了颜色，就扰乱了他的思考。听到蚊子嗡嗡的叫声，就会妨碍他聚精会神。所以他避开耳朵和眼睛的欲望，远离蚊虫的声音，独居静心思考，于是就通达明白。

荀子讲这个故事，寓意很明显，就是告诉人们，如果思考“仁”也像这样，可以说进入了一个精微的境界了吧？还远远不够。为什么呢？荀子认为：避开耳目的欲望，远离蚊虫的声音，可以算得上是一个能够自我警惧的人了，但是还没有达到认识道的精微程度。荀子做了一个比喻，他说：那些没有把握住道的精神内涵的人，就好比是火，只是外表明亮；而真正把握住道的精神内涵的人，就好比是水，内心透彻明亮。

所谓“解蔽”，就是真正把握住道的精神内涵，从而达到大清明的境界。

从认识论的角度看荀子，你会切切实实地认识一个有着精神洁癖的哲人。

先秦法家的最后一位理想主义者

——说韩非

第一章 韩非与《韩非子》

1. 法家与法术之学

韩非是法家的代表人物。

要讲韩非，就应该先讲讲法家。

《汉书·艺文志》："法家者流，盖出于理官。信赏必罚，以辅礼治。"这句话基本上说明白了法家的来由。理官是什么官？为什么说法家出于理官？

所谓理官，就是执掌刑罚的官，相当于后世之刑部。最早，"刑"与"兵"是并用的。所以当时讲的"法"也就包括了军事方面的内容，主要是用来对付外族的。其后，文明演化，社会进步，以前专用于对付异族的"法"，开始普施于一般的百姓，所以春秋时代法治的观念才应运而生。

法家的先驱之一管仲在他的著作《管子·君臣下》中说："古者未有君臣上下之别，未有夫妇妃匹之合，兽处群居，以力相争。于是智者诈愚，强者凌弱，老幼孤弱不得其所，故智者假众力以禁强虐，而暴人止，为民兴利除害，正民之德，而民师之。"初民时代，没有产生社会等级观念，没有君臣上下的分别，甚至没有产生婚姻制度，还处在群婚杂居阶段，大家互相争斗，聪明的欺骗愚钝的，强者欺侮弱者，老幼孤弱没有安身之处，所以就有智者借众人的力量来制约那些强梁的暴虐之人。为老百姓兴利除害，实施道德教化，老百姓就以他们为楷模。接下来，《管子·七臣七主》篇又说："夫法者，所以兴功惧暴也；律者，所以定分止争也；令者，所以令人知事也。"《管子·枢言》篇也说："人故相憎也，人之心悍，故为之法。法出于礼，礼出于治，治礼道也。万物待治礼而后定。"法的作用，就是兴功除暴；律的作用，就是定分止争；令的作用，就是让百姓步调一致去做事情。因为人性好争斗，人心过于强悍，所以才制订法。法出于礼，礼出于治。管子崇尚法，也强调礼治的教化作用。管子处在一个由儒向法的蜕变时期，所以他的法治理论介乎于儒、法之间。

而到了战国时期，法家开始以纯粹的法治为尚，完全脱离了儒家以德为本、以礼为治的色彩。在韩非之前，法家先驱的代表人物有李悝、商鞅、慎到、申不害等。

2. 韩非其人

韩非，生于公元前280年，出身于韩国贵族，他和李斯，都是荀子的学生。荀子是一代鸿儒，韩非拜在他名下，专攻那个时代最需要的帝王之学。所以说从青年时代韩非就是个很有政治抱负的人。学成以后，他以过人的悟性，将他的老师荀况以及慎到、申不害的思想提炼出精华，写成文章，上书韩王，主张变法强国。在当时的七国之中，韩国最为弱小，常常遭到强秦的侵凌，国土日消，国力日减，如韩非所说："韩事秦三十余年"，"与郡县无异地"，差不多快成了秦国的一个郡、县了。韩国的内政也是一团糟，韩王安暗弱昏乱，不修明法制，不任人求贤、奖励耕战，走富国强兵之路，却听信虚言浮说，尊重儒侠，放任工商牟利买官，"毁誉、赏罚之所加者相与悖谬"，（《韩非子·五蠹》）"臣有大罪而主弗禁"，使"当涂之人擅事要"，所以"贤者懈怠而不劝，有功者隳而简其业"（《韩非子·八奸》），完全是一派亡国之风。作为韩国贵族，韩非目睹韩国的削弱，痛心疾首，他直言上书，是希望韩王安纳谏听言，运用法术来治国图强。但是，韩非的一腔热情，却被韩王安兜头浇了一盆冷水，韩非一而再再而三地上书，韩王安却一直不予理睬。韩非失望之余，只好埋头著书十万言，以阐述他的治国之道。

当时的秦国，秦始皇正踌躇满志，驾长策而驭宇内之际，偶然的机会，读了韩非的《孤愤》、《五蠹》二文，以为先贤所作，感慨地说："嗟乎！寡人得见此人与之游，死不恨矣。"这时廷尉李斯告诉秦始皇，说是他的同学韩非所作。这一下秦始皇激动了。原来写出这石破天惊之文的人就近在眼前！于是，秦始皇发兵急攻韩国。韩国怎么是秦国的对手？秦国一发兵，韩国撑不住了，提出要和平谈判。秦始皇说：要和谈可以呀，但要韩非来谈。于是韩非临危受命，出使秦国。到了秦国，他受到了秦始皇高规格的接见。

那个时候韩非的心态是非常复杂而矛盾的，他理论研究的目的，是让他的国家如何在同强秦的对抗中变得强大起来，但是，这套理论在自己的国家得不到重视，却受到了敌国的激赏。命运和他开了一个多么残酷的玩笑。然而，秦始皇并没有重用韩非。

韩非为什么没有得到重用呢？最直接的原因就是他到秦国后给秦王上书，要求保存韩国，当即遭到李斯的反对。第二个原因是韩非自己走不出这种矛盾尴尬的心态，他觉得他的理论如果用来帮助秦国，是等于把自己倒吊起来了。加上他有个毛病，就是口吃，不善于言辩，这是《史记·老子韩非列传》上写的："非为人口吃，不能说道。"我发现有很多聪明人都有口吃这个毛病，像历史上记载的邓艾、周昌，他们都口吃。邓艾说话"艾艾"不成句，周昌张口就是"期期"，成语"期期艾艾"就是这么来的。据说列宁和小布什也有口吃的毛病。智者口吃，是因为他的语速与思维的速度不同步。韩非口吃，也是这个原因。但是这个毛病这时候害了他了。他肚子里有货，嘴里倒不出来，好比茶壶里煮饺子。战国时的游士和辩士都是有一副伶牙俐齿的，像张仪和苏秦，都是以三寸不烂之舌去游说君主，成就了自己的名气。那个张仪游说楚国，跟楚国宰相喝过一次酒，后来这位宰相丢了一块玉璧，怀疑是贫而无行的张仪偷了，把他打个半死。张仪回家，问他老婆："你看看我嘴里的舌头还在不在？"他老婆说："舌头还有。"张仪说："这就行了。"舌头是他的法宝呀，没舌头他就没了本钱。辩士的本钱就是他的口才。韩非没这个本钱，口才不行，舌头大，口吃，他只能写文章。更主要的是他压根儿就不是辩士和游士，那些人虽然能言善辩但实际上没有多少真才实学，他们周旋廊庙，择主而事，天涯一身，可以朝秦暮楚，谁给的待遇高就给谁当马仔。但韩非不是那路人。他是韩国的贵族，不可以朝韩而暮秦，他的理论指向是非常明确的。这种心态，当然也会影响到他的语言发挥能力。所以秦王几次和他对谈都很失望。韩非因此被冷落了。

更可怕的是，昔日的同学李斯也向他伸出了魔掌。出于对韩非才华的妒忌，他必置其于死地而后快。他对秦始皇进言说："韩非，是韩国的公子，今大王欲兼并诸侯，韩非这个人终究是要帮助韩国而不会帮助秦国的，这是人之常情呀。现在大王不用他，时间一久，他回归韩国，等于自留后患。不如找个借口把他杀了。”

于是韩非莫名其妙地被投入狱中。李斯呢，他怕秦始皇反悔，索性恶人做到底，派人送了一瓶毒药给韩非，让他及早自我了断。过了几天，秦始皇还真的反悔了，他觉得既然兴师动众请来一个韩非，又不明不白把他关进大牢，有些太过分了，就下令把韩非释放出来，可是韩非早已在云阳（今陕西淳化县西北）狱中魂归离恨天。

那一年是公元前233年，韩非终年47岁。

让韩非没有想到的是，他死后十二年，他的主张却被秦始皇所采纳，帮助他实现了由自己提出的建立中央集权君主专制帝国的愿望。就连他的克星李斯，也承认他的学说是“圣人之论”“圣人之术”，把其作为治秦的方略。也可以说，韩非的学说直接催化了一个新时代的诞生，促进了在中国延续达二千年之久的君主专制制度的建立，把中国的历史推进了一个全新的阶段，并主宰了这一漫长历史阶段的思想意识形态。

3. 韩非学说的时代背景

韩非的思想为什么能在那个时代大行其道？我们要从时代背景上去分析。

战国时代，是中国历史上的“大争之世”。随着周王室出现了江河日下的衰败之势，各诸侯国“上下交征利”，捐礼让而贵战争，弃仁义而用诈谲。那是一个弱肉强食的时代，那个时代最鲜明的特色就是无论是各诸侯国之间还是国内君臣之间，完全受制于一种赤裸裸的强权政治。同时，国君与国民的冲突，公室与私门的冲突，都导致了礼的功用衰微。在这样一个狼奔豕突的时代里，儒家的礼乐教化、墨家的兼爱非攻、道家的还淳返朴，这些主张统统都不好使了，于事无补。如何重新调整社会秩序，如何理顺各种关系，都需要重新思考，而只有法家的学说还能为这个社会下一猛药。

法家就在这个时代的五脏六腑中成长起来。

自西周以来已有刑，如禹刑、汤刑、吕刑、九刑等。但其具体的执行总则，是“临事制刑，不预设法”。也就是说有刑而没有法律，刑因事而设，“毁则为贼，掩贼为藏，窃贿为盗，盗器为奸。”（《左传·文公十八年》）至于普通民众，“刑不可知而威不可测”，对刑的了解是极少的。

法家的出现改变了这种状况。

法家学派的创始人是李悝。公元前445年，魏文侯任命李悝为相。他在魏国推行重大改革方略，编制了中国历史上第一部系统的封建法典——《法经》。李悝的学生商鞅是战国中期的法家代表人物，他到了秦国后，得到秦孝公的重用，对秦国的政治、经济进行了一系列重大改革，推行法制，让秦国由一个落后的诸侯国，迅速崛起为一大强国。

从齐相管仲在齐国推行富国强兵的政策以来，晋国赵宣子“制事典，正法罪，辟刑狱”，郑国子产铸刑书，邓析作“竹刑”，晋国之铸刑鼎，以及楚国吴起的变法等等。法术之学的兴起，直接原因就是变法运动，而又进一步推动了变法运动向纵深发展。特别是公元前359年的商鞅变法，更是以法制全面代替礼制、以军功代替世禄、以君主集权的封建官僚政治全面代替领主分治的封建贵族政治的革命。商鞅变法，使秦国成为国富兵强、领袖群伦的大国。实践证明，只有变法才能强国。

同时，随着群雄割据的局面行将结束，时代的潮流正向着大一统帝国君主集权的方向推进。在学术上，长久以来百家争鸣的局面，也必然地需要来一次总体的盘点。总结历史上的法治经验和教训，就成为时代的迫切需要。

正是在这样的时代背景下，韩非脱颖而出。

4. 《韩非子》思想之源

韩非的思想，体现在他的著作《韩非子》中。

《韩非子》最初称《韩子》，宋时，因为韩愈被称为韩子，为了避免两韩子相混，遂改《韩子》为《韩非子》。现存20卷55篇，被认为是先秦法家集大成之作。章太炎称“半部《韩非子》治天下”，此论与宋名相赵普“半部《论语》治天下”形成映照。

为什么说《韩非子》是先秦法家的集大成之作？这要从韩非政治思想的来源上说起。

韩非政治思想主要有三个来源，第一是商鞅的法，第二是申不害的术，第三是慎到的势。

所谓“法”，就是依法治国，不以君主的个人意志为转移。商鞅提出，法的目的有二，即强国、利民。只要达到这两个目的，不必依循旧法古礼。同时，实施法治不必考虑与老百姓协商于先，只可以与他们共同享用实施法制的成果。他主张重刑：“王者刑用于将过，则大邪不生；赏施于告奸，则细过不失。”“去奸之本莫深于严刑。故王者以赏禁，以刑劝，求过不求善，借刑以去刑”。这里讲的是“刑”和“善”的关系问题。商鞅主张“无刑”，看起来与儒家主张的“无讼”相同，实际上是两股道上的车。儒家讲“无讼”，靠的是道德教化，而不是刑罚。商鞅的“无刑”，则主张要实现“无刑”，使民向善，要靠刑，甚至要靠重刑。重刑使民不敢犯刑，在重刑之下，民不敢为非作歹，这就是善，这就叫“以刑去刑”。“重刑则连其罪，则民不敢试。民不敢试，故无刑也”；“刑重而必得，则民不敢试，故国无刑民。国无刑民，故曰明刑不戮”。（《商君书·赏刑》）刑律重则民众不敢以身试法，所以国家就不会有犯法的人，如此就达到了“无刑”的目的。韩非继承了商鞅法的理论，他提出“以法为本”的主张，强调“法不阿贵”，“令行禁止”，这与“刑不上大夫，礼不下庶人”的贵族法权观念相比，是历史的一个重大进步。

所谓“术”，是人君驭臣之术，是权术。申不害是法家中重术派的鼻祖。申不害说：“今申不害言术，而公孙鞅为法。术者，因任而授官，循名而责实，操生杀之柄，课群臣之能者，此人主之所执也。法者，宪令著于官府，刑罚必于民心，赏存乎慎法，而罚加乎奸令者也。此臣之所师也。”据《史记·老子韩非列传》，申不害本来是郑国的贱臣，以术见用于韩昭侯，昭侯任用他为相国，终其世国治兵强，诸侯无敢侵韩。申不害的“术”，来源于黄老，他主张人君应持虚静无为之术，“明君如身，臣如手；君若号，臣若响；君设其本，臣操其末；君治其要，臣行其详；君操其柄，臣事其常。……故善为主者，倚于愚，立于不盈，设于不敢，藏于无事。窜端匿迹，示天下无为”。术和法一样重要，二者不可缺一。“君无术则蔽于上，臣无法则乱于下，此不可一无，皆帝王之具也。”法与术的区别在于，法宜公开，术宜深藏。

“势”是什么呢？所谓“势”，就是权力和地位。有权位才有权势。这对于帝王太重要了。慎到是法家先驱中“重势派”的代表，他指出：“飞龙乘云，腾蛇游雾，云罢雾霁，与蚯蚓同，则失其所乘也。故贤而屈于不肖者，权轻也；不肖而服于贤者，位尊也。尧为匹夫，不能使其邻家。至南面而王，则令行禁止。由此观之，贤不足以服不肖，而势位足以屈贤矣”。（《慎子·威德》）王者有势好比腾蛇游雾，飞龙乘云，一旦失势，则与蚯蚓一样了。如果尧是个匹夫，那么他连他自己的邻居也不敢驱使，但他做了王，就呼风唤雨了。韩非发挥了慎到“势”的理论，提出“任势”的主张。什么叫“任势”？就是实行中央集权，君主专制，实现富国强兵，结束诸侯割据和战乱。秦始皇正是以此理论主张去统一天下的。

可以说，韩非对法、术、势三者都有跟商鞅、申不害、慎到不同的见解，而又将法、术、势结合起来。

除了法家先驱的“法”、“术”、“势”理论，《韩非子》还吸收了道家、墨家、名家的一些思想，并加以融会贯通，构成自己的独到见解，形成了臻于完善的思想体系。

韩非不但是战国末期一位杰出的思想家，还是一位有建树的文学家。《韩非子》一书，不仅思想犀利深湛，诚为一部政治学巨著，而且有着浓郁的文学色彩，韩非曾被认为是先秦散文的“四大台柱”之一。书中的寓言群，在中国文学史上占有重要的地位。我们耳熟能详的很多成语，比如“守株待兔”、“自相矛盾”、“滥竽充数”等，皆出于本书。

第二章　韩非子的法治思想

1. “法不阿贵”、“一民之轨”：在法律面前人人平等

《韩非子》中的《有度》篇，是专讲以法治国的。

什么叫“有度”？这个“度”指的是什么？所谓“有度”，指的是有法度。“度”，就是法度。这个法度，就是治国的第一要务。

韩非说：“夫人臣之侵其主也，如地形焉，即渐即往，使人主失端，东西而不自知。”

臣子侵害君主，就像行路时的地形一样，由近及远，逐渐变化，使君主失去方向，东西方位改变了，自己却浑然不知。

“故先王立司南以端朝夕，故明主使其群臣不游意于法之外，不为惠于法之内，动无非法。峻法，所以禁过外私也；严刑，所以遂令惩下也。威不贰错，制不共门。”

所以先王就设置指南仪来让人们判定东西方位，所以明君就不让他的群臣在法律之外一意孤行，为人君者不法外开恩，也不在法内含糊游移。不允许在法令规定的范围内谋求利益，一举一动皆依法而行。严峻的法令是用来禁止

犯罪、排除私欲的；严厉的刑法是用来贯彻法令、惩办臣下不轨行为的。所以威势不能分治，权力不能同享。

“威、制共，则众邪彰矣；法不信，则君行危矣；刑不断，则邪不胜矣。”

威势权力与别人同享，奸臣就会公然滥用权力。执法不坚定，君主的行为处境就会很危险。刑罚不果断，就不能战胜奸邪。

“故曰：巧匠目意中绳，然必先以规矩为度；上智捷举中事，必以先王之法为比。故绳直而枉木斫，准夷而高科削，权衡县而重益轻，斗石设而多益少。故以法治国，举措而已矣。”

这里，韩非举了很多例子，都是人们生活中司空见惯的。巧匠目测合乎墨线，但必定先要用规矩作为标准；智力高的人办事敏捷合乎要求，必定用先王的法度来作为依据。所以墨线直了，曲木就要砍直；水准仪平了，高凸就要削平；秤具拎起，就要减重补轻；量具设好，就要减多补少。所以用法令制国，不过是制定出一个“度”，推行下去，让大家执行罢了。

“法不阿贵，绳不挠曲。法之所加，智者弗能辞，勇者弗敢争。刑过不避大臣，赏善不遗匹夫。”法令不偏袒权贵，墨绳不迁就弯曲。法令该制裁的，智者不能逃避，勇者不能抗争。惩罚罪过不回避大臣，奖赏功劳不漏掉普通老百姓。

“故矫上之失，诘下之邪，治乱决缪，绌羡齐非，一民之轨，莫如法。”所以矫正君主的过失，追究臣民的奸邪，治理纷乱，判断谬误，削减多余，纠正错误，统一民众的规范，没有能比得上法律的。

韩非在这段话中所提出的是一个在法律面前人人平等的进步观念。其“法不阿贵”的思想被认为是中国古代法治思想史上的精华。为什么这么说呢？长期以来，儒家坚持“刑不上大夫，礼不下庶人”的观点，认为只有上大夫具受文明教化，可以以礼相待。而庶民之辈则不可以礼仪教化之，唯有用刑法来管治他们，这就是儒家“出礼而入刑”的主张。韩非提出法律无等差，人人都必须遵守，而且“法不阿贵”，这是对“刑不上大夫”的贵族法权的彻底否定。同时，他提出的“矫上之失”、“一民之轨”，更具有法的平等观念，它是“法不阿贵”思想的进一步升华，体现了依法治国的思想，排除了“释法用私”的人治行为，不允许用法外的个人意志处理政务，不允许用私心进行赏罚，法是客观的，不论贵贱、智愚、臣民、上下，一律平等。法能对治一切乱象，决断谬误是非。这些法制观念，在中国法治思想史上有着开创意义。

2. “言无二贵”、“法不两适”：法制的权威性不容动摇

《韩非子·问辩》中说：“令者，言最贵者也；法者，事最适者也。言无二贵，法不两适。故言行而不轨于法令者，必禁！”

天下最可贵的、最适当的只有法令。法是绝对不允许有两种标准的。举凡言行违犯法令标准的，在所必禁，不能打任何折扣。

《韩非子·心度》篇说：“故王术不恃外之不乱也，恃其不可乱也。恃外不乱而立治者削，恃其不可乱而行法者兴。故人主之治国也，适于不可乱之术也。”王术的最高境界是什么？不是恃其外部不发生变乱，而是恃其不可乱的方法。这也是法制的终极目的。法的权威性是丝毫不能动摇的。

有人或问：可不可以以智治国？韩非的回答是断然否定的。

他认为，离开了以法治国的原则，只凭个人的智巧去治国，是万万不可以的，那么做只会给国家带来灾难。韩非在《难三》篇中讲了一个故事：郑国的相国子产早晨出门，经过一个胡同时，听到有一个女人哭泣的声音。子产就让车夫停下车，他仔细听了一会，派人把那个女人捉来审问。原来那个女人的丈夫死了，子产断定这个女人就是绞死了她丈夫的人。有一天，子产的车夫问子产：“您根据什么知道那女子是凶手？”子产回答：“她的哭声让我产生了怀疑，因为我从她的哭声里听出了她的恐惧。一般来说，对于自己亲近的人，刚病时忧愁，临死时恐惧，既死后悲哀。现在她哭已死的丈夫，不是悲哀而是恐惧，所以知道她有奸情。”

韩非讲完这个故事发表了一通议论：有人指出：子产治国，不是太多事了吗？一个国家有那么多的奸情，不任用法官、狱官去审理、验证，不彰明法度，而依靠自己竭尽聪明、劳心费神去获知奸情，不也是缺少治国的办法吗？个人的智力有限，只有依靠事物去了解事物，依靠人来了解人，这就好比用一个大罗网来了解万事万物，包括了解奸情在内，才是万无一失的法术。不整顿法制，而用自己的主观判断作为察奸的手段，那不过是蛮干罢了。老子说：“以智治国，国之贼也”，凭个人的智慧治理国家，是国家的祸患，大概就是说子产这种做法吧。

3. “不务德而务法”：德治与法治并非双刃剑

《韩非子·显学》篇有云：“为治者用众而舍寡，故不务德而务法。夫必恃自直之箭，百世无矢；恃自圆之木，千世无轮矣。”

统治国家的国君一定要懂得用众舍寡的道理，不能仅仅去经营德治，而应致力于法制。为什么呢？因为你如果想得到天生笔直的木材去做箭杆，则一百世都不会有箭了。如果你依靠天生的圆木去做车轮，那么一千辈子也别想有车了。没有规矩，就没有方圆。

“自直之箭，自圆之木，百世无有一，然而世皆乘车射禽者何也？隐栝之道用也。虽有不恃隐栝而有自直之箭，自圆之木，良工弗贵也。何则？乘者非一人，射者非一发也。”

自直之箭，自圆之木，百世难找出一件来，但是世界上的人都在乘车子，都在用箭射鸟，这是什么原因？那箭和车轮，都是用木匠的工具——隐、栝制造出来的。虽然也会有不经过隐栝之加工而自直之箭、自圆之木，但是大匠对这种东西并不看重。为什么呢？乘车的人并非只有一个，射出去的箭并非只需一支，更多的箭和轮子还是要靠规矩来制作的。

“国法不可失，而所治非一人也。”

国法为什么不能丢呢？因为你所治理的国家里并非只有一个人呀。

韩非的意思已经很明白了：要想统治天下之民，只能依靠法治，好比木匠之用工具——“隐栝之道”足以通行天下。至于德治，则天下自善之民难得，所以不可贵，那只是适然之善而已。法是针对大多数人，而非极少数人的。此以简驭繁，才能使上智与下愚同其治。

《韩非子·用人》篇：“释法术而任心治，尧不能正一国；去规矩而妄意度，奚仲不能成一轮；废尺寸而差短长，王尔不能半中。使中主守法术，拙匠守规矩尺寸，则万不失矣。君人者能去贤巧之所不能，守中拙之所万不失，则人力尽而功名立。”

韩非指出：离开法制，即使贤如尧那样英明君主，也不能治理一个国家。就好比离开规矩而妄自意度，即使能工巧匠如奚仲，也不可能做出一只合格的轮子来。而只要坚守法制，不必是贤明的君主，也能治理国家，正如只要凭借规矩，笨拙的工匠也能做出合格的轮子来。坚持这一点，就会万无一失。韩非认为人的善恶好坏不足重视，依靠法制，则可使形形色色的人民受人主之改造，而成为顺民。正如工匠有造箭造轮的规矩在手，不必待天生圆木直箭，一切竹木都可以用一定的规矩去改造它们，使之成为矢与轮。这与管子的说法非常一致。《管子·法法》中说："虽有巧目利手，不如拙规矩之正方圆。虽圣人能生法，不如废法而治国。"讲的是一个道理。

韩非也是坚持"性恶论"的，他认为人的本性只知道计算利害，并没有什么道德意识。《韩非子·六反》篇中举了一个例子："且父母之于子也，产男则相贺，产女则杀之。此俱出父母之怀妊，然男子受贺，女子杀之者，虑其后便，计之长利也。故父母之于子女，犹用计算之心相待也，而况无父子之泽乎？"父母与子女间的亲情，按道理上说应该是最无私的了，但即使是这样的关系，其中也充满着利害的权衡与算计。生了男孩子大家互相祝贺，生了女孩子就要杀死她。男孩子女孩子都是父母十月怀胎，为什么生了男孩子就庆贺，生了女孩子就杀掉呢？这是从长远的利益上来考虑。男孩子将来是家里的财富创造者、香火继承人，而女孩子长大了要嫁人，是个"赔钱货"。父母之于子女，尚且如此计较利益，何况是没有血缘关系的人之间呢？所以韩非认为人与人的关系只有利害关系，既不可能有德性，也不可能相爱。韩非根本不承认人与人之间有善意的可能，他老师荀子倡言的"性恶"之论，到了他这里算是发挥到了极致。他的"不务德而务法"的理论，就是产生在这样的思想基础之上的。

4. "赏莫如厚"、"诛莫如重"：赏罚是法治的终极目的

《韩非子·二柄》篇提出了"二柄"的理论。

什么是"二柄"？就是君王维持权势、驾驭臣民的两个"把手"："明主之所导制其臣者，二柄而已矣。二柄者，刑、德也。何谓刑、德？曰：杀戮之谓刑，庆赏之谓德。"

明君用以控制臣下的，不过是两种权柄罢了。这两种权柄就是刑和德。什么叫刑、德呢？可以说，杀戮就叫作刑，奖赏就叫作德。

"为人臣者畏诛罚而利庆赏，故人主自用其刑、德，则群臣畏其威而归其利矣。故世之奸臣则不然。所恶，则能得之其主而罪之；所爱，则能得之其主而赏之。"

做臣子的，害怕刑罚而贪图奖赏，所以君主亲自掌握刑赏的权力，群臣就会害怕他的威势而追求他的奖赏。因为赏、罚这两个"把手"，为权力的实质所在，人主不能持赏罚之权柄，则实质上失去了人主的权力。而现在的奸臣

则正好利用了这两个权柄，他们对所憎恶的人，能够从君主那里取得权力予以惩罚；对所喜爱的人，能够从君主那里取得权力予以奖赏。

“今人主非使赏罚之威利出于已也，听其臣而行其赏罚，则一国之人皆畏其臣而易其君，归其臣而去其君矣。比人主失刑、德之患也。”

假如君主不是把赏罚的权威和利益抓在自己手里，而是听任他的臣下去施行赏罚，那么全国的人都会害怕权臣而轻视君主，就都会归附权臣而背离君主。这是君主失去刑、赏大权的祸害。

“夫虎之所以能服狗者，爪牙也；使虎释其爪牙而使狗用之，则虎反服于狗矣。”

在这里韩非又用了一个十分生动的比喻：老虎为什么比狗厉害，能制服狗，在于它有很锐利的爪牙。假如老虎去掉它的爪牙而让狗来使用，那会怎么样呢？结果是显而易见的，就是狗变成了老虎，老虎反而被狗制服了。

这个比喻真是十分精彩！刑罚与奖赏，是人君驭臣的法宝，这个法宝一旦失去，他就不再会有威严，反而会被臣下所制。韩非举了很多现实的例子：春秋末期的齐国大臣田常向国君请求爵禄而赐给群臣，对下用大斗出小斗进的办法把粮食贷给老百姓，齐简公因此失去了奖赏大权而由田常掌握，田常发动了政变，齐简公最终因失去民心而遭到杀害。战国中期担任宋国司城——负责城建工作的官员——子罕对宋桓侯说：“奖赏恩赐是老百姓喜欢的，君王自己施行；杀戮刑罚是老百姓憎恶的，这得罪人的事我替你管着。”于是宋桓侯就把刑罚大权交给了子罕去掌握，让他去管刑狱。子罕劫杀宋桓侯，夺取了宋国的政权。你看这两个例子，田常仅仅掌握了奖赏大权，齐简公就遭到了杀害；子罕仅仅掌握了刑罚大权，宋桓侯就落了个身首异处的下场。那么，如果做臣子的同时统摄了这两种权力，就成了拥有锐利爪牙的狗，那君主会怎么样呢？君主就成了一只失去了锐利爪牙的老虎，他的下场一定会比齐简公和宋桓侯更悲惨啊。所以韩非发出警告：“故劫杀拥蔽之主，兼失刑、德而使臣用之而不危亡者，则未尝有也！”——被劫杀和蒙蔽的君主，一旦同时失去了刑、赏大权而由臣下执掌，却没有导致危亡，这种现象还从来没有出现过。

韩非同时指出，赏罚都要严明，而且要用重典。

《韩非子·八经》篇说：“赏莫如厚，使民利之；誉莫如美，使民荣之；诛莫如重，使民畏之；毁莫如恶，使民耻之。”

奖赏最好优厚一些，使民众觉得有利；赞扬尽量美好一些，使民众觉得荣耀；惩罚最好严苛一些，让民众感到害怕；贬斥最好尖刻一些，让民众感到羞耻。

尤其要用重刑。《韩非子·奸劫弑臣》篇强调："夫严刑者，民之所畏也；重罚者，民之所恶也。故圣人陈其所畏以禁其邪，设其所恶以防其奸。……吾是以明仁义爱惠之不足用，而严刑重罚之可以治国也。"

意思很明白了，严刑是民众所害怕的，重罚是民众所厌恶的，所以圣人把民众所怕的列举出来，用以禁绝他们的邪恶；把重罚的条例开具出来，以防上他们做奸邪之事。我知道仁义爱惠这些东西是中不了什么大用的，只有严刑重罚才可以治国。

《韩非子·难二》篇中讲过一个故事：

齐景公去看望相国晏婴，说："你的住处太小了，又靠近集市，请你搬到豫章之圃去吧。"晏婴一再行礼推辞说："臣家贫，要到集市上买了来做了吃，而且早晚都要去集市，不能离得远。"齐景公笑着说："你家熟悉集市，懂得什么东西贵，什么东西贱吗？"这时齐景公用刑繁重，晏婴就回答说："踊贵而鞋贱。"这句话是什么意思呢？踊，是受过刖刑的人穿的鞋。刖刑就是把人的脚剁了。那时受刖刑的人很多，所以就生出了一个"新兴产业"——专为受过刖刑，砍去脚的人做鞋，那种奇特的鞋就叫"踊"。齐景公没明白晏子的意思，他问："为什么踊贵而鞋贱呢？"答说："受刖刑的人实在太多了呀。"齐景公一听这话，脸色都变了，问："寡人难道暴虐无道吗？"于是减去了五种刑法。

韩非指出：有人说晏子认为踊贵，并不是他的真心话。是借此来规劝景公，不要多用刑。这是他不懂得治国的过错。要说刑罚适当就没什么多与不多，刑法不适当也没有少不少的问题。晏子不用刑罚不当来劝谏景公，而以用刑太多去规劝景公，这是不懂得用术的过错。军队要是打了败仗，杀戮成百上千，还是败退不止；即便整治祸乱，用刑也是唯恐不够，而奸邪仍然除之不尽。现在晏子不去考察景工用刑是否得当，而以用刑太多劝景公，不是很荒唐吗？爱惜茅草就会耗损谷穗，施惠盗贼就是伤害良民。如今减轻刑罚，实行宽惠政策，这是方便奸邪而伤害好人之举，而不是治国之道。

5. “道私者乱，道法者治”：废私是立法的根本标准

《韩非子·诡使》篇有云：“夫立法令者以废私也。法令行而私道废矣。私者，所以乱法也。”

确定法令的目的是为了废止私行。法令得以贯彻、私行就必破废止。私行就是扰乱法令的罪魁。

“而士有二心私学、岩居窗处、托伏深虑，大者非世，细者惑下；上不禁，又从而尊之以名，化之以实，是无功而显，无劳而富也。如此，则士有二心私学者，焉得无深虑、勉知诈与诽谤法令，以求索与世相反者也！”

现在那些怀有二心专搞私学、隐居山林、老谋深算的人，重则诽谤现实，轻则造谣惑众。君主不加以禁止，还要进一步用美名来抬高他们，用实利拉拢他们，结果就是让无功者显贵，不劳者富有。这样一来，怀有二心专搞私学的士人怎么能不费尽心机，玩弄智巧和诽谤法令，去拼命追求那些和当代社会背道而驰的东西呢?

“凡乱上反世者，常士有二心私学者也。故《本言》曰：‘所以治者，法也；所以乱者，私也。法立，则莫得为私矣。’故曰：道私者乱，道法者治。”

大凡危害君主统治，反对现实社会的，常常就是那些身怀异心大搞私学的人。所以《本言》这本书里说：国家安定靠的是法，国家混乱根源在私。法立起来的话，就没有人再行私利了。所以说，倾向于私行的，社会必然会混乱，倾向于法的，社会一定会大治。

“上无其道，则智者有私词，贤者有私意。上有私惠，下有私欲，圣智成群，造言作辞，以非法措于上。”

君主不用法治，聪明的人就有违法的言论，贤能的人就有违法企图。君主有法外的恩惠，下面就有非法的欲望。圣人和智者就会聚众结党来制造谣言和诡辩，用非法手段对付君主。

“上不禁塞，又从而尊之，是教下不听上、不从法也。是以贤者显名而居，奸人赖赏而富。贤者显名而居，奸人赖赏而富，是以上不胜下也。”

君主对这些人不加禁止，反而对他们尊崇有加，那无疑在教育下属不听命于君主、不服从法令。结果贤人以显赫的名声处在高位，奸人依赖着赏赐而致富，因此，君主便再也难以控制臣下了。

韩非强调立法必须废私，因为种种私弊的存在，必然会助长臣下行私枉法，使君臣关系出现紧张状态。君主的“私”表现为法外施恩罚仇，臣下的“私”在于追求无功受赏，有过不罚，向君主争夺更多的权势，形成“奸人赖赏而富”“贤者显名而居”。这样，就很容易出现“上不胜下”的乱世局面。

第三章　韩非子的术治思想

1. “法莫如显”、“术不欲见”：法与术的区别

什么是“术”？它与法有什么区别？《韩非子·难三》篇作如下定义：

“人主之大物，非法则术也。”

君主的大事，不是法，就是术。

“法者，编著之图籍，设之于官府，而布之于百姓者也。术者，藏之于胸中，以偶众端而潜御群臣者也。”

法是编写成文，设置在官府里，进而公布到民众中去的。术呢？则是藏在君主胸中，用来对付各种各样的事情而暗中驾驭群臣的。

“故法莫如显，而术不欲见。是以明主言法，则境内卑贱莫不闻知也，不独满于堂。用术，则亲爱近习莫之得闻也，不得满室。”

所以法越公开越好，术却不应该表露出来。因此，明君谈法时，就是国内卑贱的人也没有不知道的，不仅仅满堂的人都知道。用术时，就连君主宠幸的亲信也没有谁能听到，更不应该满屋子的人都知道。

《韩非子·定法》进一步阐明：

“术者，因任而授官，循名而责实。操生杀之权，课群臣之能者也。法者，宪令著于官府，赏罚必于民心，赏存乎慎法，而罚加乎奸令者也。此臣之所师也。”（请注意，这个“师”字不是师法的意思，而是遵循之意。《释文》：“师，顺也”。）

法是宣传面的、光明面的，具有公开性、普及性和统一性；术则是隐蔽面的、阴暗面的，具有隐秘性、无为性，以虚静为体，以形名为用。

2. “君无术则弊于上，臣无法则乱于下”：法、术之兼治并用

韩非的术治思想，是建立在对商鞅、申不害、慎到的批判基础上的。《定法》篇中，他对问者所提问“申不害、公孙鞅，此二家之言，孰急于国”

这个问题回答说：这个问题不是一码事。人不吃饭，十天就会饿死，如果是天气寒冷的隆冬，不穿衣裳也会冻死。要说衣服和食物哪一样是人之所急，则是缺一不可，因为衣、食都是人的养命之本。虽然申不害讲的是术，商鞅讲的是法，但这两者是不能把它们割裂开来的，“君无术则弊于上，臣无法则乱又下，此不可一无，皆帝王之具也。”帝王之具——法和术，和养生之具——衣和食一样，是缺一不可的。

对“徒术而无法，徒法而无术，其不可何哉”，韩非作如下回答：

他说，申不害是韩昭侯之辅佐，韩国又是晋之别国。晋的旧法没废，韩的新法又生，先君之令未收，后君之令又下。申不害是强调术治的，不善于法，所以造成了一些混乱，“则申不害虽十使昭侯用术，而奸臣犹有所谲其辞矣。故托万乘之劲韩，七十年而不至于霸王者，虽用术于上法不勤饰于官之患也。”由于偏重于术而偏废于法，申不害就无法施展其术，虽然一再教昭侯用术，但奈何不得奸臣玩弄手段。所以号称万乘之国的韩国，七十年而不能完成霸业。申不害就是一个徒术而无法的典型。

商鞅治秦，徒法而无术，“赏厚而信，刑重而必”，实践了他富国强兵的主张。但是“然而无术以知奸，则以富强也资人臣而已。”“战胜，则大臣尊；益地，则私封立。主无术以知其奸也。商君虽十饰其法，人臣反用其资。故乘强秦之资，数十年而不至于帝王者，法不勤饰于官、主无术于上之患也。”由于偏重于法而偏废于术，反而让那些奸邪之人窃取了改革的成果。

商鞅重法，申不害重术，皆偏于一端，而未得其全体。所以对人君来说，法和术应该并用，不能有所偏废。这种法术兼治的政治主张，就是韩非所确定的法制原则。

这里又有了一个问题，什么问题？“主用申子之术，而官行商君之法，可乎？”帝王用申不害的术，臣子用商鞅的法，可不可以呢？

韩非的回答是：不可以。

为什么呢？“申子未尽于术，商君未尽于法也。”申不害的术不够完善，商鞅的法也同样有所缺失。

接下来韩非举了两个具体例子。

第一，申不害说：“办事不超越自己的职权范围，超越自己职权范围之外的事，即使知道了也不要说。”这话本身就有问题。办事不超越自己的职权范围，可以说是守职，但对于自己职权范围之外的事知道了也不说，这就是不负责任了。君主用全国人的眼睛去看，所以没有比他看得更全面的；用全国人的耳朵去听，也没有比他听得更清楚的。假如知道了都不报告，那么君主还靠什么做自己的耳目呢？

商鞅的法令规定：斩杀敌方一个首级，升官爵一级，想做官的给年薪五十石的官；斩杀敌方两个首级，升爵两级，想做官的给年薪一百石的官。官职和爵位的提升跟杀敌立功的多少是相当的。但这些杀敌立功的人有没有能力来做某一方面的官呢？“今有法曰：斩首者令为医、匠。则屋不成而病不已。夫匠者手巧也，而医者齐药也，而以斩首之功为之，则不当其能。”这个例子很有趣，假如有法令规定：让杀敌立功的人去做医生或工匠，那么他一定是房子也盖不成，病也给人治不好。因为工匠是有精巧手艺的，医生要懂药理，会配制药物的。如果用杀敌立功的人来干这些事，那就与他们的才能不适应。“今治官者，智能也；今斩首者，勇力之所加也。以勇力之所加而治智能之官，是以斩首之功为医、匠也。故曰：二子之于法术，皆未尽善也。”现在做官的人，要有智慧和才能，而杀敌立功的人，靠的是勇气和力量。如果让靠勇气和力量的人去担任需要智慧和才能的官职，那就等于让杀敌立功的人去当医生、工匠一样。所以说，申不害的术和商鞅的法，都是有缺陷的，都还没有达到很完善的地步。

这里，韩非从反面入手，剖析了申不害的术、商鞅的法的缺失，谈法术之兼治并用，也带出了另一个方面的问题，就是用人术。关于用人术我们接下来谈。

3. “上明主法”、“下困奸臣”：韩非子的用人术

韩非重视用人之术，他把“任人以事”提到了“存亡治乱之机”的政治高度，认为国家的治乱与用人即组织措施大有关系。君主应该坚持怎样的用人原则呢？

韩非认为：一是君主应该懂得“治吏不治民”的原则。一个君主，他只需管理好自己的大臣就行了，他当君主是国家的“一把手”，这个一把手一定要明白是给大臣们当的而不是给全国人民当的。只知事必躬亲，不善于驭使大臣，其结果必然劳而无功。他在《外储说左上》篇中讲了一个故事：

齐景公在渤海边游玩，驿使从国都跑来向他报告：“丞相晏婴病得很

重，快要死了，恐怕您回去晚了见不到他了。”景公听了立即起身，这时又有驿使骑马告急。景公说：“赶快套上那匹叫烦且的千里马拉的车，让马车官韩枢驾车！”才跑了几百步，景公认为韩枢赶得不快，就夺过缰绳，代他驾车。又跑了几百步，景公认为马不往前奔，就干脆下车，自己向前奔跑。凭烦且这样的千里马和韩枢这么优秀的马车官，车子当然会跑得很快，但是齐景公竟然信不过他们，干脆自己下车奔跑，闹了个大笑柄。

二是用人不可出于君主个人的感情。韩非在《外储说左下》篇里讲了一个故事：

晋国国君晋文公（重耳）出逃，流亡在外，一个名叫箕郑的随员提着食物随他逃亡。箕郑迷了路，和晋文公走散了，饿得在路上哭，他饿得快要昏倒了，但是却不动提着的食物。等到文公返回晋国，起兵攻打原国，攻克并占领了这个地方。文公说：“能不顾忍受饥饿的痛苦而坚持保全食物，这样的人将不会叛变我。”于是就提拔箕郑做了原那个地方的行政长官。这时大夫浑轩听到了对箕郑的任命，就提出了反对意见。他说：“以不动食物的缘故，就信赖他不会凭着原这个地方叛变，这不也是不讲‘术’吗？”

借这个故事，韩非发表议论说：“故明主者，不恃其不我叛也，恃吾不可叛也；不恃其不我欺也，恃吾不可欺也。”所以做明君的，不依靠别人不会背叛我，而要依靠他不可能背叛我。不依靠别人不会欺骗我，而要依靠他不可能欺骗我。这里韩非借这个故事提出了两种对立的用人观，晋文公任用箕郑，是因为他在逃亡中卓越的表现。他宁肯自己饿得发昏，也要为晋文公保存食物，有这样的忠诚，他是不会依靠地方背叛的。这种用人标准是基于个人过去的品德表现，也出于君主的个人感情。而大夫浑轩坚持的标准是：不能根据品德来用人，更不能凭感情来用人。而是基于他不可能背叛。怎么样才可以做到让他不可能背叛呢？措施只有一个，即严格赏罚制度，让他有背叛之心无背叛之力，有背叛之力而无背叛之胆。而不能凭个人感情。

三是要善于考察每个人的能力和尽职尽责的效率，避免只知汇聚群言，要运用“一一听之”的听言方法。韩非在《内储说上七术》中讲过一个“滥竽充数”的故事：齐宣王让人吹竽给他听，每次必须要三百个人合吹。有个姓南郭的先生请求给宣王吹竽，齐宣王很高兴地答应了他的请求，发给他的薪水跟那几百个人一样。齐宣王死后，湣王即位，他喜欢吹竽者一个一个地为他吹，本来不会吹竽的南郭先生只好逃跑了。

这个故事我们差不多人人都知道，但是我们讲这个故事时几乎众口一词批判那个滥竽充数的骗子南郭先生，说他本来不学无术，只知骗吃骗喝，最终原形毕露。但韩非用这个故事的重点却是批评君主用人乏术，才让骗子有机可乘。

四是对所驭之人要善于用激励机制。《内储说上七术》中讲了越王勾践的驭下之术，越王勾践行军中，看见路边有一只怒气冲冲对着兵车瞪眼鼓肚子的青蛙，就俯身靠着车厢前的扶手向这只怒蛙敬礼。车夫说："您为什么要向一只青蛙致敬？"越王勾践说："你看这只蛙这么勇敢，敢拦挡军队的兵车，怎么能不向它敬礼呢？"武士们听到后都说："青蛙气势汹汹，作为王尚且向它致敬，何况勇敢的武士呢？"这一年，有人自刎后将头献给越王，所以越王准备向吴国复仇，就试行这样的教育。放火焚烧高台后，击鼓号令武士前进，冲进火里的武士会得到奖赏。靠近江边后，击鼓号令武士前进，冲进水里的武士会得到奖赏。临作战时，战士们剖腹断头义无反顾，因为作战勇敢会得到奖赏。韩非感慨地说："又况据法而进贤，其劝甚此矣！"又何况根据法制任用贤人，它的鼓舞作用就比这些更进一层了。

据史书记载，吴、越交战，越王勾践组织百人敢死队，冲锋陷阵，冲到敌阵前，百人全部剖腹自杀，十分壮烈，招致吴军阵势一片哗然大乱，经越军一冲，全军溃散。这就是越王勾践以术驭人的效应。

五是不听毁誉，以法择人。韩非认为，君主推行法制，首先在于"使法择人"，"使法量功"，既不"以誉进能"、"以党举官"，也"不自举"。"今若以誉进能，则臣离上而下比周；若以党举官，则民务交而不求于法。故官之失能者其国乱。以誉为赏，以毁为罚也，则好赏恶罚之人，释公行，行私术，比周以相为也。"（《韩非子·有度》）

其次在于依法制臣，"使其群臣不游意于法之外，不为惠于法之内，动无非法。"韩非认为，贤臣必须"无有二心"，"顺上之为，从主之法，虚心以待令而无是非"，要做这样的驯服工具。他设计的法治的最高境界，就是"贵贱不相逾，愚智提衡而立"，保持这样一个恒定的秩序。

六是君主必须独掌用人大权，人事权是不能下放的，一定要一手独揽，既不可使"臣得树人"，又不可使"敌国废置"。

4. “君操其名，臣效其形”：形名虚静之术

韩非吸取道家虚静无为的哲学思想，并运用到政治生活中，成为君主治国用人的原则。

《主道》篇指出：“道者，万物之始，是非之纪也。是以明君守始知万物之源，治纪以知善败之端。故虚静以待令，令名自命也，令事自定也。”

道是什么？道是万物的本源，也是是非的准则，因此英明的君主把握本原来了解万物的起源，研究准则来了解成败的原因。所以虚无安静地对待一切，让名称自然命定，让事情自然确立。

“虚则知实之情，静则知动者正。有言者自为名，有事者自为形，形名参同，君乃无事焉，归之其情。”

虚无了，才知道实在的真相，冷静了，才知道行动的准则。进言者自会确定主张，办事者自会产生效果，效果和主张相验证后，君主就无须躬亲琐事，而使事物呈现出本来面目。

“故曰：君无见其所欲，君见其所欲，臣自将雕琢；君无见其意，臣将自表异。”

所以说，君主不要显露他的欲望，君主显露他的欲望，臣下将自我粉饰。君主不要显露他的意图，君主显露他的意图，臣下将自我伪装。

“故曰：去好去恶，臣乃见素；去旧去智，臣乃自备。故有智而不以虑，使万物知其处；有贤而不以行，观臣下之所因；有勇而不以怒，使群臣尽其武。”

所以说：除去爱好，抛开好恶，臣下就显露真相；除去成见，抛开智慧，臣下就约束自己。所以君主有智慧也不用来谋事，使万物处在它适当的位置上；有贤能也不表现为行动，以便察看臣下依据什么行事；有勇力也不用来逞威风，使臣下充分发挥他们的勇武。

“是故去智而有明，去贤而有功，去勇而有强。群臣守职，百官有常，因能而使之，是谓习常。”

因此君主不用智慧却仍能明察，离开贤能却仍有功绩，高开勇力却依然强大。群臣恪守职责，百官仍有常法，君主根据才能使用他们，这叫遵循常规。

“故曰：寂乎其无位而处，漻乎莫得其所。明君无为于上，群臣竦惧乎下。明君之道，使智者尽其虑，而君因以断事，故君不穷于智，贤者用其材，

君因而任之，故君不穷于能；有功则君有其贤，有过则臣任其罪，故君不穷于名。”

所以说，寂静呵！君主好像没有处在君位上；寂寥呵！臣下不知道君主在哪里。明君在上面无为而治，群臣在下面诚惶诚恐。明君的原则是，使聪明人竭尽思虑，君主据此决断事情，所以君主的智力不会穷尽；鼓励贤者发挥才干，君主据此任用他们，所以君主的能力不会穷尽；有功劳在君主头上闪现出贤能的光彩，有过失则臣下承担耻辱的罪责，所以君主的名声不会衰减。

“是故不贤而为贤者师，不智而为智者正。”

因此不显示贤的却是贤人的老师，不显示智的却是智的君长。

韩非强调的“道”，是人君的虚静无为，“有智而不以虑”，“有贤而不以行”，“有勇而不应以怒”。光这样还不够，君主还应深谙深藏不露之术，尽量不暴露自己的欲望和见解，“见而不见，闻而不闻，知而不知”，这是为了防止权奸，使臣下无法算计自己。“散其党”、“闭其门”、“国乃无虎”；“大不可量，深不可测”，“国乃无贼”，权奸就不能窃权。这些都是对道家神秘莫测的道术思想的一种发展和利用。

《扬权》篇进一步主张：君主应当和道一样，以独一无二自居，高踞于群臣和百姓之上。如果“一家二贵”，“事乃无功”。君主应该在“中央”执要，“事在四方，要在中央”，“君操其名，臣效其形，形名参同，上下和调也”，只有让四方忙碌，各尽其责，形名显彰，上下和谐，中央集权才能巩固。这种君权至上的独裁理论，是韩非“道无双”的哲学思想在政治理论上的反映，也是建立中国历史上第一个统一的中央集权专制主义封建国家的理论基础。

5. “严刑重罚”、“禁心为上”：君王的治奸之术

在韩非的“术”论中，以治奸术最为丰富，占了很大的比重。对种种政治权谋作如此细致深入地探讨，在古今中外思想史上殊属罕见。

其专论如《八奸》篇，最为著名，本篇总结归纳了对君主的权力进行巧取豪夺的八种阴谋手段，第一为“同床”，什么叫“同床”呢？就是君主的尊贵夫人和受宠宫妾。她们谄媚使巧，姿色美丽，君主往往被她们所迷惑。做臣子的通过内线用金银财宝贿赂她们，来求得自己的私欲，这就叫“同床”。第二为“在旁”，什么叫“在旁”呢？“在旁”就是在君主身边的人，倡优侏儒、亲信侍从之辈。这些人惯会察言观色，能揣摸君主的心思。做臣子的通过

关节用金银财宝贿赂他们，通过他们去给君主施加影响，这就叫“在旁”。第三为“父兄”，好理解了，就是君主的叔伯、兄弟，臣子们用金钱美女把他们搞定，这些人就是最厉害的政治资源。第四为“养殃”，这就需要解释了。什么叫“养殃”？君主喜欢修饰宫室台池，喜欢打扮他喜欢的女人和狗马，这些东西都是君主的灾殃，玩物丧志嘛，对不对？做臣子的倾尽民力来帮助君主修饰宫室台池，用大量的赋敛来为君主打扮倩女狗马，这样取悦并腐蚀君主，让他们得以售其奸。帮助君主培养灾殃，所以叫“养殃”。第五为“民萌”，什么叫“民萌”？就是做臣子的散发公物来收买民心，从而达到蒙蔽君主的目的。第六为“流行”，什么叫“流行”呢？做臣子的寻求国内外能言善辩的人，让他们为自己制造舆论，用华美的语辞游说君王，这就叫“流行”。第七为“威强”，什么叫“威强”，做臣子的收买网罗侠客和亡命之徒，用暗杀等手段制造恐怖气氛，搞恐怖主义，这就叫“威强”。第八为“四方”，什么叫“四方”？这得多说几句。做国君的，国小就得侍奉大国，兵弱就害怕强兵。做臣子的，加重赋敛、耗尽钱粮，削弱自己国家去侍奉大国，求助大国威势来诱迫自己的君主。严重的，招引大国军队压境来挟制国内；轻些的，屡屡引进大国使者来震慑君主，让他害怕，这就叫“四方”。

这八种手段，虽难说已经穷尽了臣下壅君之术，但也大概相差无几。韩非揭示了一个无情的事实，就是人人都可能成奸，谁也靠不住。任何人都可以借任何事成奸，让你防不胜防。八奸是臣子实现奸谋的途径，也是君主受到蒙蔽和挟制，以致失掉权势的原因。韩非认为：君主洞察八奸，才可以避免国破身亡，否则，臣下施行八术，君主反为臣下所制，“失其所有”。而八奸的造成，归根结底是君主的失察，使权臣有机可乘。防止八奸，应当从君主严于律己，自省自察，不授人以柄做起。八奸之戒，是帝王之术的重中之重。

《奸劫弑臣》篇也是一篇治奸术的专论。这一篇发展了《八奸》中的思想，指出君主不能以法术治国，奸臣就会由劫主发展到弑君。所谓“奸劫弑臣”，就是奸邪之臣、劫主之臣、弑君之臣。

韩非首先指出，奸臣们使用的一贯手段就是迎合君主的心理，而一般来说，奸臣们总是能利用君主的弱点达到“欺主成私”的目的，成为“擅主之臣”。韩非举了很多例子，有的君主死于儿子的弑杀，有的被大臣击杀，有的被自己重用的重臣困饿而死，有的被乱刀砍死，有的被挑足筋被吊死。这种种悲剧在战国时期各诸侯国中层出不穷。韩非认为，其主要原因，在于这些君主腐败无能，不察忠奸，失德失势。

对种种权奸横行的局面，韩非提出了一系列治奸之策。这些办法归结为一点，就是实行强权政治，即运用权势，“乘威严之势以困奸邪之臣”。这种强权政治的主要内容是依法治国。对犯法的“诛重而必”，对告奸的“赏厚而信”。鉴于治奸的需要，韩非强调“严刑”“重罚”的同时，也着重对儒家的“仁义惠爱”观进行了批判，强调君主能“操法术之数，行重罚严诛，则可以致霸王之功”，可以“去天下之祸，使强不凌弱，众不暴寡，耆老得遂，幼孤得长，边境不侵，君臣相亲，父子相保。”

不必指责韩非太重权术，因为他生活的那个时代，就是一个卑鄙肮脏的时代，所以他才把那么多的卑鄙肮脏揭露出来给人看。

第四章　韩非子的“势”治思想

1. “自然之势”、“人设之势”：“势”的两分法

韩非对“势”非常重视，他关于法和术的论述中，都在强调用“势”。我们前面讲过了，“势”的定义就是“权势”、“威势”，是一种具有绝对权威的强制力，也就是至高无上的君主统治权。

韩非子把“势”分成两种，即“自然之势”与“人设之势”。

什么是“自然之势”？

所谓“自然之势”，是指自然形成的“势”，比如桀和纣生而在上位之类。这是不以哪一个人的意志为转移的。

什么叫“人设之势”？所谓“人设之势”就是人为之势。我们常说的“造势”，就是这个意思。

“造势”靠什么？当然要靠权势。“自然之势”与“人设之势”是相辅相成的。“自然之势”是“人设之势”的资本，而“人设之势”又会作用于“自然之势”，使“自然之势”得到巩固与加强。

仅仅靠“自然之势”是不够的，重要的是强化“人设之势”。韩非认为：“势必于自然，则无言于势矣。吾所为言势者，言人之所设也。……故曰：势治者则不可乱，而势乱者则不可治也。此自然之势也，非人之所得设

也。”（《难势》）他说：势，若一定要根据自然形势来说，那就没有必要讨论了。而我说的势，是人为的势，即人所设的势。他接下来举例子说：今天说的“唐尧、虞舜得势就能治理天下，桀、纣得势就能扰乱天下”，如果尧、舜生下来就在上位，即使有十个桀、纣也无法扰乱。因为，那是在用势治理天下；桀、纣生下来也在上位，即使有十个尧、舜也无法治理天下。那是在用势扰乱天下。不重视“人设自势”，“自然之势”就会削弱。而“人设之势”，则有待于中主，韩非说：“吾所以言势者，中也。中者，上不及尧舜，而下亦不为桀纣。抱法处事则治，背法去势则乱。”（《难势》）中主，就是一般的君主，上不可比尧、舜那样的贤君，下不可比桀、纣那样的昏暴之君。抱法处事则国家治，背法去势则国家乱。韩非子强调势治必须与法制相结合，否则，必乱。

强化“人设之势”，韩非称之为“任势”，即让“势”达到最大化的巩固与发展。韩非对势所作的这种“两分法”，比慎到论势而为清楚、缜密，对慎到的势的理论是一个重要的发展。

2. “国者君之车”、“势者君之马”：势对君主治国安身的作用

因此，君主应该“重势”，又能善“任势”。所谓“善任势者国安，不知因其势者国危”。（《韩非子·奸劫弑臣》）“凡明主之治国也，任其势。”（《韩非子·难三》）韩非一再强调：“民者固服于势，势诚易以服人。”（《韩非子·五蠹》）“势重者人主之渊也。臣者势重之鱼也。鱼失于渊而不可复得也。人主失其势重于臣而不可复收也。”（《韩非子·内储说下》）。这个比喻很有深意，权势是什么？就是君主控制的那一片水域。臣子是什么？就是那片水域里的鱼。鱼儿从这片水域里逃出去你就再也不可能控制住它，君主失了势，就等于让鱼脱于渊。所以，君主驾驭臣子，最核心的一点是不能让他们脱离君主的控制。“势者，胜众之资也。”（《韩非子·八经》）势是什么？是驾驭臣下的资本，也是立国之本。

韩非有一个生动的比喻，他说：“国者君之车也，势者君之马也。夫不处势以禁诛擅爱之臣，而必德厚以与天下齐行，以争民，是皆不乘君之车，不因马之利，释车而下走者也。”（《韩非子·难三》）国家好比是君主的车子，势呢？好比是为君主拉车子的马。如果君主不懂得利用势来实行赏罚，只讲仁德教化，那就好比是前边讲过的齐景公的故事一样，有车子不去乘坐，有拉车的马也不用，弃车而自己走路，那么车马之利又有什么用呢？

3. “有材而无势，虽贤不能制不肖”：才华和权势哪个重要？

《韩非子·功名》篇认为：一个英明的君主所以能建立功名，主要靠了四个基本因素。哪四个基本因素呢？一是“天时”，二是“人心”，三是“技能”，四就是“势位”了。不顺天时，即使有十个尧那样的英明君主，也不能让庄稼在冬天里结出一个穗子来；违背人心，即使孟贲、夏育也不能让人们多出力气。顺应了天时，即使不很费力，庄稼也会自然生长；得人心，就是不用督促，民众也能自我勉励。凭借技能，即便不急于求成，事情也会很快完成；得到了势位，即使不追求，名声也会大振。所以势位对于君主来说，是具有头等意义的决定性因素。

如果一个人很有才华，但是他却没有权势，那么他一定是行不通的：

“夫有材而无势，虽贤不能制不肖。故立尺材于高山之上，则临千仞之溪，材非长也，位高也。”

有才能而没有权势，即使是贤人，也不能制服行为不端的人。韩非举了一个例子：在高山上树立一尺长的木头，就能俯临万丈深的峡谷，并不是因为木头长，而是因为它位置高。

“桀为天子，能制天下，非贤也，势重也。尧为匹夫，不能正三家，非不肖也，位卑也。千钧得船则浮，锱铢失船则沉，非千钧轻而锱铢重也，有势之与无势也。”

夏桀作为天子，能够掌控天下，不是因为他贤，而是因为他权势重；尧作为普通人，不能管理好三户人家，不是因为他不贤，而是因为他地位卑贱。千钧重物放在船上能浮起来，锱铢那么轻的东西（锱铢是古代的计量单位，六铢为一锱，四锱为一两），没有船载会沉下去。不是因为千钧轻而锱铢重，而是因为有没有依靠船的浮力这种“势”。

“故短之临高也以位，不肖之制贤也以势。人主者，天下一力以共载之，故安；众同心以共立之，故尊。人臣守所长，尽所能，故忠。以尊主御忠臣，则长乐生而功名成。”

所以短木居高临下凭借的是它所占的位置，不才者制服贤人凭借的是权势。做君主的，天下合力来共同拥戴他，所以地位稳定；天下齐心来共同推举他，所以身价高贵。臣下发挥所长，竭尽所能，这就叫忠诚。用尊贵的君主驾驭忠诚的臣子，就会出现长治久安的局面，功业和名望自然会建立。

因此，韩非认为，巩固君权才是头等大事，势既生于位高，那么君权就有至高无上的尊严。反过来说，失势就等于丢掉了君主的位置和权势。

《韩非子·难势》篇用了一个故事，说明贤和“势”是不相容的。这个故事就是我们大家都知道的“自相矛盾”：有个卖矛和盾的人，夸口说他的盾非常坚固，任凭多么锋利的矛都不能够刺穿它。一会又夸耀他的矛说，我的矛很锐利，任凭多么坚固的东西都能刺穿。有人就驳斥他说：“用你的矛刺你的盾，结果会怎么样呢？”

韩非用这个故事来说明“贤治”和“势治”的矛盾。他说：

“夫贤之为道不可禁，而势之为道也无不禁，以不可禁之贤与无不禁之势，此矛盾之说也。夫贤势之不相容亦明矣。”

按照“贤治”的原则，贤人是不受约束的；按照“势治”的原则，是没有什么不能约束的。不受约束的“贤治”和没有什么不能约束的“势治”就构成了一对矛盾。由此，“贤治”与“势治”的不相容就看得很明白了。

4. “良马固车，何必待王良”：中才得势可治天下

韩非认为，人以中才为常态，贤者和不肖都是极少数。从一般意义上说，中才得势则治，失势则乱。因此不能待贤而求治，必须使无贤时也能治。他说：

“夫百日不食，以待粱肉，饿者不活。今待尧舜之贤乃治当世之民，是犹待粱肉而救饿之说也。”

一百天不吃饭去等待细粮大肉，挨饿的人就活不成。如今要等待尧、舜那样的贤才来治理当代的百姓，就如同等待细粱大肉去救挨饿的人的说法一样。

“夫曰，良马固车，臧获御之，则为人笑；王良御之，则日取乎千里。吾不以为然。”

人们说：宝马良车，让奴婢去驾驭，就会被人嘲笑，王良来驾驭，就会日行千里。我对这个说法不以为然。

“夫待越人之善海游者以救中国之溺人，越人善游矣，而溺者不济矣。夫待古之王良以驭今之马，亦越人救溺之说也，不可亦明矣。”

越地的人擅长于在海里游泳，如果一个中原人溺水了，却不能让越地人来救他。越人固然善于游泳，可他却救不了一个溺水的中原人。这就如同等待古时的王良来驾驭今天的马，这与让越人救中原溺水者那样，其行不通，是明摆着的。

夫良马固车，五十里而一置，使中手驭之，追速致远，可以及也，何必待古之王良乎？且御非使王良也，则必使臧获败之；治非使尧、舜也，则必使桀、纣乱之。此味非饴蜜也，必苦菜葶苈也。

如果是宝马良车，五十里设一个驿站，让中等的人才去驾驭，是可以追速致远的，即使一千里一天也能赶到，何必要等待古时的王良呢？而且驾驭不是使用王良，就必定让奴婢把它损坏；治理天下不用尧、舜，就必定要使用桀、纣让天下大乱。这就好比吃的不是饴蜜糖果，就必定得是苦菜葶苈那样不堪入口的东西一样。

韩非的意思很明白：只需造成一个合乎治的“势”，则中才可以治天下。正如有“良马固车”，一个中等水平的驭手也可以致千里。“良马固车”是什么？就是“良好之势”。

5. “上失其一，臣以为百”：权势不可以借人

韩非认为：君主一定要独揽大权，不能把权势借给臣下。这是韩非“势治”论的一个基本观点。《内储说·下·六微》篇说：“权势不可以借人。上失其一，臣以为百。故臣得借，则力多；力多，则内外为用，则人主壅。”韩非认为，君主和臣子的利益趋向是不一致的，所以臣子不可能完全忠于君主，所谓“君臣之利异，故人臣莫忠”，而奸臣则“苟成其私利，不顾国患”。这是他对君臣关系的基本看法。

在这个思想基点上，韩非强调君主专制的重要，君主的权势是不能与臣子分享的。首先，保证权势不外借；其次，君主不可以和臣下共同使用权势；再次，君主应保持自己的独尊地位，不能让臣下太贵重。臣子贵重了，君主就有可能“失势”而为其所制。

这些都代表了韩非势治理论的大端。

第五章　法、术、势兼用的思想及其误区

韩非的法、术、势思想虽然继承了商鞅、申不害、慎到的观点，但又有自己独到的见解，而又将法、术、势结合起来。韩非认为，它们都是不可分割

的“帝王之具”的一个整体。必须兼而用之。

法是规矩，设立法度是为了“齐民”、“富国”，也是为了保证帝王的尊严与威势。法是国家强弱的关键。“国无常强，无常弱。奉法者强，则国强；奉法者弱，则国弱。”（《有度》）

人主行法，居其位，必须要有术，“人主之大物，非法则术也。”（《韩非子·难三》）术是保证，是法的第一推动。无术君主则为人臣所蔽，也无以行法任势。

势是行法术之依恃，是服人、胜人的资本。它与法、术相结合，则可以巩固君主的绝对专制地位。因于道而本于法，恃于术而任于势，才能达到“臣有其劳，君有其功”的目的，从而形成一种“强不凌弱，众不暴寡，耆老得遂，幼孤得长，边境不侵，君臣相亲，父子相保，而无死亡系虏之患”的政治局面。尽管韩非的政治理想有些“乌托邦”的色彩，但对于当时的社会来说，是具有很强的现实性的。

韩非的君主独裁思想，是符合当世的历史要求的。秦始皇用其法而扫灭六合，用其法而建立起一个高度集权的大一统国家，用其法而实施“焚书坑儒”之行。甚至秦帝国在焚坑后所推行的“以吏为师”的政策，其理论根据一样来自韩非。大家看看韩非的《五蠹》篇，就明明白白地提出了“明主之国无书简之文，以法为教；无先王之语，以吏为师；无私剑之悍，以斩首为勇”的主张。由明君统治的国家不提倡有绮丽的文字，以法来推行教化；没有先王的只言片语，以懂法之吏为师；没有私藏武器的悍勇之士，以战斗中斩敌之首为勇。现在我们读这些文字直觉得后背上有一种凉气往上冲啊。我们可以说，韩非不仅仅与强权的暴秦有直接关系，而且与统一天下的强秦有直接关系。他的理论主张直接把秦始皇推上了独裁、专制的龙椅。

韩非思想的误区表现在以下诸方面：

1. 过分夸大君主的权势、权威，藐视人权

在韩非子的思想谱系中，是找不到一点民本、民主的影子的。人民只是君主的“王资”：“其言谈者必轨于法，动作者归之于功，为勇者尽之于军。是故无事则国富，有事则兵强，此之谓王资。”（《韩非子·五蠹》）他把“民萌”也列为“八奸”之一，除了君王，民众是毫无人格、人权可言的，他们只有为君主卖命的权利和义务。韩非排斥言论、思想和人的行动自由的君权至上思想，所产生的负面影响是巨大的。

2．片面强调斗争哲学，无教化，去仁爱，严而少恩

在韩非的眼里，几乎所有的人都是靠不住的。君主与臣民之间的关系、人与人之间的关系，就是斗争，“上下一日百战”，为什么要“战”？而且是“一日百战”，那就是君主和臣子甚至于上下社会阶层之间互相为敌。这种斗争哲学一经倡导，尔虞我诈的政治斗争就会愈演愈烈。韩非在“文革”中为什么成为受推崇的法家代表人物，也和他倡导“斗争哲学”不无关系。

3．抹杀道德要求

孔子说：“道之以德，齐之以礼，有耻有格。道之以政，齐之以刑，民免而无耻。”儒家讲修身，讲礼乐教化；法家讲法治、讲刑罚。法的作用是显见的，而礼乐教化却“润物细无声”。好比大医之治未病，而法则是治已病者。强秦亡国之祸，可作一注脚。

4．急功近利，思想偏颇

韩非排斥百家之学，主张禁绝学术自由。同时，他的《五蠹》把儒家（“学者”）、纵横家（“言谈者”）、游侠（“带剑者”）、逃避兵役的人（“患御者”）、商人和手工业者（“商工之民”）视作危害国家的五种蠹虫，未免打击面太大了些。

这些都可算是韩非思想的误区。我们今天读《韩非子》，当有所扬弃。

大匠的智慧与困惑

——说墨子

一、大匠墨子与墨家学派

常常被人问起：墨子为什么叫墨子，他姓“墨”么？

这个问题很有意思，比如说孔子姓孔，孟子姓孟，这都没有争议，且不论中国有无墨姓，墨子是不是真的姓墨才叫墨子，还真的是一个应该说一说的问题。我们先来从训诂学的角度说这个“墨”字。“墨”字的训诂，有“墨刑”、“瘠墨”、“绳墨”之意。“墨刑”是中国五刑之一，即在犯人脸上刺字或图案，染以黑色，作为惩罚的标记。西汉时刘邦的大将英布为什么又叫黥布？就是因为他曾受过墨刑。墨刑是商周时的叫法，到了秦汉时期，就叫“黥刑”了。所以钱穆先生认为“墨盖刑徒役夫之称”、“墨者，譬今之所谓劳工也”，“古人以罪人为奴隶，墨家斥礼乐而尚劳作，其生活近于刑徒役夫。墨子至楚，穆贺谓墨子曰：‘子之言诚善，而吾王天下之大王也，毋乃曰贱人所为而不用乎？’‘贱人’即犹云‘刑徒役夫’也。公尚过为越王迎墨子，墨子曰：‘若越王听吾言，用吾一道，翟度身而衣，量腹而食，比于宾萌，未敢求仕。’‘宾萌’者，客籍之民，亦犹‘刑徒役夫’也。（《尚贤》篇以国中之众，与四鄙之萌人分言。）禽滑厘事墨子三年，手足胼胝，面目黧黑，役身给使，不敢问故，此‘刑徒役夫’之生活也。故荀子曰：‘刑余罪人之丧，不得合族党，独属妻子，棺椁三寸，衣衾三领。’（《礼论》）则墨家薄葬，类于刑人也。又曰‘自为之者，役夫之道，墨子之说也。’（《王霸》）是明以墨道为‘役夫’也。为墨徒者，多以裘褐为衣，跂蹻为服，日夜不休，以自苦为极。当时非笑之者曰：‘此刑徒之所为，黥墨之所务也。’因而以呼之曰

‘墨’。”（钱穆《国史概论》）钱穆先生是国学大师，他这段话说得很详细，考证也很充分。但我觉得，“墨”是否仅出于刑徒役夫似难定论。墨子曾以“北方之鄙人”（《吕氏春秋·爱论》）自诩，所以现代学者多认为墨子出身于工匠，其墨家集团成员也多是“农与工肆之人”。他们是由小生产者阶层而上升为士的。

这个问题我们以后会展开讨论。

现在我们来看墨子的生平。墨子名翟，他的生卒年和籍贯都难以准确考证。司马迁的《史记》中，没有墨子的传记，只在《孟子荀卿列传》里附了一笔，说：“盖墨翟，宋之大夫，善守御，为节用，或曰并孔子时，或曰在其后。”这么简简单单的二十四个字，且语焉不详，一个“盖”字，加上两处“或曰”，模模糊糊，什么也没说清楚，所以后人对墨子生平的争论也就最多。现代学者推测墨子的生卒年大约在孔子死后、孟子诞生之前这一段时期。为什么会有这样的推论呢？因为墨子的辩论对手，多是孔子的后学，而不涉及孔子，这是他生活在孔子之后的一条论据。另一条证据是，孟子辩论的对象，是墨子的后学，也不涉及墨子，所以认为墨子与孟子不是同代人。孔子死在公元前479年，孟子大约生在公元前372年，这中间隔了107年，墨子就生活在这一时期。据孙诒让先生考证，墨子大约生于公元前468年，卒于公元前376年。也就是说，他在孔子死后11年出生，在孟子诞生前4年去世。墨子活了92岁。以后各家的考证，相差无几。任继愈先生认为，墨子活动的主要年代，或者“在战国之初，止于韩、赵、魏三家正式分晋和田齐代姜齐之前”。（参见任继愈主编《中国哲学发展史·先秦》）这里我多说几句，“姜齐”指的是姜子牙封疆营丘始建立的齐国，约在公元前11世纪。“田齐”，指公元前386年田和为齐侯后的齐国。齐国虽然在春秋前期和春秋中期，曾经称霸诸侯，显赫一时，然而由于姜齐后期几代国君腐败的统治所致，齐国从春秋末期到战国前期这一段时间里，却已显出了积贫积弱的颓势，昔日霸主地位一落千丈。春秋末年君权渐为大臣陈氏（即田氏）所夺，公元前386年周安王承认田和为诸侯。田和（？—前384年），田氏，名和，又称和子，号太公。田常曾孙。初为齐康公的丞相，齐康公十四年，也就是公元391年，他把齐康公迁到海岛上，使食一城而奉先祀，十八年，他与魏武侯会于浊泽（现在河南新郑西南一带），求为诸侯，次年，周王室承认他为诸侯，这是“田齐”代“姜齐”之始。这样算下来，墨子活动的年代在战国之初到公元前386年这段时期。所以我们完全可以说，墨子是孔子和孟子之间的一个著名的思想家。

墨子的籍贯在哪里呢？清代学者孙诒让认为，墨子“生于鲁而仕于宋”（孙诒让《墨子间诂·墨子传略》），那么墨子是鲁国人。顾颉刚先生则认为墨子的祖先可能是宋人，墨子是宋公子目夷之后（见顾颉刚《古史辩》七·下编）。这么说，墨子又成了孔子的同宗了。

为什么说墨子和孔子是同宗呢？我们先得弄清这个目夷是谁。宋国最早的开国国君是谁？是微子启，也叫微子开，从微子那里一代代往下传，一支传到了孔子，一支传到了墨子。墨子支系中有个叫目夷的人，他是微子启的第十七代孙，是宋襄公的大哥，宋襄公的父亲宋桓公有两个儿子，大儿子叫目夷，小儿子叫兹父。本来，目夷应该是继承国君之位的，但是他一再推让，兹父就做了国君，就是宋襄公。目夷呢，他就做了国家的左师，也就是军队的统帅。从目夷再往下，差不多七代，就是墨子了。按这么推算，墨子是微子的二十四代孙。《淮南子·要略》中说：“墨子学儒者之业，受孔子之术，其礼繁扰而不说，厚葬靡财而贫民，故背周道而用夏政。”按照这个说法，墨子最初的学术也是跟着儒家学的，学习儒学，首先是接受孔子的影响。但是学到最后，他觉得孔子的这一套理论和他的想法对不上号，首先是儒家的礼节过于烦琐，这一点在孔子在世时就有人批评过。礼节过于烦琐了，往往会造成人力和财力的浪费。另一方面，儒家是讲究厚葬的，人死了不论贫富都要有棺有椁（椁是外棺），孔子最得意的学生颜回死了，颜回家很穷，他父亲买不起椁，就要求孔子卖掉自己的车子。墨子是主张节俭的，反对厚葬的习俗和礼节，所以墨子就和儒家学派分道扬镳了。“背周道而用夏政”，是说墨子背离了孔子所崇尚的周公的礼乐文化而以夏禹的文化精神为旨归。夏比周还要早呀。墨子不是要和儒家比祖宗，这与他的政治主张和行为有关。他崇尚夏禹，因为夏禹就是个艰苦奋斗的楷模，他治理洪水，三过家门而不入，亲自扛着工具，跳进黄河里去，以至于“股无完胈，胫不生毛”。大腿上的肉都瘦掉了，小腿上的汗毛都掉光了。所以墨子认为夏禹这种艰苦奋斗的精神才是应该效法的。

墨子所创立的墨家学派，在中国春秋战国时代的百家争鸣中，是举足轻重的一家，成为仅次于儒家的一个学术派别。甚至把儒家在思想界的地盘抢去了不少。司马谈的《论六家要旨》，分别开列先秦有重大影响的六个学术派别，墨家是六大学术派别之一。班固的《汉书·艺文志》，推举先秦诸子十家，也把墨家列入其中。战国末期，韩非撰写《显学》一文，更进一步确立了墨家在学术上的位置，他说："世之显学，儒墨也。"把墨家与儒家并列了。墨子也因此成为跟孔子齐名的显学领袖。

墨子在孔子之后创立墨家私学，弟子也相当多。多到什么程度呢？战国末吕不韦编的《吕氏春秋》说"孔墨之弟子徒属充满天下"。与儒家学派不一样的地方是，墨家不仅仅是一个学术流派，从性质上来说更具有民间社团的因素。

首先，这个社团有自己共同拥戴的领袖，他们称之为"巨子"。墨子是当然的龙头老大，禽滑厘差不多是二号人物，副"巨子"。墨子死后，孟胜、田襄子、腹䵍等都扛过"巨子"的大旗。

其次，这个社团不像其他学术派别一样组织上是松散型的，它有着严明的组织纪律，其成员在社会各界工作必须交纳社团费用。

再次，这个社团有共同的纲领，共同遵守的法规。崇尚艰苦朴素。墨子的一个学生曹公子说他在老师门下穿着粗布短衣，喝野菜粥，而且这野菜粥也不一定顿顿能喝得上，早上有，晚上有可能就没有了。社团内部以"墨者之法"为准绳，后来成为"巨子"的腹䵍解释墨家"基本法"的内容时说："墨者之法，杀人者死，伤人者刑。"他自己的独生子杀了人，秦惠王有意赦免其罪，腹䵍却不答应，严格遵照"墨家之法"将儿子处死。墨家社团纪律之严格，可见一斑。

墨子出身于平民，当过木匠，学过儒学，通晓六艺，他的社团成员也有相当一部分是工匠出身，所以后人称他们为"工匠理论家"。这很不简单呀，一群木匠、铁匠、泥瓦匠结成团体研究学术，百家争鸣的那个时代真是个了不起的时代。

在这个能工巧匠的集团中，墨子当居其首。《韩非子》记载，墨子曾制作了一只木鹰，制作这只木鹰他用了三年的时间，仅仅飞了一天就坏了。虽然这样，也是一件伟大的创举，要知道那是在两千多年前的战国时代啊！墨子放飞他耗了三年心血制作的这架木鹰时，弟子们都来观看，他们齐声赞扬说：我们的老师真是不得了啊，他竟然能让木鹰飞上天去！也有记载说，墨子制作的木鹰，在天空中飞了三天才落下来。也有记载说鲁般（公输班）也会制造能飞翔的木鹰，《墨子·鲁问》篇还记录了一段墨子与鲁班比赛手艺的故事，那个故事说，鲁般削竹刻木，制作了一只会飞的喜鹊，这只木喜鹊能够连飞三天而不落地。鲁班自认为它很巧了。但是墨子对他说：你制作会飞的竹木喜鹊这玩意儿，不如我制造的车辖。我能用一小会功夫，砍三寸长短一截木头，而让它能承担五十石的重量。

墨子对自己能制造会飞的木鹰并不以为然。他认为这不过是供人观赏的小技巧，不如造大车的技巧更能付诸实用。对人有用的技术才是真正的技术，对人没有什么用处的技术，再巧也是小技巧。墨子曾对自己的学生们说：你们夸奖我做的木鹰能飞上天去，可这还不如我造车輗更巧啊。我用一根木头，用不了一个早晨的功夫，就能使大车装载五十石的重量，能够长途运输，而且坚固耐用。但是我造木鹰花了三年的时间，飞了一天就坏了。

实际上，墨子成功把自己制作的木鹰放飞到天上，这是一件划时代的科技壮举。是我们的先民第一次把自己的飞天梦想付诸科技实践。而且这项技术已经得到了切实的应用。唐余《渚宫旧事》一书记载，楚国曾用制造木鹰的技术制造出木鸢，“乘之以窥宋城”。这就是中国最早的军事侦察机了。我们现在有了“神六”、“神七”、“嫦娥1号”，登上了外太空，但我们想到战国时代墨子的木鹰，还是会肃然起敬。

墨子不仅仅是一个优秀的木匠，他还精通皮革加工、制陶、轮车等工艺。他给弟子们上课，也常用各种工匠的技艺来打比方。在墨家学派的著作《墨经》中，就举证了各种工匠的技艺，涉及“为衣”（缝纫）、举针（刺绣）、“襘履”（制鞋）、“铄金”（冶金）、“为甲”（造铠甲）、“垒石”（建筑）、“车梯”（木工）等方面。刚才我说过了，墨子集团的成员都是各方面的能工巧匠，他们平常从事生产劳动、发明创造，也从事教学和学术探讨，一旦发生了战争，这些能工巧匠又是难得的军工技术人才。他们制造军事器材，为守城战斗服务。司马迁《史记》中说墨子“善守御”，指的就是这一点。《墨子》中详细讲述过墨家制造的各种军事器械。比如在止楚攻宋的战斗中，墨子就曾让大弟子禽滑厘率三百门徒，用墨子亲自制造的守城器械，抵御楚国的进攻。

墨子制造的守城器械是什么样子呢？在《墨子·备城门》透露，这种器械就是从井里提水用的“桔槔”，把这种生产工具改装成守城的武器。墨子是利用桔槔的这种“举之则轻，废之则重，若石、羽，非有力也”的原理，桔槔这种机械，因为利用了杠杆原理，举物时显得很轻松，举一块大石头就如同举起一支羽毛。而把重物从桔槔机上取下放到地上，就显得很重。正是利用这一原理，墨子造出了最早的抛石机。这方面的例子还有很多。

墨子和墨家的思想，反映在他们的著作《墨子》中。《墨子》一书，《汉书》著录71篇，《隋书·经籍志》、《旧唐书·经籍志》、《唐书·艺文志》、《宋书·艺文志》均著录“墨子十五卷，墨翟撰”（《隋书》作“宋大夫墨翟撰”）。现存《墨子》15卷53篇，佚18篇。《墨子》的早期注家鲁胜、清代学者毕沅、现代学者詹剑峰等都认为《墨子》全书是墨子自著，梁启超、高亨等认为《经》等6篇是后期墨家的作品。胡适走得更远一些，索性说《墨子》53篇没有一篇是墨子所作。同时他也认为这些文字都体现了墨子讲学的观点。我个人认为，《墨子》是墨家学派的集体著作，这里面也理所当然包括了墨子自己的作品。

不论怎么说，《墨子》是墨家学者在科学、哲学、逻辑、政治、道德、军事等各方面长期凝聚的智慧结晶。

墨子在当时和后世的社会影响都是十分巨大的。墨子壮年时，时人对他就以圣贤称之。墨子向楚惠王献书时，楚惠王由于书中的一些思想不甚应和他的观点而对墨子不十分热情。楚国的鲁阳文君就对楚惠王说：“墨子是北方的圣人啊，您不亲自接见，如此轻慢失礼，天下士子都会因此寒心的。”这几句话说得高傲不可一世的楚惠王如梦方醒，连忙让鲁阳文君把墨子追回来，许诺封给墨子500里的土地。墨子死后，其后学继续高扬墨家学说的旗帜，显荣于天下数百年之久，直到秦始皇焚书坑儒焚烧百家语，才开始出现了一个漫长阶段的衰落。

这就是墨子：一个用哲学的翅膀在空中飞翔的大匠。

这就是墨家：一个怀着经世济民思想的行动者群体。

二、墨子对“天命观”的否定

首先说明，墨家是“尊天”的。

墨子强调：“我有天志，譬如轮人之有规，匠人之有矩。轮匠执其规矩，以度天下之方圆，曰：中者是也，不中者非也。今天之士君子之书不可胜数，言语不可以尽计，上说诸侯，下说列士，其于仁义则大相远也。何以知之，曰：我得天下之明法以度之。”（《墨子·天志上》）墨子把天的意志看作轮匠手中的圆规，木匠手中的曲尺，以天志、天意为准绳，来衡量天下事物与人的言行。

墨子认为，“天”是有意志的，天和鬼都能够赏罚善恶。“尊天”和“明鬼”是墨子思想中重要的两个单元。墨子是个“有鬼论”者，他常讲的十个论题中，《天志》和《明鬼》是专题论证鬼神问题的，占了五分之一。即使在讲别的问题时，他也常常要提及鬼神问题。他认为鬼这种东西是存在的，“闻之见之则必以为有，莫闻莫见则必以为无”，要知道鬼神的有无，“何不尝入一乡一里而问之？自古以及今，生民以来者，亦有尝见鬼神之物，闻鬼神之声，则鬼神何谓无乎？若莫闻莫见，则鬼神可谓有乎？”他认为：“以众之所同见与众之所同闻”，可证明鬼神是存在的。他举出周宣王杀杜伯而杜伯为鬼的故事和周穆公昼日见句芒神的故事，以此为例，断言“鬼神之有，岂可疑哉”（《墨子·明鬼下》）。那么，墨子是不是仅仅凭着片面的感觉经验甚至是凭着主观的错觉甚至一些荒诞不经的传说，就摒弃了理性思维，跌进了迷信的泥潭呢？

要廓清这个问题，先要弄明白墨子为什么要提出“尊天”“明鬼”？

《墨子·鲁问》说了这样一段话：“凡入国，必择务而从事焉。国家昏乱，则语之尚贤、尚同；国家贫，则语之节用、节葬；国家憙音湛湎，则语之非乐、非命；国家淫僻无礼，则语之尊天、事鬼；国家务夺侵凌，则语之兼爱、非攻。”这里，墨子已经说得很明白了。到了一个国家，必须根据这个国家的具体国情来推行自己的政治主张。如果这个国家正处于混乱之中，你就得讲尚贤和尚同，如果这个国家很贫穷，你就要给他们讲节用和节葬。如果这个国家沉湎于声色犬马，你就要讲非乐、非命。如果这个国家不行义政，你就得讲尊天、明鬼。如果这个国家喜欢到处侵略扩张，你就得讲兼爱、非攻。总之，这十个论点，是需要根据各国不同的情况，有的放矢地择而言之。至于“尊天”、“明鬼”之论，其所针对的对象，是“淫僻无礼”、不行义政的国君而言的。让他们知道有意志而赏罚分明的天、鬼的存在，心存畏惧。

墨子指出：“古者圣王明知天鬼之所福，而辟天鬼之所憎，以求兴天下之利，而除天下之害”（《墨子·天志中》）。他进一步认为，天帝鬼神设立国都、立正长，是为了百姓万民的利益，百姓万民的利益是天政的唯一标准。“天鬼百姓之利”是“政事之本”（《墨子·尚贤下》）。为政要“上中天之利”、“中中鬼之力”、“下中人之力”。墨子认为，天帝鬼神之利和百姓万民之利是统一的。一方面，天帝鬼神代表百姓万民的利益，另一方面，百姓万民的利益也是天帝鬼神利益的体现。同时天帝鬼神的意志也代表了百姓万民的意志，是百姓万民意志的折射。“顺天之意，奉而光施之天下，则刑政治，万民和，国家富，财用足，百姓皆得暖衣饱食，便宁无忧。”（《墨子·天志中》）

墨子的“尊天”、“明鬼”观念，也曾受到过他同代人甚至他自己学生的质疑，《公孟》篇里有个故事说，有一次墨子病了，躺在床上，他的一个学生名叫跌鼻的来看他，问老师说：“先生您认为鬼神什么都知道，能够给人赐福或降祸。做了好事会得到鬼神的奖励，做了坏事会得到鬼神的惩罚。如今先生是大圣人，为什么也会生病呢？是不是先生您说过的话也有错的？还是鬼神实际上也并不是什么都知道？”

这个学生的质疑让墨子很尴尬。墨子怎么回答呢？他说：“尽管我现在病倒了，可是你怎么会得出鬼神不是什么都知道的结论呢？人生病有各种各样的原因，或者由于天气冷热不均，或者由于人劳累过度等等，比如一栋房子有一百个门，你只关了一个门，盗贼照样会进来呀。”可以让人生病的原因有一百个，鬼神的作用只是百分之一，墨子在这里也说出了自己的困惑。

在《明鬼》篇中，墨子也做出过“假定鬼神真的不存在”的推论，如果世界上真的没有鬼神，那我们祭祀鬼神又有什么用呢？墨子说，用处多多呀！祭祀鬼神用的食物，不是当作垃圾倒掉，而是聚合起乡亲们来撮一顿，大家借机娱乐一下，又可以增进邻里间的感情，又有什么不好呢？

墨子讲“尊天”、“明鬼”，其真正的目的就是为了他的为政治国的“义政”之道提供理论依据。他指出：“天下有义则生，无义则死，有义则富，无义则贫，有义则治，无义则乱。然则天欲其生而恶其死，欲其富而恶其贫，欲其治而恶其乱，此我所以知天欲义而恶不义也”（《墨子·天志上》）。义政即是天道，尊天、明鬼就是让人为义、行义政。而从另一个角度说，百姓万民也正是通过“天”来“政”国君，天地鬼神与百姓万民汇合在一起，形成了一个首尾相接的圆圈，这就是墨子设计的“天人合一”的模式。

那么，这个“天人合一”的理论实质又是什么呢？即天帝鬼神的意志与百姓万民的意志相一致。这也是墨家的“天人合一”与儒家的“天人合一”的不同之处。

墨子的“天人合一”论，还有其另一方面的内涵，也就是即“尊天命”又“非天命”。

这看起来似乎是一对矛盾。但实际上，墨子“非天命”的思想，与他的“尊天命”的思想是一致的。墨子的“尊天”，是把天作为能赏罚的人格神来尊的。天能施赏罚，是以人能否“行义”为标准的，“义人在上，天下必治，上帝山川鬼神必有干主，万民被其大利”（《墨子·非命上》）。他以禹汤文武之事，论证天下之治并不是由命来决定，而是行义政的结果。

墨子对儒家的天命观提出了批判，他认为，儒家所谓“寿夭贫富，安危治乱，固有天命，不可损益。穷达赏罚，幸否有极，人之知力，不能为焉”的天命观是非常错误的，这个观点，“群吏信之，则怠于分职，庶人信之，则怠于从事”（《墨子·非儒下》）。这种生死由命、富贵在天的理论，只能让人消极，是“暴王所作，穷人所述，非仁者之言也”（《墨子·非命下》）。这种天命论，是自诩“受命于天”的暴虐的国君用来麻痹人民的，是那些穷途末路不求进取的人拿来为自己的颓废寻找遁词的，它足以消磨人的斗志，让人安于现状，所以它并非仁人志士之言。儒家宣扬的天命观，是指人的智慧和力量对之无可奈何的某种先天的必然性，非人力所能改变，墨子则主张人们应该在认识世界的基础上，用自己的力量顽强奋斗，改变现实，有所作为。

而真正的天意是什么呢？是“欲人之有力相营，有道相教，有财相分也。又欲上之强听治也，下之强从事也。上强听治，则国家治矣，下强从事，则财用足矣”（《墨子·天志中》）。真正的天意，是希望人努力经营，按正道实施教化。国家管理者尽心尽力去治理国家，百姓努力做好自己应该做的事情，而不是听天由命，无所作为。

《墨子》中有这样一个故事：

有一次，墨子从鲁国往北到齐国去，半路上遇到一个算命的先生。这个算命先生对墨子说：“今天上帝在北方杀黑龙，先生您的脸黑，不能到北方去！”

墨子没有听这位算命先生的话，继续往北走。他走到淄水河岸，一看，因为刚下了一场大雨，淄水河暴涨，过不去了，只好从原路折回。在回来的路上，又看到了那位算命先生，算命先生得意地对墨子说：“怎么样？我说你不能向北走吧？”

墨子却不买他的账。他说：“淄水暴涨，南方的人不能到北方去，同样，北方的人也不能过河到南岸来。他们的脸色有黑的，也有白的，为什么都过不了河呢？况且老天在东方杀青龙，在南方杀赤龙，在西方杀白龙，在北方杀黑龙，如果按你说的那样，那么天下还有谁能行路呢，你这不是存心欺骗人吗？”

可能有的朋友会问，你刚才讲墨子相信有鬼神，提倡“尊天”、“明鬼”，而这个故事中的墨子又分明是个无神论者，他用归谬法驳斥了算命先生的观点，完全按照世界的本来面目来解释世界，墨子到底是有神鬼论还是无神鬼论？

我说，这是两码事。墨子主张有鬼神，是借神道设教，但他同时又是反对儒家的天命观的。他并不否认事物有本质和规律，而且认为这本质和规律是不受主观影响而存在的。他在《非命》中强调，古代桀之所乱，汤受而治之，纣之所乱，武王受而治之，世界还是这个世界，人民还是这些人民，在于桀、纣则天下乱，在于汤、武则天下治，这分明是人力的作用，与所谓的“天命”哪儿有一点关系？由此可见，人之贫富，民之众寡，天下之治乱，生命之寿夭，都不是由命决定的，也不是命中注定的。

墨子指出：“教人学而执有命，是犹命人包而去其冠也。”（《墨子·公孟》）什么意思呢？是说教人学习，又坚持命定论，就好比叫人用帽子包裹头发，却又叫人们把帽子取下来一样不可理喻。墨子是个行动论者，他强调“行”，即发挥人的主观能动性，主张人应该“赖其力”、“用其力”，卿大夫应“竭股肱之力，殚其思虑之智”，为国家谋划，而农夫呢，应该早出晚归，强力耕稼树艺，多积蓄粮食，农妇也要起早贪黑，努力纺纱织布，多治麻葛，这样才能富强安乐。“有命，非命也。非执有命，非命也”（《墨子·小取》），儒者宣扬有命论，不等于事实上有命。

墨子之后的孟子提出了“顺命”论，认为人只能顺应命运，但又主张通过“内省”，可以达到“万物皆备于我”的境界。墨子的非命论，则指出只有强力从事才能掌握和利用外部世界的事物，不等不靠，身体力行，才能改变自己的生活乃至社会地位，把“行”的效果作为检验认识的真理标准和价值标准，对于我们今天，墨子的理论也有着重要的启迪意义。

三、墨子的“兼爱”论

《墨子》第四卷有《兼爱》上、中、下三篇。什么叫“兼爱”？我们且来解题。

首先来看“兼”字的本意。

“兼”在中国文字中是一个会意字，古字的形状是一只手拿着两只稻穗，引申为同时涉及或具有几种事物，或由各部分合成为整体。我们熟悉的那些成语，像“兼容并包”啦、“兼收并蓄”啦、“兼听则明，偏信则暗”啦等等，都反映了顾及各个方面的意思。墨子对这个“兼”字情有独钟，他把最广博的爱称作“兼爱”，把推行兼爱主张的知识分子称作“兼士”，把实施兼爱方针的国君称作“兼君”，把能够听取不同意见的王称作“兼王”等等。把与“兼”相对立的则称为“别”。

墨子说：“顺天之意者，兼也。反天之意者，别也。兼之为道也，义正（政）；别之为道也，力正（政）。曰：义正者何若？曰：大不攻小也，强不侮弱也，众不贼寡也，贵不傲贱也，富不骄贫也，壮不夺老也。是以天下之庶国，莫以水火毒药兵刃以相害也。若事上利天，中利鬼，下利人，三利而无所不利，是谓天德”（《墨子·天志下》）。墨子说得很明白，顺应天意者为“兼”，即兼爱之士。不顺应天意者为“别”，也就是偏颇之士的意思。兼之为道，则行义政，别之为政，则行力政，也就是用暴力和武力去压服别人。什么是行义政的标准呢？就是大国不进攻小国，强者不欺侮弱者，众人不凌侮一个人，高贵者不鄙视卑贱者，富人不骄矜于穷人，强壮的人不掠夺老弱的人。兼爱就是天意的体现，就是互爱、博爱。就是爱无差等，就是一视同仁之爱，即爱天下所有的人而无偏私。这与儒家的“推恩”思想是相对立的。儒家的“推恩”，指的是爱是由近及远、由亲及疏的。你给身边的人爱多一点，不在身边的要少一点。你给亲近的人爱多一点，疏远的人爱少一点。墨子的兼爱，是不论亲疏远近都要相爱。这倒有点类似孟子讲的“无父”之爱，不分血缘亲疏、不分地域远近、不论身份高低贵贱，爱天下人如爱已身。

“兼爱”与“仁爱”有哪些不同呢？

从根本上说，仁爱是以血缘为根基的，由对父、兄之孝、悌而推及到对君王之忠、对朋友之信。仁爱作为一种伦理原则，是以家庭伦理为基础而推演出来的社会政治伦理。

兼爱呢？首先它打破的就是这个血缘的根基，也不以人性作伦理基础。作为一种伦理原则，兼爱是以“天意”为基础的社会伦理原则。

那么，兼爱与仁爱之间有没有共同点呢？

当然有。它们的共同点，就是都运用了“推己及人”的逻辑。

仁爱观主张：“老吾老及人之老”，“幼吾幼及人之幼”；“己所不欲，勿施于人”。

兼爱观主张：“爱人者，人必从而爱之；利人者，人必从而利之”（《墨子·兼爱中》）。

即使是在两者的共同点上，也是有区别的。

区别在哪里？我们来看：

仁爱的出发点是自身，我老了要想到别人老了，我幼小也要想到别的幼小的人。所以儒家特别注重的是自身的道德修养。

兼爱的出发点是人，一切的人，是以类意识为出发点的。“爱人不外己，己在所爱之中。己在所爱，爱在于己，伦列之爱己，爱人也”（《墨子·大取》）。爱人等于爱自己。墨子引《诗经·大雅》文字说：“投我以桃，报之以李”，并且把这种投桃报李原则看作“兼爱”思想的本源，从中引申出“爱人者必见爱也，而恶人者必见恶也”的逻辑，爱人的人会得到别人对他的爱的回报，作恶的人也会得到恶的回报。这种对等互报，是以利他为出发点的。所以墨家尚兼爱以利天下，不注重人自身的修养。

兼爱与仁爱最本质的区别也在这一点上。儒家的仁爱是“由内至外”的，讲修身而不言利。墨家的兼爱是外在的伦理原则，主张“我先从事乎爱，利人之亲，然后人报我爱、利吾亲”。这种“投桃报李”，需要现实的功利支撑。这一点我下面会讲到。

墨子把爱分成两类，一类是“兼爱”，即博爱，另一类是“别爱”。现在说“别爱”大家可能会感到生疏、不习惯，难以理解，“别爱”就是“偏爱”的意思。别爱不是没有爱心，而是他的爱是有所偏向的，他不爱众人，只爱他自己，或只爱他自己亲近的人。

墨子把实行兼爱学说的人称为“兼士”，不实行兼爱学说的人称为“别士”。

别士说：我怎么能够做到对待朋友像对待自己一样，对待朋友的父母像对待自己的父母一样呢！

于是朋友挨饿的时候他不给朋友饭吃，朋友挨冻的时候他不给朋友衣服穿，朋友有了病他不闻不问，朋友死了他也不予埋葬。

兼士说：我对待朋友就像对待我自己那样，对待朋友的父母就像对待自己的父母一样！

于是朋友挨饿的时候他会分出自己的食物给朋友吃，朋友挨冻时他会脱下自己的衣服给朋友穿，朋友有了病他细心照护，朋友死了他料理埋葬。

如果一个人要去参加战争，或者出使巴、越、齐、楚等国，能不能活着回来他自己也不知道，有人问是把自己的父母妻子托付给兼士还是托付给别士呢？墨子认为，即便是那些在言论上反对兼爱学说的人，也一定会在关键时刻把自己的父母妻子托付给兼士照护，而绝不会托付给别士。

同样，墨子把实行兼爱学说的国君称为“兼君”，把不实行“兼爱”学说的国君称为“别君”。

别君说：我对待我的百姓，怎么可以像对待我自己一样呢？这未免太不符合人的本性了。人活在世上没有多少年，就如同一匹白色的马驹匆匆从门缝前驰过一样，我应该首先考虑不能亏待了我自己。

这样的“别君”，当然会对他的百姓非常冷漠甚至暴虐，百姓的饥寒、疾病、困苦、生死存亡，他是不会放在心上的。

兼君说：我是先考虑百姓的利益，最后才考虑自己的。

这样的“兼君”，当然会把百姓的冷暖疾苦放在心上，对百姓关爱备至，胜过了自己。

当天下遇到灾难，百姓颠沛流离，缺吃少穿，在死亡线上挣扎，请问人们是跟从兼君，还是追随别君？墨子认为，即使是在言论上反对兼爱学说的人，也一定会毫不犹豫地跟从兼君，而绝不会追随别君。

墨子做了以上两组对比实验，来证明其兼爱学说的合理性与可行性。

墨子讲兼相爱，其重点在于讲兼相利。

墨子主张："兼相爱，交相利"，互爱互利，是兼爱的纲领。

什么是"兼相爱，交相利"的内涵？墨子认为："视人之国，若视其国；视人之家，若视其家；视人之身，若事其身。是故诸侯相爱，则不野战；家主相爱，则不相篡；人与人相爱，则不相贼；君臣相爱，则惠中；父子相爱，则慈孝；兄弟相爱，则和调。天下人皆相爱，强不执弱，众不劫寡，富不侮贫，贵不傲贱，诈不欺愚。凡天下祸篡怨恨，可使毋起者，以相爱生也，是以仁者誉之"（《墨子·兼爱中》）。兼爱才可以兼利，人与人、国与国、家与家之间要互利，所以要兼爱。兼爱才能互利。天下之所以不太平，是由于人们互不相爱。天下人互不相爱，也就不能互惠互利。天下人相爱了，则天下大治，这样才可以达到兼爱兼利的目的，并且可以建立合乎理想的社会秩序。墨子的这一思想，对当时那个尔虞我诈的社会，可谓一剂药石。

墨子是重利的。这一点也和儒家不同。儒家讲仁政，重义轻利，孔子曾说："君子喻于义，小人喻于利"（《论语·里仁》），懂得仁爱的是君子，只讲利益的是小人。孔子的学生就说孔子"罕言利"，绝少谈到这个"利"字。孟子也说："何必曰利？亦有仁义而已矣。"（《孟子·梁惠王上》）而墨家讲义政，实际上是讲"利政"，目的是"务求兴天下之利"。墨家对"义"的解释很直接呀，义就是利。《墨子》有《贵义》篇，专门谈义，义是什么，《墨子·经说下》说："仁，爱也；义，利也。"《大取》篇说："有爱而无利，乃客言之也。"义的本质就是利，舍利而无从谈义。利是最高原则。所以梁启超先生说："利之一字，实墨子学说全体之纲领也。破除此义，则墨学之中坚遂陷，而其说无一成立。"（《子墨子学说》第二章《墨子之实利主义》）

应该说明的是，墨家讲"利"，并不是一己私利，而是国家之利，是广大人民群众的根本利益。

当时与墨家学派并行的还有一个杨朱学派，这个杨朱学派也很有影响，"天下之言，不归于杨则归于墨"。天下人的言论和思想，不是追随杨朱去了就是追随墨子去了。杨朱学派的一个重要观点是"拔一毛而利天下，不为也"。如果从身上拔一根汗毛对天下有利，这样的小事也不干。这就是极端的个人主义思想。墨子呢，正好相反，墨子讲要舍身而利天下。拼命反对墨子，骂墨子骂得最凶的孟子，也表扬墨子"摩顶放踵，利天下而为之"。为天下人的利益奔走劳碌，即使磨秃了头顶，走肿了脚后跟也不退缩。

墨子的兼爱兼利观，在当时也曾引起过很热闹的争论。有一个儒家信徒名叫巫马子，是常常和墨子辩论的人，他曾就这个问题和墨子展开争论。他说："我跟你是不一样的。我不能兼爱。我爱邹人胜过爱越人，爱鲁人胜过爱邹人，爱我家乡的人胜过爱鲁人，爱我家里的人胜过爱我家乡的人，爱我父母胜过爱我家里的人，爱我自己胜过爱我父母。这一切，都是因为越来越接近于我的原因。别人打我，感到痛的是我。我打别人，我就不会感到疼痛。我为什么不设法去掉自己的疼痛，反而设法去掉别人的疼痛呢？所以必要的时候只能为了我的利益而杀别人，不能为了别人的利益来杀我。"

墨子反问巫马子："你是打算把你的这些想法隐藏在心里呢？还是去告诉别人？

巫马子说："我为什么要隐瞒自己的想法呢？当然我会把这些观点讲给别人了。"

墨子说："既然如此，那么如果有一个人喜欢你的主张，这一个人就想为了自己的利益而杀你。如果有十个人喜欢你的主张，这十个人就会为了自己的利益而杀你。如果天下人都喜欢你的主张，这天下人就想为了自己的利益而杀你。相反，如果有一个人不喜欢你的主张，这一个人就会认为你散布了错误的主张而想杀你。如果有十个人不喜欢你的主张，这十个人就会认为你散布了错误的主张而想杀你。如果天下人都不喜欢你的主张，那就更糟了，天下人就会认为你散布了错误的主张而杀你。你想想看，这样一来，喜欢你主张的人想杀你，不喜欢你主张的人也想杀你，因为你散布了这些话，就让你时时面临杀身之祸。你的话没有给自己带来任何好处，而你却大肆宣扬，纯粹是胡说八道。"

巫马子又提出了一个刁钻的问题："您兼爱天下，没有看到您给天下带来多少利益。我不爱天下，也没有看到给天下带来多少害处。我们两个人都只有动机，而没有效果。您老人家为什么只认为自己一贯正确，而认为我一贯不正确呢？"

墨子怎么回答？他说："假如现在有一个人正在放火，而一个人提着水想要把火扑灭了，另一个人则拿着火种想要把这火烧得更旺些。这两个人的效果都还没有达到，那么你赞成哪一个呢？"

巫马子说："我当然要赞成那个提水来灭火的人的动机了，怎么会赞成那个火上加火的人的动机呢？"

墨子说："这就对头了嘛。我也认为我兼爱天下的动机是正确的，而你不爱天下的动机是错误的。"

墨子的意思很明确，即使一件事情还没达到它预期的效果，那么它动机的利益指向还是十分明确的。

对于那些认为兼爱之说不可行的说法，墨子的论辩也是十分犀利的。《鲁问》篇载，过去楚国人与越国人在长江上进行船队战争，楚国人多次被打败。公输班，也就是鲁班先生从鲁国到楚国游历，为楚国制造了在战船上用的兵器钩和拒。如果对方的战船后退就用长钩把它钩住，对方的战船如果进攻就用"拒"推开它。凭着先进武器的优势，楚国人反败为胜，多次大败越国。

鲁班很得意，对墨子说："我制造了船战的钩拒，所向无敌，不知你的仁义道德有没有钩拒？"

墨子怎么回答？他说："我的仁义道德的钩拒，可比你船战的钩拒强多啦。我的仁义道德的钩拒，就是兼爱和恭敬。我用兼爱来钩，用恭敬来推拒。不用兼爱来钩，就不相亲。不用恭敬来推拒，就流于轻慢。轻慢并且不相亲，很快就会离散。所以，互相兼爱，互相恭敬，就等于互相有利。现在你用钩来阻止别人，别人也用钩来阻止你。你用拒去推拒别人，别人也会用拒来推拒你。互相钩，互相推，就等于互相残杀呀。所以我的仁义道德的钩拒，比你船战的钩拒好呀。"

也有反对兼爱学说的人对墨子说："兼爱的学说很合乎仁义，但是它实行起来却比较难。难到什么程度呢？大概就像双手托举着泰山跨越长江、黄河吧！"

墨子怎么回答呢？他说："像你说的托举着泰山跨越长江、黄河这样的事，自从有了人类就没有谁去做。但是兼相爱、交相利的学说，古代的圣王可是身体力行过的呀！"

虽然墨子一再强调兼相爱、交相利的学说实施起来很简便，但他也有着更大的困惑。他的困惑是他的这一主张没有多少当权者真正喜欢。"天下之士君子，特不识其利、辩其故也"（《墨子·兼爱中》）。他希望这一思想能得到"上行下效"的推广。因为上之所好必然会成为下边的风习和时尚，墨子举例说：晋文公喜欢臣子们穿粗糙的衣服，于是他的大臣们“皆牂羊之裘，韦以带剑，练帛之冠”，都穿粗布衣、很糙的皮袍子，脚上穿着布鞋，头上戴着粗糙的绸帽，他们的佩剑也从不加装饰，就这么上朝面君和办公。楚灵王好细腰，喜欢身材苗条的人，于是他的臣子们“皆以一饭为节，胁息然后带，扶墙然后起，比期年，朝有黧黑之色。”都拼命节食，一天只吃一顿饭，屏住气息束紧腰带，一个个饿得面黄肌瘦，拄着拐棍才能站起来，扶着墙头才能走路。越王勾践喜欢让战士们勇敢，专门把他们训练了三年，还是放心不下，就私下里让人把宫船烧了，声称“越国的宝贝都在上面”，他亲自擂鼓，激励战士们救火，战士们个个奋勇当先，“蹈火而死者，左右百人有余”。直到越王停止击鼓，战士们仍不肯退。（参见《墨子·兼爱中》）

墨子说：穿粗糙的衣服，节食让自己苗条，赴死救火，这些事情“此天下百姓之皆所难也”。天下人都认为做起来不太容易的事却拼命去做，就是因为要符合上级的要求。兼爱的学说对天下有利，而且实行起来会比上面举的三件事容易得多，但是为什么不能实行呢？“特不以为政，而士不以为行故也”，就是因为上边没有人喜欢它。如果上边的人喜欢，用赞赏来激励，用刑罚来惩戒，则人们接受兼爱学说，就会像火苗向上、水流向下一样，没有什么力量能够阻挡了。

墨子认为，无论多么难的事，只要君王发出一个号召，都能立刻办到，“夫品庶非有心也，以人主为心，苛上不为，下恶用之”（《墨子闲话·墨子佚文》）。臣下以人主为心，上边怎么说，下边怎么做，人君的威力真是无边无际。王晓明先生说：“在先秦时代，墨子这样的君位崇拜是非常普遍的。就拿诸子来说，大概除了杨朱之外，一谈到社会政治问题，眼睛都是望着君王的。他们那些经世济国的主张，也无一不是专为了坐君位的人设计的”（王晓明《追问录·君位崇拜的俘虏》，上海三联书店1991年版）。这也是一个大匠的思想误区与困惑。

所以，墨子美好的期望同他抽象的兼爱学说一样，在那个社会环境中，毕竟只会是一种海市蜃楼的幻象而已。

四、墨子的“尚贤”与“尚同”论

墨子创立学说、成立学派的主要目的，是为了“治天下”，或者说让他“治天下”的理论为各国国君治理天下服务。“尚贤”与“尚同”，是墨子“治天下”理论的两大支柱。

墨子的时代，社会处于大动荡大变革中，对贤人智士的需要是各诸侯国普遍面临的一个迫切问题。

墨子打了一个比方：“今王公大人有一衣裳不能制也，必借良工；有一牛羊不能杀也，必借良宰。故当若此二物者，王公大人知以尚贤使能为政也。逮至其国家之乱，社稷之危，则不知尚贤使能以治之，亲戚则使之，无功富贵、面目姣好则使之。夫无功富贵、面目姣好则使之，岂必有智慧哉？若使其治国家，则此使无智慧者治国家也，国家之乱，既可得而知已！”（《墨子·尚贤》）诸侯和卿大夫有一件衣服不会做，一定要找一个巧手的裁缝，有一头牛一只羊不会宰，一定要找一个手脚利落的好屠工。有一匹瘦马不能治，一定要去找一个好兽医。有一张弓不好用，一定要去找一个好弓匠。在这些细小的事情上，诸侯、卿大夫知道任用能者贤士，但是在治理国家这件大事情上，却不知道崇尚贤者，任用能者，而任人唯亲，或以貌取人。他们所用的那些骨肉亲戚，或虽没功名但面目姣好的人，不一定有智慧，任用他们来管理国家，国家的混乱也就可想而知了。墨子对这种任人唯亲的方针痛下针砭，认为这就如同让哑巴去当外交官，让聋子来做乐队指挥，是很荒唐的。这些诸侯卿大夫“明小物而不明大物”，小事上精明，大事上糊涂，小事上能任人唯贤，大事情上却任人唯亲。

墨子指出：“国有贤良之士众，则国家之治厚。贤良之士寡，则国家之治薄。故大人之务，将在于众贤而已。”（《墨子·尚贤上》）国家贤良之士多，就会繁荣富强，国家贤良之士少，就会积贫积弱。所以对于诸侯和卿大夫来说，最大的事就是网罗优秀人才。

墨子认为，尚贤是为政之本，立国之基，只有任用贤能之士，而不是父兄、亲戚、贵富等人，才能治理好国家。“是以知尚贤之为政本也。故古者圣王甚尊尚贤而任使能，不党父兄，不偏贵富，不嬖颜色，贤者举而上之，富而贵之，以为官长；不肖者抑而废之，贫而贱之，以为徒役。是以民皆劝其赏，畏其罚，相率而为贤。是以贤者众而不肖者寡，此谓进贤。然后圣人听其言，迹其形，察其所能，而慎予官，此为事能。故可使治国者，使治国，可使长官者，使长官；可使治邑者，使治邑。凡所使治国家、官府、邑里，此皆国之贤者也。”（《墨子·尚贤中》）墨子的尚贤主张，在这段话中可以看得很明白。是贤才不是贤才，要看这个人有没有才干。一切唯才是举，而不论所任用之人的贵贱、贫富、远近、亲疏乃至于他的道德情操。虽然一些优秀人才出身很低微，比如农民、手工业者、商人中有能力的人，也应同样对待。墨子强调“官无常贵，而民无终贱，有能则举之”，（《墨子·尚贤下》）打破一切官、民界限，唯才是举，这在当时社会无疑是一种非常大胆的观点。

墨子为贤者治国描绘了一幅愿景：“贤者之治国也，蚤朝晏退，听狱治政，是以国家治而刑法正。贤者之长官也，夜寝夙兴，收敛关市、山林、泽梁之利，以实官府，是以官府实而财不散。贤者之治邑也，蚤出莫入，耕稼树艺，聚菽粟，是以菽粟多而民足乎食。故国家治则刑法正，官府实则万民富。上有以洁为酒醴粢盛，以祭祀天鬼；外有以为皮币，与四邻诸侯交接。内有以食饥息劳，外有以怀天下之贤人。是故上者天鬼富之，外者诸侯与之，内者万民亲之，贤人归之，以此谋事则得，举事则成，入守则固，出诛则强。”（《墨子·尚贤中》）贤者治国，才会尽职尽责，早出晚归，殚精竭虑，筚路蓝缕。贤者治国，才可能有国富民强的前景。贤者治国，才可能上得天、鬼护佑，外得诸侯相助，内得百姓拥戴。

墨子呼吁，贤能之士应该得到君王的礼遇厚待，“高予之爵，重予之禄，任之以事，断予之令。曰：‘爵位不高明民弗敬，蓄禄不厚则民不信，政令不断则民不畏’。举三者授之以贤者，非为贤赐也，欲其成事也。”（《墨子·尚贤上》）对于贤能之士，应该给他高官厚禄，给予他一定的权力。他的爵位不高，老百姓就不敬重他。他的俸禄不厚，就得不到老百姓的信赖。他没有一定的权威，老百姓就不会对他存敬畏之心。中国从来就是一个“官本位”的国家，官本位的体制自然会培养出官本位的民众。墨子上述话，是站在百姓的角度上讲的。一个人再贤能，他不当官，就没有平台，就得不到老百姓的敬重，就无法推行自己的政治主张，施展自己的政治抱负。墨子主张给贤能者以高官厚禄，不是把官、禄作为对贤能者的赏赐，而是让他们成就伟业。墨子重利，他强调的不是仅仅给贤能之士一个什么名分，授予他们一个某某荣誉称号，让他们只是“感动”一方百姓，而是给他们实际的爵位、俸禄和权力。

“尚同”，是墨子思想的第二大主脉。

墨子的最高理想，是建立一个上通“天志”，下系万民的权威秩序体系。在这个基础上，他提出了“尚同”的思想。

什么是“尚同”呢？“尚同”就是人们的思想言论要高度统一。在什么基点上统一呢？在上位者即君王的基点上统一。

墨子从国家的起源论述“尚同”的必要（请参看《墨子·尚同中》）。原始社会那时候，是混沌初开的初民时代，政治制度还没有出现。那时的人没有国家政权的管束，一个人一个主义，十个人十个主义，人很多，主义也就很多。人人各执己义，就产生了冲突，大家互相争斗。你害我我害你，父子兄弟互相仇视。人有余力不会给别人帮一点小忙，自己用不完的东西宁可烂掉也不会给别人一点。天下之乱，就和禽兽世界没有两样了。天下为什么乱到这个分儿上呢？因为没有君主啊。所以就把贤能有智慧的人推选出来，拥立他做天子。建立政权，以管束和教化万民。天子有了，势单力薄呀，他一个人怎么能治理天下呢？于是又选择贤良之士，立为三公。天子和三公都有了，可是天下很大呀，他们巴掌再大也捂不过天来，于是就把天下划分，有了一个个诸侯国。诸侯治理也难免力不从心，于是又从他的侯国中选择贤能可任之人，任用他们做乡长（正长）。

这同霍布斯的国家理论倒有相似之处。霍布斯认为人都是自私的，利害相关又利害不同，必然会发生冲突，所以必须通过“契约”来建立国家。

墨子认为建立国家政治机构的根本目的，在于建立一个共同的标准，这个标准就是：百姓必须在思想言论及行为上“同”于正长，正长“同”于诸侯，诸侯“同”于天子。在下者必须无条件地服从在上者，天下人都要以天子的是非为是非：“上之所是必皆是之，上之所非必皆非之。”（《墨子·尚同上》）天子要建立绝对权威，下边的人对天子的话理解的要执行，不理解的也要执行。只有如此统一思想，统一意志，国家才能实现大治。

“尚同”，是好百姓的标准。

常常听到一句赞美：中国的老百姓，多好啊！

中国的老百姓好在哪里？吃苦耐劳、忍辱负重，而最主要的是“听话”。

中国的老百姓，是最讲“尚同”的，他们习惯了被管制、被统摄。他们从来就不是“公民”，而是“臣民”。

百姓服从正长，正长服从诸侯，诸侯服从天子，天子服从谁？

墨子说，天子服从“天志”。“天子又总天下之义，以尚同于天。”（《墨子·尚同下》）

好了，我们现在可以看得很清楚了。墨子尚同理论的核心，是人人放弃自己的是非标准，而服从在上者的标准。一级一级服从，最后则以服从“天志”为旨归。这也是墨子“尚同”与“天志”思想接轨的地方。

对持不同政见、不“尚同”的人怎么办呢？

墨子认为，天子所施行的政策应该是“必疾爱而使之，致信而持之，富贵以道其前，明罚以率其后。”（《墨子·尚同下》）要爱百姓，要取信于百姓，以富贵来引导他们，最后对不尚同的要施以惩罚：“古者圣王为五刑，请以治其民。譬若丝缕之有纪，罔罟之有纲，所连收天下之百姓不尚同其上者也。”（《墨子·尚同上》）百姓的思想行为，如不能与上位者同一，那么就要施以肉体的惩罚，乃至从肉体上消灭。

王晓明先生认为，墨子的学说中，“尚同”的思想大概是最可怕的。他说：“今天可以看得很清楚，在春秋战国时期，中国已经走到了中央集权的专制形态的边缘，正向里面迅速地滚进去。君王的一句话，便可以发动或者停止一场战争，他点一下头或者挥一下手，便会决定成千上万人的生死存亡。面对这样的现实，大概任何人都会紧张地盯住君王不放吧。在古代，也许只有古希腊那样的城邦国家里，只有那种以异族为主要奴役对象的自由市民，才会将社会的整体利益，看得比最高执政官更重要；大概也只有在这样的社会里，人们才会更多地注意基本的经济和政治关系，才会想到用法律来确定这些关系，而不是只盯住一张君王的宝座。”（王晓明《追问录·君位崇拜的俘虏》，上海三联书店1991年版）

我们的一些学者总是试图证明墨子学说中有“民主”思想，因为他讲兼爱，讲爱没有差别，确实有一些政治平等、人格独立的意识在其中。但读了《尚同》，你会看出一种很可怕的东西。

自古以来，中国一直奉行着“普天之下，莫非王土，率土之滨，莫非王臣”的价值观念。中国的原始民主只在氏族制时代以“民自治”和“众治”及首领“传贤”的形式出现过，但自跨入了文明的门槛，就与民主政治揖别，商周时期，不但没有出现古希腊雅典式的城邦民主制，也罕见斯巴达式的贵族政治。中国的王权主义政治始终讲究“王者执一”，“一则治，两则乱”（《吕氏春秋·执一》）。统驭天下百姓的始终是“口衔天宪”的君王。而君主专制的一个先决条件就是臣民的绝对服从。孔子认为至高无上的“君子之德”即是“思不出位”，（《论语·宪问》）又把“礼乐征伐自天子出”与“庶人不议”相并联，视为“天下有道”的理想境界。墨家的“尚同”论、法家的极端尊君论、儒家的民本——尊君论，殊途同归，共同组成了中国式君主专制主义的精神支撑体系。

“尚同”思想，其所论述的，只是君主专制的合理性，这又是墨子这个智慧的大匠的又一个可怕的误区。

辑三

学林撷拾

《涵芬楼本资治通鉴》校勘弁言

一

雄阔绚烂的中国史坛，有两大绝调，那便是作为纪传体的《史记》和编年体通史《资治通鉴》。这两部史学名著双峰并峙，成为中国古代史学的代表性著作。《资治通鉴》的主撰者司马光，也因此得以与太史公司马迁相提并论，史称“两司马”。

司马光（1019—1086），字君实，号迂叟，生于宋真宗天禧三年，陕州夏县涑水乡（今山西夏县西）人，世称涑水先生。其远祖司马孚，司马懿之弟，魏时“八达”之一，曾为临淄侯曹植的文学掾，魏明帝时官至尚书令，晋爵昌平侯。武帝受禅，封安平王，拜太宰。但从司马光的高祖起，皆因五代衰乱而不曾做官，降至其祖父司马炫，始举进士，做过一任耀州富平县（今陕西富平县东北）知县。司马光的父亲司马池（989—1041），亦以进士起家，官至三司副史、尚书吏部郎中充天章阁待制，以不慕荣利为仁宗所称，更以清直仁厚闻名于当世。司马光幼颖悟，凛然如成人。7岁听人讲《左氏春秋》，回家即能复述其大意。自是手不释卷，以至不知饥渴寒暑。年十五，于书无所不通，尤对史学用力最勤，他的文章写得也好，其文辞醇深，有西汉之风。

仁宗宝元元年（1038）司马光中进士，时年20岁，以奉礼郎为华州判官。司马池时任杭州知州，司马光为照顾父亲之便，请求改签苏州判官，得到了允许。还没有来得及赴任，母亲病逝，丧服未除，父亲也相继病逝，先后在家服丧五年。这五年内，司马光楗户读书，写下了很多论史文章，如《十哲论》《才德论》《廉颇论》《河间献王赞》以及史评十八首等，是为其著述之业的发轫。

服除，任武成军判官，不久，入为大理评事，补国子直讲，迁本寺丞，其父好友庞籍，时任枢密使，向以知人见称，他很欣赏司马光的才华，因此司马光一直得到他的提携。当庞籍外调时，也辟用司马光作他的通判。仁宗末年，司马光累迁起居舍人，同知谏。改天章阁待制兼侍读，知谏院，一直做了七年谏官。他忠于职守，勇于谏争，凡有关国家大事，大至帝王继统、政事兴废、官吏进退、生民休戚，小至皇帝起居、宫廷日用等，无不用心献替，慷慨陈词，直指是非得失。尤其是为仁宗皇帝上《保业》《惜时》《远谋》《重微》《务实》等“五规”，和择宗室为皇太子之事多次冒死谏争，震动朝野，也颇得仁宗皇帝的器重。

英宗即位后，曾将先帝遗赐价值百余万的珠宝黄金赏赐给司马光，司马光率同列三上奏章，力言国有大忧，财政窘乏，不可如此赏赐。如因为是先帝遗赐而不能推辞，请准许让侍从官以上，将之捐出作为营建皇陵之资。英宗没有批准他的奏请，于是司马光把珠宝捐给谏院作基金，黄金则送与舅氏，义不藏自家。后还政。进龙图阁直学士，判流内铨，开始设局编纂《资治通鉴》。

司马光是个天生的“史才”。于史学自幼至老，嗜之不厌。还在嘉祐年间，他就筹划要编写一部编年体的通史，并为此编制了一部上起战国，下迄五代的历史大事年表，扼要记叙历代兴衰治乱之迹，名《历年图》，共为五卷，于治平元年（1064）呈英宗御览。紧接着在《历年图》的基础上写成《通志》八卷，起周威烈王二十三年，止秦二世三年（也就是《资治通鉴》的前八卷），英宗阅后，命置局秘阁，治平三年（1066）诏其继续编写，命司马光设局于崇文院，并特准其自选官属人才，又允许司马光借用龙图阁、天章阁、弘文馆、集贤院、史馆、秘阁等处的藏书，赐以御府笔墨、缯帛及御前钱，以供作应用与水果点心费用，调拨内臣充当服务人员，际遇之隆，近臣莫及。

神宗即位，司马光被擢为翰林学士，神宗读了司马光所进《通志》，以其“鉴于往事，有资于治道”（见胡三省《新注资治通鉴序》）赐名为《资治通鉴》，并亲笔为之作序。神宗对修纂工作也投注了极大的关心，每次经筵，常令进读修好部分。

时王安石当政，推行新法，司马光与王安石政见相左，乃求外任。熙宁三年（1070）以端明殿学士知永兴军（今陕西西安），次年，改判西京御史台，从此住在洛阳，六任冗官，皆以书局自随，专意编修《资治通鉴》。

二

司马光治宅于洛阳尊贤坊之北，名其邸为“独乐园”，每日在其中读书修史，与朋辈诗酒唱酬，这种恬静而又勤勉的生活，一直过了十五年。

司马光主持的书局，以他的三个志同道合的挚友为骨干，他们是名冠当世的学者刘恕、刘攽和范祖禹。担任检校工作的则是他的儿子司马康。

刘恕（1032—1078），字道原（一作道源），筠州高安（今属江西）人。他的父亲刘涣，与欧阳修同年中进士，且交情甚笃。出仕为县官，因与上司政见不同，于是辞官归隐，筑室于庐山，自甘澹泊，游心物外，欧阳修曾作《庐山高》一诗，推崇其风节。刘涣嗜读书，家藏甚丰，刘恕从小就受父亲的影响，博极群书，聪明强记，十八岁就中了进士，那一年是仁宗皇祐元年（1049），司马光任贡院点检试卷官。仁宗诏在当年士子中征选能讲解经义之人，典试官逐问以《春秋》《礼记》大义凡二十余题目，有一人答案最精详，且颇多创见，主试官大惊异，擢为第一，及至发榜，揭去糊名，其人乃是刘恕。司马光由是深器之，并与订交。

进士及第后，刘恕任过钜鹿（今河北平乡县）主簿。任满，迁晋州和川县（今山西安泽县东北）县令。司马光奉诏修书，英宗令其“自择馆阁英才共修之”，司马光首先推荐的就是刘恕。司马光在奏章中称：“馆阁文学之士诚多，至于专精史学，臣得而知者，唯刘恕耳”（《宋史·刘恕传》）。于是刘恕就成了司马光的局僚。

刘恕果然不负众望，他博学多识，正史之外，小说杂记等无所不览，数千年事如数家珍，司马光凡遇纷错复杂史事，均交与刘恕去整理，并经常与他一起研讨。

实际上刘恕是最早对司马光产生影响的人。刘恕在中进士后，经常与司马光在一起论学往还。嘉祐中，“以史自负”的司马光曾对刘恕谈及，春秋之后，至今千余年，从《史记》到五代史，凡一千五百卷，学者历来不能读完其篇章，终生亦无暇了解其大略。因此想从周威烈王命韩、赵、魏为诸侯始，下至五代，遵循左丘明编年之体，模仿荀悦《汉纪》的简要笔法，网罗众说，以成一家之言，征求刘恕的意见。刘恕说：司马迁以良史之才，叙述黄帝至秦汉的兴亡治乱。班固以下，世各名家，李延寿总合八朝而撰成南、北史，但言辞卑弱，义例繁杂，加之缺乏表、志，历史沿革不完备，梁武帝《通志》诸书，近世已散失，没有可足称述之处，公想以文章议论，撰成历代大典，真足以流传万世。元凶巨奸，贬黜甚于诛殛，上可继孔子《春秋》经及《左氏传》，司马迁和荀悦又何足道哉。

刘恕的话对司马光不仅仅是一种鼓励，他提出要司马光效《春秋》《左传》而不要师法司马迁和荀悦，这对司马光的启迪是非常重要的。在《资治通鉴》的基调与结构的确定方面，刘恕是功不可没的。

刘恕在司马光的书局里，算是出力较多的一个人，熙宁三年，司马光带着书局知永兴军，刘恕也调任南康军（今江西星子县）酒税监官。由于《资治通鉴》的工作才进行了四年多，所以刘恕虽在南康军任职，仍遥隶史局，以通信方式保持联系。熙宁九年（1076），在为史局工作十年之后，他患中风之病，右手足废，仍修书不辍，为补《通鉴》在断限问题上的不足，他发愤撰写《通鉴外纪》，书成不久，即撒手人寰，留下了另一部没来得及完成的《五代十国纪年》。

刘攽（1023—1089），字贡父，或作戆父，赣父，号公非，宋著名文学家刘敞之弟，临江新喻（今江西新余）人。与其兄刘敞，敞子刘奉世，均以文名擅于北宋中期，世称“三刘”。仁宋庆历六年（1046），刘攽与刘敞兄弟同登进士科，刘敞本为廷试第一，因编排官王尧臣是其妻兄，为避嫌，改为第二名。

刘攽中进士后，一直做了二十年州县官，才入京为国子直讲，这是由于欧阳修的推荐，才调任京职的。因为与御史中丞王陶素有夙憾，遭到王及同僚的排挤，长期以高阶担任馆阁校勘之职。熙宁中，判尚书考功、同知太常礼院。刘攽与王安石政见不同，时王安石推行新政，改革学校贡举之法，刘攽不同意王安石从学校中荐拔人才的政策，谓：“本朝选士之制，行之百年，累代将相名卿，皆由此出，而以为未尝得人，不亦诬哉！”希望因循旧制，不要轻易更改法令。

宋之前，经筵讲读，讲读者是坐着讲授的。宋代为了提高君主的尊严，废除了前代教授讲座的方式，讲师必须站立着讲读，而皇帝当然坐着听课。王安石在经筵，要求神宗让讲师坐着讲读，以表示对师道的尊重。刘攽也极力反对，这些都让王安石很不愉快。加上他性格疏隽，性喜谐谑，常与同僚争詈，又对新政及新党人物颇有非议，曾直接给王安石写信，争论新法不便。安石大怒，新账老账一起算，把他外放泰州（治今江苏泰县）通判，又迁曹州（今山东曹县北）知州，治尚宽平，使地方盗患为之衰息。后为开封府判官，复出为京转运使，又徙知兖、亳二州。其转运使职务，由吴居厚代替。吴居厚上任后实行新法，使地方财政收入大增，于是刘攽被追诉在任内废弛政务，黜为衡州（今湖南衡阳）盐仓的监理官员。哲宗初，起知襄州，入为秘书少监，以疾求去，加直龙图阁，知蔡州（治今河南汝阳县），苏轼等力称其能博学强记，善于文章，有多方面的才干，于是他到蔡州不久，便被召拜中书舍人。回京不久，竟一病不起，年六十七岁。

刘攽平生著书百卷，尤邃史学，曾著《东汉刊误》，为人所称。又参与《三刘汉书标注》的编写工作，是一位治汉史的专家。司马光起初奏调刘恕、赵君锡（字无愧，赵良规子。累官刑部侍郎、枢密都承旨，御史中丞。绍圣中贬少府少监，分司南京）协修《通鉴》，因赵君锡守父丧不能赴任，于是由刘攽接替了赵君锡。

范祖禹（1041—1098），字淳甫，一字梦得。因其生时，其母梦一伟丈夫披挂金甲闯入寝室，语曰："吾汉将军邓禹！"直到从梦中惊醒，犹历历在目，遂以为名。

范祖禹之家世，本四川华阳（今四川广元县北）著姓望族，其父范百之，仁宗宝元元年（1038）进士，官至太常博士。范祖禹十三岁时，不幸父母相继辞世，祖禹兄弟（祖禹为百之的第三子）皆由其叔祖范镇抚养。范镇（字景仁）是有宋一代名臣，以刚言直谏知名当世，他当年与范百之同年考中进士，二人虽为叔侄，但实如兄弟。神宗时范镇为翰林学士兼侍读，知通进银台司，极力反对王安石变法，遂以本官致仕。哲宗即位后拜端明殿学士，累封蜀郡公。同时范镇也是一位学问大家，曾与修《新唐书》、《仁宗实录》，著有《范蜀公集》、《东斋纪事》等，是一位唐史研究专家。他对范祖禹十分珍爱，视同已出。司马光与范镇是好友，彼此交情甚笃，因此很早就认识了范祖禹。这也是范祖禹追随司马光的主要原因。

范祖禹"知识明敏，好学能文"（《司马光奏议》卷三〇《荐范梦得状》），嘉祐八年（1063）中进士甲科，时年二十三岁。授校书郎，出为资州龙水县（今四川资中县西南之龙水乡）知县。范祖禹中举后，曾写过一篇《进论》，求教于司马光，司马光虽对范祖禹十分欣赏，但对此文却迟迟不置一词。祖禹屡询之，司马光才说：不是因为你的文章不好，而是我不欣赏你急于求进的态度，我觉得你这样未免有些贪心，我不高兴。不是为了你的《进论》，而是不喜欢你有贪心罢了。于是范祖禹焚掉《进论》，决定不再参加贤良科的考试。

因司马光这一席话，也让范祖禹看破了人世的功名利禄，熙宁三年六月，刘攽通判泰州，司马光立即征调他进书局，同修《通鉴》，祖禹到洛阳，十五年如一日，不事进取。史局人员中，刘恕驻局四年有奇，刘攽在局五年，范祖禹从熙宁三年入局，一直到《资治通鉴》全书修纂完竣，整整十五年。这十五年中，无日不兢兢业业。他入局时三十一岁，书成上进时已是四十四岁的中年人了。范祖禹把他一生中最宝贵的一段光阴贡献给了《资治通鉴》。书成之后，司马光推荐他做了秘书省正字。

范祖禹负责唐史这一部分，他的一些观点与司马光也不尽相同，所以他在完成《通鉴》工作的同时，把自己对唐史的理解，撰成《唐鉴》十卷以献。这部书让他获得了很高的声誉，不仅他本人被称作“唐鉴公”，连他的儿子也被称作“唐鉴儿”。宋高宗曾对讲臣说：“读《资治通鉴》知司马光有宰相度量，读《唐鉴》知范祖禹有台谏手段。”

受司马光的影响，在政治上范祖禹也极力反对以王安石为首的“新党”。时王安石当国，他与王安石的弟弟王安国是好朋友，王安国多次告诉他说安石对他非常器重，要他往谒其兄，范祖禹却拒绝与王安石往来。与之相反，保守派元老富弼致仕居洛阳，杜门不与人酬接，却同范祖禹交往颇厚。在他病重时，独把范祖禹召到床前，授以密疏，大抵论王安石误国及新法之害，言极愤切。富弼死后，人皆以为不可奏，范祖禹却义无反顾地把它呈奏给神宗皇帝。由此可看出他的政治态度。考范祖禹一生，是一位很出色的史官，很出色的谏官，很出色的经筵讲官，但他最主要的贡献，还是参与修纂了《资治通鉴》。

三

《资治通鉴》的编纂班子主要由以上四人组成，其分工是：刘攽负责汉史部分，刘恕负责魏晋南北朝和隋代部分，司马光把书局迁到洛阳前后，对各人的分工作了一些调整，范祖禹负责唐代史部分，刘恕负责五代史部分，刘攽则接替刘恕余下的南北朝部分，刘恕去世后，五代部分由范祖禹承担。这时候由于人手不足，司马光让自己的儿子司马康加入进了书局，负责《资治通鉴》的文字检阅工作。那一年司马康二十九岁。

司马康（1050—1090），字公休，熙宁初以明经擢上第。司马光为翰林学士时，奏请康留国子监听读。熙宁五年（1072）监京西粮料院。司马康性端谨，不妄言笑，敏学过人，博通群书。路人见其容止，虽不识，但皆知其为司马氏之子。司马光居洛阳，士之从学者退与康语，未尝不有得。在《资治通鉴》书局中他虽是后之来者，却是重要的一员干将。

《资治通鉴》的编纂工作分四个步骤来进行。第一步是搜集整理史料。《通鉴》全书，共参考了三百余种书籍，仅唐代，参考的书目就有一百余种。搜集到的相关史料，当远远超过这个数字。这些资料，大部分来自龙图阁、天章阁、弘文馆、昭文馆、集贤院的秘阁藏书。这都是当时全国藏书最丰富的地方。据宋仁宗时所编《崇文总目》，史馆、昭文馆、集贤院和秘阁的藏书达到了30669卷。另外，在洛阳的省寺，留司御史台及銮和诸库，还保存着唐到五代时期大量的奏章和案簿。熙宁四年，宋神宗曾赐司马光颖邸旧书2400卷。除此之外，书局的其他几位协修人员也都是家藏丰富的藏书家，刘恕家藏最丰，晁说之曾撰《刘氏藏书记》记其详。刘恕也曾到藏书家宋敏求家中，作旬日之留，口诵手录，不在少数。

《通鉴》史料征集的范围，包括了一切正史之外的杂史诸书。司马迁说他为修《通鉴》，“遍阅旧史，旁及小说，简牍盈积，浩如渊海”（《进通鉴表》）。在他的住宅里，聚书达五千卷（参见《独乐园记》《传家集》卷七一）。通过后人对《通鉴》引征书目的研究，亦可见大略。据司马康言，《通鉴》之征引，其正史之外，楚汉事则司马彪《九州春秋》、荀悦《汉纪》、袁宏《后汉纪》、崔鸿《十六国春秋》、萧方等《三十国春秋》，李延寿之南、北史等（见《文献通考》）。清胡元常《通鉴引书考》所载书名，除文集外，凡得272种，近人张煦侯《通鉴学》，将《通鉴》和《通鉴考异》所征引之书加以考索，分为正史、编年别史、杂史、霸史、传记（附碑碣、墓志）、奏议（附别集）、地理、小说、诸子等十类，共列出301种。当代学者仓修良《通鉴引用书目的再检核》，重加考订为359种（文见《河北师院学报》1987年第2期）。可谓汗牛充栋。可以想象，仅是对这浩如烟海的史料进行归纳、梳理，便是一件多么浩大的工程。

第二步，是把可用的资料，依年月日顺序编排剪贴，标明事目，做成“丛目”。这种“丛目”有“目录索引”的性质，其开列史实，要求尽量详备，“稍与其事相涉者，即注之，过多不害”（《答范梦得》，见《传家集》卷六三）。司马光看了范祖禹最初作的“丛目”，并不十分满意，指示他应在每一条史料后面做好备注，注明事件发生的具体时间，考不出月、日的，则放在年底，称“是年”。考不出日的，则放在月底，称为“是月”。丝毫不能假借。每一条都要十分清晰。

“丛目”编排好之后，第三步便是将其进行初步整理，重新对编排好的史料进行取舍，选择、组织，修订文辞。对每一条史实，亦必须重新翻出原书进行校核，如有事同文异的记载，则必须择其详备明白者，彼此互有相略的不同资料，必须左右采择选录；对彼此年月事迹有抵牾者，则必须选一证据，研判何者近于情实，以修入正文，并且附以其余史料，说明取舍的根据。如此按照统一体例梳理过的资料，叫作“长编”，实际上也就是初稿。长编依年月日编次为草卷，每四丈截为一卷，仅唐朝的长编就有八百多卷。

接下来是最后的工作，对长编进行考异、修改、加工、润色，删其烦冗，写成定稿。丛目和长编是由协编的学者来完成的，而定稿则由司马光一人总其成。这一项工作依然是极其繁重的，司马光对自己每天的工作进程规定得极为严格，“自课三日删一卷，有事故妨废则追补”（《文献通考》卷一九三）。他在给宋次道的信中说：“某自到洛以来，专以修《资治通鉴》为事，于今八年，仅得晋、宋、齐、梁、陈、隋六代以来奏御”（同上书）。仅以唐代为例，范祖禹参考了一百余种，三四千卷的书籍，修成了八百多卷的长编，司马光至少花费了四年时间，把其删定为八十一卷。按照这个比例来计算，全书的“长编”至少应有三千卷之多，如按每四丈一卷，则全部长编即有一万二千丈，是名副其实的“长编”了。据说仅是草稿，就堆满了两大屋子。即使是这草稿，也是由书吏工工整整抄录下来的，未曾有一字苟且。

三千余卷的“长编”删定为二百九十四卷的定本，十六代，一千三百六十二年的史事，整整十九年的劳作，司马光终于完成了这一旷世杰构。除本书之外，尚有《资治通鉴考异》三十卷（“长编”中的考异文字，原附于正文之下，以资删定取舍，司马光终其修订后，把注文析出而成是书）、《通鉴目录》三十卷（以岁阳、岁名的纪年方式，年经国纬，略举事目，诚为《通鉴》之缩节本）同时进呈。《考异》和《目录》，亦同为历史编纂学的创举。

整整十九年，六千九百多个日夜，司马光“研精极虑，穷谒所有，日力不足，继之以夜”，书成之后，心血半枯，不久病倒，两年以后即撒手人寰。他去世后两个月，哲宗圣旨命将经过复校的全书送往杭州雕版，元祐七年（1093）全书印竣，“立于学官，与六籍并行”（《告文正公庙文》，《范太史集》卷三七）。对司马光来说，可算是“志愿永毕”了。

司马光一生著述宏富，除《资治通鉴》二百九十四卷之外，尚有《资治通鉴目录》三十卷、《资治通鉴考异》三十卷，《历年图》七卷、《稽古录》二十卷、《资治通鉴举要历》八十卷（已佚）、《本朝百官公卿表》六卷、《翰林词草》三卷、《古文孝经注》一卷、《易说》三卷、《系辞注》二卷、《老子道德论》二卷、《太元经集注》八卷、《大学中庸义》一卷、《扬子集注》十三卷、《文中子传》一卷、《河外咨目》三卷、《书仪》八卷、《家范》四卷、《读诗话》一卷、《涑水纪闻》十二记、《医问》七篇，另有《传家集》八十卷，凡二十二种，六百余卷。从以上书目可以看出，他在许多领域都有比较突出的建树。他学识渊博，不论是经史百家还是音乐、律历、天文、书数均有心得。他平生不喜欢老子的学说，但也一样作过深入的探究。这样一位学问淹通的大家，才可能有《资治通鉴》这样的大手笔。

四

史书的编年体，起源于春秋。中国早期的史书，有很多采用了这一体裁，著名如《春秋》、《左传》、《竹书纪年》。到了汉代，荀悦简化《汉书》作《汉纪》三十卷，使编年体史书的体例、结构有了较大变化。继荀悦之后又有袁宏《后汉纪》，孙盛《魏春秋》，习凿齿《汉晋春秋》，干宝、徐广《晋纪》，裴之野《宋略》，吴均《齐春秋》，何之元《梁典》等编年体史书出现。然而这些大都是以一朝一国的史事为主，并不是通史体的编年。有编年体的通史，则从司马光始，《资治通鉴》是第一部！

其实到了司马光时代，“编年体”沉寂已久，在他之前的十七史，大都采用了纪传体，诚如清代学者浦起龙所说：“上起三国，下终五季，弃编年而行纪传，史体偏缺者五百余年，至宋司马光氏始有《通鉴》之作，而后史家二体，到今两行，坠绪复续，厥功伟哉”（《史通通释》卷一二）。司马光最初的想法，是修一部“通史”，并且命名为《通志》。他认为只有这种“通史体”，才能达到“通古今之变”的作用。后来由于宋神宗赐名，才定名为《资治通鉴》。至于这部书的体例，在搜集史料开始的第一步，司马光就已胸有成竹，从产生“丛目”到“长编”再到最后定稿，司马光编制了一套严密的方法和步骤。这样一部包容周、秦、汉、魏、晋、宋、齐、梁、陈、隋、唐、后梁、后唐、后晋、后汉、后周十六代，1362年历史的大书，如果用纪传体来写，其记事必然分散于本纪、列传、书（志）等篇之中，不可能完整地叙述每一历史事件的过程，亦不能脉络清晰地表明历史事件之间的联系。因此，他果断地采用编年体的形式，完成了这部编年通史体的结构。并且，自张一军的另一种体裁——纪事本末体由此而衍生，这是司马光没有想到的。

《资治通鉴》既然作为一部编年体通史，但其断限却上不及远古，下不至现代（宋），而是从周威烈王二十三年（前403）开始，到后周世宗显德六年（959）为止。对于这个问题，最早参与其事的刘恕也很困惑，曾与司马光作过探讨，问他为什么不从尧舜开始，司马光回答：“周平王以来，事包《春秋》，孔子之经不可损益。”刘恕又问，那么，为什么不从《春秋》绝笔的那一年开始？司马光回答：“经不可续也。”（见《通鉴外纪后序》）按照司马光的说法，圣人之经，既不可增删，又不能续写，于是只好自我主张，舍弃上古，而从周威烈王命韩、魏、赵为诸侯的这一年开篇了。对这一点，刘恕说什么也想不通，所以干脆自己撰写《通鉴外纪》十卷，力求补救《通鉴》之失。其实，司马光从周威烈王二十三年三家分晋起笔，自有其很深的用意。

司马光在书中开宗明义对第一句话发表了评论：“臣光曰：臣闻天子之职莫大于礼，礼莫大于分，分莫大于名。何谓礼？纪纲是也。何谓名？公、侯、卿、大夫是也。”

司马光的这句话，可以看作一部《通鉴》的总纲。他认为：天子的职事没有什么比礼更重大的，礼没有什么比区别上下身份更重大的，而身份没有什么比名位更重大的。什么叫礼？纲纪就是礼；什么叫职分？君君臣臣就是职分；什么叫名位？公、侯、卿、大夫就是名位。接下来，他认为，四海之内如此广阔的疆土，亿兆之多的民众，受天子一人统治，那些勇力绝伦的豪杰，才智高超的英雄，没有谁不为天子而服役奔走，难道不是以礼为这统治的维系吗？这岂不是以礼为纲纪才形成的吗？所以天子统领三公，三公统领诸侯，诸侯统领卿大夫，卿大夫治理士和庶民百姓。尊贵者高踞于低贱者之上，低贱者侍奉尊贵者，如同心腹运用手足，如同树干制约枝叶，如此，国家才能建立一种秩序，才能得以治理、安定。周王室的衰微和积弱，就是由于这种纲纪的散失和损坏，居下位的侵凌居上位的，诸侯专擅征伐大权，大夫专擅诸侯的国政，君臣上下的礼制破坏了，于是天下的人便以智力相雄长。正是由于君王自坏其礼才导致了国家分崩离析的后果。

以一个大时代的转折与分化（从周平王到周威烈王，东周历经十七世，二十一任君主。周威烈王之后，历安王、烈王、慎王、显王、赧王四世五君，东周即告灭亡），作为《资治通鉴》的开始，体现了司马光所崇尚的孔子作《春秋》的史识。他虽同刘恕说过对孔圣人不敢僭越，实际上对孔夫子作春秋的史学精神是心存效法的。为《通鉴》作注的胡三省最早看出了这一点，所以他开门见山地指出“此温公书法所由此也”，又指出“通鉴于此，其所以谨名分欤！”

五

《资治通鉴》是一部什么性质的史书，通过上面的论述大体上可以看出，它是一部政治史，体现着史家以史垂鉴的主题。

在《进通鉴表》中，司马光说他在史料取舍方面的方针是“专取关国家盛衰，系生民休戚，善可为法，恶可为戒者。”因此这部书中记载最多的是政治事件，诸如雄主明君的励精图治，良辅贤臣的治绩劳勋，武夫战将的赫赫战功，封疆大吏的谋略行事，庸主昏君的荒淫暴虐，政治侏儒的鄙陋无能，大奸巨蠹的心机举措，乃至宗室的谋逆作乱，太子的贬黜废立，悍后的预政乱国，外戚的骄恣擅权，勋贵的专政篡位、阉官的专权执柄，佞倖的用事危国，藩镇的拥兵自重……在历史的纵剖面上，展开了一幅幅生动的画卷。

司马光对为君之道尤为重视，认为“国亡治乱，尽在人君”（《稽古录》卷一六《历年图序》）。可以说，一部《资治通鉴》，作的全是“帝王学问”。司马光把历史上的皇帝，分为创业、守成、陵夷、中兴、乱亡五类。创业之君，如汉高祖、光武帝，削平群雄，混一区夏，创立了煌煌功业，隋文帝的开皇新政、唐太宗的贞观之治，也足以彪炳史册，是非常难得的。这些，司马光当然都做了详细的记载。对于“兢兢业业，以奉祖考之法度，弊则补之，倾则扶之”（《历年图序》同上书）的守成之君，如汉文帝、汉景帝、北魏孝文帝等，司马光也大力推荐。对中兴之君如宣帝等，司马光亦浓墨重彩，大书其功业；对于“习于宴安，乐于怠惰，人之忠邪，混而不分，事之得失，置而不察，苟取目前之佚，不思永远之患”（同上书），而致使祖业颓败的陵夷之君（按：陵夷，指由盛而至于衰颓，言其颓替若丘陵之渐平），如西汉之元帝、成帝，东汉之桓帝、灵帝，司马光认真总结他们的教训，列示其衰败的趋向及情势，指出太平景象下掩盖的隐患危机。司马光最为痛恨的是那些“心不入德义，性不受法则，舍道以趋恶，弃礼以纵欲，谗谄者用，正直者诛，荒淫无厌，刑杀无度，神怒不顾，民怨不知”（同上书）的乱亡之君，如陈后主、隋炀帝、南朝宋孝武帝以下诸帝等，则痛加抨笞，严行谴责，为后世帝王鉴史资治之戒。

《资治通鉴》中，有关帝王纳谏迁善，修正错误方面的记述和评论，也是较为突出的内容。如第十二卷记载了汉孝惠帝四年三月的一件事，惠帝因到常乐宫去朝见太后及平日问安，常发出警跸烦扰百姓，便在武库南修筑复道。奉常叔孙通劝说：此是高帝出游时的衣冠之道，子孙为什么要在宗庙道上行走呢！惠帝恐慌，马上下令取消这条道路，然而叔孙通又说：“人主无过失，现在已经做了复道，老百姓也全都知道了，希望陛下在渭水之北多建一座宗庙，让高皇帝的衣冠得以出游，再加宽宗庙，才是大孝的根本。”于是惠帝便诏令主管官员建立原庙。

对这一件事，司马光严加批评，他发表评论说：过失，是人所不能避免的。只有圣贤能知过而改。古代的圣王，怕有了过失自己不得而知，所以设置诽谤之木，敢谏之鼓，哪里会害怕百姓知道自己的过失呢？作人君者，不以无过为贤，而以改过为美。如今叔孙通规谏惠帝，却说：“人主无过举”，这是教人君文过饰非，岂不荒谬绝伦！

“人君无过”不仅荒谬，对历史产生的负面影响也是极大的。在这之后，汉代就有了一个特例：凡是自然界的各种变故灾异，通常会被认为是上天的处罚，这时皇帝就要接受责备，但皇帝并不“罪己”，而是把责任推到宰辅大臣头上，所以两汉期间的灾异变故，三公都不免被罢官。既然人君无过，一贯正确，只能将错就错，那么理所当然就让宰相来当“替罪羊”了。司马光对叔孙通的批评，正是由于他敏锐地看到了这一事件对中国历史的反作用力。

这样的范例，在《通鉴》中是俯拾皆是的。

司马光往往通过对历史事件的评论，来表明自己的历史观点和政治立场、主张。《通鉴》中的史评，共218篇，大体上分为两种，一种是司马光自己的观点，以“臣光曰”开头，共119篇，另一种是采辑前人的评论，所采有班固、司马迁、贾谊、扬雄、班彪、荀悦、陈寿、干宝、习凿齿、沈约、萧子显、裴子野、崔鸿、颜之推、李延寿、权德舆、欧阳修、李德裕、赵翼、范晔等。这一种史论共有99篇，发表见解者有政论家，思想家、史学家，也有高官和大儒。其中多有洞见肝膈之论，与司马光之史论前后照应，相得益彰。司马光自己撰写的史论中，也经常夹引前人的评论，来代己立言。

司马光之论史，力求作持平之论，在品评复杂的历史人物时，这个特点就越发显得突出。如第二十二卷汉武帝后元二年（前87）中对汉武帝刘彻的一段评论：

> 臣光曰：孝武穷奢极欲，繁刑重敛，内侈宫室，外事四夷，信惑神怪，巡游无度，使百姓疲弊起为盗贼，其所以异于秦始皇者无几矣。然秦以之亡，汉以之兴者，孝武能遵先王之道，知所统守，受忠直之言，恶人之欺蔽，好贤不倦，诛赏严明，晚而改过，顾托得人，此其所以有亡秦之失而免亡秦之祸乎。

在这段评语之前，司马光引用了《汉书》中班固对刘彻的评论。那段文字对刘彻在文化建设方面的贡献颇为称道，对其开拓疆土的武功却只字不提。司马光以为刘彻一生虽然有很多暴政，甚至在这一方面论起来与秦始皇相差无几，但秦政府的结局是终于灭亡，而汉朝廷却因此兴盛。其原因就在于武帝能遵先王之道，知道如何治理国家，守住基业，能接受忠直之人的劝告，厌恶小人的欺骗恭敬，喜好贤能之人，赏罚严明，到了晚年，又能认识自己的错误，幡然改过，且将身后事托付给正人君子。因此，他虽犯有亡秦的过失，却可以免除亡秦的灾祸。从这一点上说，刘彻仍不失为中国历史上第一流的君王。

此类有关君王德操的评论，在《资治通鉴》中占了较大比重。然而，在司马光的君王德操品评中，也还是有些因历史观的局限而失之公允，比如，对于记载秦王李世民篡弑之事的玄武门兵变，司马光有一段评论：

> 臣光曰：立嫡以长，礼之正也。然高祖所以有天下，皆太宗之功；隐太子以庸劣居其右，地嫌势逼，必不相容。即使高祖有文王之明，隐太子有泰伯之贤，太宗有子臧之节，则乱何自而生矣。既不能然，太宗始欲俟其先发，然后应之，如此，则事非获已，优为愈也。既而为群下所迫，遂至蹀血禁门，推刃同气，贻讥千古，惜哉！夫创业垂统之君，子孙之所仪刑也，彼中、明、肃、代之传继，得非有所指拟以成为口实乎。

司马光认为，礼的正常规范是立嫡以长，然而高祖之所以拥有天下，则完全是由于太宗的功劳，隐太子（李建成后来的封谥）以平庸低劣之身，却位居太宗之上，地位的嫌疑，形势的逼迫，二人必不能相容。假如高祖能遇贤而立，隐太子能让位于弟，太宗也能有让国的风节，这场玄武门兵变又从何而起?

司马光抨击高祖无“文王之明”；太子庸劣而无“泰伯之贤”，意在表明李世民理应成为大唐基业的合法继承人。但弑兄弟、逼父亲与害储君、劫天子的种种行为，无论怎样曲为掩饰，也绝非光明正大之举，且为人伦所难容。其功劳再大，也不能成为可以篡弑的理由，对著名的大唐天子，司马光崇重有加，此一评论，则失之于中正平允了。“后世对于唐太宗作为英主的赞扬强化了兄弟残杀事件的合理性，而事件的合理性又强化了叙述的合理性”（葛兆光《七世纪至十九世纪·中国的知识、思想与信仰》），正是由于这一点，才导致了史家的偏失。

六

《资治通鉴》虽采用了编年体的形式，但也运用了一些纪传体的手法，广泛地记载社会各阶层、各阶级人物的事迹，有很多事件则是直接以人物冠其首，不仅仅标志出其作为、业绩、性格、意趣，也阐释出其成功与失败的诸多因素。如写曹操这个人物，在赤壁战争之前，他的胸襟算不得不宽阔，气度也算不得不博大，他礼贤下士，可钦可爱，使人心甘情愿地为他肝脑涂地。张绣与曹操有杀子之仇（在淯水之战中，曹操之子曹昂为张绣之军所杀），建安四年（199）贾诩劝张绣归降曹操，张绣心有余悸，不敢答应，贾诩说："夫有霸王之志者，固将释私怨以明德于四海"，其宜从也。及至到曹营，"操执绣手，与欢宴，为子均取绣女，拜扬武将军"。曹操不仅不计宿仇，反与他握手言欢，并且为儿子曹均娶了张绣的女儿，两人成了儿女亲家，又拜将封爵，让张绣感激涕零（事见卷第六十三，汉纪五十五，建安四年）；许攸（字子远）本为袁绍主要谋士，袁绍与曹操在官渡对峙时，许攸曾建灭曹之计，未被采纳，正好其家中有人在邺城犯法，被仇家构隙而系狱，许攸一怒之下，投奔曹操，曹操闻许攸来，"跣出迎之，抚掌笑曰：'子卿远来，吾事济矣'。"（事见卷六十三，建安五年）陈琳曾为袁绍起草讨伐曹操的檄文，历数曹操之罪状，对曹操恶毒攻击，还牵上了曹操的父祖，但出于爱才，建安十年（205）陈琳归附曹操后，一样得到曹操的礼遇，并以其为司空军谋祭酒，管记室（事见卷第六十四，建安十年）。

然而当他平定荆州击败刘备之后，被胜利冲昏了头脑，产生了骄矜之气。益州牧刘璋派别驾张松去向曹操祝贺，并表达敬意。张松为人身材矮小，行为放浪，但他识见过人，通达事理，又行事果断，曹操正陶醉在胜利的喜悦中，不像从前对待贤士那样接待张松。主簿杨修劝曹操征聘张松为僚属，曹操也没有答应。张松因此心怀怨恨，汉献帝建安十三年（208），张松返益州，劝刘璋绝操，与刘备相结，刘璋接受了他的建议。

司马光在这个事目之下援引了习凿齿的评论，大意是从前齐桓公一炫耀自己的功业，立刻就有九国背叛，曹操也只有一次倨傲，自负他的胜利，最终导致了天下分裂为三国鼎立的局面。"皆勤之于数十年之内而弃之于俯仰之顷，岂不惜乎”。勤勤恳恳几十年积累下的成果，在低头抬头的刹那之间就被毁弃了。通过一连串的事件，把曹操性格的发展叙写得筋脉清晰，人物形象也栩栩如生。后世评家以“史笔飞动”评之，当不为过。

又如，《资治通鉴》中写三国诸葛亮“隆中对”，取材于《三国志》，细心的读者如把这两段文字比照一下，便可看出不同史家取材角度和剪裁手段的差异：

《三国志》卷三五《诸葛亮传》：

> 诸葛亮，字孔明，琅邪阳都人也。汉司隶校尉诸葛丰后也。父圭，字君贡，汉末为太山郡丞。
>
> 亮早孤，从父玄为袁术所署豫章太守，玄将亮及亮弟均之官。会汉朝更选朱皓代玄。玄素与荆州牧刘表有旧，往依之。
>
> 玄卒，亮躬耕陇亩，好为《梁父吟》。身长八尺，每自比于管仲、乐毅，时人莫之许也。惟博陵崔州平、颍川徐庶元直与亮友善，谓为信然。
>
> 时先主屯新野。徐庶见先主，先主器之，谓先主曰：“诸葛孔明者，卧龙也，将军岂愿见之乎？”先主曰：“君与俱来。”庶曰：“此人可就见，不可屈致也。将军宜枉驾顾之。”由是先主遂诣亮，凡三往，乃见。
>
> 因屏人曰：“汉室倾颓，奸臣窃命，主上蒙尘。孤不度德量力，欲信大义于天下，而智术短浅，遂用猖獗，至于今日。然志犹未已，君谓计将安出？”亮答曰：“自董卓以来，豪杰并起，跨州连郡者不可胜数。曹操比于袁绍，则名微而众寡，然操遂能克绍，以弱为强者，非惟天时，抑亦谋人也。今操已拥百万之众，挟天子而令诸侯，此诚不可与争锋。孙权据有江东，已历三世，国险而民附，贤能为之用，引可以为援而不可图也。荆州北据汉、沔，利尽南海，东连吴会，西通巴蜀，此用武之国，而其主不能守。此殆天所以资将军，将军岂有意乎？益州险塞，沃野千里，天府之土，高祖因之以成帝

业。刘璋暗弱，张鲁在北，民殷国富而不知存恤，知能之士思得明君。将军既帝室之胄，信义著于四海，总揽英雄，思贤如渴。若跨有荆、益，保其岩阻，西和诸戎，南抚夷越，外结好孙权，内修政理，天下有变，则命一上将将荆州之军以向宛、洛，将军身率益州之众出于秦川，百姓孰敢不箪食壶浆以迎将军者乎？诚如是，则霸业可成，汉室可兴矣！”先主曰：“善！”

于是与亮情好日密。关羽、张飞等不悦，先主解之曰：“孤之有孔明，犹鱼之有水也。愿诸君勿复言！”羽、飞乃止。

《资治通鉴》卷第六十五，汉纪五十七，汉献帝建安十二年：

初，琅邪诸葛亮寓居襄阳隆中，每自比管仲、乐毅；时人莫之许也，惟颍川徐庶与崔州平谓为信然。州平，烈之子也。

刘备在荆州，访士于襄阳司马徽，徽曰：“儒生俗士，岂识时务，识时务者在乎俊杰。此间自有伏龙、凤雏。”备问为谁，曰：“诸葛孔明、庞士元也。”徐庶见备于新野，备器之。庶谓备曰：“诸葛孔明，卧龙也，将军岂愿见之乎！”备曰：“君与俱来。”庶曰：“此人可就见，不可屈致也，将军宜枉驾顾之”。

备由是诣亮，凡三往，乃见。因屏人曰：“汉室倾颓，奸臣窃命，孤不度德量力，欲信大义于天下，而智术浅短，遂用猖獗，至于今日。然志犹未已，君谓计将安出？”亮曰：“今曹操已拥百万之众，挟天子而令诸侯，此诚不可与争锋。孙权据有江东，已历三世，国险而民附，贤能为之用，此可与为援而不可图也。荆州北据汉、沔，利尽南海，东连吴会，西通巴、蜀，此用武之国，而其主不能守，此殆天所以资将军也。益州险塞，沃野千里，天府之土；刘璋暗弱，张鲁在北，民殷国富而不知存恤，智能之士思得明君。将军既帝室之胄，信义著于四海，若跨有荆、益，保其岩阻，抚和戎、越，结好孙权，内修政治，外观时变，则霸业可成，汉室可兴矣。”备曰：“善！”于是与亮情好日密。关羽、张飞不悦，备解之曰：“孤有孔明，犹鱼之有水也。愿诸君勿言。”羽、飞乃止。

司马徽，清雅有知人之鉴。同县庞德公素有重名，徽兄事之。诸葛亮每至德公家，独拜床下，德公初不令止。德公从子统，少时朴钝，未有识者，惟德公与徽重之。德公尝谓孔明为卧龙，士元为凤雏，德操为水鉴；故德操与刘备语而称之。

从以上两段引文的比照可以看出，二者的叙事角度有着很多不同点，《通鉴》中多了刘备在襄阳访士于司马徽的细节，他对诸葛亮的最初的印象，是来自“清雅有知人之鉴”的司马徽而非直接来自徐庶。这位司马徽，乃东汉末颍川阳翟人氏，字德操，以善于知人著称，庞德公称之为“水镜”。他的话显然比徐庶有分量。

关于刘备访士于司马徽的情节，取自于《襄阳记》：“刘备访世事于司马德操，德操曰：‘儒生俗士岂识时务？识时务者在乎俊杰。此间自有伏龙、凤雏。’备问为谁，曰：‘诸葛孔明、庞士元也。’”这一段稗史的引入，显然深化了史实的主题。另外诸葛亮关于对天下大势分析的那一大段话，《三国志》与《通鉴》也不尽相同，后者更洗练，更能抓住要害和重点，由此也可见司马光选材之精和行文之缜密。

司马光往往多方面从志传和杂书稗史中摭取有用的资料，如纪汉成帝宠赵飞燕，淖方成唾曰：“此祸水也，灭火必矣”（卷三十一），这段史料即取之《赵飞燕外传》。这些稗史中的资料引入正史，无疑有画龙点睛之妙。

《资治通鉴》对历史事件的描写，尤其是对战争的描写，也是十分成功的。《通鉴》中写到了多少场战争，没有做过专门的统计，翻开《通鉴》的每一卷，几乎都有冷兵器时代的血光剑影。尤其是对一些历史上有名的战役，如马陵之战（周显王二十八年）、伊阙之战（周赧王二十二年）、长平之战（周赧王五十五年）、彭城之战（汉高帝二年）、成皋之战（汉高帝四年）、漠北之战（汉武帝元狩四年）、淯水之战（汉献帝建安二年）、赤壁之战（汉献帝建安十三年）、蜀魏洮西之战（魏高贵乡公正元二年）、淝水之战（东晋孝武帝太元八年）、宋魏滑台之战（宋文帝元嘉二十七年）、齐魏邓城之战（齐明帝永泰元年）、齐魏涡阳之战（齐明帝永泰元年）、魏梁义阳之战（梁武帝天监二年）、陈庆之涡阳大捷（梁武帝大通元年）、沙苑之战（梁武帝大同三年）、邙山之战（梁武帝大同九年）、玉壁之战（梁武帝中大同元年）、寒山之战（梁武帝太清元年）等等，大都写得绘声绘色。

《资治通鉴》中的战争，大体上有这样几种，一是统一全国的战争，二是侵略与反侵略的战争，三是平息叛乱的战争，四是征服外邦的战争，五是农民起义和镇压农民起义的战争。对战争的源起、战局的分析、战争进行的过程、战争中的人物等等，都写得很细。

战争是政治的延伸，司马光注重战争对政治的影响，而且注意到了对兵法的记载，“凡亡国之臣，盗贼之佐，苟有一策，亦具录之”（清·顾炎武《日知录集释》卷二六《史记·通鉴兵事》）。《通鉴》所记载的著名战役，有很多进入了后世的各种选本。曾国藩所纂《经史百家杂钞》中即选入了《资治通鉴》之《赤壁之战》、《曹爽之难》、《诸葛恪之难》、《淝水之战》以及刘裕伐南燕之役、韦睿救钟离之役和高欢沙苑之战、宇文泰伐北邙之战、裴度李朔平蔡之役等十一目。

社会经济关乎国家治道，《通鉴》于此亦记载甚详。诸如商鞅变法“废井田，开阡陌”，西汉文景之世屡减田税、赐民租税之半，田租定制三十税一，汉武帝元狩中更造钱币，盐铁官营，初算缗钱（元狩四年），以及元始六年的盐铁之议，王莽改良币制、行王田（王莽始建国元年）、行五筠六莞（六莞：即盐、铁、酒专卖，政府铸铁，名山大泽产品收税和五均除贷，也称五均六莞。莞，同管，由国家专营），以及汉光武帝建武中的度田事件（汉建武十五年）、献帝初平元年董卓私铸钱币、羊祐屯田（晋武帝泰始五年）、宋民间铸“耒子钱”、刘宋钱币的混乱（宋明帝泰始元年）、北魏均田制（齐武帝永明三年）、新租调制（齐武帝永明四年）、梁铸五铢钱及铁钱（梁武帝普通四年）、北齐的均田制（陈文帝天嘉五年），杨炎作“两税法”（唐德宗建中元年），等等，《通鉴》亦皆有翔实记载。

《资治通鉴》所载最少的是文人的活动。全书载了近4700件重大史事，有关文人的记载只有陆贾著《新语》、刘章作《耕田歌》、王充作《圣主得贤臣颂》、仲长统著《昌言》、裴危著《崇有论》、江统作《徙戎论》、鲁褒作《钱神论》、萧子良文学八友、范缜作《神灭论》、唐韩愈作《谏迎佛骨表》和《文畅师序》，柳宗元作《梓人传》和《种树郭橐驼传》等，大概不足30条，当然这些还都是同政治相涉的，最早为《资治通鉴》作注的胡三省就曾在柳宗元作二文的条目下注曰：“《梓人传》以谕相，《种树传》以谕守令，故温公取之，以其有资于治道也”（卷二三九）。

《通鉴》所记文人也全是“庙堂”上的文人，而诸如对屈原怀沙自沉之类的史事则不一记。明代李因笃较早发现了这一点，他说“《通鉴》不载文人，如屈原之为人，太史公赞之，谓与日月争光，而不得书于《通鉴》；杜子美若非出师未捷一诗为王叙文所吟，则姓名不登于简牍矣”（见顾炎武《日知录》卷二六）。其实名不见于《通鉴》的又何止于屈原，诸如陶渊明、白居易等众多重要的文人都在《通鉴》中找不到姓名。

南宋的晁公武比李因笃更早提出了这一方面的见解，他在《郡斋读书志》中指出，《通鉴》一书，不仅不载文人，对“俊伟卓异之事”也一律摈弃，这正是司马光与司马迁的不同之处，司马光对太史公喜欢猎奇搜异的做法是不赞同的，晁公武谓：“公武心好是书，学之有年矣。见其大抵俊伟卓异之事，如屈原怀沙自沉，四皓羽翼储君，严光足加帝腹，姚崇十事开说之类，皆削去不录。然后知公忠信有余盖陋子长之爱奇也。”明末严衍也说，《通鉴》所载之人“则显荣者多，而遗逸则鲜；方正者多，而侠烈则鲜；丈夫者多，而妇女则更鲜；方内者多，而方外者绝不及矣”（朱衍《通鉴补自序》）。

《资治通鉴》是一部为帝王资政之书，其所反映的史学思想也是“帝本位”的。哪些人可以写进去，哪些人不能写进去，哪些事能记载，哪些事不能记载，必须有个非常严肃的选择标准。这一点后世大可不必苛求。

七

《资治通鉴》体宏思精，蔚为伟著，在历史上一直产生着巨大的影响，在它成书之初，宋神宗就下过“贤于荀悦《汉纪》远矣”的断语，顾炎武赞其为“后世不可无之书”（《日知录》卷一九），王鸣盛也推荐为“学者必不可不读之书”（《十七史商榷》卷一〇〇《资治通鉴上续左传》）。《通鉴》一出，补撰、改编、续作、注释、仿制诸家蜂起，或遵其义例，或发明纲目，其荦荦大者，有刘恕《资治通鉴外纪》、朱熹《资治通鉴纲目》、袁枢《通鉴纪事本末》、李焘《续资治通鉴长编》、李心传《建炎以来系年要录》、史炤《资治通鉴释文》、胡三省《资治通鉴音注》，及至清乾隆官修《通鉴辑览》、徐乾学《资治通鉴后编》、毕沅《续资治通鉴》、王夫之《读通鉴论》等。近世关于《通鉴》之研究，更是杂花生树，蔚成专学。

《资治通鉴》的版本流布并不复杂，书成后第二年，即元祐元年（1086）十月，宋哲宗圣旨命将全书运杭州雕版，此版是《通鉴》之祖本，世称元祐本，又称杭州本。在初刻本面世四十六年之后，绍兴二年（1132）七月，又在绍兴府余姚县复刻，并于次年底毕工进呈，是为第一传的翻刻本。该本因由两浙东路茶盐司公使库主持翻刻，故世称公使库刻本或绍兴重刊本。后世的诸多通行版本，如元代庆元路儒学刻本、元初胡三省音注本及其明修本、张氏晦明轩刻本，明代陈仁锡评本、孔天胤刻本等，都是这个刊本的翻刻或再翻刻。

清光绪三十年（1904），出身于藏书世家的张元济（原名元奇，字筱离，号菊生，浙江海盐人，光绪十八年进士）创涵芬楼，以善本古籍享誉学术界，1919年商务印书馆涵芬楼辑印《四部丛刊》时，将《资治通鉴》收入初编影印，用的也是绍兴重刊本。我们整理注释的这个本子，就是用涵芬楼本作底本，参以胡三省注本、中华书局点校本和其他相关版本，同时在校注工作中参取、甄采了前修时贤的学术成果。

为前人之书作注释，殊非易事。古人注释一部典籍，往往穷尽毕生之力。一些成功的注本，其本身已成为弥足珍贵的经典，史学如《春秋》的《左氏传》、《春秋公羊传》的何休解诂、《史记》的裴骃“集解”，《三国志》的裴松之注；经学如《诗经》的《毛传》、《礼记》如郑玄注以及集大成的《十三经注疏》等等；文学如朱熹的《诗集传》、王逸的《楚辞章句》、洪兴祖的《楚辞补注》、《昭明文选》的五臣注等等。这些注本都从不同的方面给后人提供了可资借鉴的经验。

在这里，我想谈一谈胡三省的《资治通鉴音注》。

胡三省，字身之，浙东宁海人，在宋元战争的战乱中长大，宝祐四年

（1256），他二十七岁，和文天祥、谢枋得、陆秀夫同榜中进士，做过吉州泰和县尉和庆元慈溪县尉，忤郡守，被罢官。后起为扬州江都丞、江陵县令、怀宁县令，也曾先后在李庭芝和汪立信的幕府供职。胡三省平生深好《通鉴》，游宦在外，率携书自随，有异书异人，必就正之。德祐二年（1726）元军陷临安，帝后投降，胡三省在避乱中将《通鉴》原稿逸失，乃购求他本为注，手自抄录，虽寒暑而不废。再三年，文天祥在战斗中被俘，张世杰覆舟牺牲，陆秀夫背负年幼的帝昺投海，胡三省悲愤之余，把全部精神寄托在《通鉴注》中，宋亡，他隐居深山，不仕元朝，过着十分艰辛的生活，在五十六岁时，他完成了全部注释工作，但直到他七十三岁去世，一直在修订这部书。“诸子以年高不宜为言，则曰：‘吾成此书，死而无憾’。一日晨兴，言笑自若，忽曰：‘吾其止此乎！’寝至三日而殁。”（见《光绪宁海志》载胡三省之子幼文所撰墓志）

胡三省注文名为“音注”，实为发微言大义的遣怀之作。亡国之耻如切肤之痛，充溢于字里行间。胡三省有感于“宋朝在异族的严重压迫下，政治还是那么腐败，又眼见宋朝覆灭，元朝的残酷统治，精神不断受到剧烈的打击，他要揭露宋朝招致灭亡的原因，斥责那些卖国投降的败类，申诉元朝横暴统治的难以容忍，以及自己身受亡国惨痛的心情，因此，在《通鉴注》里，他充分表现了民族气节和爱国热情”（陈垣《通鉴胡注表微》）。胡注中，如“臣妾之辱，唯晋宋为然，呜呼痛哉”，“亡国之耻，言之者痛心，矧见之者乎！”的叹喟常见于字里行间。

胡三省是在差不多绝学无友、资料又很难得的情况下完成《通鉴》二百九十四卷注释的。他的注释文字，非常精到、严谨，一字不苟，与《通鉴》一样成为我国珍贵的文化遗产。他的《资治通鉴音注》成为数百年中流行最广的一个《通鉴》注本。

我们这个新注本，虽较少直接采用胡注的内容，但从注释的类型、方法诸方面，还是受了胡注的启发和影响。尽管胡三省的注本是一个学术价值很高的本子，但由于年代久远，随着《通鉴》学的发展，史料的增加和信息渠道的拓宽，旧注本已远远不适应今天读者阅读《通鉴》的需要。因此，这个新注本力争能在汲取前人经验和总括前人研究成果的基础上，勇于创新，学习前人而不囿于前人，有所提高而不流于微言大义，堆砌资料。新注工作也特别注意到了当今读者的特点，务求简明、翔实、准确、生动。注释文字应体现出高度精密的逻辑性，讲究义理，又应充分把握分寸感。在编排格式上也应方便读者的阅读和参考。

考虑到这个本子的读者对象是以具有高中以上文化水平的一般读者为主，故未出校记，参改之处以括号形式标出。注文也尽量简略，其重点放在政治制度、职官（特别是生僻职官）、人物、名物、典章、掌故诸方面，对较为生僻的语词也酌情予以注解。使用通行简化字，对通假字则一般予以保留，难认之字和古代异体字一律注音。

新注本是三十位在高校从事中国历史和古文教学工作的中青年学者倾三年之力完成的，从成稿到出版，经过了两年的修订。在付梓之前，又对全书注文作了一番伤筋动骨的改动。由于参加注释工作的人员较多，在行文风格上不尽一致，舒放简括各有不同，尽管最后在结构和章法上进行了调整，但仍未尽人意。

五年来，国家图书馆、北京大学图书馆一直为我们提供着重要的学术后援，资深学者白增华先生校阅了全部书稿，提出了很多宝贵意见。爰书于此，特致谢忱。

水平所限，这个本子的校注定会有不少缺陷和错误之处，我们期待着专家和广大读者的批评。

2002年7月于醪斋

《四库全书目录新编》序

用了差不多一个多月的时间，读完刘树桢、张金龙、张燕娥三位教授的《四库全书目录新编》，欣喜异常，感慨良多。

《四库全书总目提要》（以下简称《总目》）是我国古代最大的官修图书目录，堪称目录学史上的煌煌之作。

《总目》自乾隆三十八年（1773）开始纂修，至乾隆五十八年（1793）武英殿付梓，其间用了整整二十年时间，有300余位著名学者和目录学家参与了纂修工作，乾隆皇帝亲自督办并钦定编纂原则，由纪昀、陆锡熊、翁方纲等综合改写成初稿，并复经纪昀加工定稿。

《总目》共收书三千四百六十一种，七万九千三百零九卷，加上存目六千七百九十三种，九万三千五百五十一卷，共收书一万零二百五十四种，十七万二千八百六十卷，是中国古代规模最为宏大、体制最为完善、编制最为出色的目录学巨著。

编纂《总目》的缘起，要上溯到《四库》开馆之前。乾隆三十七年，皇帝发布第一道中外搜访遗书诏令，命令各省督抚着力购访古今著作，以彰“稽古右文”之盛，并特别指出：“各省搜辑之书，卷帙必多，若不加之鉴别，悉行呈送，烦复皆所不免。着该督抚等先将各书叙列目录，注系某朝某人所著，书中要旨何在，简明开载，具摺奏闻。候会齐后，令廷臣检核。”这是《总目》编纂的最初缘起，同时也大体上提出了编纂框架和基本原则。

同年十一月，安徽学政朱筠借乾隆皇帝下诏访求遗书之机，提出了开馆校书的奏折，其中第四条提出编纂目录的构想：“著录校雠，当并重也。前代校书之官，如汉之白虎观、天禄阁，集诸儒较论异同及杀青；唐宋集贤校理，官选其人，以是刘向、刘知几、曾巩等，并著专门之业。列代若《七略》、《集贤书目》、《崇文总目》，其书具有师法。臣请皇上诏下儒臣，分任校书之选，或依《七略》，或准四部，每一书上，必校其得失，撮举大旨，叙于本书卷首，并以进呈，恭俟乙夜之披览。臣伏察武英殿原设总裁、纂修、校对诸员，即择其尤专长者，俾充是选，则日有课，月有程，而著录集事矣。”

这个奏章经大学士刘统勋等多次廷议，终于达成一致意见，在对关于总目录编纂方面，提出如下意见：“查古人校定书籍，必缀以篇题，诠释大意。《汉书·艺文志》所称‘条其篇目，撮其指意’者，所以伦次得失，使读者一览了然，实为校雠良法。但现今书籍，较之古昔日更繁多，况经钦奉明诏、访求著录者，自必更加精博，若如该学政所奏，每一书上必撮举大旨，叙于卷首，恐群书浩如渊海，难以一一概加题识。查宋王尧臣等《崇文书目》、晁公武《读书志》，皆就所有之书，编次目录，另为一部，体裁最为简当，应即仿其例。俟各省所采书籍全行进呈时，请敕令廷臣详细校订，依经、史、子、集四部名目，分类汇列，另编目录一书，具载部分卷数、撰人姓名，垂示永久，用诏策府大成，自轶唐宋而更上矣。”

这个意见得到了乾隆皇帝的赞同，当日下旨谕示：“应俟移取各省购书全到时，即令承办各员将书中要旨隐括，总叙崖略，粘帖开卷副页右方，用便观览。”当时大学士和皇帝的初衷，是为阅读查询之便，编一部简明目录，而没有明确意识要编纂出一部卷帙庞大的解题目录来。

《总目》的成书，大体上经历了三种形态：

第一是各省送书时报呈的简单提要，除江浙较为简略地概述了本书著者、卷数、特点之外，其他省仅注明作者、卷数（或册数）而已。

第二是馆臣撰写的提要。前期，《四库全书》馆中“校勘《永乐大典》纂修分校官”和“校办各省送到遗书纂修官”分别负责辑佚和校阅各自分管的书籍内容，编写提要，叙列作者爵里，记述版本源流，撮举典籍要旨，考订文字，并提出应刻、应抄、应存的建议。在编写提要初期，由于没有统一的编写标准和总负责人，原有的提要及后来新编写的提要繁简不一、条理纷繁，问题多多。

第三就是总纂完成最后的修改审订。纪昀和陆锡熊到任后，在纂修官编写各篇提要的基础上，笔削考校，或增删，或分合，字斟句酌，再三润饰，有很多需要重新撰写。原本体例不一、行文详略悬殊，表达观点亦各异的提要稿，经二人特别是纪昀笔削考核、一手删定后，体例整齐，灿然可观。

关于《总目》的分类原则，纪昀说："余校录《四库全书》，子部凡分十四家，儒家第一，兵家第二，法家第三，所谓礼、乐、兵、刑，国之大柄也，农家、医家，旧史多退之于末简，余独以农家居四，而其五为医家；农者民命之所关，故升诸他艺术之上也。"《总目》总结了自汉刘向父子、班固以来历代分类目录的得失利弊，进一步充实了分类体系。其所采用的分类法，实为中国四部分类法之集大成，所收书籍按经、史、子、集四部分类法编排，于部下分类，类下再分子目，共分四部四十四类六十六子目，其中经部十类、史部十五类、子部十四类、集部五类，有些类下又析出若干小类，同一类书籍以时代先后为序。如经部分为"易"、"书"、"诗"、"礼"、"春秋"、"孝经"、"五经总义"、"四书"、"乐"、"小学"十类。其中"礼"又下分为"周礼"、"仪礼"、"礼记"、"三礼总义"、"通礼"、"杂礼书"六子目；"小学"分为"训诂"、"字书"、"韵书"三子目。史部分为"正史"、"编年（附起居注）"、"纪事本末"、"别史"、"杂史"、"诏令奏议"、"传记"、"史钞"、"载记"、"时令"、"地理"、"职官"、"政书"、"目录"、"史评"十五类，其中"诏令奏议"又分"诏令"、"奏议"两子目。"传记"分"圣贤"、"名人"、"总录"、"杂录"、"别录"五子目；"地理"分"宫殿疏"、"总志"、"都会郡志"、"河渠"、"边防"、"山川"、"古迹"、"杂记"、"游记"、"外纪"十子目；"职官"分"官制"、"官箴"二子目；"政书"分"通制"、"典礼"、"邦计"、"军政"、"法令"、"考工"六子目；"目录"今"经籍"、"金石"二子目。《子部》分为"儒家"、"兵家"、"法家"、"农家"、"医家"、"天文算法"、"术数"、"艺术"、"谱录"、"杂家"、"类书"、"小说"、"释家"、"道家"十四类。其中"天文算法"又分"推步"、"算书"二子目；"术数"类又分"数学"、"占候"、"相宅相墓"、"占卜"、"命书相书"、"阴阳五行"、"杂技术"七子目；"艺术"类又分"书画"、"琴谱"、"篆刻"、"杂技"四子目；"谱录"类则分"器物"、"食谱"、"草木虫鱼鸟兽"三子目；"杂家"类分"杂学"、"杂考"、"杂说"、"杂品"、"杂纂"、"杂编"六子目；"小说"类分"杂事"、"异闻"、"琐语"三子目。余不分子目。《集部》"别集"、"总集"、"诗文评"、"词曲"四类，其中"别集"分"汉至五代”、“北宋建隆至靖康”、“南宋建炎至德祐”、“金元”、“明洪武至崇祯”、“清初至乾隆”六子目，系编年分目。“词曲”类又分“词集”、“词选”、“词话”、“词谱词韵”、“南北曲”五子目。余不分子目。

这样的分类体系严密完善，将上万种书籍组织成一个有机整体，脉络清晰，源流井然。形成了一种既能反映书籍版本、内容、文字、著作事迹，又能表达作者政治理念和学术思想的全新的提要形式。可以说，《总目》集中国古典目录学方法之大成，又成功开创了目录学的新领域。

乾隆皇帝于四十六年二月二十五日颁谕，《四库全书》各部著录次第由此确定：“谕：昨据《四库全书》总裁奏进《总目》，请于经、史、子、集各部，冠以圣义，圣谟等六门，……于编排体例，实属未协。……俱者各按撰述人代先后，依次编纂。至我朝钦定各书，仍各按门目，分冠本朝著录诸家之上。”

应该看到，《总目》虽然成功地建立了一个相对严密、完善的分类体系，把上万种书籍组织成了一个有机整体，但同时也存在着一些问题。

首先，有些类目的设置不尽妥当，如《总目》因袭宋尤袤《遂初堂书目》，设“谱录”一类。该类是依据图书体裁设类，而并非依图书内容设类，“以收诸杂书之无可系属者”，将许多不同学科和内容属性的著述归之于一类。

其次，有些书目的归类亦不尽合理，最明显的是金石类图书，《隋志》、《唐志》附入小学，《宋史·艺文志》附入目录。又如《山海经》，本应属古地理书，《隋书·经籍志》以来多入地理类，《总目》却将其归入子部小说家类，等等。

后世学者也提出了其使用不便的问题，《四库全书大辞典》的编纂者杨家骆先生即指出：“（《总目》）由于不太考虑其阅读，难以领会书籍的要领”，因而影响到作为一部目录学工具书的使用。

笔者曾倾二十余年之心力，撰写《四库全书总目疏正》一书，在对《总目》全面、系统地考辨过程中，对此亦多有同感。

所以，我读了刘树桢、张金龙、张燕娥三位教授的《四库全书目录新编》，顿觉耳目一新。

《四库全书目录新编》将《四库全书》的经、史、子、集四部分类法打破，调整为文化、思想、政法、科技四编，其文化编又分为文学、史学、其他三个部类；思想编分为儒学、佛道两个部类；政法编包括诏令奏议、政论、职官、典礼、邦计、时令、军政、法理、法典诸类；科技编包括了《四库》子部的农家、医家、天文算法、数术、谱录诸类和史部政书类考工之属。

这样的分类，使《四库全书》的书目检索更加方便，更具实用性。

其次，其书籍介绍以节录《总目》为主，并引据正史充实对作者的介绍，对读者理解作品大有助益。同时，对《总目》的考辨订误，亦多有精辟见解，立论极为谨严。

应该说，《四库全书目录新编》也是一项入海算沙的学术工程，是“四库”学研究的一项了不起的学术成果。

张金龙教授年过七旬，早年毕业于河北大学历史系，受教于李光璧、漆侠等史学名家，平生治史谨严，著述丰厚。刘树桢教授是年富力强的中年学者，在担任院长之职的同时，勤奋治学，致力于教育学和汉语研究，成果丰硕。张燕娥老师是法学硕士，从事中国特色社会主义理论研究与教学。三位学人正好形成老中青梯次学术团队。他们虽不以治四库专学为主，但这部《四库全书目录新编》却不失为一部有分量的专著。

因此，我们有理由向刘树桢、张金龙、张燕娥三位教授致敬！

是为序。

2013年12月5日凌晨4时38分改定　于渔书楼

《中国简牍书法文化》序

中国在纸发明之前，文字书写在木简、竹简上，“简牍”这个词，最早见于《后汉书·王充传》：

> 门户垆柱各置笔砚简牍，见事而作，著《论衡》八十五篇。

王充所著《论衡》中，也有“恐其废失，记之简牍”的文句，而且详细记载了简牍的制作方法：

> 截竹为筒，破以为牒，加笔墨之迹，乃成文字。大者为经，小者为传。断木为椠，析之为板。力加刮削，乃成奏牍。

这段文字颇为简洁，但把竹简、木简的制作写得很明白了。

简牍书法是中国书法文化的滥觞，可是研究其书法文化的专著不是很多，刘俊波先生的这一部《中国简牍书法文化》算得上一部有开拓意义且有分量的专著。

刘俊波先生专注于简牍书法研究二十余年，难能可贵的是，他是由一个书法家进入研究领域的。他出身农家，只有大专学历，在一个县级新闻媒体工作，书法纯属“业余爱好”，从事简牍书法文化研究之初，又几乎处在一个“绝学无友”的环境中。全凭着锲而不舍、金石可镂的意志，咬定青山不放松。他不满足一生仅仅做一个“写字匠”，他认为一个成功的书法家首先应该是一个有文化贡献的学者。他从中国书法的源头追溯，对中国书法美学进行文化史的考察、爬梳，倾数年之力，终于完成《中国简书源流大辞典》一部皇皇十卷本巨著。由于他卓越的学术建树，而登堂入室，被北京大学国家软实力研究院聘为研究员，并应聘北京外国语大学客座教授，成为有影响的书法文化学者。

这部专著有以下显明特色：

一、突破常规研究格局，细化研究范畴

刘俊波先生研究的切入点，从文字生成的历史与简牍产生的关系入手，突破了一般性的释读文字及内容分类、编年的常规研究格局，以文化做主线，将史料之珠悉数串起。其学术视野开阔，纵横捭阖。本书以文字起源为发端，进而写到简牍的由来及其含义，以及简牍书法风格形成的时间、地域，特有的审美价值、对当代书法的启示和影响，还特别对其书法特征、技巧、字体结构等作了详尽的论述。从文字生成学、书写材料之演变、文书行政史、书法美学等多种角度，辨析源流，论述简牍书法文化形成并发展的轨迹。尤其是对楚简的展开式论述，进一步细化了研究范畴，不仅描绘出简牍书法在一个特定的文化区域中形成、发展的图景，而且开掘其所体现的中国古典朴素的哲学思想，及长江文明的起源与发展与文化的碰撞，给读者以耳目一新之感。

二、以全新的视角延伸书法文化研究

作者从书法与地域和家族的关系入手研究简牍书法的流变，这个文化视角十分独特。他指出六朝时期中国有四个书法中心，即敦煌、洛阳、建康及三吴之地。这四个区域人文环境各不相同，因此形成了不同的书法器局与风气。建康与三吴之地以二王书法为主，是士人风貌的展现，而洛阳地区虽不乏名家，但基本为平民书法的天下，造像、碑志书法远胜于文人的尺牍交流。唯敦煌因地处偏远，但汉以来一直是书法重镇。且在中原混战时期，保持较长时期的和平发展状态，还接纳了因离乱而迁来的汉人，为多种书法风格的形成、融合创造了良好的文化环境。这进一步延伸和拓展了书法文化研究的视野。

三、文字清新生动，雅俗共赏

《中国简牍书法文化》虽是一部学术专著，但文字清新生动，深入浅出，不晦涩，不作空泛的论述，而将艰深的学术问题进行艺术表达，娓娓道来，颇能引人入胜，让读者进一步明白，“简牍”不仅仅是文献学的一个概念。这得益于作者深湛的学养和文字驾驭功力。这部学术专著，书法爱好者可作为进入门径的教科书，书法研究者可作为治学资鉴，一般读者亦可作为文化艺术欣赏的最佳读物。书中收入近百幅图版，图文并茂，相得益彰，对理解文本助益良多。

希望更多的读者喜欢这本书，我们也有充分的理由期待刘俊波先生新的学术成果。

是为序。

2013年4月20日沧州冷板凳斋

重梓《三希堂法帖》序

十多年前，秦树明先生以重金购得一套《三希堂法帖》的原拓本，炳炳乎犹乌金之拓，纤毫凸现，煌煌乎三十二大册，完好如初。金丝楠木封面封底蝴蝶装，精工特制香楠木书箱书架专藏，据称出自民初的袁氏家族，颇为珍贵。他当时就发愿要将其重新影印刊行，今年总算圆了这个梦。

《三希堂法帖》是中国清代宫廷刻帖，全名《御刻三希堂石渠宝笈法帖》。其刊刻年代，在乾隆十二年（1747）至十八年（1753）。乾隆皇帝命吏部尚书梁诗正、户部尚书蒋溥等人，将内府所藏历代书法珍品，择其精要，由宋璋、焦林、扣住等人镌刻而成。

三希堂，位于故宫养心殿西暖阁，原名“温室”，是乾隆皇帝读书之所。“三希”即“士希贤，贤希圣，圣希天”之谓，士人希望成为贤人，贤人希望成为圣人，圣人希望成为知天之人。乾隆皇帝《三希堂记》谓：“内府秘笈王羲之《快雪帖》，王献之《中秋帖》，近又得王珣《伯远帖》，皆稀世之珍也，因就养心殿温室，易其名曰‘三希堂’以藏之。”这把“三希堂”的由来讲得很清楚了。又说：“然名之以‘三希堂’者，亦仅为藏帖也。”明确地说“三希堂”这个书室就是为藏稀世之三帖而设的。乾隆皇帝近而释“三希”之意：“则吾今之名此室，谓之希贤、希圣、希天之意，可；慕闻之先生之‘二希’，而欲希闻之之节，亦可；即谓王氏之帖之成三希也，亦可。”这里乾隆皇帝把“三希”解释为以上三种含义，同时又指出“三希”是从蔡世远的“二希”那里借鉴过来的。蔡世远，字闻之，雍正朝礼部侍郎，他的堂号就叫“二希堂”。为何称“二希”？蔡世远从周敦毅那里借来“士希贤、贤希圣、圣希天”的思想，自己又做了说明：“士希贤、贤希圣、圣希天，或者谓予不敢希天，予之意非若是也。”还有一个说法，蔡世远平生仰慕希文（北宋范仲淹）、希元（南宋真德秀）二位文章大家，所以命其斋号曰“二希堂”。

乾隆皇帝对书法十分热爱，且读帖习帖颇多心得，三希堂内由他集句并亲书的对联“怀抱观古今，深心托豪素”，亦明白道出三希堂命名之用心。《三希堂法帖》的刊刻，乾隆皇帝手书了特谕，置于《法帖》卷首。《法帖》中，乾隆皇帝的题跋多达四十处，还有他大量的鉴藏印钤。

《三希堂法帖》共分三十二册，刻石五石余块，收集自魏晋钟繇至明代董其昌等共一百三十四位书法家的三百余件书法作品，计墨迹三百四十件，拓本一百五十九种；另有题跋二百一十多件，印章一千六百四十余；收录法书、碑帖共九万多字。摹刻精良，卷帙浩繁，堪称帖中巨制。

《三希堂法帖》刊印后，为便利文人学士研习欣赏，浙江陈焯于乾隆十六年（1795）又编印了《三希堂法帖释文》。后之《法帖》刊刻者，多将《释文》附列同刊。

《三希堂法帖》自面世以来，就成为书家必备的工具书，尤其新世纪以来，随着书法热的持续升温，各种版本出了很多。然流行于市面的，多数印制粗糙，或因修版太过，以致原貌几失。而《释文》因无标点，难分句读，且错漏百出，字体不一，以至今人难读。感于此，秦树明先生才发心以原拓影印，去伪存真，将《释文》点校，以利实用，实是善莫大焉。

秦树明先生，字璞石，是一位独抒性灵的画家、书法家，又是一位别具只眼的收藏家。20世纪80年代初创业，成为有重大影响的企业家，当选全国人大代表、全国劳动模范。秦先生中年后研习书法、绘事，且有大成，不久在欧洲举办了他自己风格卓异的泼彩画展，获得很大成功。

这次重梓《三希堂法帖》，除以原拓影印之外，还对释文部分进行了精心校勘。我本人在六年前受树明先生之托，将释文点勘一遍，此次出版之前，兼通书法的学者张铧东先生又作了详细的校记，这庶几是一个入海算沙的学术工程。因《三希堂法帖》收录作者、作品较多，不乏临品，作品流传年代久远，帖文或有差讹残损，而释文更多舛误缺漏。因而校练句读、裨残补阙的点校工作就颇为必要。这个工作进行了半年多，总算如期告成。

《释文》的点校主要做了两项工作：标点和校勘。标点即圈点断句，校勘则逐帖逐字核校帖文与释文，检寻差异和错漏，作必要的校记和诠注。舛误者勘正，未辨者尽量辨识，残缺者力求补正。点校工作自求细致准确，查阅、使用尽可能多而全的相关资料和工具书，包括网上资料和工具。为了确定一个标点，辨识一个草书字，常要查阅十数种资料，检索原文，或核对多种草书文献。

《释文》全本尚未见标点本或校注本，此点校本的编印，填补了这一空白，也使《释文》更准确、更完整、更具实用性，能为众多的书家、书法爱好者欣赏和研习《三希堂法帖》提供更大的帮助。

秦树明先生有博大的文化情怀，重梓《三希堂法帖》，不仅需要付出大量的心血汗水，更要有大量的资金投入。这套《法帖》，从用纸到刷印，从函套到庋藏的专用书箱，都极尽考究，力求精美。可以说，秦版“三希堂”，不仅是一部书法元典，更是一部极具收藏价值的艺术珍品。

是为序。

2014年6月4日4时26分　于渔书楼

《红楼梦》校勘弁言

一、版本述略

出现于18世纪文坛的《红楼梦》，是中国文学史上的一部杰作。

这部伟大的小说由于创作过程中迭经修改，且在相当长的一段时间内一直以手抄本的形式流传，故版本问题十分复杂。综其大略，可分为八十回本、一百二十回本、混合本三大系统。

乾隆时代流传的八十回抄本出自曹雪芹原本，多带有脂砚斋等人的评语，且多为残本。各本之间，回目、文字亦有差异。计有：

一、甲戌本：《石头记》抄本，全称为《脂砚斋重评石头记》。因其在第一回中有"至脂砚斋甲戌抄阅再评仍用石头记"的记叙，可推知它据以抄录的底本为乾隆甲戌（1754）之原抄本。故世称"甲戌本"。该本残存一至八、十三至十六、二十五至二十八，凡十六回。是现存最早的《石头记》抄本，又称"脂残本"。这是个极为珍贵的版本，邓遂夫先生认为："现存十一种脂评本，全都是源于曹雪芹的四次定本——甲戌、丙子、己卯、庚辰。后三种皆属单传；唯独甲戌一系，竟占了现存的八种。有人老在猜想：现存脂本中，有没有在某一个传抄本的某些部分，含有甲戌之前某些早期定本的'遗存'呢？我可以在这里肯定地回答：绝对没有。除了丙子、己卯、庚辰的三种传抄本，现存的其他八种，全部源于甲戌本系统。"（邓遂夫《走出象牙之塔——〈红楼梦指评校本丛书〉导论》）

这个残阙的抄本最初为大兴刘铨福所藏，后为胡适所得，现存于美国。

二、己卯本：全称《脂砚斋重评石头记》。书中有"己卯（1759）冬月定本"、"脂砚斋凡四阅评过"等字，故世称"己卯本"。残存一至二十、三十一至四十、六十一至七十（缺六十四、六十七两回），共三十八回，是仅次于“甲戌本”的一个最早的抄本。董康旧藏，后归陶洙。现藏国家图书馆。该本中国历史博物馆藏三回又两个半回（五十五回后半回，五十六至五十八三整回，五十九前半回），系此抄本之另一残部，两部分合在一起共有四十一回又两个半回。1981年上海古籍出版社曾出版了这个残本的影印本。

三、庚辰本：全称《脂砚斋重评石头记》，因书中有“庚辰秋月定本”，故世称“庚辰本”。该本为七十八回，缺第六十四、六十七两回。第十七、十八为“合回”。版本学家考订，这个抄本并非乾隆庚辰年之原抄，而是一个转抄本。庚辰为乾隆二十五年（1760），彼时曹雪芹尚在世。该本以其在脂评系统中较早而又较完整而受到重视。原为徐郙旧藏，后归燕京大学，现藏于北京大学图书馆。1955年文学古籍刊行社曾将其影印出版，所缺第六十四、六十七两回，用“己卯本”补配。

对于“己卯本”同“庚辰本”的关系，有人持“父子关系”说，即后者系从前者抄录而来，有人持“兄弟关系”说，认为二本是从一个底本过录的。台湾红学家赵冈先生认为：“两个抄本都是由怡王府抄藏的。己卯本是在乾隆二十四年冬从己卯曹本抄来，庚辰本是在乾隆三十二年夏以后从庚辰曹本过录而来。这以后曾以两本核对，并用另一抄本略加改过”（赵冈《己卯本与庚辰本的关系》，见赵冈著《漫说红楼梦》，台北经世书局1981年6月版）。梅节先生认为，己卯本中注明的“己卯冬定”和庚辰本中注明的“庚辰秋订”，并非指的是脂砚斋的两个本子，而是他整理的“四阅”评本的两个不同的部分。即脂砚斋在己卯这一年的年底整理完了前四十回，于是在第四册的扉页上，注明“己卯冬月定本”字样。第二年他继续这项工作，至秋天完成了第四十一回至第八十回的整理，于是在五、六、七、八册的扉页上分别注明“庚辰秋定本”、“庚辰秋月定本”的字样。怡王府过录时，把以上题识忠实地抄录下来。曹雪芹撰写《红楼梦》，脱稿于乾隆戊寅、己卯间，脂砚斋于乾隆己卯、庚辰将之整理成定本。“己卯冬定”和“庚辰秋定”，指的是脂砚斋四阅评过的定本的前后两个部分。

四、甲辰本：题名《红楼梦》，因卷首有乾隆甲辰（1784）菊月梦觉主人序，故世称“甲辰本”或“梦觉主人序本”。这个本子是八十回抄本中较完整的一种，仅缺第八十回最末一页。该书仅保留了少量脂评系统的评语，删去大量评语的缘由，据梦觉主人序中说，是由于“评语过多，未免庞杂，反扰正文”。1953年由山西省文物局购藏，现藏于国家图书馆。

五、舒序本：题名《红楼梦》，卷首有乾隆己酉（1789）舒元炜序及舒元炳题《沁园春》一首。世称“舒序本”或“己酉本”或“脂舒本”。该本删除了脂砚斋等人所有的批语，是乾隆抄本中文字被后人改动较多的一种。清嘉庆时人玉栋原藏，后为吴晓玲先生所藏，中华书局1998年影印该本，辑入《古本小说丛刊》之第一辑。

六、戚序本：题为《戚蓼生序本石头记》，凡三种：

1. 有正书局石印本（简称“有正本”）八十回，亦分大字本、小字本二种；

2. 张开模藏本（简称“张本”），系残存四十回之抄本；

3. 泽存书库藏本（简称“泽存本”），抄本，八十回。

戚序本书首均有戚蓼生序，序未署年月。考戚氏为乾隆时人，此本之原本当为戚氏所收藏，后辗转经多位收藏家之手，也是脂评系统中一个重要的本子。

七、俄罗斯圣彼得堡（苏联列宁格勒）藏本：也通称“列藏本”或“彼藏本”或“脂亚本”。系抄本，残存第一至四、七至八十回。其中第七十九、八十两回未经分断，题《石头记》，但回目间有题《红楼梦》者。存少量脂评系统批语，间混入其他批语。此本为俄国传教士库尔梁德采夫于道光十二年（1832）从北京携去俄国，原藏俄外交部图书馆，后藏苏联亚洲人民研究院列宁格勒分院。1985年12月，经中苏双方商定，由中华书局出版了该本的影印本。

八、靖藏本：扬州靖应鹍藏乾隆年间抄本，题名存回均不详。1959年在南京出现，旋即“迷失”，不知所终。然有部分批语为见者之一毛国瑶先生抄出，毛先生将其与“有正本”比勘，摘录了“有正本”所没有的脂批一百五十八条。可为脂评系统各本批语订讹，因而受到重视。毛国瑶辑录的脂批曾见刊于1976年5月南京师范学院中文系资料室所编《红楼梦版本论丛》。

九、郑振铎藏本：仅存第二十三、二十四两回，题《红楼梦》，原本回数不详，亦无批语。为郑振铎旧藏，故世称“郑藏本”。后捐赠北京图书馆。这个本子亦属于乾隆抄本中脂批本系统。

一百二十回本，最早是由程伟元、高鹗二人整理出版。他们对前八十回的正文内容进行了大量的修改，删去了批语，同时在参照了经过历年搜罗、细心访求的后四十回将其与前八十回拼接在一起，使之成为一部头尾相衔的完整的作品。百二十回本大体上有三个系统：

一、程甲本：乾隆五十六年（1791）萃文书屋以木活字排印，一百二十回，题《新镌全部绣像红楼梦》，由程伟元、高鹗两人合作编印而成。前有程伟元序，继有高鹗序。程伟元，字小泉，苏州人，出身于诗书世家，乾隆五十年（1790）前寓居北京，曾长期经营一书局，该书局为苏州人所办，苏州、北京两地联号，每年购书于苏州，载船至北京。（据高阳《程伟元的画》一文所提供的资料）乾隆五十六年（1791）和五十七年（1792）先后两次邀同高鹗整理《红楼梦》一百二十回，印行了两种木活字本，即“程甲本”和“程乙本”。嘉庆五年（1800）入盛京将军晋昌幕府，佐理书翰奏稿，晚年卒于辽东。高鹗（1763—1815），字兰墅，别号红楼外史。辽宁铁岭人。隶汉军镶黄旗内务府。先世即随清兵入关，寓居北京。他比程伟元大概年长十几岁。早年以授徒，作幕为生。乾隆五十三年中顺天乡举，乾隆六十年成进士。历任内阁中书、内阁侍读。嘉庆六年（1801）以内阁侍读为顺天乡试的同考官，嘉庆十四年考选江南道御史，嘉庆十八年升任刑科给事中。嘉庆六年至十八年京察官员对其考核的评语是“操守谨，政事勤，才具长，年力壮”。后因失察林清案降三级调用。著有《月小山房遗稿》、《砚香词》、《兰墅文存》、《兰墅十艺》等。

《新镌全部绣像红楼梦》，有绣像二十四页，前图后赞，正文每面十行，行二十四字。是一百二十回《红楼梦》的第一个印本。程伟元序谓：“《红楼梦》小说本名《石头记》，作者相传不一。究未知出自何人，惟书内记雪芹曹先生删改数过。好事者每传抄一部，置庙市中，昂其值得数十金，可谓不胫而走者矣。然原目一百廿卷，今所传只八十卷，殊非全本。即间称有全部者，及检阅仍只八十卷，读者颇以为憾。不以是书既有百廿卷之目，岂无全璧。为竭力搜罗，自藏书家甚至故纸堆中无不留心，数年以来，仅积廿余卷。一日偶于鼓担上得十余卷，遂重价购之，欣然翻阅，见其前后起伏，尚属接笋，然漫漶不可收拾。乃同友人细加厘剔，截长补短，抄成全部，复为镌版，以公同好。《红楼梦》全书始至是告成矣。”高鹗序谓：“予闻《红楼梦》脍炙人口者，几廿余年。然无全璧，无定本。向曾从友人借观，窃以染指尝鼎为憾。今年春，友人程子小泉过予，以其所购全书见示，且曰：'此仆数年铢积寸累之苦心，将付剞劂，公同好，予闲且惫矣，盍分任之？'予以是书虽稗官野史之流，然尚不谬于名教，欣然拜诺，正以波斯奴见宝为幸，遂襄其役。工既竣，并识端末，以告阅者。"

程高本对前八十回文字亦作了不少删割改动。第一次活字本排印后，乾隆五十七年壬子（1792）又出第二次印本，文字上又作了加工修订，胡适称初印本为"程甲本"，第二次印本为"程乙本"。

"程甲本"翻刻本甚多，其荦荦大者，有：

1. 东观阁本：乾隆末年（约1795）东观阁刊行的一百二十回本，扉页有东观主人题识，称："《红楼梦》一书，向来只有抄本，仅八十卷，正因程氏搜辑刊印，始成全璧。但原刻系由活字摆成，勘对较难，书颠倒错落，几不成文；且无鲁鱼亥豕之误，亦阅者之快事也。"这个本子是程甲本最早的翻刻本。再以后的善因楼刊本、抱青阁刊本、三让堂刻本（该本又有同文堂本、纬文堂本、翰选楼本、文元堂本等十余种翻刻本）、宝文堂刊本、九思堂刊本等，皆为这个本子的再刻本。

2. 藤花榭本：嘉庆二十三年（1918）前后金陵藤花榭初刻。藤花榭，是满人额勒布的书斋名。额勒布（1747—1830），字履丰，号约斋，满洲正红旗人。他曾刊刻过《说文解字》等书。该本系程甲本之翻刻本，后来"耘香阁本"、"会锦堂本"、"聚和堂本"、"凝翠草堂本"等均系藤花榭本之再翻刻。

3. 本衙藏版本：扉页背面有"本衙藏版"题识，题为《新镌全部绣像红楼梦》，百二十卷，扉页有题记，高序之首有"月小山房"印。程序之首又有"游戏三味"印，末有"小泉"，"程氏伟元"印。"本衙"究指何所，已不可考。

二、程乙本：乾隆五十七年（1792）春萃文书屋木活字本。一百二十回。题《新镌全部绣像红楼梦》。距第一次印本（程甲本）尚不足半年时间。首列高鹗序，次列程伟元、高鹗合写的"引言"。谈及再次刷印的缘起，谓："是书前八十回，藏书家抄录传阅凡三十年矣。今得后四十回合成完璧。缘友人借抄，争观者甚夥，抄录困难，刊板亦需时日，姑集活字刷印。因急欲公诸同好，故初印时不及细校，间有纰缪。今复聚集各原本，详加校阅，改订无讹。"这次重新刷印，对程甲本中的前八十回改动较大，而后四十回中的改动主要集中在两个方面：一是把对话中的书面语言差不多悉数改为有北京地区方言特色的口语。如将“安逸”改为“舒服”，将“未结局”改为“没完事”，将“怎么样”改为“怎么着”，将“衣服”改为“衣裳”，将“便”改为“就”，将“不曾”改为“没有”等等。并且增加了很多“儿”话音；二是改订了“程甲”本中文字不通之处。如：“众人道：琏二奶奶这几天闹的失魂落魄的样儿了，也没见传出去。昨儿听见我的男人说，琏二爷派了……”云云，这显然是一个人在说，而非“众人道”。“众人”一起说话，怎么会说“听见我的男人说”呢？程乙本将“我的男人”改为“外头男人”，这样就严谨了。对于故事情节则未作改动，最彻底的改动只有第一百零五回锦衣军查抄宁国府清点物品的单子。程乙本的这一张抄家清单，显然比程甲本丰富了许多。

1927年亚东图书馆接受胡适先生的意见，用程乙本重新标点了他们五四后出版的以程甲本为底本的排印本，以后刊行的一百二十回本，始有取此本作底本的。程乙本之广泛流布，实肇于此。

程、高排印本结束了《红楼梦》这部旷世名著的传抄时代，让《红楼梦》的文字得到固定和统一。这对原著的保存和推广不能不说是一项了不起的贡献。

三、程丙本：乾隆五十七年夏，距程乙本刷印不到半年的时间，又印行了该书的再次修订本，世称“程丙本”。实际上，这个本子只是“程甲本”与“程乙本”的旧版和一个拼凑本。真正的“程丙本”应是上海图书馆所藏的《新镌全部绣像红楼梦》。这个本子一直被当作“程乙本”看待。80年代初期顾鸣塘先生借出此本，经研究发现，这个本子是与“程甲本”与“程乙本”都不一样的第三次程印本，把这个本子同“程甲本”、“程乙本”并称为“程丙本”是合适的。

所谓混合本，指的是八十回本和一百二十回本的混合体。其前八十回属于八十回本系统，正文没有经过程、高二人的改动，后四十回则属一百二十回本系统，其代表性版本有两种：

一、红楼梦稿本：即《乾隆抄百廿回红楼梦》，简称“梦稿本”，又称“杨继盛藏本”或“杨本”。清道光间人杨继盛旧藏，书签自题，线装十二册，每册十回，共一百二十回。前八十回据核对至少是由两种以上脂本抄配，脂批大部分删却。其祖本年份失考。书名虽不再冠以《石头记》，然仍当属脂本系统中的抄本。

《红楼梦稿》是目前《红楼梦》抄本系统中，唯一具有后四十回的一个早期抄本，也是硕果仅存的一部《红楼梦》的全抄本。从这个抄本可以看出程、高本排印以前的状况，也可以说它是活字本与抄本之间的一个过渡本。

二、蒙府本：清蒙古王府所藏抄本《石头记》，共一百二十回，基本上是戚序本与程甲本的一个混合抄配本。正文有后人改动的痕迹，大量批语保留，然删去了批者署名和所记年月，回前回后加入了一些原脂批外的文字。也有学者称这个本子作“脂蒙本”。

二、关于后四十回

《红楼梦》的后四十回，至今还有许多谜未曾解开。学术界庶几可成为定谳的两个观点是：

一、后四十回的作者不是高鹗，而是曹雪芹、程伟元、高鹗之外的另一个人。

二、后四十回是附骥之作，或干脆说是“狗尾续貂”之作，与前八十回原作者曹雪芹的美学思想大异其趣，其所体现的悲剧精神亦与前八十回迥异，人物事件更是与前八十回的伏笔提示多有不接榫之处。

由于甲戌本第一回批语有“壬午除夕，书未成，芹为泪尽而逝”的记叙，而脂评系统中主要抄本的文字均未超出八十回之外。故一般认为曹雪芹生前只完成了前八十回的基本定稿。又因为脂评中每每提及八十回后的故事脉络与线索，以及回目甚至于个别具体描述文字，故很多研究者认为曹雪芹很可能已经拟就后文回目、提纲，或者说完成了部分章节也说不定。而程伟元和高鹗，只不过是传播、印行《红楼梦》这一旷世名著的有识之士，或者说，他们只不过是《红楼梦》全书的整理者、修改者，而绝非《红楼梦》后四十回的作者。理由是程本的整理者一再强调，多年以来他们一直在细心访求《红楼梦》原作和续作的各种抄本，他们所排印的本子，是把各种抄本集合在一起，“细加厘剔，截长补短，抄成全部”。特别是“书中后四十回系就历年所得，集腋成裘，更无他本可考。惟按其前后关照者，略为修辑，使其有应接而无矛盾。至其原文，未敢臆改，俟再得善本，更为厘定，且不欲掩其本来面目也。”所以，他们认为，程、高二人仅是做了两项工作，一是搜集，二是整理，这都与“续写”有着原则上的区别。

认定高鹗为续书作者的最早资料是高鹗的妻兄张问陶的《赠高兰墅同年》七律，题下的一则小注，谓：“传奇《红楼梦》，八十回以后，俱为兰墅所补。”

张问陶（1764—1814），字仲治，号船山，四川遂宁人。他是诗人，又是书画名手，乾隆朝进士，曾官吏部郎中，终官于山东莱州知府。与高鹗有“同年”之谊。他在嘉庆三年写给高鹗的这首赠诗中，有“艳情人自说红楼”句。

与高鹗有过交往的曼殊震钧，在其著《天咫偶闻》卷三亦记载：

> 张船山有妹嫁汉高兰墅（鹗），以抑郁而卒，见船山诗集。按兰墅乾隆乙卯玉殿传胪，亦有诗才，世行小说《红楼梦》一书，即兰墅所为。余尝见其书诗册有印曰“红楼外史”，则其人必放宕之士矣。兰墅能诗，而船山集中绝少唱和，可知其妹饮恨而终也。
>
> （曼殊震钧《天咫偶闻》，光绪丁未仲春甘棠转舍刊本，载河北教育出版社影印《历代笔记小说集成·清代笔记小说》第47册，总第107册）

李放的《八旗画录》也记叙述谓：

> 曹霑，号雪芹，宜从孙……所著《红楼梦》小说，称古今评话第一。

此句之下有注云：

> 嘉庆时，汉军高鹗酷嗜此书，续作四十卷附于后，自号“红楼外史”。

另外，俞樾的《小浮梅闲话》、恩华的《八旗艺文编目》等亦有关高鹗续书的记载。

鲁迅在《中国小说史略》中也肯定了高鹗是后四十回的补写者，他认为张船山的诗注是最可信的史料。他又解释高鹗之所以在序文中说：由程小泉买得全书，嘱自己在付梓前“襄其役”云云，实为“不欲明言己出”，故不足信。他又在《中国小说的历史变迁》中说：“《红楼梦》也未做完，只有八十回，后来程伟元所刻的增至一百二十回，虽说是从各处搜集的，但实则是高鹗所续成，并不是原本。”

俞平伯先生晚年在一次谈话中，也说：“我看《红楼梦》是高鹗续作。后四十回文字上是很流畅的，也看不出很大的漏洞，但关键是人物的观点和内在思想明显看得出来是和前八十回不一样。但高鹗还是有功绩的。毕竟是把书续完了，而且续得不错”（援引韦柰《我的外父俞平伯》，上海书店1993年版）。

而我认为，高鹗的序言和他与程伟元合写的“引言”中的话，不免有“闪烁其词”的成分在焉。一个更大的可能是，高鹗是在看到了程伟元搜罗的一些“续书”抄本的基础上，完成了对后四十回的续写工作。他在续写的过程中，有可能借鉴了其他续本的某些情节和描写，但这种借鉴，是建立在他对原著的理解与把握的前提下的，而且不可能不加入自己的主观意志。我们现在所看到的这一个续本，其艺术成就高出于现存的任何续本之上，绝非是一个七拼八凑的“庙市本”。

另外，程甲本的序文于乾隆五十六年“冬至后五日”程乙本的“引言”写于五十七年“花朝后一日”，二者相距两个多月，而从程甲本到程乙本，正文中做了大量的修改，据统计这种删改有21506个字，其中对前八十回的删改有15537个字，对后四十回删改有5969字，这种修订是为了使前八十回与后四十回尽量保持文气的贯通和情节的榫合。如系“抄袭蓝本”，何来花费偌大的气力。

这里我们又不得不回到问题提出的原点上来，即如何看待程伟元的“序”和高鹗、程伟元的“引言”中提到的关于前八十回和后四十回来源的问源。关于程伟元的“言非所衷”，许多前辈学者早就有过定论，程伟元说他先积成二十多卷，后又在卖杂货的鼓担上得到十多卷，刚好可丁可卯地凑成了四十卷，而且这些原本前后能够互相“接笋”，这种巧合未免过于离奇，让人难以置信。而程乙本的“引言”也大有自相矛盾之处，他们一面说对“得到”的原本“略为修辑”，一面又说“至其原文，未敢臆改”。能够解释的理由是：高鹗知道，续书实际上是“代人立言”，尤其是对这样一部广为传抄、在一定范围内产生了很大影响的小说，弄不好就会招致时人与后人的非议和诟病，只好用“假语村言”葫芦提遮掩一下，也是可以理解的。

认为后四十回非高鹗所续的学者所坚持的其中一个理由是，高鹗除了写过一些诗词之外，并没有其他小说作品流传，因此，他续《红楼梦》的证据就打了折扣。这未免过于苛刻。曹雪芹也没有其他小说行世，难道这也可以算做对他写出《红楼梦》表示怀疑的理由吗？

那么，接下来第二个问题便是，在程甲本中，并没有提到高鹗的名字，程乙本有了高鹗的“序”和程、高二人共同署名的“引言”。续书究竟是程高二人的合作，还是高鹗一人之功？

根据我们已经看到的资料，可以证实，整理、续写后四十回的，只有高鹗一人。

程伟元与《红楼梦》的关系，过去也有很多误解，由于他的生平长期失考，故被认为只是一个普通的书商，随着他的一些个人生平资料被发现，作为文化人的程伟元“浮出水面”。1974年，台湾著名作家高阳在台北市今日公司的“今日画廊”购得程伟元的一幅大中堂画作，这幅作品上有两个钤印，一为“伟元”，一为“小泉”，右下角有押脚章“小泉书画”。此作发现可与早些周汝昌先生在大陆购得的程伟元所绘的一个扇面形成互证。高阳先生有专文论及程氏生平及对《红楼梦》的贡献，撮其大要，为：

一、程伟元的家世，据盛京将军晋昌赠他的一首诗说：“义路循循到礼门，先生德业最称尊。箕裘不坠前人志，自有诗书裕子孙。”足见其出身于书香门第。

二、程伟元的科名，据晋昌赠他的诗，谓：“况君本是诗书客，云外应闻桂子芬”，双说“脱却东山隐士衫，泥金他日定开缄”。在晋昌幕府当清客时，晋昌就鼓励他去考进士（“泥金”——即“泥金贴”，唐代新进士及第，以泥金书贴，报登科之喜），所以说程伟元应该是个“举人”，一个没中过举的人，没有资格去考进士的。乾隆末，他寓居京师，大概也如高鹗那样，等待参加会试。后来高鹗中了进士，做了达官，程伟元却橐笔关外，做了晋昌幕府的清客。

三、程伟元有才名，这从晋昌对他的器重可以看得出来。晋昌是清太宗皇太极之后，恭亲王常宁五世孙，从嘉庆五年起，曾三次担任盛京将军之职。在出镇盛京时，特地把他器重的程氏延入幕府，佐理奏牍。他们二人经常有诗酬唱，晋昌赞程伟元："文章妙手称君最，我早闻名信不虚。"程伟元亦工于诗，晋昌"凡席中联名，邮筒报达，必与之偕"（李棨《且住草堂稿跋》），晋昌评及他的诗，说其作"新诗清润胜瑯玕"、"瑶章三复见清新"。程伟元又精于绘事，据记载，他曾在嘉庆七年为晋昌祝寿绘有一本"罗汉册"。他的画亦多为时人所激赏。可见程伟元是一个多才多艺又怀才不遇的文士。（以上资料援引高阳《红学史上一公案》）

由此，我们可以推知，程伟元不仅仅是《红楼梦》原书稿的提供者和整理本的出版者，他与高鹗的分工，很大的可能是他从事了前八十回的修订，而高鹗完成了对后四十回的续写。

那么，我们今日如何评介高鹗所续写的后四十回的历史地位和高鹗本人的历史地位，是该作一番认真的探究了。

曹雪芹的原作在八十回中断，然而从脂砚斋的评语和相关的资料中，也可以看出曹雪芹对于全书的设计。他的计划本来是要写到一百一十回的（或曰"百另八回"），脂评本中还透露了一些曹雪芹尚未行文的回目，如"薛宝钗借词含讽谏，王熙凤知命强英雄"、"……寒冬噎酸虀，……雪夜围破毡"，以及一些不完整的题目如"狱神庙"、"花袭人有始有终"、"宝玉悬崖撒手"、"十独吟"等。甚至写出了一部分章节，如庚辰本第二十六回眉批"《狱神庙》回有茜雪红玉一大回文字，惜迷失无稿，叹叹！丁亥夏，畸笏叟"。这样的记载已见多处。或点明某些回"迷失无稿"，或叹息："被借阅者迷失"，不一而足。曹雪芹设计的故事结局是，由于贾府子孙的不肖，使这个世代簪缨的望族终于出现了不可避免的江河日下的衰败，先是宝玉、王熙凤被系囹圄，继而林黛玉"花落人亡"，宝玉出狱后改娶宝钗，然"金玉良缘"无法代替"木石前盟"，宝玉终于舍掉"宝钗之妻、麝月之婢"而"悬崖撒手"，出家为僧，"食尽鸟投林"的贾府落了个"一片白茫茫大地真干净"。

高鹗受到挞伐的主要原因，是他的续书背离了曹雪芹的心旨，甚至"整个篡改了原作者的意思"。

首先是对书中几个男女主人公的命运的揭示：

比如惜春，曹雪芹原意是她最终看破红尘而出家，警幻簿册中的图画是："一座古庙，里面有一美人在内看经独坐"，题词云："独卧青灯古佛旁。"高鹗却让她一身道姑装束，留在家庙——大观园内的"栊翠庵"中。巧姐在簿册里的图画是在荒村野店中纺线，高鹗却让她嫁了一个乡里的富家子弟，而且后来这个孩子也中了举人。还有贾宝玉，按照曹雪芹的设计，在贾府被抄后，他与贾府亲属一同下狱，昔日丫头茜雪到狱神庙探慰，出狱后与宝钗结婚，最终"悬崖撒手"。而续书中宝玉自愿应试中举，猎取了他一向鄙薄的"功名"之后才被渺渺大士、茫茫真人"化"去，而且还被圣上赏上了一个"文妙真人"的道号。特别是对贾家"沐皇恩"、"延世泽"、"兰桂齐芳"、"家道复兴"的描写，更是从根本上抹杀了原著中悲剧的社会意义，与曹雪芹所设计的贾府"一片白茫茫大地真干净"的结局大相径庭。

一些红学家甚至推断出高鹗续《红楼梦》是为了以这种方式向"曹雪芹作斗争"，并认为是受到了当时权奸和珅的指使和皇家的授意。

高鹗的续书果真如此"罪莫大焉"？

我认为，高鹗于《红楼梦》是有功的，而且功不可没。二百多年，他一直坐在文坛的"被告"席上，这有失公道。

一、高鹗毕竟第一次让《红楼梦》成为一部完整的艺术品。《红楼梦》有了高续，才有了完整的面目，才得以广为流传，曹雪芹的原著《石头记》仅仅完成了大半，即一百二十回或一百零八回中的前八十回，便是这八十回，严格地说也还是个"未定稿"，有很多地方留着待插入诗词和相关文句的空白，有的章回有正文而无回目，有些章回跳过去没有来得及写，由于作者大概是先写了正文再分章回的，所以有些章回没有来得及分开（比如第十七—第十八回），个别回目与内容的对接也不是太严谨。这些问题如假以时日，曹雪芹会把它修订得很完善。不幸的是，他书未成而早赴玉楼，留下了永恒的遗憾。高鹗以一己之努力，使"红楼"终成全璧，而且成为定本，一举结束了《红楼梦》传播史上的抄本时代。自乾隆五十六、五十七年程、高本三出，由此流布甚广，又经已知的三十余种刻本翻印，使这部名著遐迩风行，家传户诵。乃至于"《红楼多》始出，家置一编，皆曰：此曹雪芹书"（西清《桦叶述闻》）"曹雪芹《红楼梦》一书，久已脍炙人口，每购抄本一部，须数十金。自铁岭高君梓成，一时风行，几于家置一集”（逍遥子《续红楼梦序》），“京版《红楼梦》流衍江浙，每部数十金，至翻印日多，低者不及二两……士大夫爱玩鼓掌，传入闺闱，毫无避忌”。（清毛庆榛《一亭考古杂记》）以上数则笔记，记载的仅是乾隆朝《红楼梦》刊刻后不久出现的盛况，到了嘉庆朝，海内便流传着“开谈不说《红楼梦》，读尽诗书也枉然”（得舆《草珠一串》）的歌谣了。可见影响之广泛。

二、高鹗的续书，从客观上并未消解原著的悲剧主题，而是从某些方面使这一主题的内涵得到了进一步的深化。以黛玉的形象塑造为例，如果说前八十回“黛玉葬花”埋下了宝黛爱情的伏线，那么高鹗笔下的黛玉绝粒、焚稿、惊梦等情节则把《红楼梦》的悲剧推向了顶峰。黛玉之死无疑是整部《红楼梦》中最为催人泪下的神来之笔，说其是整部书的华彩段也不为过。后四十回中的林黛玉所承受的封建迫害，才真正有了“一年三百六十日，风刀霜剑严相逼”的更深化的内蕴。

三、高鹗的续书并未削弱曹雪芹批判封建正统主义的锋芒。钗黛合一、两峰对峙，双水分流是曹雪芹前八十回对书中两位女主角人格设计的主旨。高鹗的后四十回中，把薛宝钗一步步推向了林黛玉的对立面。她不露声色地取黛玉而代之，登上了“宝二奶奶”的宝座，在此一过程中，她完全依靠了整个贾府中操权柄人的支持。她“未尝以爱情感动宝玉，但知于贾母、王夫人、诸嫂、诸姑以至仆人等，处处使乖，处处献勤，四面八方布置了一个风雨不透，使人人心目中，皆以将来之二奶奶相期。彼其心直以宝玉为一禽，而张罗以捕之，以为捕得之后，以我之美，何难使其心悦诚服？唉，这便是娼妓行为”（季新《〈红楼梦〉》新评）。高鹗笔下宝钗的形象，已经与前八十回有了冰炭之别。薛宝钗这个人物是很难把握的，蒙古族评论家哈斯宝曾说过，全书的许多人写起来都容易，唯独薛宝钗写起来最难，因为大体上许多人都可用直笔，唯薛宝钗不能，看出全好的薛宝钗还容易，把全坏的薛宝钗写得全好便最难。应该说，高鹗对于薛宝钗这个人物所用的笔墨是成功的，有原书情节在，此不赘述。

四、对贾宝玉结局的揭示，是高鹗对《红楼梦》的又一贡献。按照曹雪芹的设计，宝玉到“年近半百，才出了家”（俞平伯），“穷愁孤苦，不可自聊”和对情孽的忏悔，是他出家的一个重要原因。而高鹗笔下，贾宝玉是在赴考中了乡魁之后毅然走出红尘的，这才真正是“悬崖撒手”。他的出走正是对他所鄙薄的“功名”的彻底反叛。

五、高鹗给予《红楼梦》的结局并非是真正的“大团圆”。毋庸置疑，“沐皇恩”和“延世泽”确是高鹗的败笔，评论者由此认为这一败笔确是对贾府颓败结局的反拨，是对《红楼梦》悲剧精神的消解。

《红楼梦》的悲剧由三个层面构成，即贾府的悲剧、大观园的悲剧和贾宝玉的悲剧。这三个层面的悲剧性质各异，然而它们共同的悲剧意蕴却表明了悲剧的普遍性质。《红楼梦》是一部大悲剧，它是由大大小小各式各样的悲剧单元组成的。在这个悲剧整体的有机结构中，每一个单元或个体的悲剧的形成，都是由其终极价值的选择与现实社会关系的复杂微妙造成的。看起来，高鹗给了《红楼梦》一个完满的结局——本来已成衰局的贾家出现了家道复兴的曙光：宁荣两府复了官，赏还了抄没的财产，流放的贾赦等被恩命放还，而且重要的是贾府中毕竟有了一个可以“延世泽”的接班人——贾兰脱颖而出，中了第一百三十名举人。然而，此时的贾府，已再也没有往日的气象了，虽然不至于“一片白茫茫大地真干净”，然而“花落人亡”的局面亦令人触目惊心——第九十回的“宴海棠贾母赏花妖”，真如一个模本寓言，预示了贾府必然的悲剧结局。元妃薨逝之后，紧接着是黛玉魂归离恨天，死亡与厄运笼罩着这个显赫百年的旺族。在贾母寿终正寝之前，她看到的是“迎春先死，湘云将寡，真如大树一倒，人无荫庇”（王希濂语）。死的死，走的走，嫁的嫁，出家的出家……作恶多端的赵姨娘被阴司拷打死在铁槛寺，做了很多坏事的王熙凤终因聪明太甚，而误了卿卿性命，连大观园里的方外之人妙玉也难逃一劫，即使是登上了宝二奶奶宝座的薛宝钗结局也一样悲惨，才成连理，便守空房。贾政虽然升了官（工部郎中），但贾宝玉的出家，让他继业的希望彻底化作泡影，贾府是真正的后继无人了。高鹗几乎给他笔下所有的人物的结局都做了悲剧处理。难能可贵的是，在营造后四十回悲剧结构的时候，他把一个家族的悲剧命运同每一个个体的历史存在结合起来，一连串个人的毁灭，便构成了一个封建大家族的整体的毁灭。尽管高鹗或许出于减轻政治压力的目的（须知乾隆朝的文字狱可是前无古人而后无来者，文网罗织，连信手涂鸦的疯子都不放过），给这个封建家族的结局涂上了一层皇恩浩荡的光环，但却无损于《红楼梦》之成为最彻底的悲剧。

六、以往的研究者，对高鹗的小说艺术亦颇多微词。殊不知“草蛇灰线”重现于千里之外，恰恰是因为有了高鹗的努力。高续四十回，大体上都有前八十回的伏脉，有着极为精细、出奇的接应。林语堂先生谓“高本作者才学经验、见识文章，皆与前者（指曹氏之前八十回，何按）相称”，“高本作者文字手眼甚高，有体贴入微、刻骨描绘文字，更有以细写闺阁闲情的佳文，似与前八十回同出一人手笔”；他据此认为：“高本之成功，不仅在前呼后应，血脉相通，而在写来亲切逼真。单写贾府败落是不够的，是要写到呼啦啦似大厦倾，昏惨惨似灯将尽情状。宝玉斩断情缘，是要写到‘肆行无碍凭来去，茫茫著甚想愁喜，纷纷说甚亲疏密’的心境。双美双玉一段确能表现出此情此景，所以高本出而以前各本绝，良有以也。”（林语堂《平心论高鹗》，台北文星书店1966年版）苏雪林先生更是叹喟：“（《红楼梦》）全书的精彩倒在高鹗续的后四十回。我觉得高鹗不愧姓高，他的才华，真正高而又高。《红楼梦》的荣誉应该完全归给他才是。近代许多红学家狂捧曹雪芹，而乱骂高鹗，实令我痛感不平。”（苏雪林《试看红楼梦的真面目》，台北文星书店1967年3月版）王蒙先生也主张，对于高鹗续作的后四十回，希望人们“不必从考证的角度就把它全部否定、从根本否定。”（王蒙《红楼启示录》）

一个有趣的现象是，对高续后四十回提出赞扬的，多是作家，他们的一些观点，有时与抉微索隐的红学家简直形同冰炭。文学家的独具只眼的见解，往往最直接地揭示出古今小说创作的共同规律，是应该受到重视的。

三、关于本书的校注

本书前八十回以乾隆二十五年庚辰（1760）《脂砚斋重评石头记》（即庚辰本）为底本，后四十回以乾隆五十七年壬子（1792）萃文书屋木活字《新镌全部绣像红楼梦》（即程乙本）为底本。主要参校以下脂本和程本系统的版本：

1. 清乾隆甲戌《脂砚斋重评石头记》，即“甲戌本”（所据为1961年台北商务印书馆影印本、2000年作家出版社邓遂夫校订排印本）；

2. 乾隆己卯《脂砚斋重评石头记》，即“己卯本”（所据为1980年上海古籍出版社影印本）；

3. 《乾隆抄百廿回红楼梦稿》，简称“梦稿本”（所据为台湾广文书局影印本）；

4．清蒙古王府藏抄本《石头记》，简称“蒙府本”（所据为北图藏本）；

5．《戚蓼生序本石头记》，简称“戚序本”（所据为人民文学出版社影印有正大字本）；

6．乾隆五十六年辛亥萃文书屋木活字本《新镌全部绣像红楼梦》，简称“程甲本”；

7．人民文学出版社1981年5月版《红楼梦》（以庚辰本和程甲本为底本）；

8．四川文艺出版社，1998年版《红楼梦》，该本以“梦稿本”为底本，参校以列宁格勒藏抄本、甲戌本、己卯本、庚辰本，系首次以“列藏本”为参校本出版的一个版本。

底本前八十回中，第十七、十八回原未分回，今据程乙本析为二回，即第十七回“大观园试才题对额，荣国府归省庆元宵”；第十八回“皇恩重元妃省父母，天伦乐宝玉献词华”。回目之间过渡文字亦据程乙本删、补；

第十九回回目原阙，据己卯本补；

底本所缺第六十四、六十七回，采用程乙本进行补配；

对底本中一些置于回目开篇的题解性文字全部删却。

对底本的衍夺讹舛和难以读通之处，则据参校本进行了校改，如：

第三回，写贾宝玉眼中看到的林黛玉的形象，底本作：

> 宝玉早已看见了一个姊妹，便料定是林姑妈之女……细看形容，与众各别；两弯半蹙蛾眉，一对多情杏眼。

后两句各本大异，甲戌本作“两弯似蹙非蹙笼烟眉，一对似□非□□□□。原抄方框作朱色，疑为修订时之未定稿，框内文字阙如。人民文学1982年本据甲辰本改作“两弯似蹙非蹙笼烟眉，一双似喜非喜含情目”，邓遂夫校本据列藏本改作“两弯似蹙非蹙罥烟眉，一双似泣非泣含露目”，虽非作者原文，然对仗最为工整，故从改之。

又如第四回写薛蟠的出身：

这薛公子学名薛蟠，表字文起，五岁性情奢侈，言语傲慢。

似与文义欠通。对一个五岁的孩子，无论如何也不会用“性情奢侈，言语傲慢”来形容他。然各本多作“五岁”。人民文学出版社校本据己卯本、梦稿本校为“五岁上就性情奢侈，言语傲慢”，亦不妥。今从甲戌本改为“今年十有五岁，性情奢侈，言语傲慢”。

第五十三回：

已没有什么外项大事，不过是一年的废用废些，我受些委屈就省些。

“废用废些”，底本点改为“费用费些”，各本均异。人民文学出版社校本为“费用费些”，语欠畅达，故从梦稿本、程乙本校改为：“我受用些就费些，我受些委屈就省些”。

五十三回：

纵赏银子，不过一百两金子，才值一千两银子，够一年的什么？

底本已点改“银子”为“金子”，人民文学校本从原文，仍用“银子”，亦欠通。故从梦稿本改为：“就是赏，也不过一百两金子，才值一千两银子，够一年的什么”。

对原文中或因阙文等原因造成的语义不畅，亦据相关版本进行了补配。如第七十四回：

尤氏道：“你是状元、榜眼、探花，难道就没有糊涂的不成。可知他们也有不能了悟的。”尤氏笑道：“你倒好，才是才子，这会子又作大和尚了，又讲起了悟起来。”惜春道：“我不了悟，我也舍不得入画了。”

这一节文字语焉不详。原文或阙文，或漫漶不清，各本文字亦多有差异，因此据梦稿本、蒙府本、戚序本综合补配为：

> 尤氏道："你是状元、榜眼、探花，古今第一个才子，我们是糊涂人，不如你明白，何如？"惜春道："据你这话就不明白。状元、榜眼难道就没有糊涂的？可知你们这些人都是世俗之见，那里眼里识得出真假、心里分得出好歹来？你们要看真人，总在最初一步的心上看起，才能明白呢。"尤氏笑道："你倒好，才是才子，这会又作大和尚了，又讲起了悟来了。"惜春道："我也不是什么参悟，我看如今人一概也都是入画一般，没有什么大说头儿。"

这样，文字的气脉就贯通了。

有的校本对一些骤看似误，实则不误的字句进行了望文生义的校改，反而造成了歧义，本书则仍如其旧。如第五回贾宝玉神游太虚幻境，看到"金陵十二钗"正册中元春的一首判词：

> 二十年来辨是非，榴花开处照宫闱。
> 三春争及初春景，虎兔相逢大梦归。

最后一句甲戌、蒙府、戚序等本均作"虎兔相逢"，人民文学本据己卯、梦稿本改为"虎兕相逢"，"兕"字实为误抄或妄改。"虎兔相逢"是两个年份的相交，表明在"虎年"和"兔年"交替之时元春薨逝。元春果死在寅年十二月十九日（十八日立春），已交卯年寅年，应了"虎兔相逢"的谶语（见高鹗续之第九十五回）。"索隐派"认为：作者曹雪芹家庭的衰败，源于康、雍政权更替后发生的一系列变故。康熙末年（1722）是壬寅虎年，雍正元年（1723）则为癸卯兔年，正是"虎兔"相逢，其中隐着作家的家世之叹。而"兕"指的是犀牛类猛兽。如此推断，离作者本意未免远了一些。

第十三回，秦可卿临死前，向凤姐嘱托后事，曾有一段话：

眼前不日又有一件非常喜事，真是烈火烹油，鲜花着锦之盛。要知道，也不过是瞬息的繁华，一时的欢乐，万不可忘了那“盛筵不散”的俗语。

“盛筵不散”在所有脂评本中，除戚序本改“不散”为“必散”外，其余各本文字皆同，说明作者在历次修改中，并未对这句话作一字改动。许多当代校本，均依戚序本改为“必散”，误。邓汝遂先生认为：试推敲秦氏此语，原只是在提醒凤姐注意该俗语，大有点到为止，“天机不可泄露”的意味。因而仅用了该俗语原有的四个字，加以点示（“不散”是里面的原话，似不可擅改作“必散”），更重要的是，作者于此尚无意让读者了解该俗语全貌（否则大可直书出来），直到第二十六回，才安排小红在不经意中首次说出（何按：即“千里搭长棚，没有个不散的筵席那句话”），正可达到让读者回味无穷的艺术效果（后来当然还会多次提到这句话）。因而，秦氏所言，只能理解为对该俗语的一句简单提示，似不能机械地视为对其内涵的概括（见邓汝遂《脂砚斋重评石头记——甲戌本》第十三回校记）。这个观点我是赞成的，故仍从原文未予改动。

另有一些骤看不误，细究实误的字句，则参照他本进行校改，如第十五回：

水溶又将腕上一串念珠卸了下来，递与宝玉道:“今日初会，仓促竟无敬贺之物，此系前日圣上亲赐鹡鸰香念珠一串，权为贺敬之礼”。

这里的“鹡鸰香”，诸本同，实应为“蕶苓香”之误。蕶苓香，一作“零陵香”，因湖南零陵县所产为最佳，故名。刘禹锡《潇湘神二曲》诗云：“君问二妃何处所，零陵芳草露中秋”，就是指此物。周汝昌先生主编《红楼梦大辞典》释义：“鹡鸰，常见鸟类，体小，嘴、尾和翅膀细长，头顶黑色，前额纯白。主食昆虫、小鱼。《诗·小雅·棠棣》：‘鹡鸰在原，兄弟急难’，后常以鹡鸰喻兄弟要临难相济。康熙临终，诸子夺嫡，后来雍正执政，残杀兄弟。研究者认为曹家就是在这次宫廷政变中受株连而衰败”。并据此认为："鹡鸰香念珠"一节是曹雪芹影射国事家事的曲笔。最早给《红楼梦》作批的脂砚斋也说："盖作者实因鹡鸰之悲，棠棣之戚，故撰此闺阁庭帏之传"。这是"望文生义"的一个典型个案。我遍查《尔雅》、《埤雅》、《毛诗陆疏广要》等大量资料，找不到任何关于这种小鸟与香料的关系的记载。索隐派的推理，往往"跑偏"，此为一例。故改"鹡鸰"为"蓥苓"。

再如第二十七回，林黛玉葬花词中，有句云：

未若锦囊收艳骨，一坏净土掩风流。

"一坏净土"，底本和蒙府本、戚序本诸本"坏"均作"堆"，梦稿本作"抔"，列藏本作"杯"，甲戌本、舒序本同误作"坯"（坏）。人民文学校本和当代诸新校本多作"抔"。这里从甲戌本校改为"坏"。

按，"坏"，此音péi，坏土之意。指用土筑起坟墓。陈亮采《小螺庵病榻乙语题词》有"一坏黄土南湖畔，斜日平芜蛱蝶飞"句。孔尚任《桃花扇·辞院》亦有"长陵坏土关龙脉，愁绝烽烟搔二毛"句，其意显见。请注意，"堆"和"抔"，都是作量词使用的，而"坏"，在这里却可作动词理解，文本意义自然深化了。

《红楼梦》中有四百多个人物，高鹗的续书中，有些人物关系前后矛盾，则据文意进行了调整。如第八十五回，写贾政升任郎中后，合族欢喜，亲戚们也来道贺：

如此两日，已是庆贺之期。这日一早，王子腾和亲戚家送过一班戏来，就在贾母正前厅搭起行台。

送戏之人，程本系统诸本均作"王子腾"。然本书第一百零一回凤姐与贾琏夫妇对话中，王熙凤说："二叔不是冬天的生日吗？我记得每年都是宝玉去。前者老爷升了，二叔那边送过戏来，我还偷偷地说，二叔为人是啬刻的，比不得大舅太爷。他们各自家里还乌眼鸡似的。不么，昨儿大舅太爷没了，你瞧他是个兄弟，他还出了个头儿揽了个事吗？所以那一天说赶他的生日，咱们还他一班子戏，省了亲戚眼前落亏欠。"

这里说得很明白，“前者”贾政升官庆贺，送戏的人是王子腾之弟——即“二叔”王子胜而非“大舅太爷”王子腾本人。《红楼梦》中人物众多，续书作者把人物关系弄混了的事是常有的。此即一例，因此据文义径改为“王子胜”。

还有的地方不便于改动，只好仍如其旧。如在曹雪芹的前八十回中，丫头柳五儿已死，而在高鹗的第一百零九回中，“复活”了的柳五儿竟然大大地出了一番风头。

还有称呼的混乱，在曹雪芹的前八十回中，贾琏对贾政和王夫人，历来以“老爷”、“太太”相称，而在高的续书中，却直以“叔叔”、“婶婶”呼之，有时也称之为“二老爷”、“二太太”等。

续书与原著之间，这一方面的凿枘脱节之处还有很多，对于无法校改的，只能保持原貌。

对于底本的俗字和异体字，也根据目前通行的规范字予以校正。如“磕瓜子”改正为“嗑瓜子”、“遭塌”改正为“糟蹋”、“掌不住”改正为“撑不住”、“厌气”改正为“咽气”、“握着嘴”改正为“捂着嘴”等等。

因为这套丛书是为一般读者而整理的普及本，限于体例，未出校记。

《红楼梦》也是一座语言的富矿。本书注释的内容，既包括了书中所涉及的典章故事、官制礼仪、宗教、哲学、服饰、饮食、生物、医药、地理、经济、陈设器用，风俗游艺、园林建筑等各个方面，也特别注意了对普通语辞和方言、市语的注释。曹雪芹的前八十回和高鹗的后四十回，对某些词语的运用方式亦不尽相同，这些在注释中也尽量有所区分和显示。有些相同的条目在不同的回次中各有含义，亦重出另注，以俾读者参考。

注释文字力求简明扼要，个别难度较大的辞目附以典故注释和译文。

在四年的校注工作中，国家图书馆和我的母校——北京大学图书馆，以及中国社会科学院图书馆、河北省图书馆、天津图书馆等也对我的学术工作给予了充分的支持，提供了很多方便。北京大学古籍研究所杨忠、马秀娟、杨涓子先生认真审阅了全部校稿，提出了许多非常中肯而宝贵的意见，很多匡正校误的文字就直接写在校样上，丹黄矻矻，令人感动。在此深表谢忱。

在校注过程中，也参照了一些新版整理本和相关的工具书，采纳了许多红学专家的研究成果，不敢掠美，爰书于此。

由于校注者学力不逮，这个本子不免有很多疏漏和错误，我们期待着读者和方家的批评。

2001年5月31日　于冷板凳斋

（本文为作者校勘本《红楼梦》所作自序）

《金瓶梅》与《儒林外史》

《金瓶梅》是一部独一无二的“黑色小说”。

宁宗一教授曾把它称作“小说史的一半”，他说：“研究《金瓶梅》的重要意义，还在于在笑笑生身上和《金瓶梅》的文本中就有中国古代小说中的一半；在于《水浒传》、《三国演义》、《儒林外史》、《红楼梦》等伟大作品的存在，离不开同《金瓶梅》相依存相矛盾的关系；在于笑笑生及其《金瓶梅》代表的中国文化传统的一个方面，以及它与中国古代知识分子的历史性格、文化性格有甚深的关系”（《说不尽的〈金瓶梅〉》）。

《金瓶梅》是一部世情书。它写了商人、牙人、匠人、僧人、道人等形形色色的人物，也写到了读书人，如应伯爵、水秀才、温秀才（必古）、蔡状元（蔡蕴）等。这一小群读书人，是晚明社会知识分子悲剧的一个缩影。

读《金瓶梅》，不可忽略书中那一篇《别头巾文》：

一戴头巾心甚欢，岂知今日误儒冠。别人戴你三五载，偏恋我头三十年。要戴乌纱求阁下，做篇诗句别尊前。此番非是吾情薄，白发临期太不堪。今秋若不登高第，踹碎冤家学种田。

维岁在大比之期，时到揭晓之候，诉我心事，告汝头巾。为你青云利器望荣身，谁知今日白发盈头恋故人。嗟呼！忆我初戴头巾，青青子襟，承汝枉顾，昂昂气忻，即不许我少年早发，又不许我久屈待伸，上无公卿大夫之职，下非农工商贾之民。年年居白屋，日日走黉门。宗师临案，胆战心惊，上司迎接，东走西奔。思量为你，一世惊赫赫，受了若干年辛苦。一年四季，零零碎碎，被人赖了多少束修银。告状助贫，分谷五斗，祭下领支肉半斤。官府见了，不觉怒嗔，皂快道称，尽道广文。东京路上，陪人几次，两斋学霸，惟吾独尊。你看我两只皂靴穿到底，一领蓝衫剩布筋。埋头有年，说不尽艰难凄楚，出身何日，空历过冷淡酸辛。赚尽英雄，一生不得文章力，未沾恩命，数载犹怀壮汉心。嗟乎哀哉，哀此头巾。看他形状，其实可衿。后直前横，你是何物？七穿八洞，真是祸根！呜呼，冲霄鸟兮未垂翅，化龙鱼兮已失鳞。岂不闻久不飞兮一飞登云，久不鸣兮一鸣惊人！

早求你脱胎换骨，非是我弃旧怜新。斯文名器，想是通神，从兹长别，方感洪恩，短词薄奠，庶其来歆。理极数穷，不胜具恳。就此拜别，早早请行。

已有学者考证出，这篇骈文，是晚明文人屠隆的《祭头巾文》。秀才祭头巾，抒发的无非是传统中国知识分子的牢骚和不平。

做官，是中国旧知识分子唯一的前途，非此而不算“举业”。吴敬梓曾通过《儒林外史》中马二先生之口说过：“举业二字，是从古及今，人人必要做的。就如孔子生在春秋时候，那时用‘言扬行举’做官，故孔子只讲得个‘言寡尤，行寡悔，禄在其中’。这便是孔子的举业；到汉朝，用贤良方正开科，所以公孙弘、董仲舒举贤良方正；这便是汉人的举业；到唐朝，用诗赋取士……所以唐人都会做几句诗，这便是唐人的举业；到宋朝……都用的是些理学的人做官，所以程、朱就讲理学，这便是宋人的举业；到本朝，用文章取士，就日日讲究‘言寡行，行寡悔’，哪个给你官做？孔子的道，也就不行了。”

只要不能做官，便不能算是“举业”，便有无穷的悲愤，这种心理，在中国几千年的文学作品中层出不穷，这也是世界文学中独有的现象。

既然文章做不通，官场又进不去，又该如何呢？既然“上无公卿大夫之职，下非农工商贾之民”，又再也不甘心“年年居白屋，日日走黉门（考场）”，又何以为生计，做有钱人家的帮闲，也算是一种“举业”罢。

《金瓶梅》中写到的应伯爵、水秀才、温秀才就是一伙这样的读书人。

应伯爵被人称作“天下第一帮闲”，殊不知，这嫖没了一份偌大家产，专一跟着富家子弟帮嫖贴食，又会一脚好气球儿，双陆棋子，样样精通的应花子，很少让人注意到他原本也是一介书生。

西门庆升官之后，感到自己“虽是个武职，凭他一个门面，京城内外结交的许多官员，近日又拜在太师门下，那些通问的书柬，流水也似往来，我又不得细功夫，多不得料理，一心要寻个先生们在屋里，好教他写写，省些力气”，因此才让应伯爵给他寻一个“秘书”。

应伯爵当即便给他举荐了一个姓水的秀才，《金瓶梅》中写他向西门庆解读水秀才的一封以“黄莺儿”曲牌写的信：“书寄应哥前，别来思，不待言。满门儿托赖都康健，舍字在边，傍立着官，有时一定求方便，羡如椽，往来言疏，落笔起云烟。”西门庆听了哈哈大笑，觉得这信写得蹩脚，并认为水秀才“才学荒疏，人品散淡”。应伯爵说：“哥不知道，这正是拆白道字，尤人所难。‘舍’字在边，傍立著‘官’，不是个‘馆’？若是有馆时，千万要举荐，因此说‘有时一定求方便’。‘羡如椽’，他说自家一笔如椽，做人家往来的书疏，笔儿落下去，云烟满纸，因此说‘落笔起云烟’。哥你看他词里，有一个字儿是闲话么？只这几句，稳稳把心窝里事都写在纸上，可不好哩。”

这位水秀才，是应二先生的同学，他们二人，都是被晚明的科举制度无情地抛弃，而又缺乏赖以生计的一技之长的读书人。不同之处，是应付伯爵比水秀才少了几分穷酸，多了几份精明。

水秀才最初在李侍郎府里坐馆，被主人逐出后无以为生，只好困守空庐，待价而沽。而应伯爵却参透了人情世故。他知道，像他这样落魄潦倒的穷书生，如以清高自居，就只有饿死的份。要不饿死并且活得好（况应二先生还有一妻一妾一家仆需要他一张嘴养活呢。），就只有依附那些发达的商人阶层。

应伯爵作为一个被扭曲的读书人，比其他帮闲自有不同，他百伶百俐，谙熟人情世故。他深知，像他样的穷书生，帮忙不行，更做不得帮凶，而帮闲却要帮得圆通，既要有一定的火候，又要有一定的分寸，应二先生颇领会个中三味。西门庆刚刚做了理刑副千户，买了几条官服上的带子，适逢应伯爵去为吴典恩借银子，西门庆很得意地向应伯爵炫耀。应伯爵知道这个家伙平庸而且愚顽，需要得到及时的奉承，便把这几条带子极口称赞了一通，并说出这带子是水犀角而不是旱犀角，怎样可以把水分开，又怎样夜间燃火照千里，火光通宿不灭，把西门庆说得心花怒放。但他知道不能在主子面前把自己的聪明过分地显露，故当西门庆让他估估这带子的价值时，他马上又装出一副憨相，说："我每（们）怎么做得出来？"这样，使西门庆极端自大狂的心理得到了一番舒舒泰泰的满足，应伯爵也顺顺当当为吴典恩借到了银子。

应伯爵和西门庆之间，是一种精神上的供求关系。因此，他最懂得在什么时候、什么场合如何讨主子的欢心。他很聪明，什么时兴的玩意都能来两手，会讲笑话，会唱小典儿，会踢球，还精烹调之道，什么场面都能应酬，什么物件全能讲出名堂。管砖厂的刘太监送了西门庆二十盆花，他马上道出这盛花的盆子是"官窑双箍浆盆，又吃年代，又禁水漫，都是用绢罗打，用脚跳过泥，才烧成这个物儿，与苏州邓浆砖一个样儿做法。"

因为这一套过硬的基本功，应伯爵才如鱼得水。西门庆饮酒、嫖妓、会客、访友，处处离不了应伯爵，连吴月娘也骂他："勾使鬼"。

应伯爵知道，他虽同西门庆结了金兰兄弟，但这只是名分，他是永远不可能同富埒王侯的西门大官人坐到一条板凳上去的。作为帮闲，应伯爵受得辱、挨得骂，作为读书人，应伯爵又很难死心塌地满意这种生活。有一次他到西门庆家去，西门庆问他吃饭了不曾，他不好意思说没吃，便让西门庆猜，西门庆故意说："想是吃过了。"应伯爵只好解嘲地说："却这等猜不着。"表面上诙谐、滑稽，内心却十分凄惨悲凉。

从应伯爵的行为，我们看到了晚明落魄书生人格的猥琐。应伯爵并不愚笨，但他在商品经济高度发展的社会里没有竞争意识，因此也便失去了独立的人格。他不愿像韩道国那样为东家当差，也不愿像黄四那样借了钱去做买卖，自立门户。甚至不愿像吴典恩那样靠西门大官人去谋一官半职，自然更不愿去种田、做工。因此，只能以人格的低姿势，丧失自我，被裹挟在生活的浊流中。

同一种类型而又有别于应伯爵的，是温秀才。

温秀才名温必古，号葵轩，原是夏提刑家的西宾，由西门庆的僚友倪佳岩保荐，将他推荐给西门庆家做西宾。这位先生年不过四旬，生得明眸皓齿，丰姿洒脱，举止飘逸，堂堂一表人才。但此人根本就没有什么学问，他在夏提刑家做西宾，夏提刑的儿子是因其父捐了五百两赃银，才买了个武举，可见文才委实不行，跟这老生学了些什么，也只有天知道了。

温必古自称："府学备数，初学《易经》"，装出一副饱学之士的派头，每个月拿西门庆的三两束修。西门庆还专门配了小厮画童替他端茶送饭，洗砚磨墨，还在后边收拾了一所书院让他居住。温必古衣食有靠，优哉游哉。

本来，西门庆家没有念书的孩子，原是不必请什么西宾的。他虽做着现任官，但并不勤于公务。温秀才养在府里，只不过替他做一些文字应酬，"专修书柬，回答往来仕夫"。西门庆出门看朋友，让他拿拜帖匣儿跟随。西门庆宴客、狎妓也常常把他拉上作陪。

温秀才文才不达，对吃喝玩乐，掷骰行令却极在行。应伯爵和西门庆、谢希大在酒席上嬉闹，进行无聊的斗嘴，他听得津津有味，十分赞赏："二公与我这东君老先生，原来这等厚。酒席中间，诚然不如此也不乐，悦在心，乐主散发在外，自不觉手之舞之足之蹈之也。"

因此，西门庆同他的狐朋狗党的饮宴时，总要少不了叫上他做陪衬，甚至在妓院里开酒宴，西门庆也总拉上他同往，吃酒到三更方回。

但无论温秀才如何装出一副饱学之士的派头，最终仍免不了要露出些马脚来。他不相信"君子固穷"那一套，吃了拿了还要唆使小厮为他偷银器家伙。他还经常打听各房女眷的房中秘事，十足一个色中饿鬼。这种渔色的变态心理转化为一种邪欲，时常要拿画童泄欲火，致使画童告发到吴月娘那儿。西门庆闻知，即刻叫小厮撵他出门，这位斯文扫地的老夫子，只好灰溜溜卷了自家的铺盖。

那么，已经做了官的读书人又怎样呢？

《金瓶梅》中写了一个蔡蕴。他原本是寒窗秀士，一介书生，考中了状元。蔡蕴中状元是一幕阴差阳错的喜剧，本来取中头甲者是安枕，但"被言官说他先朝宰相安淳之弟，系党人子孙，不可以魁多士"，安淳因为"政审"不合格，所以才把蔡蕴葫芦提擢为第一，做了状元。

蔡蕴一当上状元，马上投到蔡太师门下，做了老蔡的"假子"，这一个斯斯文文的儒生，骨子里却和蔡京、翟谦一样鄙劣。刚刚做了秘书省正字，回家省亲，蔡京的管家翟谦便介绍他顺路去西门庆家"顾借"盘缠，西门庆自然心领神会，摆宴接风之后又赠以重金厚币，让这位没见过大锭银子的新科状元受宠若惊。

第二次到西门庆家里，蔡蕴已成了炙手可热的"巡盐御史"。西门庆此番招待又更不同，一下子花去了上千两白银，送给蔡御史和同行者宋巡按的礼物，每人都是两坛酒，两牵羊，两对金丝花，两匹缎红，一幅金台盘，两把银执壶，十只银酒杯，两个银折盂，一双牙箸。为了更好地笼络住这个上门财神，西门庆还特地叫了妓女董娇儿、韩金钏两个人来陪他过夜。书中写蔡御史退了酒席之后，见了那两个妓女花枝招展的叩头，“欲进不能，欲退不可”，便说：“四泉，你如何这等爱厚，恐使不得。”西门庆笑道：“与昔日东山之游，又何别乎？”御史道：“恐我不如安石之才，而君有王右军之高致矣。”于是月下与二妓携手，不啻恍若刘阮之入天台。

“东山之游”，是指东晋谢安石辞官隐居会稽东山，虽然放情于山水，然而每次赏游必携妓女同行。这同西门庆在自家花园里让妓女陪伴蔡蕴，何有一丝相同之处。而这位蔡御史竟恬不知耻地以谢安石自命，并顺水推舟地把俗不可耐的文盲加市侩的西门庆比做一代书圣王羲之，将卑劣的情欲尽量装点高雅，反而越发显得滑稽。

其实西门庆从骨子里瞧不起这位蔡状元，董娇儿陪他睡了一夜，得了一两银子的红封，拿与西门庆瞧，西门庆笑道：“文职的营生，他哪里有大钱与你，这就是上上签了。”

蔡蕴从另一个角度体现了封建知识分子的堕落。他们中的一些人，一旦跳了龙门，灵魂也被侵蚀、被扭曲，做起坏事来一点也不比那些粗俗的官场之人强多少。这同样是知识分子的另一种悲剧。

吴敬梓的《儒林外史》，以“功名富贵”四字为大主脑，写透了八股科举制度的窳败，也对形形色色知识分子的悲喜剧，进行了一次“哲学巡礼”（宁宗一语）。

吴敬梓在这部小说中，写了一百多个读书人，通过他们个人命运的浮沉，境遇的顺逆，功名的得失，情操的高劣的描写，反映出了在清朝统治者“胡萝卜加大棒”式的知识分子政策下生活着的读书人的种种际遇。

八股取士的科举制度，比秦始皇的焚书坑儒其祸尤甚。因为被秦始皇在咸阳郊外活埋的只有四百六十多个儒生，然而被八股文活埋的学子，又何止千千万万。

《儒林外史》第一回，王冕看见《邸抄》上边有一条是礼部议定的取士办法：三年一科举，用的是“五经”、“四书”，八股文。王冕指与秦老看，说："这个法却定的不好。将来读书人即有此一条荣身之路，把那个'文行出处'都看得轻了。"这里所说的"文"，即是实际学问，儒家术语中叫作"道艺"，"行"是一个人的好品行，是实践功夫；"出"便是做官，建立勋业；"处"是在野或在家生活。"出"和"处"便是《论语》上说的"用之则行，舍之则藏"，这是正统儒家所讲究的立身行事的基本问题。

从《儒林外史》第二回开始，吴敬梓便展览了周进、范进等被科举制度毒害得头脑冬烘的儒生形象。

老童生周进、范进考了几十年，把青春和精力全都葬送在了毫无意义的八股科举之中，名缰利锁把他们捆绑得似乞似囚，科举功名把他们愚弄得如痴如狂。他们活在这世界上，仿佛除了这科举，没有任何目的，没有任何乐趣。

周进因为头发白了还未进学，游贡院时触景生情，哭得昏死过去，众人用水将他灌醒，扶他立起来，周进见了号板，只顾扶住哭个不停，从一号哭到二号，三号，满地打滚，哭了一阵又一阵，直哭到口里吐出鲜血来。后来，一群商人答应替他凑钱捐个监生，他便爬下叩头道："若得如此，便是重生父母，我周进变驴变马，也要报效！"

周进在薛家集观音庵里教私塾的时候，衣食拮据，被人家瞧不起，秀才梅玖经常奚落他，后来中了进士，做了官，观音庵里供着他的长生牌。原来比他进学早的梅玖竟也称门生，并吩咐和尚把他多年贴在墙上的一副对联小心揭下来拿去装裱。

范进中举更是一出滑稽剧，为参加乡试，他去求丈人胡屠夫借盘缠，被胡屠夫骂了一个狗血喷头，道："不要失了你的时，你自己只觉得中了一个相公，就'癞蛤蟆想吃天鹅肉'来！我听见人说，就是中相公时，也不是你的文章，还是宗师看见你老，不过意，舍与你的。如今就想痴心中起老爷来！这些中老爷的都是天上文曲星，你不见城里张府上那些老爷，都有万贯家私，一个个方面大耳，像你这尖嘴猴腮，也该撒泡尿自己照照，不三不四，就想天鹅屁吃！趁早收了这心。明年在我们行里替你寻一个馆，每年寻几两银子，养活你那老不死的老娘和你老婆是正经！你向我借盘缠，我一天杀一个猪还赚不得钱把银子，都把你丢在水里，叫我一家老小喝西北风！"一顿夹七夹八，骂得范进摸门不着。

后来范进果然中举，胡屠夫立时没了气焰，赔着小心叫女婿"贤婿老爷”，又说：“我的这个贤婿，品貌又好，就是城里头那张府、周府这些老爷，也没我女婿这样一个体面的相貌。你不知道，得罪你们说，我老小这一双眼睛，却是认得人的。想着先年，我小女在家里长到三十多岁，多少有钱的富户要和我结亲，我自己觉得女儿像有些福气的，毕竟要嫁与个老爷，今日果然不错。”

《儒林外史》写的不只是几个读书人的命运，而是着墨写出了一个科举时代的社会环境。

如鲁翰林曾说：“八股文章若做得好，随便你什么东西，要诗就诗，要赋就赋，都是一鞭一条痕，一掴一掌血。若是八股文章欠讲究，任何做出什么来都是野狐禅，邪魔外道。”在他的熏陶下，他的女儿鲁小姐也在梳妆台边上，刺绣窗前，摆满了一部又一部的八股文，这女孩：“五六岁上请先生开蒙，读的是《四书》、《五经》，十一二岁就讲书，读（八股）文章，先把一部王守溪（明代之八股大家）的稿子读的滚瓜烂熟。教他做破题、破承、起讲、题比、中比、成篇”。最后把八股“诸大家之文，历科程墨，各省宗师考卷，肚里记得三千余篇。”正如《红楼梦》中贾宝玉所说：“好好的一个清净洁白的女儿，也入了国贼禄鬼之流。”

《金瓶梅》的商品社会中出现了商品拜物教，《儒林外史》的八股社会里出现了八股拜物教。你看那位周道学，面对一个自称“诗词歌赋都会”的童生，立即悖然变色，道：“当今天子重文章，足下何讲汉唐。”一声令下，公差们将要求面试诗词歌赋的考生“一路跟头，叉到大门外”。

八股制度造就了一大批低智商的“两脚书橱”，士子的知识贫乏到了荒唐可笑的地步，主持一省学政的范进，不知苏轼是今人还是古人；被称为“文章山头”的马纯上，竟完全不知道李清照、苏若兰、朱淑真的名字，更有那位匡超人，不明白“先儒”是指“已经去世之儒者”，而自称“先儒”，闹出了让人笑掉大牙的笑话。

这些智能结构被八股文章破坏得一团糟的腐儒，一个个都是“烂忠厚无用”、“不中用的货”。有一位倪霜峰，缠陷于科举罗网三十七年之后，终于明白“坏就坏在读了这几句死书，拿不得轻，负不得重，一日穷似一日。”

《儒林外史》讽刺时事的辛辣，也深得《金瓶梅》之奥。

第四回写范进中举几个月后便死了母亲，七七过后，他换去孝服同张静斋一道去高要县找汤知县打秋风，这已是不合礼教了。汤知县请他吃酒：

> 席上燕窝、鸡、鸭，此外就是广东出的柔鱼、苦瓜，也做两碗。知县安了席坐下，用的都是银镶杯箸。范进退前缩后的不举杯箸，知县不解其故，静斋笑道："世先生因遵制，想是不用这个杯箸"，知县忙叫换去，换了一个瓷杯，一双象牙箸来，范进又不肯举。静斋道："这个箸也不用。"随即换了一双白颜色竹子的来，方才罢了。知县疑惑他居丧如此尽礼，倘或不用荤酒，却是不曾备办，落后看见他在燕窝碗里拣了一个大虾元子送在嘴里，方才放心。

这一笔真是入木三分。还有那位严监生，他想在太太王氏死后，把妾扶为正室，又怕两个舅子王德王仁不同意，便送他们每人一百两银子，这两个卫道士接过银子，眼睛还哭得红红的，便劝严监生赶快把妾赵氏扶正。王仁拍着桌子说："我们念书的人，全在纲常上做功夫。就是做文章代孔子说话，也不过是这个理。你若不依，我们就不上门了！"随即由他们做主，在王氏临死的时候，热热闹闹办起喜事来。严监生戴着方巾，穿着青衫，披了红绸，赵氏穿着大红，戴了赤金冠子，两人双拜了天地，又拜了祖宗，一位士子又替他做了一篇告祖先的文，甚是恳切。这段文字，真是痛下针砭。这位严监生为了把妾扶为正室，不惜以二百两银子向大舅子们行贿，可谁知他又是一个葛朗台式的吝啬鬼呢。

> 话说严监生临死之时，伸着两个指头，总不肯断气。几个侄儿和些家人都来讧乱着问，有说为两个人的，有说为两件事的，有说为两处田地的，纷纷不一；只管摇头不是。赵氏分开众人，走上前道："爷，只有我能知道你的心事。你是为了那灯盏里点的是两茎灯草，不放心，恐费了油，我如今挑掉一茎就是了。"说罢，忙去挑掉一茎。众人看严监生时，点一点头，把手垂下，登时就没了气。

黄小田评点的《儒林外史》，在这段文字后批道：“世间实有此等人，休言刻毒，我服先生真写得出。”

还有一位新科进士荀玫，做了工部员外，得到母亲病故的消息后，哭倒在地，救醒转来，就要到堂上递呈丁忧。王员外劝他说：“年长兄，这事且再商议。现在考先选道在即，你我的资格，都是有指望的，若是报明了丁忧家去，再迟三年，如何了得？不如且将这事瞒下，候考选过了再处。”荀员外道：“年老先生极是相爱之意，但这件事恐瞒不下。”王员外道：“快吩咐来的家人把孝服作速换了，这事不许通知外面人知道，明早我自有道理。”连周进、范进也替他活动“夺情”，后来因为荀玫的官太小，不合“夺情”的条例，没活动成。只要有官做，什么礼教呀、纲常呀可就放到一边去了。

最不忍让人读的，是老秀才王玉辉劝女儿殉节那一段文字，王玉辉的女儿死了丈夫，要殉节，公婆都惊得泪下如雨，劝她不要这样，而王玉辉不但不去劝阻女儿，反为博一个好名声鼓励女儿去死：

> 王玉辉道：“亲家，我仔细想来，我这小女儿要殉节的真切，倒也由着她行罢，自古‘心去意难留’。”因向女儿道：“我儿，你即如此，这是青史上留名的事，我难道反阻拦你？你意是这样做罢。我今日就回家去，叫你母亲来和你作别。”亲家再三不肯。王玉辉执意，一径来到家里，把这话向老孺人说了。老孺人道：“你怎么的越老越呆了！一个女儿要死，你该劝她，怎么倒叫她死呢？这是甚么话说！”王玉辉道：“这样事，你们早不晓得的。”老孺人听见，痛哭流涕，连忙叫了轿子去劝女儿，到亲家家去了。王玉辉在家，依旧看书写字，候女儿的信息。老孺人劝女儿，哪里劝得转，千方百计，总不肯吃。饿到六天上，不能起床。母亲看着伤心惨目，痛入心脾，也就病倒了，抬了回来，在家睡着。又过了三日，二更天气，几个火把，几个人来打门，报道：“三姑娘饿了八日，在今日午时去世了。”老孺人听见，哭死了过去，灌醒回来，大哭不止。王玉辉走到床面前，说道：“你这老人家真正是个呆子！三女儿她今日已是成了仙了，你哭她怎的？她这死得好，

只怕我将来不能像她这一个好题目死哩!"因仰天大笑道:"死的好，死的好!"大笑着走出房门去了。

鲁迅先生曾推崇《儒林外史》是中国文学史上最杰出的讽刺小说，是一部"以公心讽世之书"，"凡官师、儒者、名士、山人，间亦有市井细民，皆现身纸上，声态并作，使彼世相，如在目前。"（《中国小说史略》）

这部小说，写世相，写人情，以人情透视世相，又以世相来呈现人情。跟《金瓶梅》的异曲同工之处，是它们都通过自己的人物，把一个时代的社会形象具体而细微地刻画出来。从应伯爵、水秀才、温秀才、蔡状元、范进、周进、马二先生、严监生、王玉辉等角色身上，不难看到一个时代的轮廓与构成，而在这社会的众生相中，流露了时代的脉息。

从这个意义上说，《儒林外史》是最得《金瓶梅》心传的一部世情书。

《金瓶梅词话》的后二十回

张竹坡评点《金瓶梅》，开宗明义即指出："一部一百回，乃于第一回中，如一缕头发，千丝万丝，要在头上一根绳儿扎住。又如一喷壶水，要在一提起来，即一线一线，同时喷出来"（第一回回评）又指出"一百回是一回，必须放开眼作一回读"（《金瓶梅》读法，三十八），张竹坡评点《金瓶梅》的本子，依据的是经过改写修订后的《新刻绣像批评金瓶梅》，他没有看到另外一个系统的版本，即万历本《金瓶梅词话》。我想，他如果接触到了词话本《金瓶梅》，是不会得出以上失诸于草率的结论的。

如果把《金瓶梅》故事分成两个大系统，那么前八十回从西门庆由一个生药铺的小老板发迹变态一直写到他的死亡，考察其故事编年，乃从政和二年（1112）写到重和元年（1118）正月，共七年的事，后二十回则从西门庆死后写到孝哥被普静禅师点化而去，即从重和元年三月写到南宋高宗建炎元年（1127），其间共九年的事。

但仔细读来，便会发现前八十回与后二十回，无论在叙事风格、语言形态、人物关系及情节处理等诸方面，都有泾渭分明的相异之处。这些差异对探讨《金瓶梅》的成书过程，提供了宝贵的线索。

一、笔墨生疏，语言颠倒，颇有可议之处

《金瓶梅词话》的后二十回与前八十回，有着迥然不同的故事母题，前八十回写聚，后二十回写散；前八十回展现的是西门庆时代的热闹繁忙，后二十回反映的是后西门庆时代的没落凄凉。

后二十回的笔墨，与前八十回也形成了一个明显的分水岭，它不再有前八十回的大开大阖，从容不迫，而变得急促匆忙，笔墨疏淡。最明显之处，是

故事情节生拉硬扯，与前文的叙事风格形成了明显的对照。

如第八十三回，潘金莲和陈经济的私情被婢女秋菊泄露之后，吴月娘虽然没有完全相信，但也增强了防范，采取了一系列隔离措施，“二人恩情都间阻了，约一个多月不曾相会一处”。金莲每日难挨绣帏孤枕的寂寞，就写了个帖儿，让春梅替她送与陈经济。她怎么求春梅给她传信呢？书中写道：妇人道：“我的好姐姐，你若可怜见，叫得他来，我恩有重报，不可有忘。我的病儿好了，替你做双满脸花鞋儿。”

春梅与金莲的关系，本来是唇齿相依的，两个人彼此都是对方肚子里的蛔虫，金莲让春梅去约会陈经济，怎么会对春梅许下这么低级的承诺——送她一双大花鞋，这要是求秋菊还差不多。

接下来，写春梅去印子铺叫陈经济：

> 春梅走到前边，撮了一筐草，到印子铺门首叫门。正值傅伙计不在铺中，往家去了。独有经济在炕上，才歪下忽听有人叫门，问“是那个”？春梅道：“是你前世娘，散相思五瘟使”！

这又不合逻辑。本来是私密性很强的活动（春梅是以“往前边马枋内取草装枕头”为理由去传信的），哪里会有这样的隔门对话，况且傅伙计不在印子铺里，春梅事先是不知道的。这里套用的是《北西厢》中红娘的台词，粗俗油滑，也全然不符合春梅的身份。

再接下来，陈经济看了金莲写的一首《寄生草》词，“连忙向春梅躬身，深深地唱诺，说道：‘多有起动，起动。我并不知她不好，没曾去看的，你娘儿们休怪，休怪’。”陈经济与潘金莲的阻隔明明是吴月娘严加防范才造成的，而潘金莲的相思病，也全因见不到经济才得上的，听陈经济这番话，似乎是因为自己疏忽才没和潘金莲相会，因果关系完全颠倒了。这样草率的细节处理暴露了后二十回的粗陋。

第八十四回，吴月娘去泰山进香的情节，就更不符合情理。首先是吴月娘进香的理由就值得推敲，小说中说她进香是为了“还愿”，还什么愿呢？我们看七十九回，西门庆病重时，吴月娘曾“对天发愿，许下儿夫好了，要往泰安州顶上，与娘娘进香挂袍三年”。可是西门庆并没有痊愈，而是死了，她的还愿就有些莫名其妙了。更难让人理解的是，潘金莲的母亲死了，吴月娘以热孝在身为由不许潘去送葬，可是她自己却在热孝中百里迢迢去泰山进香，不惜远涉关山，抛头露面。为说散本作点评的张竹坡，也指出了月娘远行烧香实在于情理之大不通之处：第一，把不满周岁的孩子丢下交给奶娘如意儿。“夫西门氏无一人矣。此三代之孤，乃西门家祖宗源远流长，传于今日者也。西门在日，且当珍之保养之，不可一日离其侧，况且死后乎？况金莲在侧，官哥之前车可鉴，瓶儿之言不犹在耳乎？”第二，把防范潘、陈勾搭成奸败坏门风的事丢在脑后。为了防范潘、陈的奸情，她已经实施了很多严厉的措施，“今忽远行，乃反去其监守以随己”、“贮许多金粉于园庭，列无数孀居于后院”，是为这些“奸夫淫妇”大开方便之门。另外两位批点者也无不提出自己的疑义，无名氏谓“托家缘弱子与一班异心之人而远出烧香，月娘殊亦愚而多事”。文龙谓：“泰山烧香，乃是月娘大错之处。不带仆妇丫头，亦是作者漏洞处。”

月娘泰山进香的情节，只是想引出普静禅师，这种铺垫，又未免有生拉硬扯之嫌了。况且宋江义释清风寨一段，全部套用《水浒传》第三十一回宋江义释刘高妻子一段故事，与《金瓶梅》的后文情节发展并无任何瓜葛，纯属蛇足。

第九十二回“陈经济被陷严州府”的情节，又是后二十回的一个败笔。

陈经济被陷严州府之前，刚刚娶了冯金宝，正在燕尔新婚，又与杨光彦合伙做着大买卖，却突然忽发奇想，要拿一根偶尔拾到的簪子，妄想讹诈玉楼，把她占为已有。玉楼之为人，陈经济不会不了解，玉楼嫁的是谁，陈经济不会不知道，他为什么冒冒失失地为一个荒唐透顶的念头去铤而走险？对这点，为此回作评点的文龙说：“穷极无赖之人，或作此非分之想，亦不敢贸然做此举。况此刻经济，千金在手，又有冯金宝，正在新鲜之时，在家即起此念，到严州任意行之，全无悔悟，窃恐无此情理。”

而且玉楼面对陈经济的讹诈，先是愤怒，待陈经济拿出簪子，又立刻变了一副“吟吟笑脸儿”，与陈经济相搂相抱，亲嘴吃舌头。对故事脉络的发展，文龙深感疑惑，所以说“既事后可以告诉衙内，何不此刻告诉衙内，立刻将陈经济逐出，岂不正大光明乎？乃设此拙计，即当年收拾来旺儿故态，独不虑经济有口能说乎？又可怪经济在清河堂上，满口谎言，在严州堂上，全无一语，是又何也？必使徐知府暗中探明，又将通奸骗财坐实，不痛不痒了案。致使老父受辱发怒，老母忍痛耽忧，玉楼抱不白之冤，衙内挨不肖之打，岂作者有意丑诋玉楼乎？既令其得安身立命之地，归枣强便归枣强耳，何必多此一番丑事乎？”

原来，这个故事情节，是为了陈经济被杨光彦拐财远遁，又是为玉楼夫妻从严州归故里枣强而设的，牵扯了这么多，细节上又漏洞百出，难怪文龙说：“《金瓶梅》九十回之后笔墨生疏、语言颠倒，颇有可议之处，岂江淹才尽乎？或行百里者半九十耳。”（文龙第九十二回评）

第九十七回“陈经济守御府用事”，写陈经济被春梅以姑表兄弟的名义安置在守备府，而且这个瞒天过海的举动居然就真的瞒过了她的丈夫周守备。这又是一个很难让人信服的情节安排，试想，春梅怎么会不知道周守备与西门庆是交情很深的朋友？两人往还较多，平时西门府上宴请贵宾，周守备是既定的陪客，而且陈经济跟着西门庆时，与各色人应酬都是他出面。尤其是在李瓶儿葬礼上，陈经济权充孝子，佛家礼拜，扶棺而行，当时守备周秀先是来府上祭吊，后又点主，他怎么会不认识陈经济呢？（然而书中九十四回周守备办陈经济的案子时，就没认出他，当厅打了五十大棍）。绣像本的作者改写这个情节时，大概觉得这很荒唐，就加了一段文字，解释当年周守备既然与西门庆是朋友，如何不认识陈经济的原因。

周秀抗金的情节更是一路荒唐。按照九十九回的故事编年，周秀在靖康元年升为山东都统制（出征时总领诸军的司令官），提调人马驻扎东昌府，会同巡抚御史张叔夜防守地方，阻挡金兵。又写第二年（靖康二年）金国大元帅粘没喝领十万人马，出山西太原府井陉道来抢东京，副元帅斡离不（“斡”原作“干”）由檀州来闯高阳关，周秀在与斡离不交战时被射中咽喉而死。这里记载的史实是完全错乱的，实际上靖康二年（1127）金兵立伪楚政权张邦昌之后，就于四月初分七路退兵，而宗泽、韩世忠等人保着康王赵构在河北一带招兵买马，金兵退后，康王赵构于五月一日在南京（今河南商丘）即皇位，所以周秀怎么会在靖康二年还在驻兵东昌呢？而那个时候斡里不也正带着宋太上皇和诸皇子、帝姬、后妃退兵真定，周秀上哪儿找他作战去？

最让人感到好笑的是，按照史实张叔夜被金人俘虏后，于靖康二年四月在河南渡黄河前自杀，而书中却说“五月中旬，巡抚张叔夜见统制折于阵上，连忙鸣金收军，查点折伤士卒，退守东昌，是夜奏朝廷。”

至于错乱年谱，更是随处可见，很多人的年龄与前十八回不相符，读了让人如堕五里云雾。前十八回中出现的词曲，也有多首在后二十回中反复出现。这些都表明后二十回逊于前八十回的整体水平。

二、人物的错乱与性格描写的前后矛盾

在《金瓶梅词话》前八十回出现的一些人物，到了后二十回却莫名其妙地被改了名字或改变了身份，举例如下：

武植的女儿，在前文中一直是以“迎儿”的名字出现的，到了第八十七期回复出却变成了“蝇儿”；

大家人来昭，前八十回中多见，到九十回复出后就变成了“刘昭”。

张胜，第十九回首出受西门庆支使痛打蒋竹山，书中交代他外号过街鼠，与草里蛇鲁华一样是“鸡鸣狗盗之徒”。替西门庆出气之后不久，西门庆把他送在夏提刑守备府，做了个亲随。可是八十七回这个张胜又没来由地成为周秀的亲随。

安童，在四十七、四十八、四十九回出现时是苗天秀的男仆，到了九十三回又无缘无故成了王宣的男仆。

而在前八十四回中出现的男仆王经，到了后二十回则变成了“王汉”。

春梅，本来是一个从小无父无母又无亲戚的孤儿，第九回首出时交代她是吴月娘房里使着的丫头，潘金莲嫁过来后，“西门庆把春梅叫到金莲房内，令她服侍金莲，赶着叫娘”。到了八十回潘金莲被杀后托梦给春梅，却突兀地叫她“庞大姐”。八十九回孟玉楼对吴月娘说：“我听见爹说，春梅娘家姓庞，叫庞大姐”。

更有意思的是孟玉楼的弟弟孟锐，在第六十五回他首次出现时是李瓶儿发丧之日：“第二日，先是门外韩姨父来，上祭，那时孟玉楼兄弟外面做买卖去了，五六年没来家，见他姐姐这边有丧事，跟随着韩姨父那边来上祭，”第六十七回孟锐到西门庆家辞行：“只见孟玉楼走入房来，说他兄弟孟锐，在韩姨父那里，如今不久又起身，往川广贩杂货去，今来辞辞他爹。”但是到了第九十二回，却变成了他的哥哥孟饶。孟玉楼三嫁李拱璧之后，陈经济冒孟二舅之名去见孟玉楼——“孟玉楼正在房中坐，只听小门子进来，报说‘孟二舅

来了’。玉楼道‘一二年不曾回家，再有哪个孟舅？莫不是我二哥孟饶来家了？’”

云离守之妻，第七十八回作“苏氏”，到了八十七回又成为“范氏”。

姚二郎，第十回、第四十一回是武大郎的邻居，第八十八回却成了杨光彦的姑父。

金儿，第五十四回她是鲁长腿妓院里的小妓女，到了九十四回临清潘家妓院又出现了一个妓女金儿。

对书中人物性格的描写，后二十回与前八十回也有许多矛盾之处。

后二十回的主角，除了陈经济之外，就是春梅了。但春梅的性格，一样是前后矛盾的。她被月娘发卖，连衣服也不准带走一件时，是很有骨气的，不仅没垂别泪，还安慰潘金莲，这与前八十回中春梅的性格是一脉相承的。可是周秀战死前后，她却变得十分不堪，而且她的死也设计得十分荒唐，非常草率，人物的性格变化没有任何过渡。

最突出的是对武松性格的改造。

《金瓶梅》前文中武松的形象与《水浒传》中关于武松的描写基本上是一致的，有许多情节或细节可以说是从《水浒传》中原样搬来的。比如写武松景阳冈打虎，写武松怒斥潘金莲的挑逗勾引，都意在表现武松的英雄胆量和人伦品德。而且，《金瓶梅》的前一部分更加突出了武松的英雄气概，比如，《水浒传》中写武松打虎是误入虎山，怕人耻笑，才没有半路折返，《金瓶梅》则写他明知山有虎，偏向虎山行。《水浒传》中武松打虎的过程是作者和武松自己描绘出来的。而《金瓶梅》则出自猎人的亲眼目睹，更加真实可信。

而在第八十七回，“武都头杀嫂祭兄”，武松的形象却大大打了折扣，与前面的描写简直判若两人。首先，他设计策欺骗已经被王婆领回家待价而沽的潘金莲，说要娶她回家照顾迎儿，将潘氏骗入新婚的洞房之后，把她残忍地杀死了。杀了潘金莲和王婆之后，把侄女迎儿倒扣在血腥满室的屋子里，迎儿说“叔叔，我也害怕”。武松道“孩儿，我顾不得你了”。到了王婆家，想杀死王潮儿，斩草除根，因王潮儿去找保甲没能杀成，席卷了王婆财物之后而上梁山为盗去了。这里的武松，不仅狡猾、残忍，而且非常不近人情。依武松的性格，他要杀潘金莲，是用不着用骗婚的手段来实施的。而且也绝不会置自己的亲侄女于不顾。

对《金瓶梅》中武松杀嫂的细节，有的研究者认为是败笔，有的则认为是“独特的艺术创造”，表现为武松的性格有了巨大的发展。我认为从武松性格刻画的前后矛盾，正反映出《金瓶梅词话》成书过程中的一个重要信息。

对吴月娘性格的刻画，前八十回与后二十回也不尽统一。吴月娘是西门庆正妻，前八十回中，她是善良、贤惠、秉性温柔的一个多妻大家庭中的主母，“恁般贤淑的妇人”（第十八回）。不但贤淑，而且颇有气节。到第八十九回她在上坟时遇见被她逐出的春梅，已经做了守备夫人，因为看到春梅的富贵、排场，竟卑躬屈膝一口一个“姐姐”称呼春梅，并以“奴”自称，“容一日，奴看姐姐去”。完全没有了自己的尊严，成了一个乏味又平常的女人。而八十四回的“大闹碧霞宫”，九十二回的大闹陈宅——月娘听见大姐吊死了，率家人小厮，丫环媳妇，七八口往他家来，“将经济拿住，揪采乱打，浑身锥子眼儿也不计数”——同一回中的“大闹授官厅”，这三番大闹，她又俨然成了一个泼妇形象。

再如韩爱姐，前文中只是交代她被西门庆嫁给了蔡京的管家翟谦，第九十八回“陈经济临清开大店”，巧遇逃难的韩道国一家，韩爱姐已经成了卖身的女人，她利用色相很快勾上了陈经济，两个人的苟合，本是利益关系，全无真情可言，而陈经济死后，她却执意要跟春梅和葛翠屏（陈经济的妻子）入守备府，表示“虽刳目断鼻”，也要一心给经济守节。这种性格的突然变化甚至让韩道国、王六儿夫妇也感到意外。

三、词曲来源各自独立

《金瓶梅词话》中抄引了大量套曲和单曲，这些套曲和单曲的来源，大体上可以划分出三个泾渭分明的体系。

前八十回（除去“陋濡”补入的五十三至五十七回）共抄引词曲83首（其中有6首提及或只有首句），这83首词曲，互见于《雍熙乐府》、《词林摘艳》的34首。仅见于《雍熙乐府》的6首，仅见于《词林摘艳》的7首，见之于《盛世新声》、《南北宫词纪》、《梨园乐府》、《九宫正始》等其他集子，并与《词林摘艳》、《雍熙乐府》互见的16首，查无出处的14首。在提及曲名或只有首句的6首词曲中，也全部互见于《词林摘艳》和《雍熙乐府》。

值得注意的现象是，凡互见于《词林摘艳》和《雍熙乐府》的词曲，《金瓶梅词话》所抄引皆与《词林摘艳》大体相同而与《雍熙乐府》相差较殊。

这说明，前八十回（除去五十三至五十七这五回）所抄引词曲来源比较广泛，基本上以《词林摘艳》为最多。

第五十三至第五十七回，共抄引了“降黄龙衮”、“锦橙梅”等16首词曲，有10首找不到出处，其中找到出处的6首全部来自《太和正音谱》，而不见载于《词林摘艳》和《雍熙乐府》。

后二十回抄引词曲23首，无出处9首，见载于《乐府群玉》、《彩笔情辞》、《阳春白雪》等但同时皆载之《雍熙乐府》的13首。唯有九十四回有一首《四块金》见于《词林摘艳》甲集。

这首在后二十回中“硕果仅存”的一首《四块金》，有可能成为问题的症结。

我们不妨先回到文本。

《金瓶梅词话》第九十四回《四块金》曲词如下：

> 想前生少欠下他相思债，中途洋却绾不住同心带。说着教我泪满腮，闷来愁似海。万誓千盟到今何在？不良才，怎生消磨了我许多时恩爱。

这首《四块金》，属【仙品入双调过曲】，在《词林摘艳》甲集中，题作“忆别·无名氏小令”共有四首，此为第一首，原文如下：

> 前生想，咱少欠他相思债，中途洋却绾不住同心带。说着交我泪满腮。闲来愁似海，万誓千盟到今日何在？不良才，恁生消磨的我许多恩爱。

两相对照，可以看出后二十回本的作者在抄录这首词时只做了个别字句的改动。这种现象在前八十回中是常见的，事实上《金瓶梅词话》作者抄引的所有词曲中，几乎没有一首是一字不差原文照搬的。

问题是：为什么前八十回中《金瓶梅词话》抄引的诗较多来自《词林摘艳》，而后二十回中却只有这一首。

但毕竟因为这一首，我们不敢轻易下结论，推断后二十回的作者没有见过《词林摘艳》。

对《金瓶梅词话》大量抄引词曲的现象作一统览后我们发现，一首曲子互见于当时刊刻的多种散曲集是常有的事，这一首《四块金》也可能被选入《词林摘艳》之外的选本。如果不是这样，后二十回会像前八十回一样，大量出现来自《词林摘艳》的词曲。

四、对前八十回方言系统的悄然游离

众所周知，《金瓶梅词话》的方言实际上是有一个惯性系统的，那就是生动鲜活的鲁北方言系统。虽然，研究者相继举证出书中的异类方言，如吴方言、山西方言、东北方言、内蒙古方言、徽州方言，甚至湘语、赣语、粤语、四邑话、闽南话、客家话等等。但山东鲁北方系统的基调却是被广泛认同的。

在后二十回中，这个方言的惯性系统在发生悄然游移。

首先，是鲁语串改成南音。

在前八十回用鲁方言表现的一些语词，在后二十回中却改成了南音。如八十一回："次日，韩道国要打胡秀，胡秀说'小的通不晓一字'。"第八十三回，月娘说"六姐快梳了头，后边坐。"金莲应"晓得"。第九十七回："我晓得，管情应得你老人家心便了"。在前八十回中"不晓"、"晓得"一般作"不知"、"知道"。

八十一回："都乞韩伙计老牛箝嘴"，在第六十七回中首出，"老牛箝嘴"作"老牛箍嘴"。后者显然是鲁方言。

八十三回，"贼葬弄主子的奴才。"前八十回，"葬弄"，皆作"葬送"。而本回中"葬送"与"葬弄"间出，想是作者不经意中顺手将鲁语改成了南音。

同样的例子还有八十六回"先下米先食饭"，显然也是顺手串改，在前八十回中，"先下米先吃饭"已是读者熟悉的结语。在第八十七回中再次用到这个成语时，便改回了原貌。

八十六回："王十九，自吃酒，且把散话革起"。"散话"，显然是"闲话"的串音之误。

八十七回："叔叔如何冷锅中豆儿炮"。在第六十八回中此语首出，"炮"作"爆"。

九十九回："若还作恶无报应，天下凶徒人食人"。这是一首引诗的后两句，全诗引自《清平山堂话本·错认尸》，第二句"人食人"原作"人吃人"。

这样的例子还有很多，很多。

其次是往往在不经意间搬用"南语"。

如八十一回："胡乱打发两个与他，还做面皮"。"面皮"，即北方人通常说的"面子"。

八十一回："日逐请扬州盐客王海峰和苗青游宝应湖"。褚半农先生指出，"日逐"乃系上海方言（参见褚半农著《金瓶梅中的上海方言》，以下所引褚文不再标出出处）：

八十二回："俺两个情孚意合，拆散不开"；

八十二回："干霍乱了一夜，就不误日（'日'上有'入'字）成屄头"；

八十三回："西门大姐听此言，背地里轮问"；

八十六回："摇的床子一片响声"；

八十六回："到临岐少不得雇顶轿儿"。褚半农先生指出，"临岐"，系上海西南农村口语中的常用语。临岐，"临到"、"等到"之意。

八十六回："见头势不好，穿上衣裳，悄悄往家一溜烟走了"。褚半农先生举证"头势"系上海方言。

八十七回："兔儿沿山跑，还来归旧窝"，"仇人见仇人，分外眼睛明"。这两个熟语更具南方色彩。北人对后一条熟语，一般作"仇人相见，分外眼红"。

八十七回："勒**揹**俺两番三次来回去，贼老淫妇，越发鹦哥儿了。"崇祯本、张评本"鹦哥儿"作"鹦哥风"，南方语汇中是形容一个人做事"不靠谱"。

八十九回："长老见收了布施，又没管待，又意不过"。褚半农先生指出，“意不过”属上海方言，过意不去之意。

九十回：“打墙板儿翻上下，扫米却做管仓人”、“放水鸭儿”，九十一回“单径”、“只在我手里抹布”（抹布，摆布之意）等，亦全是南人声口。

九十二回：“我教你不要慌，到八字八镬儿上和你答话”对“八字八镬儿”论者多有争议，傅憎享先生认为“八”应是八腊，为虫神之庙。我则认为这也是个记音词，而且是南音的记音词，“镬”似是一种类似手铐的械具，综观前后之意，意为到衙门去评理裁定。

九十回：“闲来走走，里边霍姑娘少我几钱生活银讨讨”全然不是北方人说话声气。

九十一回：“你夜里做夜做，使乏了也忘的”。南方话中，“做夜做”是赶夜工之意。

九十三回：“百忙里舍不得颓命”。“颓命”，犹北方人所谓的“催命”，是秽语。

九十三回：“与了他四十文，方才得买一个姑容”，姑容，南方方言中是暂时的宽容之意。

九十三回：“寻个把草教他烤”，褚半农先生认为，“个把”是上海西南农村的常用语。“把”在上海西南农村闲话中常作词缀，用在数量词后面，表示“少”。

九十三回：“手中拿着个厮罗儿”。南方方言中“厮罗儿”是“小锣儿”之意。

九十四出现的“精淡”，“好头脑”（即好主顾），“阶沿”等，也全是特色分明的南方方言。

九十六回：“白日里到处打油飞”。在南方方言中，“打油飞”形容没有正当职业，到处闲逛的浪荡子。

九十六回：“生得阿兜眼”。南语中“阿兜眼”形容眼窝深陷，即北方人所谓“眍瞜眼”之意。

九十六回：“面是温淘”。《正字通》“面，温淘，糁溲面也”。南方人谓温热面条为温淘。

九十九回：“今日倒闪赚了我”。“闪赚”，南方话是抛闪之意。

综上所述，后二十回对前八十回方言系统的游离，是以吴方言改造鲁方言和大量使用南方方言两种形态呈现的，尤其是前者，为从语言学的角度研究《金瓶梅》的成书提供了重要的线索，这一点是应该引起研究者注意的。

五、终场诗留下的线索

《金瓶梅词话》一百回终了，有一首“终场诗”。诗谓：

闲阅遗书思惘然，谁知天道有循环。
西门豪横难存嗣，经济颠狂定被歼。
楼月善良终有寿，瓶梅淫佚早归泉。
可怪金莲遭恶报，遗臭千年作话传。

这首诗总括“金瓶梅”人物命运的大结局，也留下了一个重要的线索：这个线索在诗的第一句“闲阅遗书”四个字。

“遗书”者何指？即前人留下之书，这里当指《金瓶梅》——准确地说，是前八十回的《金瓶梅》。

这形象不过地说明，《金瓶梅》是由两个以上作家完成的。（连同陋儒补入的五回应是三个以上的作家），最终完成后二十回的作家才可以把前人之作称为“遗书”，而不可能把自己写的书称作“遗书”。

并且，这首诗也意在表明，后二十回的续作者，是完全按照前八十回搭造的故事框架，完全依靠前八十回提供的情节脉络去结构后二十回，完成人物命运的大结局的。

也许后二十回的笔墨生疏、人物错乱、情节矛盾，以及抄引词曲来源的改变和方言系统的游移，会被认为是《金瓶梅词话》唯一作者写到后二十回时已成强弩之末，所以才有了许多不尽如人意之处，但这一首“终场诗”却再清楚不过地揭开了这个谜底。

综上所述，我们可以推断，《金瓶梅词话》的后二十回，是另一位作家的续作。

六、谁写出了《金瓶梅词话》后二十回

毫无疑问，这是比找出“兰陵笑笑生”是谁更为棘手的难题。

我们能够得出的结论是：

一、他是与前八十回作家差不多同时的一位匿名写手。

二、他的续作完成于同前八十回差不多的《金瓶梅》抄本时代，但稍于前八十回晚出，已知最早见到《金瓶梅》抄本的是董其昌。袁中郎在万历二十四年（1596）致董其昌的信中，便问他“《金瓶梅》从何得来？伏枕略观，云霞满纸，胜于枚生《七发》多矣。后段在何处？抄竟当于何处倒换？”（袁宏道《锦帆集之四・尺牍・致董思白》）他见到的只是前半部。这一部分按照谢肇淛《金瓶梅跋》“余于袁中郎得其十三”的说法，则袁宏道看到的这部书应该是第一至第六卷（全书按20卷计）。

谢肇淛跋中又谓“于丘诸城得其十五”，则丘诸城手中的抄本估计在7到20卷之间。（当缺第五十三至五十七回）

屠本峻《山林经济籍》又记王肯堂、王穉登各有抄本二帙，“恨不能目睹其全”（屠本《山林经济籍》，见于阿英《小说闲谈》）。这二帙有多少？已无法得到证实。

见到或藏有《金瓶梅》手抄本有王世贞（《山林经济籍》）、刘承禧（《万历野获编》）、徐阶（《万历野获编》）、袁宏道（《与谢在杭》）、袁中道（《万历野获编》）、董其昌（《与董思白》）、沈德符（《万历野获编》）、文在兹（《天爵堂笔余》）、谢肇淛（《金瓶梅跋》）、丘志充（《金瓶梅跋》）、王肯堂（《山林经济籍》）、王稚登（《山林经济集》）等十二人。

这十二人中董其昌、文在兹、谢肇淛、丘志充、王肯堂、袁宏道、王稚登都没有藏有或见到全本，拥有全本的是王世贞、徐阶、刘承禧、袁中道、沈德符五人。

除了相互传抄的因素之外——非全抄本中，袁宏道抄自董其昌，谢肇淛的抄本又来自丘志充和袁宏道——另一个不能忽视的原因就是《金瓶梅》前后部的抄本不是产生于同时。

三、后二十回的续写者肯定是前八十回抄本的拥有者，并且他深得前八十回作者的心旨。

——前八十回中出现的主要人物，除了已经死去的，陆续出现在后二十回中，但对他们命运结局的交代却有些匆匆忙忙。

——前八十回埋下的种种"草蛇灰线"，也在后二十回中尽可能得以延续，他甚至写出了"春梅游旧家池馆"这样还算得上精彩的片断。但有很多情节与前八十回逻辑相抵触。

——他一样在后二十回中大量套用了《水浒传》及宋元话本和明人拟话本以及元明杂剧中的故事情节与相关内容。所征引的话本小说有："清平山堂话本·简贴和尚"（八十三回）、"古今小说·宋四公大闹禁魂张"（九十回）、宋元话本《陶铁僧》（九十二回）、《新编五代梁史平话》（九十二回）、《古今小说·新桥市韩五卖春情》（九十八回、九十九回）《张主管志诚脱奇祸》（第一百回）、《醒世恒言·吕纯阳飞剑斩黄龙》（一百回）；所征引的元明杂剧有《西厢记》（八十三回）、《绣襦记》（九十九回）。

因为这些，所以后二十回的续作问题没有更多引起研究者注意。

四、后二十回的续作者是南方籍作家，这从后二十回对前八十回方言系统的游移可以看得出来。当然后二十回的基调还是山东方言，有些写得还很精彩，比如八十六回吴月娘发卖潘金莲时王婆（实际上应是吴月娘）与潘金莲的方言韵白对话，但他对鲁方言的串改却明显地带有南方方言色彩。这里或许可以提出前八十回中也有时作吴语的倾向，我认为，有很大的可能是续作者在对前八十回修订的基础上续写了后二十回。

五、同前八十回的作者一样，后二十回的续作者也不是"大名士"。他不仅生吞活剥他人之作（征引词曲及其他作品的故事情节），而且语言粗疏，礼俗不文，情节牵强，无论从哪一个角度看，都不像"大名士"的作品。

通过对《金瓶梅词话》整体的文本考察我们会发现，这部书实际上是由多名作家完成的：第一至第五十二回，第五十八至第八十回是一位作家完成的；第五十三回至第五十七回"这五回"，研究者分析由两位以上作者完成补入；第八十一至一百回则由另一位作者续写。所以词话本的《金瓶梅》实际上并未真正完成"世代积累型"的集体创作向纯粹文人独立创作的过渡。

我们研究《金瓶梅词话》的成书过程，后二十回是个不能忽略的文本。

《金瓶梅》诗词散曲韵文探源

《金瓶梅》是一个解不开的谜团。

这个谜团里一个最大的谜，是它的成书之谜。

关于它的成书之谜，可以开列出一系列谜题——比如作者之谜、传抄之谜、刻本之谜、素材之谜、年代之谜等，而其中诗词、剧曲、韵文来源之谜，又是一个特别突出的谜题。

《金瓶梅》是一部真正意义上的“词话”。全书一百回，共收录了诗约318首、词曲175首，套曲约50套，韵文70余段。这些诗词、散曲、韵文形式多样，诗有五言绝句、七言绝句、律诗、古风，词调有［眼儿媚］、［西江月］、［鹧鸪天］、［临江仙］、［满江红］、［踏莎行］、［将进酒］等，以散曲最为繁富，有连缀同一宫调若干曲牌的散套，有单支的小令，也有同宫或异宫犯调的集曲。散套又有折腰体、子母调、对偶体和变套、夹套、合套之分；小令则有连环句、顶针句、叠字句之别；集曲更有十曲相犯的［十段锦］“二十八半截”和三十曲相犯的［三十腔］等。而曲牌更让人眼花缭乱：南曲有［两头南］、［合笙］、［南石榴花］、［春云怨］、［金索挂梧桐］、［柳摇金］、［画眉序］、［雁过声］、［桂枝香］、［皂罗袍］、［八声甘州］、［解三酲］、［一封书］、［梁州序］、［罗江怨］、［懒画眉］、［大迓鼓］、［红纳袄］、［浣溪沙］、［宜春令］、［东瓯令］、［驻马听］、［驻云飞］、［泣颜回］、［红绣鞋］、［耍孩儿］、［梧叶儿］、［琥珀猫儿坠］、［祝英台序］、［孝顺歌］、［锁南枝］、［朝元歌］、［川拨棹］、［挂枝儿］、［玉交枝］、［锦上花］……北曲有［醉花阴］、［喜迁莺］、［刮地风］、［端正好］、［滚绣球］、［脱布衫］、［货郎儿］、［点绛唇］、［八声甘州］、［寄生草］、［村里迓鼓］、［六幺序］、［一枝花］、［骂玉郎］、［感皇恩］、［四块玉］、［金字经］、

［粉蝶儿］、［红绣鞋］、［石榴花］、［斗鹌鹑］、［朝天子］、［快活三］、［鲍老儿］、［朝天子］、［山坡羊］、［集贤宾］、［浪里来］、［醋葫芦］、［五供养］、［折桂令］、［梅花酒］、［雁儿落］、［沉醉东风］、［落梅风］、［水仙子］、［锦上花］、［河西六娘子］、［下山虎］……仅是［山坡羊］，就有“四不应”［山坡羊］、“数落”［山坡羊］、“慢唱”［山坡羊］、“哭”［山坡羊］、［山坡羊打玉簪儿］、［山坡羊带步步娇］等20余支。

《金瓶梅词话》为什么会引用如此之多的诗词散曲和韵文呢？一个重要的原因就是，这些诗词、散曲、韵文本来就是话本的有机构成，为《水浒传》作序的天都外臣曾以“蒜酪”来比喻小说中的诗词韵文之类，是很贴切的。这部词话体的小说本来就是一部民间说唱，也就是说讲书的人在说了一段话之后必须要用“唱”来过渡故事情节，这样才能吸引听众。所以这些过场诗和唱词可以和人物、故事有直接的关系或间接的关系，也可以没有任何关系。

《金瓶梅》中大量的诗、词、散曲、韵文，并不全是作者的原创，其中绝大部分是抄引或脱化自前人或同代人的书。有些是原文照抄，有的则作了较小的修改，有些则脱胎换骨地进行了改造。有些词曲在引用时充分尊重了原创，但也有一部分只保留下了一个题目或仅抄引了其中一两句，原貌大失。

《金瓶梅》所抄引的诗、词、散曲、韵文，来自哪方面的资料？

首先，来自于《水浒传》。《金瓶梅》的故事母题，系从《水浒传》中一些情节繁衍而出，所以《水浒传》中的一些诗词、韵文也被搬移到《金瓶梅》中，据蔡敦勇先生统计，《金瓶梅词话》从《水浒传》中抄录或部分抄录的诗词、韵文有70余首。仅是前十回就有36首之多。如果把有些部分词句相同的韵文也计算在内，数量还要大得多。

其次，来自唐诗宋词。这一部分以律诗和绝句为主。书中随处可见的诗词、联句，有很多可在唐诗宋词中找到源头。

再次，来源于宋元话本。《金瓶梅词话》中的很多故事情节，脱化自宋元话本，诗词、韵文自然也随之移植过来。有些与情节无涉的诗词，也进入了《金瓶梅词话》中。《金瓶梅词话》抄引最多的宋元话本是《大宋宣和遗事》和《清平山堂话本》。其开篇第一首词“丈夫只首把吴钩”就采自《清平山堂画本》中的《刎颈鸳鸯会》。明人小说集中的宋元话本也成为《金瓶梅词话》

采录的主要资源，如《古今小说》中的《张古老种瓜娶文女》、《宋四公大闹禁魂张》，《警世通言》中的《一窟鬼癞道人除怪》、《小夫人金钱赠年少》（即《志诚张主管》）、《计押番金鳗产祸》，《醒世恒言》中的《郑节使立功神臂弓》等。

第四，来源于说唱文学。《金瓶梅》提到过四种“宝卷”，有三种是铺陈开来大写的，如《五祖黄梅宝卷》（三十九回）、《金刚科仪》（五十一回）、《黄氏女宝卷》（七十四回）。《金瓶梅》不仅写了宝卷的演唱过程，而且大量引录了宝卷内容及其中的词曲。

第五，来源于戏剧。《金瓶梅》中保存了大量的戏剧史料，书中谈及的搬演戏剧有20余种，其中有一些被不同程度地吸纳入《金瓶梅》故事之中。如《西厢记》《宝剑记》《玉环记》等等，不但有剧种、剧目和演出方式，而且保留了剧中的声腔与唱词。

第六，来源于元明时期的散曲专集。《金瓶梅》中的散曲大多能从元明以来的散曲专集中抄引、脱化而来。已经能够证明《金瓶梅》中散曲来源的几部明以来散曲专集为：

1. 《词林摘艳》，［明］张禄选辑，系在［明］臧贤所编《盛世新声》旧本的基础上增删修订而成，分为十集，包括“南北小令”286首，“南北九宫”套数325篇，散曲中北曲收有元代关汉卿、明代朱有燉等人作品；南曲收有元代赵天锡、明代陈铎等家作品。同时采录了杂剧《丽春堂》等34种。所收元明散曲及戏曲作品为诸选集所未见者极多。并较多收录了［锁南枝］、［傍妆台］、［山坡羊］、［耍孩儿］、［驻云飞］、［醉太平］、［寄生草］、［罗江怨］、［哭皇天］等时新调子，是明代早期一部重要曲集。有嘉靖四年（1525）原刊本和万历二十五年（1597）内府刻本。

2. 《雍熙乐府》，［明］郭勋辑。二十卷（另有十三卷选本，题“海西广氏编”，万历间内府刊印）。选录金、元、明人作品，除散曲外，兼收南戏、杂剧、诸宫调曲文及时调小曲。该书是在《词林摘艳》的基础上选编的，收北典331套，并大抵保留《词林摘艳》中已被删除的曲文中衬字。该书比《元曲选》早刊印50年，有嘉靖十年（1531）刻本（王言序本）和嘉靖十九年刻本（长春山人序本）。

3. 《盛世新声》，［明］臧贤辑，收录元明两代散曲和戏曲曲文。十二卷。其中北九宫曲九卷，南曲一卷，共收小令500余首，套数400余篇，其中包括了相当数量的时调小曲，依宫调曲牌排列。[明]正德十二年（1517）臧贤刻本、嘉靖间刊本、万历二十四年（1596）内府刻本。此书刊刻九年后张禄对此书进行增删刊印，改名为《词林摘艳》。

4. 《新刻群音类选》（简称《群音类选》），[明]胡文焕编。现存三十九卷，为明万历间文会堂辑刻《格致丛书》之一。

5. 《吴歈萃雅》[明]茂苑梯月主人（周之标）选辑，古吴隐之道民校点。四卷。前二卷（元、亨两辑）选录高东嘉、梁伯龙、王雅宜、杨升庵、沈青门、陈大声、唐寅、文衡山、刘东生、康对山等三十位作家散曲小令5首，套数117篇。后二卷（利、贞两辑）收录《琵琶记》、《荆钗记》、《四节记》、《明珠记》、《浣溪沙》等剧曲38种，159篇。[明]万历四十四年（1616）刊刻。

6. 《新镌古今大雅北宫词纪》（简称《北宫词纪》），[明]陈所闻编，六卷，选录元、明两代散曲，其中元人50家，明人80家。是元、明两代散曲的重要曲选总集。专收北曲，选录偏重典雅，不少作品较为罕见。万历三十二年（1604）刊印。

7. 《新镌古今大雅南宫词纪》（简称《南宫词纪》），署“秣陵陈所闻荩卿粹选，陈邦泰大来辑次”，凡六卷。是《北宫词纪》的姊妹书。元人作品只收录2家，一小令一散套，余皆为明人南曲作品，凡74家。保存了许多前人未收录的南京人或流寓金陵的明代散曲作家作品，如陈铎、徐霖、邢一凤、高志学、武陵仙史、皮元素、徐惺予、孙幼如等，以及被吕天成《曲品》所推荐的秦时雍、周秋汀、虞竹西、顾雍里等。该书为刊刻最早的南曲选集，有明万历三十三年（1605）俞彦序刻本。

另外，《金瓶梅词话》所抄引的某些散曲，也见于《梨园按试乐府新声》（简称《乐府新声》，元无名氏选编）、《类聚名贤乐府群玉》（简称《乐府群玉》，元无名氏选辑，所收为元人小令）、《南词韵选》（[明]沈璟选辑，选录明代曲家诚斋、陈秋碧、冯海浮等作品，明万历间吴江沈氏刻本）、《白雪汀选订乐府吴骚合编》（简称《吴骚合编》，[明]张琦、张旭初编订，卷内题作“虎林骚居士选辑，半岭道人删定”，有明崇祯十年刻本）、《石镜山房汇彩笔情辞》（简称《彩笔情辞》，[明]张栩辑，收南北散套、小令438首，有明天启四年刻本）诸书。以上诸书虽不见得为《金瓶梅词话》所本，但亦可成为其抄引散曲原貌探索之重要参照。

《金瓶梅词话》大量抄引诗词、散曲、韵文，也正是古代长篇小说之间及其与其他文学形式之间互相因袭互相渗透现象的体现。比如《平妖传》就有13篇赞词与《水浒传》完全相同，《封神演义》与《西游记》有20首赞词大同小异，基本上同出一源。《水浒传》与《西游记》也有诗词互渗的例证，比如《水浒传》第五十回的引首“乾坤宏大，日月照鉴分明……”就同《西游记》第十一回中的唐太宗御制极为吻合；《平妖传》十八回“咏火”的那一节韵文，就与《大唐秦王词话》第四十一回“咏火”的韵文异曲同工。还有二三部小说彼此因袭的情况，如《金瓶梅词话》第十回写东平府府尹陈文昭的一段赞词，与《水浒传》第二十七回写东平府尹陈文昭的赞词，只有后两句不同，这段赞词也见之于《西游记》第九十七回铜台府刺史的赞词。《金瓶梅词话》第八十一回和第一百回“十字街荧煌灯火”韵文，与《水浒传》第三十一回赞词、《平妖传》第十六回赞词只有个别文字的差异。

对《金瓶梅词话》抄引诗词、散曲、韵文的探究，是从冯沅君、姚灵犀等前辈学人开始的。冯沅君撰《金瓶梅词话中的文学史料》一文，从俗讲的推测、小说蜕变的遗迹、曲的盛行、清唱的曲词与唱法等诸方面进行了辨析、探索。姚灵犀在《金瓶卮言》中则把《金瓶梅》从第一回到第一百回的词曲作了摘引。当代学人的探索则更为深入，蔡敦勇先生的专著《金瓶梅剧曲品探》对《金瓶梅词话》中的词曲进行了钩稽、笺校，识力极深，观念新颖，资料丰富；孟昭连先生《金瓶梅诗词解析》则在释义的同时对其来龙去脉加以详细的考辨。美国学者韩南也对此饶有兴趣，他所撰写的《金瓶梅探源》一文，对《金瓶梅词话》中的套曲、散曲来源进行了探寻，并指出：“没有一种中国白话小说比《金瓶梅》更需要检验手段了。除了小说本身，我们对它的成书经过一无所知。由于可资比较的作品极少，我们对小说所做的任何结论难免有错。另一方面，引入《金瓶梅》中的几段文字与它们原作的比较，有助于将作者本人的成就区别开来，而为探索作者的动机和意象提供例证。”“我们探索引文以什么方式使得我们得以深入这部小说时，似非而是的答案主要是它们不大适应作者创作动机的那些地方。当它们不能满足作者的要求，他只得对它们进行修改，或它们不能使读者得到作者预期的效果，正是在这些地方最能见出作者

的独创性。”（见《金瓶梅西方论文集》）

我对《金瓶梅词话》抄引大量诗词、散曲、韵文之探源，是在前面诸多学人铺垫的基础上进行的。从20世纪80年代中期开始，直到2007年底，我用了差不多二十年的时间，参校《金瓶梅》三大版本系统的几个主要版本和数百种相关资料，整理校勘出了《综合学术本金瓶梅》，写出了四卷本近300万字的专著《金瓶梅会原》，这个工作让我以二十年心力全身心地投入对这部旷世奇书的成书之谜的研究。为追溯其抄引的诗词、散曲、韵文的源头，我入海算沙般地在古籍中爬梳，其心得结为此书。

对《金瓶梅词话》抄引大量诗、词、散曲、韵文原貌的探寻，其意义何在？首先，对《金瓶梅词话》的作者与成书年代的研究多有裨益。我曾撰文提出《金瓶梅词话》的后二十回系另一作者的续作，其理由之一，就是《词话》前八十回和后二十回所抄引的散曲的来源各自独立。前八十回除去“陋儒”补入的五十三至五十七回，共抄引词曲83首（其中有6首提及词曲牌或录出首句），这83首词曲，互见于《雍熙乐府》《词林摘艳》的34首，仅见于《雍熙乐府》的6首，仅见于《词林摘艳》的7首，见之于《盛世新声》《南宫词纪》《北宫词纪》《梨园乐府》《九宫正始》等其他集子，并与《词林摘艳》《雍熙乐府》互见的16首，出处无考的14首。在提及曲调名或只有首句的6首散曲中，也全部互见于《词林摘艳》和《雍熙乐府》。而值得注意的一个现象是：凡互见于《词林摘艳》和《雍熙乐府》的散曲，《金瓶梅词话》所抄引皆与《词林摘艳》大体相同而与《雍熙乐府》相差较殊。

这说明，前八十回（除去五十三至五十七回）所抄引词曲来源比较广泛，基本上以《词林摘艳》为最多。

第五十三至第五十七回，共抄引了“降黄龙衮”、“锦橙梅”笃16首曲子，有10首找不到出处，其中能找到出处的6首全部来自《太和正音谱》，而不见载于《词林摘艳》和《雍熙乐府》。

后二十回抄引词曲23首，无出处9首，见载于《乐府群玉》《彩笔情辞》《阳春白雪》等但同时皆载之《雍熙乐府》的13首，唯有九十四回有一首［四块金］见于《词林摘艳》甲集。这首在后二十回中“硕果仅存”的一首［四块金］，有可能成为问题的症结所在。

《词话》本［四块金］：

想前生，少欠下他相思债，中途洋却绾不住同心带。说着教我泪满腮，闷来愁似海。万誓千盟到今何在？不良才，怎生消磨了我许多时恩爱。

这首［四块金］属［仙吕入双调过曲］，在《词林摘艳》甲集中，题作“忆别·无名氏小令”，共有四首，此为第一首，原文如下：

前生想，咱少欠下他相思债，中途洋却绾不住同心带。说着交我泪满腮。闲来愁似海，万誓千盟到今日何在？不良才，怎生消磨的我许多恩爱。

两相比照，可以看出后二十回作者在抄录这首曲子时只做了个别字句的改动。如果这首曲子不是直接来自《词林摘艳》，则另当别论。事实上，《金瓶梅词话》作者抄引的所有词曲中，几乎没有一首是一字不差的原文照抄。

问题是：为什么前八十回中《金瓶梅词话》抄引的曲子较多来自《词林摘艳》而后二十回却只有这一首？但毕竟因为这一首，我们不敢轻易下结论，推断后二十回的作者没有见过《词林摘艳》。

对《金瓶梅词话》大量抄引词曲的现象作一统揽，可以看出一首曲子互见于多种散曲集子是常有的事，这一首［四块金］极有可能同时被选入了《词林摘艳》之外的另一个选本。如果不是这样，后二十回也会像前八十回一样，大量出现来自《词林摘艳》的曲子。

对于“金”学界一些学者提出的《金瓶梅》是“世代积累型”的“集体创作”的主张，亦可通过《词话》所抄引词曲韵文的情况给出结论：第一至第五十二回、第五十八至第八十回是由一位作家完成的，而第五十三至第五十七“这五回”，有可能是在传抄过程中佚失，研究者分析由两位以上作家补入，不无道理。第八十一至第一百回则由另一位作家续写，大部分《词话》的实际上由前后两位作家完成。

李渔与《金瓶梅》崇祯本批评

李渔曾被认为是《新刻绣像批评金瓶梅》（即崇祯本）的写定者，这一说法目前尚缺少充分的根据，但崇祯本失名的眉批与旁批，经诸多学者考据，当是李渔手笔，或可成为定谳。

李渔，原名仙侣、字谛凡，又字笠鸿，号天徒，又号笠翁，别署觉世稗官、随庵主人、湖上笠翁、新亭客樵、情隐道人等。宗谱尊称“佳九公”，文坛亦有称“李十郎”者。生于明神宗万历三十九年（1611），卒于清圣祖康熙十九年（1680），活了差不多七十岁。他是浙江兰溪人，但自幼生长在江苏如皋。十九岁时，父亲去世，不久回到故乡兰溪，二十五岁在金华应童子试，获考官赏识。三十岁之后，去杭州应过两次乡试，但都未能中举。入清后，痛恶满族蹂躏，从此绝意仕进，因改名谛凡。大约在顺治七八年间，李渔由兰溪移家杭州，靠卖文刻书为生计。他的小说大多是在这期间写成的，戏曲亦半成于此时。后移家金陵，居金陵二十年。在金陵，一面继续刻书卖文，一面经常外出“打抽丰”，攀结达官显贵。又多结交社会名流和文坛名士，看花命酒，很是潇洒。特别是康熙五年他出游陕甘，得乔、王二姬，并组织了家庭小戏班，他的酬酢活动更加频繁了。

李渔终身不应举，不做官，他的气节曾受到过吴伟业等人的赞赏，但他又以“登徒子”自命，逢场作戏，挥霍钱财，这也是他生前死后最招非议的主要原因。

李渔对于自己的庸俗是敢于正视的，他曾将严子陵淡于功名的高节懿行和自己的一生相对照，作《多丽·过子陵钓台》一词，进行自我解剖。

> 过严陵，钓台咫尺难登。为舟师，计程遥发，不容先辈留行。仰高山，形容自愧；俯流水，面目堪憎。同执纶竿，共披

蓑笠，君名何重我何轻。不自量，将身批评，一生友道，高卑已隔千层。君全交未攀衮冕，我累友不恕簪缨。终日抽风，只愁载月，司天谁奏客为星？羡尔足加帝腹，太史受虚惊。知他日，再过此地，有目羞瞠。(《一家言全集》卷八)

这样的解剖是极其深刻而坦率的，那种难以名状的羞愧和自责来自他的内心深处。

对李渔这个人的生平与品格，说了这么多，似乎离题。但这些都是我们理解李渔对《金瓶梅》的批评不可缺少的背景材料。

李渔对崇祯本所做的批评文字，有眉批、旁批，而没有回评，这是中国小说批评史上最早的评点方式。金圣叹就是用这种方式来评点《水浒传》的。

李渔的评语，是中国古代小说批评的一宗非常珍贵的遗产，其价值主要体现于以下诸方面：

一、肯定了《金瓶梅》是一部世情书，而不是什么“淫书”。李渔一再强调，“《金瓶梅》非淫书也”（第一百回）；他认为《金瓶梅》的全部价值在于“一味要打破世情，故不论事之大小冷热，但世情所有，便一笔刺之”（第五十二回）；《金瓶梅》之写人事，写天理，全是为了借这“一部炎凉景况”（第一回），“写出炎凉恶态”（五十二回）。

李渔把《金瓶梅》与《史记》相提并论，认为《金瓶梅》“从太史笔法开”（第十四回），“纯是一部史公文字”、“作者必遭史公之厄而著书”（见张竹坡《批评第一奇书金瓶梅读法》），这样，把李渔所谈到的表现手法上升到创作精神的高度，进一步肯定了小说的现实精神。

二、强调了《金瓶梅》的谴责和警示作用。如西门庆胡乱判案处，李渔批道：“近年刑狱，大抵如斯。”这评语中把自己的生活体验也加了进去。又如九十回来旺盗拐孙雪娥事发见官，李渔批道：“凡西门庆坏事必盛为搏扬者，以其作书惩创之大意矣。”九十一回，写孟玉楼嫁往李衙内，街谈巷论：“西门庆家小老婆，如今也嫁人了！当初这厮在日，专一违天害理，贪财好色，奸骗人家妻女！今日死了，老婆带着东西，嫁人的嫁人，拐带的拐带，养汉的养汉，做贼的做贼，都野鸡毛儿零挦了！常言：三十年远报，而今眼下就报了。”这里，李渔批道：“此一段是作书大意。”一语点出了《金瓶梅》这部世情小说的宏旨和作者的创作意图，实在是“为世人说法”。

三、最为重要的一点是李渔的评点十分重视对《金瓶梅》小说艺术的开掘。《金瓶梅》一书，塑造了众多的性格复杂的人物，第一个打破了中国小说人物塑造中“叙述好人完全是好，坏人完全是坏”的传统格局，摆脱了传统小说平面化的描写，展现了生活中人真实的、复杂的性格局面。李渔高度评价了《金瓶梅》在此一方面的艺术成就，他常用“写的活现”、“极肖”、“传神”、“写笑则有声”、“写想则有形”、“并声影、气味、心思、胎骨”俱一一摹画而出来，称赞《金瓶梅》中人物塑造得真实、生动、形象。

同时，李渔还注意到人物个性特点的分析。如九十一回评玉簪时说：“写怪奴怪态，不独言语怪、衣裳怪、形貌举止怪，并声影气味心思胎骨之怪俱为摹出，真炉锤造物之手。”七十三回，写玉簪站在堂屋门首，说道：“五娘怎的不进去？”那个情节，李渔批道：“欲为稍果子打秋菊线索，偏在忙里下针。宁与人指之为冗为淡，不与人见其神龙首尾。高文妙法，字长以下所无。”八十九回写春梅婢作夫人，两个青衣伴当向春梅传周守备的话，小说中写道：“这春梅不慌不忙，说：‘你回去，知道了。’”眉批曰：“连用‘不慌不忙’，转似宜慌忙者，春梅婢作夫人，到底不饶。”对作者描写此时此地的春梅的气质，感受得具体入微。再如小说第五十一回写吴月娘、潘金莲、李瓶儿、孟玉楼四妻妾一起听小姑子唱佛曲，李渔就指出了这四个人虽然身份一样，但性格上却有很大的差异：“金莲之动，玉楼之静，月娘之懵，瓶儿之随，人各一心，心各一口，各说各是，都为写出。”

李渔曾称小说为“无声戏”，“纸上之忧乐笑啼与场上之悲欢离合”，“似同而实别”（《窥词管见》），既然是“无声戏”，就要恰当地把握每一个“戏”中的人物在此景中的心情，才能得其神理，把书中的人物写得“活起来”。他对《金瓶梅》的批点，十分重视对人物个性特点的分析，亦基于此。

四、李渔在批评《金瓶梅》时，注意总结小说创作中的规律和方法。他曾把《金瓶梅》中某些情节描写，归纳为“躲闪法”（二十一回眉批），“捷收法”（五十七回眉批），“绵里裹针”法（十回眉批）等等，并对一些精到的描写不断发出“映照得妙”、“写生”、“白描”、“趣”、“传神”、“天造地设”、“化工”、“意到笔不到之妙”等赞叹。

尤其是他所阐发的“冷”、“热”对立观点，对作品创作意图和任务形象的分析，更是别开生面。李渔的评语中，随处可见“冷”与“热”的辩证，如“无意中点出春梅，冷甚，妙甚”（七回）、“字字俱从人情微细冷处逗出，故活泼如生”（八回）、“西门庆爱春梅，往往在冷处摹写”（十二回）、“专从冷处摹情”（二十三回）。“一片菩提热念”（四十八回）等。这对张竹坡评点《金瓶梅》启发极大，张氏之“冷热金针”说，即发源于此。另外，曹雪芹创作《红楼梦》，李百川创作《绿野仙踪》，也都从这里收到了最为直接的启示。

李渔对《新刻绣像批评金瓶梅》的评点，用小说创作的规律，多方面地探索了现实主义创作的特征。尤其是他将戏曲批评的理论引入小说批评，冲破了小说评论重教化不重审美，重史实不重真趣的传统，对以后的创作与批评，都产生了相当大的影响。

我们读《新刻绣像批评金瓶梅》的时候，且不可把它的评点文字轻轻放过。

《综合学术本金瓶梅》整理纪要

《综合学术本金瓶梅》的整理工作，是从1987年8月开始的，直到2004年12月方告竣，断断续续把这件工作做了十七年。这期间，对校稿做过四次较大规模的修订，成书前因微机硬盘被意外击穿损坏，修订成稿一字无存，所有工作只好从头开始，最后的修订稿也因此增添了一些新的内容。这十几年的时间中，《金》学研究得到了长足发展，逐渐成了“显学”，研究空间不断地向纵深和新的广度拓展，因此这个版本也不断补充进了新的研究成果。在整个学术过程中，得到了黄霖先生、吴敢先生、宁宗一先生等学界不少前辈、师友的无私支持和具体帮助，吴敢先生和宁宗一先生各自撰写了长达万余字的序言，指点迷津，奖掖后学，其情殷殷。目前，此书稿已被出版单位所接受，并完成了向新闻出版总署的申报工作。

一、关于本书的底本和主要参校本

《金瓶梅》的版本，非常复杂，大体上分为两个系统，即词话本系统和说散本系统，在“说散本”系统中，又分为《新刻绣像批评金瓶梅》和《皋鹤堂批评第一奇书金瓶梅》两个子系统。

本书名为《综合学术本金瓶梅》，所依据的底本是北京大学图书馆善本部所藏的《新刻绣像批评金瓶梅》（原马廉藏本），并以汇校形式参据两大系统的若干种代表性版本，以期整理出一部既可满足一般读者欣赏需要，又可为学界提供相对完整的《金瓶梅》研究资料的一个新版本。

北京大学图书馆所藏《新刻绣像批评金瓶梅》（校记简称底本），为大开本，共四函，三十六册（20.8×30.6），封面扉页均不存，书首有东吴弄珠客序，正文每半页十行，行二十二字，每卷五回，每回回首有插图二帧，全书共二百帧，均出自新安（今安徽歙县）名手。文中有圈点，行间有夹批并有眉批。

之所以选用“北大本”作为底本，是由于这个本子是现在“崇本”系统中最为完整、至为珍贵的一个版本。该本图与正文刊印精良，全书有眉批一千二百八十六条，眉批位置与正文文字相合，无错位乱置之处。而其他版本，则有的开本较小，刻工差，原文残阙较多，或没有序言评语，显系北大本的翻刻或再翻刻本。北京大学出版社于1988年8月影印该本，作了一些技术方面的补配工作，使之更加完善。

本书的主要参校本有以下几种：

1. 日本内阁文库藏本《新镌绣像批评原本金瓶梅》（校记简称“内阁文库本”），全一百回，二十卷，本文二十册，附图一册（二百帧）该本与北大本相近，每半页十一行，每行二十八字，无欣欣子序，有东吴弄珠客和廿公跋。行文方式与北大本略有不同，回首引诗、词前多无“诗曰”，或“词曰”，引词则将词牌冠于前。眉批刻印的行款亦与北大本不同，北大本眉批以四字一行为主，极少回目中二字一行，内阁文库本则为三字一行。有些眉批和旁批为北大本所无，北大本中的某些眉批和旁批，内阁文库本也有时失佚。

2. 《皋鹤堂批评第一奇书金瓶梅》（校记简称“张评皋鹤堂本”），全一百回，三十册，不分卷，为清康熙乙亥本（21×14.8），书口为“第一奇书”，正文半页十一行，行二十二字，无图，回前亦无回评，正文内有眉批，旁批和行间夹批文字，卷首有谢颐序，附录有《凡例》、《目录》、《杂录》（《杂录小引》、《西门庆家人名数》、《西门庆家人媳妇》、《西门庆淫过妇女》、《潘金莲淫过人目》）、《趣谈》、《苦孝说》、《寓意说》、《冷热金针》、《非淫书论》、《大略》、《竹坡闲话》、《房屋考》、《西门庆房屋》、《读法》（一百零八则）。刘辉先生认为该本为“第一奇书”之原刻本，刊刻于清康熙之十四年乙亥。

3. 《皋鹤堂批评第一奇书金瓶梅》（校记简称“张评影松轩本”），影松轩刻本（21×14），该本书口为“第一奇书”，无鱼尾，正文半叶十行，行二十二字，有图二百帧，全一百回，二十册（其中图一册）不分卷，每回前有回评，正文内有眉批，旁批，行间夹批，框内右上方署“彭城张竹坡批评”，中间大字书“绣像金瓶梅”，左下方署“影松轩藏版”，卷首有谢颐序。附录有《趣谈》《杂录》《房屋》《大略》《杂录小引》《苦孝说》《寓意说》《读法》（一百零八则）《第一奇书书目》。

4. 《皋鹤堂批评第一奇书金瓶梅》（在兹堂刊本，校记简称“张评在兹堂本”），文龙评，全一百回，有眉批、旁批，回间夹批，回评独立成篇。有谢颐序，附录依次排列为：《第一奇书金瓶梅趣谈》《西门庆房屋》《凡例》《杂录小引》《竹坡闲话》《读法》《冷热金针》《第一奇书非淫书论》《寓意说》《第一奇书书目》《西门庆家人名数》《西门庆家人媳妇》《西门庆淫过妇女》《潘金莲淫过人目》《苦孝说》。文龙的评语，手书于张评之后，以回评为主，回评末多有附记。间有少数夹批和眉批。这个珍贵的版本现藏北京图书馆北海分馆。

5. 《新刻金瓶梅词话》（校记简称“词话本”），一百回，十卷，二十册，为明万历刻本（21.5×13.8），正文半页十一行，行二十四字，无图，无评，正文多处用墨笔涂改，这个版本原于1932年首次在山西介休县发现，为北京图书馆购藏，后寄存于美国国会图书馆，现存台湾，所用为据1933年3月“古佚小说刊行会”影印本之重印本（1957年文学古籍刊行社）。据考证，此原本系明万历四十五年祖刻之翻本，刊刻时在万历四十七年稍后（胡文彬《金瓶梅书录》）。

除以上六种版本之外，本书还参考了以下版本：

1. 首都图书馆藏本。（即孔德本，校记中简称“首图本”）

2. 天津图书馆藏本。（校记中简称“天图本”）

3. 郑振铎“世界文库本”。

4. 本衙藏版本《全像金瓶梅彭城张竹坡批评第一奇书》（校记中简称“张评本衙藏版本”）。

5. 《四大奇书第四种》。

6. 《李笠翁先生著第一奇书》。

7. 齐鲁书社版《张竹坡批评第一奇书》。

8. 《全本金瓶梅词话》香港太平书局影印本（1982年8月）。

9. 人民文学出版社1985年洁本《金瓶梅问话》（戴鸿森校）。

此外，还参考了容与堂刻本《水浒传》、文学古籍刊行社影印本《清平山堂话本》、《烟画草堂小品》从书本《京本通俗小说》、《冯梦龙全集》本《古今小说》，以及《六十种曲》等大量相关资料。对参考本酌出校记。

二、集评

1. 本书汇集、整理了无名氏、张竹坡、文龙（文禹门）三位批评家的评点资料。共集录眉批一千七百余条，旁批与行间夹批三千余条，回评一百九十八则。

2. 崇本系统诸本的眉批与旁批，亦不尽相同，北大本原无或残阙不可辨认的眉批与旁批，据内阁文库本补入，北大本中的眉批，在内阁文库本中有偶作旁批之处，从北大本。北大本原有，内阁文库本无的眉批、旁批，只注明北大本眉批或旁批；内阁文库本有北大本无的眉批、旁批，则标明崇眉批、崇旁批、崇夹批。

北大本的个别眉批，为首图本所无，首图本之旁批，亦有与北大本不同之处，有些旁批为北大本所无，天津图书馆藏本亦略多数条眉批，因缺少信而有证的资料，只能酌情补入。

3. 张评系统诸本评点文字亦多不有同，康熙乙亥《彭城张竹坡批评金瓶梅》（本衙藏板）有眉批、旁批，行内夹批及回评（亦有未装入回评之同一版本），而《全像金瓶梅》本衙藏版本却只有回前评语，而无眉批，“影松轩”本则将康熙乙亥本眉批删除或改为旁批，《四大奇书第四种》有回前评语和旁批，无眉批，在兹堂本、皋鹤草堂本有眉批旁批而无回评。在“总评”文字中，康熙乙亥本及本衙藏版本缺《凡例》和《第一奇书非淫书论》；而无回评；在兹堂、皋鹤草堂等本，则不缺二文。本书张竹坡的评点文字部分，以康熙乙亥《彭城张竹坡批评金瓶梅》（本衙藏板）为基础，其他翻刻本不另出校。并将总评有关文字附录于后，《非淫书论》、《凡例》，从“在兹堂本”补入。

4. 眉批、旁批、行间文字夹批，依版本编次为崇批、张批、文批。张评康熙乙亥本回评原在回目、正文之前，另页刊印，本书移至回末。文龙之回评后，有附记多则，颇具资料价值，兹作为附录，附于评语之末。张评本“总评”部分原在正文之前，本书选《第一奇书凡例》、《竹坡闲话》、《冷热金针》、《寓意说》、《苦孝说》、《第一奇书非淫书论》、《批评第一奇书金瓶梅读法》七篇，作为附录，附于书后，由于排版程式的改变，眉批文字移至页间，旁批文字置于相应的正文行间。

三、会校

一是广列异文。由于本书为综合学术本，广列异文是校勘整理的一项主要工作。本书参校范围，不限于崇本系统主要版本，而且同张评本、词话本进行比勘，这种版本的校核比勘，对了解《金瓶梅》的流传、演变以及多角度地理解文本，是很有必要的。崇本《金瓶梅》的评点者无名氏，同时也是词话本的改写者，本书通过崇本与词话本的比勘，能使读者更为直接地了解说散本与词话本之间的关系以及从词话本到说散本的演变过程，亦可从《词话》本和说散本的比较研究中，从文人作家与民间创作各自的特点中，去探索和研究中国古典小说的内在发展规律。

《金瓶梅》在成书的过程中，不仅从《水浒传》中抄录了大量的文字，而且从话本小说（宋元话本和明人的拟话本）、杂剧传奇，以及流行于当时的散曲、时调中抄录了大量的文字，这些抄引，有的属同体移植，有的属异株嫁接，有的则属改头换面。正是这些异彩纷呈的“他山之石”，成为探究《金瓶梅》这部百科全书式的作品素材来源的“剖玉之刀”。本书首次在整理出版的《金瓶梅》中将这些抄引的文字作为异文写入校记。

《金瓶梅》与《水浒传》的因承关系。《金瓶梅》正是借《水浒传》故事繁衍而成大国。《金瓶梅》对于《水浒传》的抄录是大规模的，据周钧韬先生统计，《金瓶梅》一百回中“含有抄袭《水浒传》文字共三十二回，占全书总回数的三分之一。反之，《水浒传》一百回中，被《金瓶梅》所抄袭的有三十回的三十五段文字，亦占全书回数的三分之一。这两个三分之一已经足以说明《金瓶梅》对《水浒传》的依赖”（《〈金瓶梅〉抄引〈水浒传〉考探》，周钧韬著《金瓶梅新探》，百花文艺出版社1987年4月版）。由于这一部分文字庞大，除韵文部分之外，对抄引的故事情节，在出校时只将重要部分列出可资对照的原文，一般只举出抄引线索。

对于来源于话本和拟话本的素材，如《大宋宣和遗事》，及《清平山堂话本》、《京本通俗小说》、《古今小说》中的《刎颈鸳鸯会》、《简贴和尚》、《戒指儿记》、《五戒禅师私红莲记》、《志诚张主管》（又名《小夫人金钱赠年少》）、《新桥市韩五卖春情》（又名《三焚僧记》）、《郑节使立功神臂弓》等，和抄引自戏曲如《西厢记》、《琵琶记》、《香囊记》、《玉环记》、《宝剑记》中的情节及韵文，以及见载于《雍熙乐府》、《词林摘绝》中的散曲并小令，则全部录出原书文字，与《金瓶梅》相比勘。

二是在通校了崇本系统、张评本系统中重要版本和词话本的基础上，对底本中阙衍讹误之处进行了校正和调整，如：第十五回："蹴踘齐云"，底本原作"蹴踘齐眉"，崇本系统与张评系统诸本均同，因踢球的社团称圆社或"齐云社"，故据词话本改"齐眉"为"齐云"。第十八回："五百年冤家今朝相遇，三十年恩爱一旦遭逢"，底本上句原作"五百年冤家相遇"，崇本系统、张本系统诸本同，与下句不对仗。故从词话本在上句补入"今朝"二字。

对有些错误之处则据文义，在理校中进行了改动：

如第七回写孟玉楼出嫁后，"到三日，杨姑娘家并妇人两个嫂子，孟大嫂和孟二嫂，都来做生日"。各系统诸本同，"做生日"显系误抄或误刊。孟玉楼的亲眷们是于孟氏出嫁后第三天来西门府上贺喜，故从前后文意径改为"做三日"。底本第十六回："跪着唱了一套十三腔"，诸本同，误。"十三腔"，应为"三十腔"。三十腔系曲牌名，集三十个曲调而成，这种集曲形式称为"犯调"，属南曲范畴。另外《盛世新声·南曲》、《词林摘艳》卷二，均作"三十腔"，从改。第四十七回，引首诗"须凭鲁连箭，为汝谢聊城"，"谢聊城"，内阁文库本作"解聊城"，张评本作"谢联城"，均误。按：鲁连，即鲁仲连，战国时齐国人，策士，好为人排难解纷。汉班固《答宾戏》有："鲁连飞一矢而蹶千金，虞卿以顾眄而损相印"之句。后人遂以鲁连箭代指金银。《战国策·齐策六》：战国时，燕攻齐，下七十余城。齐将田单欲收复聊城（今山东聊城市西北），攻之年余而不下。鲁仲连乃写信系于箭，射入城中，劝燕军弃城，燕将得信悦服，罢兵而去，齐国之围遂解。后以此典比喻助力。这两句诗引此典，喻苗青脱祸，全凭金银的助力去打通关节。故径改为"射聊城"。

三是对行文中不规范而又容易引起歧义的俗字、别字，亦进行了更正，不便径改者，则保留原字，并在校记中予以说明。

四、注释

《金瓶梅》是一部百科全书式的市井小说，内容丰富，五花八门，涉及社会生活的方方面面，其语言系统更是极其驳杂。书中使用了大量的方言、市语、土谚、村话、反切、隐语、詈语、歇后语、“拆白道字”，使人感到眼花缭乱，注释起来颇费力气。有很多语词至今仍百思不得其解。

在注释过程中，除借助大量的工具书和关于社会学、民俗学、语音学、方言学、语义发生学以及历史、文化、宗教等诸方面的背景资料之外，还更多地汲取了许多专家学者的研究成果。注释过程中对名物、典章、历史掌故，及市井切口诸方面有所侧重，尽量做到以实事求是的精神去把握一定的分寸，对个别有歧义的语词，则多义并存或取其中最有代表性的观点，不作望文生义的诠释。

城市与晚明商人集团的崛起

——《金瓶梅》诞生的时代背景

明代，是中国从中古向近代逼近的一个特定的历史时期。特别是明中叶万历以后，随着生产力的发展和社会分工的扩大，那个在欧洲已经发生，迟早也会在中国发生的早期资本主义因素，也终于萌芽。市民阶层的壮大、城市规模的扩张，商人集团的崛起，成为彼一时代社会发展最明显的特征。

明代城市发展进入了从古代型向近代型转换的关键时期，这种转换，不仅是城市数量开始增加，城市规模迅速扩张，而是城市性质与功能的改变。昔日军事型、政治型或消费型的城市在向着具有近代意义的工商业城市转变。尤其是永乐以来疏通了南北大运河之后，珠江三角洲、长江三角洲地区和运河沿岸，一批又一批市镇如雨后春笋拔地而起。

当时，全国比较著名的工商业城市，已有以下三十余座：南京、北京、苏州、松江、镇江、淮安、常州、扬州、仪真、杭州、嘉兴、湖州、福州、建宁、武昌、荆州、南昌、吉安、临江、清江、广州、开封、济南、济宁、德州、临清、桂林、太原、平阳、蒲州、成都、重庆、泸州等。（据《明宣宗实录》卷五零，宣德四年正月乙丑条）

其中，临清是《金瓶梅》故事的主要发生地之一。

商业资本主义的萌芽，促进了城市繁荣。张瀚《松窗梦影》卷四曾概述当时全国各地区商业中心如下：

> 京师以南，河南当天下之中，开封其都会也。北下卫、彰达京圻；东沿汴泗转江汉。车马之交，达于四方，商贾乐聚。地饶漆、绨、枲、纻、纤、纩、锡、蜡、皮张……

河以西为古雍地，今为陕西，山河四塞，昔称天府。西安为会城，地多驴马牛羊，旃裘筋骨。自昔多贾，西入陇蜀，东走齐鲁，往来贸易，莫不得其所欲。至今西北贾多秦人，然皆聚于汧、雍以东，至河华沃野千里间，而三原为最……

关中之地，当九州三分之一，而人众不过什一，量为富厚，什居其二。闾阎贫窭，甚于他省，而生理殷繁，则贾人所居也。

河以北为山西，古冀都邑地，故禹贡不言贡。自昔饶林竹、玉石，今则有鱼盐之利。所辖四郡，以太原为省会，而平阳为富饶。大同、潞安、倚边寒薄，地狭人稠，俗尚勤俭，然多玩好事末。独蒲坂一州，富庶尤甚，商贾争趋。

南则巴蜀。巴蜀亦沃壤，……东下荆楚，舟经三峡，而成都其会府也。绵（州）、叙（州）、重（庆）、夔（州），唇齿相依。利在东南，以所多易所鲜，而保宁则有丝绫文锦之饶……

洛阳以东，泰山之阳为兖，其阴则青。襟带山海，膏壤千里。……济南其都会也。西走赵魏，北输沧（州）瀛（州），而川陆孔道并会德州、临清、济宁之间。登莱三面巨海，宜木棉，少五谷，利在鱼盐。舟车牵挽，劳役无休时也。

大江以南，荆楚当其上游，鱼粟之利，遍于天下。而谷土泥涂，甚于禹贡。其地跨有江汉，武昌为都会。郧（阳）、襄（阳）上通秦梁，德（阳）黄（州）下临吴越。襟顾巴蜀，屏捍云贵，郴桂通五岭，入八闽。其民寡于积聚，多行贾四方。四方之贾，亦云集焉。

沿大江下而为金陵，乃圣祖开基之地。北跨中原，瓜连数省。五方辐辏，万国灌输。三服之官，内给尚方衣履，天下南北商贾争赴。

自金陵而下，控故吴之墟。东引松（江）常（州），中为姑苏，其民利鱼稻之饶，极人工之巧。服饰器具，足以炫人心目，而志于富侈者，争趋效之。

庐凤以北，接三楚之阳，苞举怀阳。其民皆呰窳轻訬，多游手游食。煮海之需，操巨万资以奔流其间，其利甚巨。

自安太至宣徽，其民多仰机利。舍本逐末，唱棹转毂，以游帝王之所都。而握其奇赢，休（宁）歙（县）尤夥，故贾人几遍天下。良贾近市利数倍，次倍之。最下无能者，逐什一之利……

浙江右联圻辅，左邻江右，南入闽关，遂达欧越。嘉禾边海，东有鱼盐之饶；吴兴边湖，西有五湖之利，杭州其都会也。山川秀丽，人慧俗奢，米资于北，薪资于南，其地实啬而文侈。然而桑麻遍野，茧丝绵纻之所出，四方咸取给焉。虽秦、晋、燕、周大贾，不远数千里而求罗绮缯币者，必走浙之东也。宁（波）、绍（兴）、温（州）、台（州），并海而南，跨引汀、漳，估客往来，人获其利。严（州）、衢（州）、金华，郛郭徽饶，生理亦繁……

江西三面距山，背沿江汉，实为吴楚闽越之交。故南昌为都会。地产窄而生齿繁，人无积聚，质俭勤苦而多贫。多设智巧，挟技艺以经营四方，至老死不归，故其人内啬而外侈。……独陶人窑缶之器为天下利。九江据上流，人趋市利。南（康）饶（州）广信，阜裕胜于建（昌）袁（州）。以多行贾。而瑞（州）临（江）吉安尤称富足，南赣谷林深邃，实商贾入粤之要区也。

福州会城及建宁、福宁，以江浙为藩篱。东南抱海，西北联山，山川秀美，土沃人稠。地饶荔挺桔柚海物，惟错民多仰机利。而时俗杂好事多贾治生，不待危身取给。……故其民贱啬而贵侈。汀（州）漳（州）人悍嗜利，……而兴（化）泉（州）地产尤丰，若文物之盛，则甲于海内矣。

粤之东西，在岭海间，古称百粤。粤以东，广州一都会也。北负（南）雄韶（州），兵饷传邮，仰其榷利。东肩潮（州）惠（州），内寇外夷，为患孔棘。高（州）、廉（州）、雷（州）、琼（州）滨海诸夷，往来其间，志在贸易，非盗边也。

顾奸人逐番舶之利，不务本业，或肆行剽掠耳。

广以西，风气异宜，山高水驶，地利物产，优赡自足。桂林为都会，……南宁、太平，控遏两江；苍梧开府，雄镇一方。多珠玑、犀齿、毒瑁、金翠，皆至诸夷航海而至，故聚于粤之东。其梗、楠，杞、梓、金、银、藤、葛，则产于粤之西矣。

滇南崇山峻岭，泻涧纡回，会城之中，土沃饶食，不待贾而贾恒集。以丹砂、朱汞、金碧、珍贝之所产也。临安、大理、永鹤、楚雄并称膏壤。商贾绝少……

贵阳首思南，次镇远、石阡，而都匀、铜仁、恩州、又其次已。郡邑官杂流土，民多蛮夷，水不涵渟，土无货殖，官军岁给，全赖他省。而况商贾万里来投，安能有固志哉！

张瀚用若大篇幅胪陈全国商业中心，又备述其民风、物产和商贾、贸易状况。为明代全国商业城市之发展作一概览。

城市，成为货殖和财富的聚集地。

以南京为例。南京元称集庆，朱元璋改名称作应天，洪武元年八月又改应天为南京。十一年正式在此建都，这时人口差不多有十多万人。十三年之后，洪武二十四年，增加到四十七万三千多人。永乐迁都后，人口一度锐减，但作为明王朝之留都，且有当南北之冲的战略位置，仍是一座“五方辐辏、万国灌输”（张瀚《松窗梦语》）的重要城市。万历时“生齿渐繁，民居日密”，仅是十三门内外的人户，就有几十万户。工商店铺极多，涉及了近百个行业。“自大中桥而西……百货聚焉。市魁驵侩，千百嘈湃其中。”（顾起元《客座赘语》卷一）其繁盛状况历历如在目中。

钱泳《履园丛话》卷二十四记万历间苏州商业之规模：

苏州臬桥西偏有孙春阳南货铺，天下闻名，铺中之物亦贡上用。……其为铺也，如州县衙，亦有六房：曰南北货房、海货房、腌腊房、酱货房、蜜饯房、蜡烛房。售者由柜上给钱，取一票，自往各房发货，而总管者掌其纲，一日一小结，一年一大结。至明至今三百三十四年，子孙尚食其利，无他姓顶代者。

这是一个很有典型意义的个案。这家南货铺，实际上相当于一个“南货集团”，下设若干分公司，管理模式也非常科学。

明中叶以后，中世纪所特有的封闭的经济模式被打破，一些重要商品的贸易，已不再局限于区域性的狭小市场，而是大宗地被运往广阔的市场上去销售。以纺织品为例，松江地区向有“衣被天下”之称，“官商大贾数千里辇万金而来，摩肩连袂”。（康熙二十三年《吴江县志》卷四十一）

除了绸缎棉布之外，陶瓷、糖、纸张、染料、茶叶、水果、粮食、药物的贸易也非常鼎盛。一些地方名产品得以“辐辏转贩，不胫而走四方”。（谢肇淛《填略》卷四）

明嘉靖时《河间府志》载：

河间有行货之商，皆贩缯、贩粟、贩盐、铁、木植之人。贩缯者，至南京、苏州、临清。贩粟者，至自卫辉、磁州并天津沿河一带，间以岁之丰歉，或籴之使来，粜之使去，皆辇致之。贩铁者，农器居多，至自临清、泃头，皆驾小车而来。贩盐者，至自沧州、天津。贩木植者，至自真定。其诸贩磁器、漆器之类，至自饶州、徽州。至于居货之贾，河北郡县，俱谓之铺户，货物既通，府、州、县间，亦有征之者。其有售粟于京师者，青县、沧州、故城、兴济、东光、景州、献县等处，皆漕挽。河间、肃宁、阜城、任邱等处，皆陆运，间亦舟运之。其为市者，以其所有，易其所无也。日中为市，人皆依期而集。在州县者，一月期日五六集。在乡镇者，一月期二三集。府城日一集，江南谓之上市，河北谓之赶集。名虽不同，义则一也。

——《古今图书集成》职方典卷八八，
引嘉靖《河间府志》卷七《风俗》卷

《铅书》卷一记江西广信府一个小县城铅山县的商业繁荣情况：

> 其货自四方来者，东南福建则延平之铁，大田之生布，崇安之闽笋、福州之黑白砂糖，建宁之扇，漳海之荔枝、龙眼，海外之胡椒、苏木，广东之锡、之红铜、之铜器；西北则广信之菜油，浙江之湖丝、绫䌷，鄱阳之干鱼、纸钱灰，湖广之罗田布、沙湖鱼，嘉兴西塘布，苏州青、松江青、南京青、瓜州青、红绿布、松江大梭布、小中梭布，湖广孝感布、临江布、信阳布、定陶布、福建生布、安海生布。吉阳布、粗麻布、书坊生布、漆布、大刷竟、小刷竟、葛布、金溪生布，棉纱、净花、子花、棉带、褐子衣、布被面、黄丝、丝线、纱罗，各色丝布、杭绢、绵䌷、彭刘缎、衢绢、福绢；此皆商船往来货之重者。

广信府铅山县是个贫困县，也是个比较闭塞的地区，商品流通却有如此规模，南北货物萃聚，琳琅满目，几乎无所不有。

《金瓶梅》第六十七回写孟玉楼的弟弟孟锐又要外出贩货，与西门庆辞行，西门庆因问二舅几时起身，去时多少？孟锐回答：“出月初二起身，定不得年岁，还到荆州买纸，川广贩香蜡，看紧一二年也不止。贩毕货就来家。此去从河南、陕西、汉州去，回来打水路从峡江、荆州那条路来，往回七八千里地。”二十六岁的孟锐，就这样越河南、陕西、汉州，又返水路穿汉中、四川、荆州，往返路程实际上已逾万里。冒关山风波之险，走川广而趋厚利。如明人张瀚《松窗寒语》中所记：“贾人趋厚利者，不西入川，则走南粤，以珠玑金碧木材之利，或当五，或当十，或至倍蓰无算也。”

顾炎武《肇城志》亦记：“新都勤俭甲天下，故富亦甲天下。贾人娶妇数月，则出外或数十年，至有父子邂逅而不相认者。大贾辄数十万……男子冠婚后，积岁家食者，则亲友笑之。妇女亦安其俗，而无陌头柳色之悔。”（见该书《江南》十一·徽州府）

明人张来仪有诗谓：

长年何曾在乡国？心性由来好为客。
只将生事寄江湖，利市何愁远行役。

烧钱酾酒晓祈风，逐侣悠悠西复东。
浮家泛宅无牵挂，姓名不系官籍中。

嵯峨大舶夹双橹，大妇能歌小妇舞。
旗亭美酒日日沽，不识人间离别苦。

长江两岸娼楼多，千门万户恣经过。
人生何如贾客乐，除却风波奈若何。

商人们是何等春风得意啊！

这一幅幅川流不息的行商图，形象地反映了当时商品经济的繁荣。这些商人孜孜不倦的商业活动，有利于把全国各地的物资流通初步形成一个完整的国内市场。

商品经济的繁荣，首先得益于当时的经济政策。

明代曾在南北两京建立“塌房”，总理南北商务。“塌房”的功能，集牙行、堆栈、征收商税、批发业务于一身，由于属官办企业（国企），也称“官店”或官房。“塌房”明初最早建在南京，规定贮藏之货于出售时，将货款分为三十分，“塌房”扣留十分之一，即税钱、房钱与免牙钱各一分。明成祖迁都，北京也建造了“塌房”，其后，“塌房”普建于各地重要商埠。

城市的扩张伴随着市民阶层的壮大，也理所当然地崛起了一个不仅拥有巨额财富，而且也对社会政治生活起着一定作用的商人集团。

这个集团的成员，大体有四个组成部分：

一是来源于封建地主。由于土地兼并和赋税的加重，农民纷纷逃亡，抑或奋起抗租，地主阶级中的一些人觉得与其投资于土地，远远不如投资于商业。因此纷纷弃农经商，“缩资而趋末”。（《明世宗实录》卷五四五）“即阀阅之家，不惮为贾”。（唐顺之《荆州文集》）

二是小手工业主和领大户钱而贷本经商的商贩。

三是因土地兼并丧失生计而流入城市的农民。便是山东一省的资料记载，即见当时之情状。如郓城县，在明代后期“里甲无老少，率习浮薄”，“逐本营利，填衢溢巷”；博平县，在天顺成化时，“犹醇且厚”，嘉靖以来，却“务本者日消，逐末者日盛”。（康熙《博平县志》卷五）泰安州民，亦“浸淫于贸易之场，竞争于维刀之末”。（万历《泰安州志》卷一）武定州在明后期从事工商业的人越来越多，“频年贫者转徙渔盐之利，富者多挟资贸数升之布至千百，出都城塞上。或贩梨枣，买舴艋舟下江寺东，争逐什一。农事不讲久矣”。（万历《武定州志》卷二）

顾炎武《天下郡国利病书》中，援引耿橘的话说：

> 农事之获利倍而劳最，愚懦之民为之；工之获利二而劳多，雕巧之民为之；商贾之获利三而劳轻，心计之民为之；贩盐之获利五而无劳，豪猾之民为之。

除了以上因素，中国广大人口所造成的消费市场的相对扩大，以及国内外市场的开拓和国家扶植商业的政策，亦是产生明末商人集团的一个重要原因。

基于这个因素，晋商集团、扬州盐商集团、徽商集团应运而生。外贸商、运河沿岸的贩运商、矿业作坊主集团也乘势而起。

这个商人集团的成员，还有一种最重要的构成部分，即是官僚阶级。

中国官僚经商，渊源有自，南北朝时达到高潮，历久不衰。到了宋代，由于理学盛行，而稍有收敛。元代起于游牧，不受理学约束，官员经商，又蔚成风气。蒙古贵族不懂商务，就通过色目人放高利贷。汉族官员仍多经理商业，如朱清、张瑄，“二人者，父子致位宰相，弟侄甥婿皆大官，田园宅馆遍天下，库藏仓庾相望，巨艘大舶，帆交番夷中。”（《辍耕录》卷五）明代又是汉家江山，官员经商，风气大炽。甚至皇帝也加入其间。明武宗开得皇店之多，是前无古人，后启来者的。其“创立皇店，自京城九门，外至张家湾、河西务等处，拦截商贾，横敛多科。”（《明武宗实录》卷一零八）他不仅开皇店，据说还经常化装成商人，到市中贸易，以此给自己找乐子。宗室诸王起而效尤，如肃、韩、楚、沐四蕃王，在陕西平凉、庆阳、临洮、巩昌四府的房店铺面，就有三千三百多间。一般官员经商，更无忌惮，嘉靖二十年，有关官员对京城内外诸勋戚店舍进行过调查，其调查之后的本章举证翊国公郭勋、英国公张溶、广安伯张镧、皇亲指挥钱维恒、夏勋、方式段朝用等，所开的皇店有“几千余区”。除京师外，郭勋在南京、淮安、扬州、临清、徐州、德州等地，“皆置有私店”（《实录》）。锦衣卫首领陆炳在扬州、嘉兴、南昌、承天等地，“皆有庄店，声势震天下”。（《明世宗实录》卷四）大学士严嵩父子，除广有金银田产之外，又在扬州等发达商埠，纵其家奴网夺市利。万历时，太监张诚家“市店遍于都市，所积之资，都人号为百乐川’。”（《明神宗实录》卷二九三）李梦阳说：“今缙绅缝掖，率贵利贱义，而务细小，往往诡托贾竖，贩引占窝，逐汗辱之利……驾帆张帜，横行江河，虎视狼贪，亡敢谁何。”（《明经世文编》卷一三八，李梦阳《议处置盐法事宜疏》）这些官僚勋戚，插手行商中监、贩造钱钞、赁丹取利、造房出租、边疆及对外贸易，触角遍及商业很多角落。

明王朝建立之初，朱元璋为了整顿吏治，曾明律“官员之家，不能于所部内买卖”。（《明经世文编》卷五十八）“凡公侯内外文武官员四品以上官，不得放债”。（《明英宗实录》卷六十六）但这条戒律实际上始终行不通。事实上，官越大，买卖做得就越大。明仁宗高炽时，大理寺右少卿戈谦的奏章中曾写道：“今日都按卫所、布政司、按察司、府州县官，悉令弟侄子婿于所部内倚官挟势，买卖借贷，十倍于民。”（《明经世文编》卷五十八戈中丞奏疏《恤民疏》）

明中叶以来，此风更炽。弘治时，文武百官经商者趋之若鹜，“皇亲……或需盐利，或占民房以营店房”。（监察御史何天衡的奏折，《明英宗实录》卷二一一）世宗时，太和伯陈万言、驸马都尉景和，“纵容家人，开张铺面，克害商民”。（《明世宗实录》卷五十一）成为地方一害。宣德七年，右副都御史贾谆赴甘州，见当地驿递马牛驴只大都骨瘦如柴，官府强征男女老幼輓递，昼夜不休，有人、牛俱被冻死者。为什么驿递竟被破坏到这个地步？因甘州官军假借种种名目，“擅乘各站马驴往来陕西贸易，又威逼递运所用车载送甘州贸易。”（《宣宗实录》卷九十七）

也有一些官商擅越关津，阻遏河道，其中尤以兴贩私盐者为最多。贩私盐者中又以内相、巡盐御史和地方都指挥等武官为最严重。嘉靖四十三年，巡盐御史徐陟奏章中谓："近来官宦家人，假充弟男子侄名色，撑驾官民船只。满装货物，所至商贩，渔猎民财……横行河道，阻遏粮军"。(《明经世文编》卷三五六徐陟《奏为忌乞天恩酌时事备法纪以善臣民以赞至治事》)

正是因为官僚缙绅阶层的加入，商人的社会地位亦随之改变，西门庆由商而官，便是例证。

商人集团的兴起，促进了商品经济的繁荣和人们思想意识的变革。"天下熙熙，皆为利来；天下攘攘，皆为利往"，(《史记·货殖列传》)这种局面反映了封建土地关系在商业上的另一种表现方式。

晚明商人集团是一个对社会政治、经济起着极其重要作用的群体。他们拥有巨额财富，有些人的财富甚至达到了富甲天下的地步。《金瓶梅》中多次出现"南京沈万三，北京枯柳树"这句谚语，这个沈万三，就是一个以豪富而名扬天下的大商人。明孔迩《云蕉馆纪谈》谓："山(按：沈万三亦作沈万山)既富，衣服器具，拟于王者。后园筑垣，周回七百二十步，垣上起三层，外层高六尺，中层高三尺，内层再高三尺，阔并六尺，垣上植四时艳冶之花，春则丽春、玉簪，夏则山矾、石菊，秋则芙蓉、水仙，冬则香兰、金盏。每及时花卉，远望之如锦，号曰'绣垣'。垣，十步一亭，亭以美石、香木为之，花卉则饰以彩帛，悬以珍珠。山尝携杯挟妓，游览于上，周旋递饮，乐以终日。时人谓之'磨饮'。垣外，以竹为屏障，下有田数十顷，凿渠引水种秫，以供酒需。垣内，起看墙，高出里垣之上，以粉涂之，绘珍禽奇兽之状，杂隐于花间。墙之里，四面累石为山，内为池，山莳花卉，池养金鱼，池内起四通八达之楼，面山瞰鱼。四面削石成桥，飞青染绿，严若仙区胜境。矮形飞檐接翼，制极精巧。楼之内又一楼居中，号曰'宝海'，诸珍异皆在焉，山闲居则必处此以自娱。楼之下为温室，中置一床，制度不与凡等。前为秉烛轩，何取？何不秉烛夜游之义也。轩之外皆宝石栏杆，中设销金九朵云帐，四角悬琉璃灯，后置百谐卓，又取百年偕老也。前可容歌姬、舞女十数，轩后两落有桥，东曰'日升'，西曰'金明'，所以通洞房者。桥之中为青箱，乃置衣之处。夹两桥而长，与前后齐者为翼寝，妾婢之所居也。后正寝曰'春霄涧'，取春霄一刻值千金之义。以貂鼠为褥，蜀锦为衾。毳绡为帐，用极一时之奢侈。"其豪富如此，王侯亦自愧弗如。

再如以金箔业致富的吴金薄，谁也没法估计其家产之巨，单是朝廷欠他

的债，就有二百万两之多。又如最有名的徽州商人，“藏镪有至百万万者，其他二三十万则中贾耳”。（谢肇淛《五杂俎》）

这个集团在当时的工商业中，占有很重要的地位，他们“其货无所不居，其地无所不至，其时无所不骛，其算无所不精，其利无所不专，其权无所不握。”（万历《歙志》卷十《货殖》）成为社会政治和经济的强势力。

他们穷奢极欲，“策肥而乘坚，衣文绣绮縠；其屋庐器用，金银文画，其富与王侯埒也。又蓄声乐，伎妾，珍物，援接诸豪贵，藉此阴庇”。（李梦阳《空同子集》卷四十）富商巨贾的豪华生活可见一斑。西门庆的豪富，在山东一省也是足可称雄的。王婆说他“家中钱过北斗，米烂陈仓，黄的是金，白的是银，圆的是珠，光的是宝，也有犀牛头上角，大象口中牙”。苗员外说他“豪富满天，金银广布”，不是过头话。这从他“朝朝寒食，夜夜元宵”的日常生活中可以看得出来。

对金钱的狂热追求，是商人集团共同的生活法则。他们对其占有的财富，一是用来增殖新的财富，二是个人侈靡生活的浪费，如谢肇淛记新安商人的奢侈：“唯娶妻宿妓争讼，则挥金如土。吾友人汪宗姬家资巨万，与人争数尺地，捐万金，狭邪如之，鲜车怒马，不避豎司前驱”。（谢肇淛《五杂俎》卷四）因其生活豪侈放纵，致使很多富商大贾短命。赵吉士记明末新安商人之事：“余邑南乡商山，人未三十，辄夭死。今一村皆贫，而庞眉者比，吾乡人言富者每羡商山，余尝张目不答。”（赵吉士《寄园寄所寄》卷十二）西门庆亦因纵欲过度，在他的事业日高中天之际暴亡，只活了三十三岁。

在传统社会，商居“士农工商”四民之末，地位之低，不言而喻。明代中期之后，商人的地位逐渐提高，社会上对商人极为器重，商品意识的冲击，使商人在“四民”中的位置发生了显著变化。

西门庆和晚明商人有着共同的特点，他们不向土地投资，没有把资本利润和利息转化为地租，但也没有足够的勇气向产业资本转化，进行作坊和工场投资，而多用来满足自己侈靡的生活，这是晚明时期中国商人集团的共同弱点，也是致命的弱点。缺乏远大的眼光，也是晚明商人为什么不能成为商业资本家，高利贷者为什么不能成为银行资本家的主要原因。这也是中国封建社会根深蒂固、长期迟滞的悲剧之所在。

地下的枝与空中的根

——中国散文流派史引论

中国是一个散文大国。

作为与诗词并列为文学正宗的一种重要文体，中国散文在殷商时代已初具文学特质，至先秦已有了相对完整的形态。

中国文学史上第一部记叙文和议论文集是《尚书》。这部书中所收集的，多为政府文告、誓辞，以及对古代事迹的追述文字，有记事、有记言。作者也很注意命意与谋篇，讲究论证技巧，说理较为充分、周详。《尚书》的文字虽然古奥费解，向称佶屈聱牙，但有些篇章因运用了一些修辞手段而文采焕然。这部书虽以记言为主，但也不少叙事成服，如《周书·顾命》便是一篇记述成王死、康王即位的仪式的文字，叙事清晰，井井有条，初具记事散文的规模。《尚书》是中国古代用文成形的标志。

七雄争霸的春秋战国时代，也是散文的勃兴时期。思想文化界所形成的百家争鸣的局面，为散文的生长提供了极好的时代氛氲，首先得到发展的，是偏重于论说的诸子散文和侧重于记事的历史散文。

我们先谈诸子散文。

所谓诸子，是指春秋战国时代诸家学派的代表人物。汉代学者把诸子分为儒、道、阴阳、法、名、墨、纵横、杂、农、小说十家。各家著述繁多，举其要者，有《论语》《孟子》《荀子》《墨子》《老子》《庄子》《韩非子》等。

《论语》和《老子》是先秦诸子散文发展的“初级阶段”。它们在形式上是简单的语录体，但却展示了中国散文内容与风格的一个重大变化：即由占筮的卜辞变为师生谈话录，由官方的典、谟、誓、命、训、诰一类的文献变为士子的私人著述。

《论语》是孔子及其弟子的言行记录，由其弟子辑录而成，全书二十篇，每篇由内容互不联系的若干章组成，每章一般只有数十字，也有一些略具情节的稍长的篇什。唯其精短，才发人深省，如“学而不厌，诲人不倦”，“三人行，必有我师焉”（《述而》），“学而不思则罔，思而不学则殆”（《为政》），“三军可夺帅也，匹夫不可夺志也”（《子罕》）等语录，已成为警世的千古名句。《论语》语言流畅通达，活泼生动，大量运用语气词、多叠句、排比、对偶，有浓郁的感情色彩，由于历代为士人诵习，故对文学的影响极为深远。

《老子》的成书略晚于《论语》，全书81章，每章论述一个主要观点。同《论语》不一样的是，它虽也是语录体，但完全采用正面论说的形式，没有人物对话。在形式上，亦多用排比与对偶，如“祸兮，福之所倚；福兮，祸之所伏”（58章），“善人者，不善人之师，不善人者，善人之资”（27章），修辞凝练，音节铿锵，理虽玄远，文实多姿。其修辞比况，多为后世文士所取法。

战国中期的《墨子》《孟子》和《庄子》，是先秦诸子散文发展的第二阶段。它们共同的特色是：虽然仍保留了语录体的痕迹，但完全采用对话展开说理，论辩的色彩已十分浓厚。《墨子》《庄子》中还出现了一些初具规模的专题论文，这是对话语录体向专题论说文体的进一步转化。

到了战国后期的《荀子》和《韩非子》，则完全摆脱了对话体，而成为个人的论说专著，其中大多数篇章中心明确，条理清楚，逻辑严密，论证充实，标志着先秦论说散文的完全成熟。

诸子散文对后世影响最大的是儒家。汉代贾谊、晁错的政论文，师法孟子、荀卿。唐代韩愈发起古文运动，主要强调学习儒家诸子的思想体系和行文技巧。之后，宋代的欧阳修、苏洵、王安石等也都大倡学习诸子笔法。尤其儒家的“民本”思想，成为中国文学的优良传统。

其次产生巨大影响的是道家。老子思想的核心是清静无为，老子设想的理想社会是“邻国相望，鸡犬之声相闻，民至老死不相往来”，陶渊明所塑造的那个乌托邦式的“桃花源”，无疑脱胎于老子小国寡民的思想。《庄子》体现了诸子散文的最高成就，它汪洋恣肆、精微玄妙而又元气陶铄的文笔为后世的浪漫主义文学创作开其良端。《庄子》中的寓言、重言是中国寓言文学的鼻祖。作为与儒家和后来的释家鼎足而三的老庄思想，深刻影响着后世的士人学者。自宋玉、贾谊、司马迁以来，历代大作家几乎无一不受其熏陶。阮籍、陶渊明、李白、苏轼，在思想和艺术上都从老庄哲学中汲取了许多营养。

清代学人章学诚论及诸子散文对后世的影响时，曾谓："……后世之文，其体皆备于战国……《京都》诸赋，苏、张纵横六国，侈陈形势之遣也；《客难》《解嘲》，屈原之《渔父》《卜居》，庄周之《惠施》《问难》也。韩非《储说》，比事征偶，《连珠》之所肇也；而或以为始于傅毅之徒，非其质矣。孟子问齐王之大欲，历举轻暖肥甘、声音采色，《七林》之所启也，而或以为创自枚乘，忘其祖矣。邹阳辩谤于梁王，江淹陈词于建平，苏秦之自解忠信而获罪也。《过秦》《王命》《六代》《辩亡》诸论，抑扬往复，诗人讽喻之旨，孟、荀所以称述先生而儆时君也"。（《文史通义·诗教·上》）这一大段文字，将诸子散文对后世文学的影响，尤其是文章的渊源流变关系，分析得非常透彻。由此，我们可知其大端。

再谈历史散文。

历史散文出现于春秋末年，以《春秋》为先导。《春秋》是《尚书》之后产生的一部以编年系统全书的历史散文，后世史学家称其为"编年体"。然而严格地说，《春秋》却算不上是真正的散文，没有多少文学价值可言。继之而出现的《左传》《国语》《战国策》等书，因其注意了叙事方法和语言的技巧，可视为中国历史散文之滥觞。

《左传》，编年体历史著作，儒家经典之一，传为孔子同时的左丘明所作，叙事起于鲁隐公元年（前722），止于鲁哀公二十七年（前468）。全书内容包括聘问、会盟、征伐、搜狩、城筑、婚丧、篡弑、族灭、出亡等。在广阔的社会背景下，记录了诸侯、卿大夫的活动，并把笔触深入到商贾、卜者、刺客、乐师、妾媵、百工、皂隶等阶层。在文学上，它叙事生动，富有文采，成为后世散文家的楷模。

《左传》尤善描绘战争，全书写军事行动400多次，其中以晋楚城濮之战、秦晋殽之战、晋楚之战、齐晋鞌之战、晋楚鄢陵之战等五大战役最为出色，对战争过程的每一个细节都叙述得有条不紊，精彩动人，人物形象栩栩如生。《左传》对后世史学、文学都产生过重大影响，汉司马迁的皇皇巨著《史记》，是《左传》传统的直接继承；宋司马光的《资治通鉴》，不仅内容上与之相接续，体裁、手法亦以之为师。

《国语》是一部以记言为主的国别史，分载周、鲁、齐、晋、郑、楚、吴、越八国事，记事起自周穆王，终于鲁悼公。《国语》的文学价值，在于它比较善于选择历史人物的一些精彩言论，来反映某些社会问题，如《周语》“召公谏弭谤”一节，通过召公之口，说出了“防民之口，甚于防川”这一著名论题。在叙事方面，亦时有曲折细密，真切动人之笔，如《吴语》、《越语》中的吴越争霸，写得开合有致，波澜壮阔，颇近于小说手法。另外，《国语》描摹人物形态，亦生动逼真。

先秦历史散文中，文学成就最高的当属《战国策》。该书内容主要贯穿着纵横家的思想，记述的也主要是纵横家的事迹。从文学角度看，《战国策》长于铺陈，语言风格闳丽恣肆，叙事生动形象，文笔多彩，刻画人物生动传神。其中苏秦合纵，张仪连横，范雎相秦，鲁连解纷，邹忌谏齐，无不写得委曲达情，委婉尽意。用笔行文，当详则尽情挥洒，不吝笔墨；当简则一字不苟，惜墨如金。

同时，《战国策》中的说理论辩，气势强劲而又言辞犀利，善用比喻、夸张、寓言等多样化的修辞手段，如“画蛇添足”、“狐假虎威”、“鹬蚌相争”、“南辕北辙”等，或寓哲理、或寄讽喻，皆写得妙趣横生，幽默隽永，耐人寻味。

《战国策》是先秦历史散文“文质合一”的典范，对后世文学有着深远的影响，汉初散文家贾谊、晁错和司马迁，都受到它的影响。《史记》中的某些史料就直接取于《战国策》。另外，汉赋中“铺张扬厉”的风格，是《战国策》文风的直接承袭。宋代散文家苏洵、苏轼的文章，也吸收了《战国策》雄辩、恢宏、富丽、恣肆的特色。

秦并六国，建立了大一统的中央集权的封建国家，但这个王朝却是短命的，至嬴子婴继位，只有短短的15年。然而它极端的文化专制，却是前无古人后无来者。秦始皇焚书坑儒，曾一举坑杀460个儒生，文化的发展遭到了灭顶之灾。先秦时代的文书典籍，几乎全焚于秦火，故刘勰说“秦世不文”（《文心雕龙·诠赋》）。终秦之世，只有丞相李斯的《谏逐客书》成为流传下来的名篇。至于他后来写的那些歌功颂德的勒石之文，则涤尽前代文章之风骨。

西汉王朝建立之初，政治上实行的是分封同姓侯王的制度，文化上则废除了秦的挟书律，广开献书之路。那时“大汉初定，日不暇给”，文网尚未罗织。汉初文士，仍存战国游士之风，喜欢奔走于诸侯、权贵之门。对国家和社会问题十分关注，敢于阐发自己的政治主张。这种文风促进了政论散文的发展。此一时期以贾谊、晁错为最著名。贾谊的《过秦论》、晁错的《言兵事疏》，议论闳阔，说理畅达，虽不同于战国策士之辞，但仍看出所受前代纵横家的影响。

这一时期又一个显著的特色是赋的发展。

赋是继《诗经》和《楚辞》之后兴起的一种新文体，以战国后期的荀子和宋玉为发端。赋体的主要特点是铺陈事物，“不歌而诵”。汉初赋家的作品，以“骚体赋”为主，如贾谊的《吊屈原赋》、《鹏鸟赋》和淮南小山的《招隐士》。其后逐渐演变为独立特征的散体大赋。

标志着汉赋形成的第一篇作品是枚乘的《七发》。其后有司马相如、扬雄、班固等人继起，成为此一时期的代表作家。东汉中叶以后，歌颂国势声威，美化帝王功业的散体大赋逐渐衰微，代之而起的是讥讽时世，抒情咏物的短篇小赋。如张衡的《二京赋》、《归田赋》，赵壹的《刺世嫉邪赋》、蔡邕的《述行赋》、祢衡的《鹦鹉赋》等，其中多有个人身世的感叹和政治抱负的抒发。

汉代是赋的黄金时期，赋家蜂起，佳作迭出。仅《汉书·艺文志》所著录的，便有赋家60余人，作品900余篇。然而，骈体文的繁荣也潜伏着散体文的式微，汉武帝罢黜百家，独尊儒术，士人多讲经学，以求仕进。皓首穷经使他们逐渐脱离了社会现实而困囿于烦琐的章句之间。同时，西汉末世所兴起的谶纬之学，到了东汉又大为昌行，使得本来家法森严的经学又蒙上了一层神秘文化的色彩，这也使得一般士子的文章在空疏神秘的经学雾障中日益变得空泛板滞。所以，司马迁以后，汉代文章开始走下坡路。值得称道的只有东方朔的《答客难》、王充的《论衡》、仲长统的《昌言》等。倒是西汉的史传散文取得了辉煌成就，司马迁的《史记》、班固的《汉书》，至今仍被史学家与文学家奉为典范。

另一方面，东汉以来法令严肃，卓尔不群的士人多遭扼腕。因此，这一时期的一些“训子”、“教子”、“诫子”之类的文章兴盛起来。如马援的

《诫兄子严敦书》，可谓此一类文章的典型。

魏晋南北朝是中国历史上风采独具的时期，这个时期，中国社会的各个方面都发生了巨大的变化，一方面，是社会动荡纷乱，另一方面又是文学的空前繁荣。此一时期的散文，主要具有以下特征：

1. 六朝文学结束了先秦两汉时期依附于政教道德的狭隘境界而蔚为大观，散文作为最先体现文学的独立与自觉的文体，将审美和艺术他作与动荡社会中人的命运紧密结合，更多地体现出个性化的色彩；

2. 强调散文的抒情特征和审美情趣的自然清新；

3. 在形式上，骈偶化的倾向日趋严重；

4. 由于佛学的东渐、勃兴和道家思想的系统化，散文创作中明显反映着宗教美学思想的影响。

建安黄初时期的散文，成就显著当推曹氏父子。曹氏父子后世并称“三曹”，是建安文学集团的核心与骨干。曹操不仅是卓越的政治家，也是一位文章大家。曹操戎马一生，具有雄才大略，所以他的诗文中往往流露着一种激昂慷慨的悲壮情调，为建安文学开了风气之先。曹操的散文，自然、豪爽、坦率、通达，无所拘忌而自然成文，被鲁迅誉之为“改造文章的祖师”。他的《求贤令》《军谯令》《整齐风俗令》等，大朴不雕，雄浑豪迈，表现了他壮阔的胸襟与抱负。

曹操的长子曹丕，以书札见长。流传后世的《与吴质书》、《又与吴质书》、《答曹洪书》，辞典婉惬，有清拔之气。

曹植善表章，他的《求自试表》、《陈审举表》等以委婉曲致、情兼雅怨而“独冠群才”（刘勰《文心雕龙·表章》）。“三曹”之中，数他的文学成就最高。他的《洛神赋》开启了六朝华艳绮靡的先河，他不仅仅是建安散文的代表作家，也是整个中古散文史上的一座高峰。谢灵运曾谓：“天下才共一石，陈王（按：曹植曾徒封于陈，死后谥号曰思，故又名陈思王）独得八斗”，足见其影响之大。

“建安七子”中，孔融和陈琳的文章最为出色。他们的许多佳作成为历代选家必选的篇目。蜀国散文家诸葛亮的《出师表》言真意切，至今读来仍使人为之涕零。

颇能代表魏晋风度的是阮籍、嵇康、王弼、何晏、刘伶等人。他们天然自放、不拘于俗的文章，体现着他们卓尔不群的艺术个性和人格魅力。

西晋时期散文的骈偶化，以陆机为发轫。陆机的《豪士赋序》、《叹逝赋序》、《吊魏武帝文》，是当世骈体文的典型。

骈偶化的特点，如刘师培所说："往往以单行之语，运排偶之词，而奇偶相生，致文体迥殊于西汉。建安之世，七子继兴，偶有撰著，悉以排偶易单行，即非有韵之文，亦用偶文之体"（《论文杂记》）。继起有潘质、鲁褒、张华、孙绰、左思等人，亦各领风骚。

应该说，西晋时期的"有无之辩"和"言意之辩"，开拓了论辩散文新的审美空间。以王弼、何晏为代表的玄学本体论通过"有无之辩"、"言意之辩"的争论，逐渐取代了两汉的宇宙构成论，也启发了文艺理论家对创作问题的深入思考。陆机的《文赋》由是而成为中国古代第一篇系统论述创作构思问题的文学专论。

东晋时期的文章大家推王羲之和陶渊明。

王羲之从玄言诗文的笼罩中脱颖而出，文风清淡，言无藻饰而别具特色。他的名篇《兰亭集序》一如其书法，笔势飘逸，评家认为只有李白的《春夜宴从弟桃李园序》独得其妙。另外，他的书信和杂帖文字也清新隽永，文约义丰，是六朝散文中不可多得者。

陶渊明当时在东晋文坛尚默默无闻。他生在东晋世风衰败、伪教滋蔓的社会环境中，对儒家那一套修身齐家的道德学说感到失望，又没有皈依老庄和佛理。在那个污浊的社会环境中，他清醒地保持着自己清真天然的人格，从他的《感士不遇赋》《归去来辞序》和《五柳先生传》中，我们读出了他那种清亮醇美的人生境致和颖脱不群的美玉香草般的人格。他的奇文《桃花源记》更是流芳千古的名篇，桃花源——这个身处乱世之中的陶渊明臆想出来的乌托邦，将一幅理想社会的画图永垂于中国文学史册。鲁迅曾评论他"乱世看惯了，篡也看惯了，文章便平和"。信然。

东晋时期，受佛老之学的影响，出现了大量阐述或论辩玄理的散文。如孙中盛的《老聃非大竖论》、戴奎的《释疑率》，以及佛教理论家支遁等人和道教理论家葛洪等人的论辩文章，皆析理精密，高论闳裁而又文采飞扬。

南北朝时期，即宋、齐梁、陈四朝，朝代更迭频仍，而文风卑弱，此一时期的文章，以语句偶丽，声调铿锵的骈文为最盛。

南朝散文中最有成就的是鲍照、江淹、刘峻、徐陵、沈约、任昉、颜延之等。鲍照的《登大雷岸与妹书》，吸收了汉赋的铺陈与夸张的手法，文气跌宕，辞藻绚丽，被目为南朝最早描写山水风景的名篇。有些评论家认为其妙处甚至连李思训等名家的画图也难企及。他的《石帆铭》、《瓜步山谒文》亦同样在模山范水中寄托了自己的无限心思。

江淹代表了梁朝骈文的最高水平。他的《别赋》、《恨赋》，把诗歌中咏史和代言的传统引入辞赋之中，主题和题材亦十分别致，成为传诵的名篇。

陶弘景的《答谢中书书》、丘迟的《与陈伯之书》、《报袁叔明书》、刘峻的《广绝交论》、孔稚圭的《北山移文》、徐陵的《玉台新咏序》，都可为当世骈文之司南，也是多为后世所传诵的名篇佳作。

南北朝时期，由于南北政权的长期对峙和许多少数民族入居黄河流域，故北朝的魏、齐、周三代，文学的发展逊于南方。

《隋书·文学传》称北朝文“重乎气质”、“便于时用”。以为北朝的诗赋虽不能同南朝相比肩，而文章却还有独到之处。实际上北朝之文，是不能与南朝相颉颃的。

北朝最有成就的散文家是梁朝宫廷文人庾肩吾之子、著名诗人庾信。他的代表作《哀江南赋》是一篇长篇叙事体辞赋。文中追叙了他的家世及前半生的经历，详述了从侯景之乱、梁元帝偏安江陵为西魏所灭，及梁敬帝被陈霸业篡位这一系列史实，悲怀故国，自伤身世，这种对人民流离失所的血淋淋的描写，在以前的辞赋中是绝少见的。

其次是写了《颜氏家训》的颜之推和因写了《水经注》而著名的郦道元，以及由《洛阳伽蓝记》而传世的杨衒之。他们大都是西魏末年的战乱中从南方来到北方的作家。温子升、邢劭和魏收兼擅诗与骈文，他们的文章风格与南朝文人相接近，对后世散文的发展都产生过重要的影响。

隋唐及五代散文，有两条清晰可辨的线索可以追寻：一是扬六朝余波的骈体文的演变，一是由韩愈、柳宗元大力提倡“古文”而带来的散文的复兴。初唐骈文以“四杰”成就为最著。“四杰”系指王勃、杨炯、卢照邻、骆宾王四人。他们秉承了徐、庾时代的骈文传统，并做了变通式的发展，形成了初唐特有的风格。

“四杰”中成就最高的当数王勃，他第一个提出文章要有儒学的内容：

“夫文章之道，自古称雄。圣人以开物成务，君子以立言见志。遗雅背训，孟子不为；劝百讽刺，扬雄所耻。苟非可以甄明大义，矫正末流，俗化资以兴衰，家国繇其轻重，古人未尝留心也”。他猛烈抨击浮艳之风：“适先兆齐、梁之危”，“不能免周、陈之祸”（《上吏部裴侍郎启》），并认为当时的文坛由于“竞为雕刻”而“骨气都尽，刚健不闻”。他身体力行，痛革其弊，他的骈文往往能自出机杼，别开蹊径，穷极宇宙，驰骛物表。其《秋日登洪州滕王阁饯别序》成为骈文史上的煌煌扛鼎之作。这篇思如泉涌，意若珠溅的美文中的许多佳句，如“落霞与孤鹜齐飞，秋水共长天一色”，“老当益壮，宁移白首之心；穷且益坚，不坠青云之志”等，成为千古传诵的名句。

以《讨武檄》而名声大噪的骆宾王，其风格雄悍畅达，一扫六朝浮艳绮靡。“四杰”中的杨炯和卢照邻，亦各有代表之作。

“四杰”之外，初唐的另外两名重要骈文作家是魏徵和陈子昂。魏徵的《十渐不克终疏》、《谏太宗十思疏》，陈子昂的《议复仇状》、《谏用刑书》等，虽用骈体，却曲尽其意，气脉贯通。从内容到文采，皆有独到之处。

骈体文在隋唐五代始终流行，且已渗透到社会生活的各个方面。不论官方的文件还是私人的札翰，均用骈文写作，然而唐代的骈文，却有了较为重要的演变。

晋宋以前的骈文，虽然也讲究辞藻的绮靡，但语言比较畅达简洁。齐、梁骈文重气势，然而却过于华饰。唐代骈文“体虽沿乎旧制，才已引其新机。大抵丘壑易录，而持论较正；枝条稍简，而烁能独道”，（清·钱振伦《唐文节钞序》）。这种演变之后的骈文风格，到了盛唐，则更加显著。华丽之辞渐少而平实之语渐多，渐显出一种宏博雍雅的盛唐气象。

此一时期的代表作家是张说、李华和陆贽等。尤其是陆贽的骈文，不受骈骊所拘束，自由发挥政论，是唐骈文中能切实用的一家。据说他的《拟奉天改元大赦制》连当时的叛兵悍将读后也潸然泪下。从盛唐开始，骈体文已逐渐向散体文靠拢了。

实际上，在韩愈、柳宗元倡导古文运动之前的盛唐至中唐前期，一批崇儒复古、谋求革新的作家，如萧颖士、李华、元祐、独孤及、梁肃等便先后出来提倡散体文，反对骈体文。他们的主张为韩、柳古文运动奠定了基础，成为韩、柳古文运动的前驱。然而，由于他们有其意而无其文，不能身体力行地以自己的作品来实践自己的主张，因而未能形成气候。

古文运动兴起于唐德宗贞元到唐宪宗元和年间，为时30余年。这一运动在理论和创作实践上使古文达到了全盛阶段，一直发展到唐末五代。

这一场为政治上改弦更张服务的儒学复古运动，韩、柳起到了中流砥柱的作用。他们有自成体系的古文理论，旗帜鲜明，论辩有力，有数量可观而质量上乘的古文作品，取精用宏，无体不备。韩愈的许多载道之作，如《原道》《送穷文》《原性》《谏佛骨表》《争臣论》《进学解》，以及记叙散文和《张中丞传后序》《蓝田县丞厅壁记》、抒情散文《祭十二郎文》等，都写得淋漓酣畅，纵横捭阖，完全摆脱了骈体文的束缚。

而柳宗元的一系列寓言体散文，如《三戒》《蝜蝂》《黔之驴》和山水游记散文，如《永州八记》《钴鉧潭西小丘记》以及传记散文如《捕蛇者说》《种树郭橐驼传》《梓人传》等，精妙入神，风格多样，为后世散文家提供了优秀的古文范本。

中国散文史上一个重要的转折，从韩、柳古文运动的胜利而揭开了序幕。

继起者有翰愈的学生李翱、皇甫湜、沈亚之以及韩愈的朋辈白居易、樊宗师、刘禹锡和后来的刘蜕、孙樵、杜牧等人，相从为古文，扩大了作家队伍的阵容与气势。虽然韩、柳死后，古文运动曾一度出现衰微，骈体文再次回潮，但唐末五代的皮日休、陆龟蒙、罗隐等作家的出现，却真正继承了韩、柳的文学传统。他们以短小精悍的小品文而自成流派，这是古文运动以后又一具有时代风格的散文文学现象，被鲁迅称为“正是一塌糊涂的泥塘里的光彩和锋芒”（《小品文的危机》）。

北宋王朝的建立结束了中晚唐、五代以来藩镇割据的混乱局面。宋初天下方定，统治者需要进一步巩固中央集权。宋太祖杯酒释兵权时，曾劝诸大将“多积金帛田宅，以遗子孙；歌儿舞女，以终天年”。上层官僚地主广置田宅，沉迷于歌台舞榭，一些御用文人便以晚唐五代以来的浮靡之风，歌颂升平。以宫廷生活为内容的、一味追求形式与文字华美的作品，一度成为文坛主潮。

此时，一位有主见的散文作家柳开第一个旗帜鲜明地冲出来，大声疾呼提倡古文。

柳开原名肩愈，字绍先，就是表示要做韩愈、柳宗元的继承者。柳开认为文章应“古其理，高其意，随言短长。应变作制，同古人之行事”，不能无病呻吟。由于他的创作实践未能完全体现他自己的艺术主张，所以未能产生多大的影响。

比柳开稍后一点的王禹偁，却提出了“传道而明心”的思想。他主张“修身则无咎，事君则有立”，此即为“明心”，不只是传古圣贤之道。文章不应该刻意雕饰而必须写得通晓易懂，内容实在，言之有物，才能发挥古代圣贤所希望的有补于世之作用。王禹偁同时也以自己的作品体现自己的主张，他的《黄冈竹楼记》、《待漏院记》、《录海人书》、《唐河店妪传》等。皆平实自然，感情真挚，叙述简洁，不枝不蔓，颇有古人韵致。

与王禹偁一起高举“革弊复古”大旗、共同奏响宋代古文运动序曲的，还有穆修、孙复、姚铉、石介、尹洙等作家。

古文运动对宋代散文创作产生了深远的影响，但浮靡艰涩的文风并未完全收敛。到了宋真宗、仁宗时代，出现了以浮艳绮靡而称著的“西昆体”。

西昆，即《山海经·西山经》中的所谓昆仑山之西的玉山。又《穆天子传》有“天子升于昆仑之丘，至于群玉之山，先生之所谓册府”的记载。宋人即以“玉山册府”作皇家藏书秘阁的代称。时建州溥城人、翰林学士杨亿（字大年）奉命编纂《册府元龟》，便将自己在秘阁参加编纂工作时与诗友唱和的诗集称为《西昆酬唱集》。主要作家有刘筠、钱惟演、李宗谔、张咏等17人，后来便称这一文学流派为“西昆体”。

西昆体作家除上述诸人外，还有陈越、李维、刘骘、丁谓、刁衡、钱惟济、任随、晁回、舒雅、崔尊度、薛映、刘秉等12人。

这些人大都是馆阁近臣，专门以诗文点缀升平。西昆体的作家都有较好的文学修养，因而多在形式上下功夫，以求辞藻华美、声律和谐、对仗工稳。一时“杨刘风采，耸动天下”（欧阳修《六一诗话》）。

然而，西昆体作家们的模拟抄袭之风，已逐渐为时人所不齿。穆修、石介等人奋起而抨之，石介的《怪说》三篇，即是对西昆体的当头棒喝。尔后欧阳修继起，力矫西昆体，风靡四十年的“杨刘风采”，即“不隔一朝，遽尔烟没”（清·冯武《重刻西昆酬唱集》）。

宋代古文运动，终因欧阳修的出现推向了一个新的高潮。

欧阳修被目为宋代散文的第一个大师，是宋代散文最重要的奠基人。他对宋初以来将近一个世纪的古文与流行文体的斗争做一总结，开始了一个散文新纪元。

欧阳修早在西京留守钱惟演的幕府中供职时，就结识了尹洙、梅尧臣等人，一起提倡古文，并付诸创作实践。他坚定不移地支持范仲淹所实行的包括改革文风为内容的庆历新政，也支持石介对西昆体的声讨。在欧阳修的周围，形成了一个倡扬古文，写作古文的作家群。他本人在仁宗嘉庆二年知贡举时，利用主考官的身份，力矫科场风气，凡“险怪奇涩之文”，一概斥退。而对苏轼的文章，却倍加赞扬，并取列为第二。王安石、曾巩等，也因文风端正而受到欧阳修的奖掖。一些士子曾聚众街衢，拦住欧阳修的马头要跟他“理论”，欧阳修不为所动。由是“场屋之习，从是遂变”（《宋史·欧阳修传》）。经欧阳修所推荐和培养的散文家苏洵、曾巩、王安石、苏轼、苏辙等人，及苏轼门下六君子：陈师道、黄庭坚、秦观、张耒、晁补之等，这一支古文运动的生力军，把整个古文运动一直发展到高潮，并因此而创造了宋代散文的黄金时代。

作为古文运动的领导者，欧阳修本人的散文作品是反对当时流行文体的典范。他把政治鼎新的热情也灌注于文学革故之中，他的政论散文《朋党论》《为君难论》《纵囚论》《原弊》等，纵横论辩，又委婉曲折，苏洵称之为“往复百折，而条达疏畅，无所间断，气尽语极，急言竭论，而容与闲易，无艰难劳苦之态”（《上欧阳内翰第一书》）。他的优美抒情的游记体散文，如《醉翁亭记》《丰乐亭记》等，意蕴深远，摇曳多姿，变化开合，转折跌宕，成为中国文学史上光耀千古的名篇。

与欧阳修同时的散文名家还有范仲淹、梅尧臣、苏舜钦、宋祁、周敦颐等。范仲淹以其名篇《岳阳楼记》最为人称诵，此文立意高远，迥出众表，体现了宋代散文的最高水准。以诗名世的梅尧臣，其散文《览翠亭记》一样给他带来了极高的文学声誉；古文运动的骁将苏舜钦，以其名篇《沧浪亭记》而为后世典型。

北宋后期，是宋代散文的顶峰时期。此一时期的苏洵、曾巩、王安石、司马光等人，或以文论家的真知灼见为古文张目，或以政治家的气魄识见用之于文学，他们的文章自成高格，堪为欧阳羽翼和学人之什，足以领袖群伦。

北宋时代的散文巨擘当数苏轼、苏辙。

苏轼的散文创作，是他“文理自然，姿态横生”主张的成功实践。他博学、多才、有识，尊儒而喜释道，对人、对事、对物有精辟的见解。表现在文章中，则是穷形尽物，汪洋恣肆，上下古今，无不如意。他的论理散文矜奇立异，详赡周密，而又舒卷自如。如《留侯论》《贾谊论》等，极富有哲学意味。

苏辙以游记散文见长，如《黄州快哉亭记》《武昌九曲亭记》，极写山川形胜，从对古人的缅怀中抒发其政治失意而又不以得失为怀的旷达心情，雄放而有风致。他的性格内向，“汪洋淡泊，有一唱三叹之声”（《答张文潜书》），他的政治思想、文学主张与苏轼略同，以自然平畅之笔，务为当世之用。

南宋的散文，充满着爱国的激情。如李纲、宗泽、岳飞、胡铨、陆游、陈亮、叶适、辛弃疾，直至宋末的文天祥、谢翱等人，他们中多是反抗民族压迫的仁人志士，胸中块垒，发为文章，自然有浩然之气，迸发着爱国主义的光芒。

李清照和陆游，不仅是著名词人和诗歌大家，也是一代文章巨匠。陈亮、刘克庄、赵孟頫等，也是一代名手。

宋代散文中，笔记散文成为其特有的一种文体。如司马光的《涑水纪闻》，沈括的《梦溪笔谈》，苏轼的《东坡志林》、陆游的《老学庵笔记》，周密的《武林旧事》等，皆为有代表性的作品。

辽代先后与五代、北宋并立，辽朝与中原王朝之间曾有过多次战争也有过长期的和平共处和互相往来。即有经济上的交流，又有文化上的吸收。金与南宋相对峙，所谓辽金文学，主要是指这两个朝代的汉文文学。辽国的作家大都是从中原入辽的汉族士人，而活跃于金朝文坛上的文人，亦多是由宋人金者。

这个时期的散文没有什么影响特别巨大的作家，流传下来的作品亦不多。以作品传于世的主要有金初的宇文虚中、蔡松年及其儿子蔡圭，金中期的党怀英、王庭筠，以及贞祐南渡之后的赵秉文、杨云翼、王若虚、段克己、李俊民、元好问等。以元好问成就最为突出。元好问，字裕之，号遗山，太原秀容（今山西忻县）人，系出北朝魏代鲜卑族贵族拓跋氏，为唐代诗人元结的后裔。他是著名的史学家、作家、诗人，词为金朝一代之冠，其散文亦有法度、备众体，以韩、欧为宗，“正大明达，而无奇纠晦涩之语”（徐世隆《遗山先生文集序》）。他对序引、题跋、表志、碑铭等各种体裁均得心应手，长短随意，各有特色。其叙事文章亦平易畅达，风格清新。

元代有影响的散文家，前期有刘因、姚燧、王恽、戴表元。他们的作品能够表达对故国的怀念和民生凋敝的感慨，一些模山范水之作，也大都富有理趣。后期有虞集、马祖常、萨都剌（天锡）、李孝光等，他们的作品亦大都清深雅洁。尤其是李孝光的《大龙湫记》以传神的笔触描绘雁荡山大龙湫瀑布，情景交融，为元代游记散文中出类拔萃之作，评家以为几乎可以和柳宗元、欧阳修的游记文比美。

取材广泛、手法多样是明代散文的特点。

明初的散文作家中，多是由元入明者。他们经历了社会的动乱，因而其作品能注重社会现实，对扭转元末诗文纤弱的风气起了良好作用。其代表作家是宋濂和刘基。宋濂曾被目为有明一代“开国文臣之首”，他坚持散文要明道致用，宗经师古，同时亦强调“辞达”、“通变”，因事感触为文。刘基“所为文章，气昌而奇，与宋濂并为一代之宗”（《明史·刘基传》）。他的《郁离子》形式活泼，言简意赅，颇具唐末陆龟蒙、皮日休的风致。不少小品鞭辟入里，写得精悍警厉。如《卖柑者言》，假借一个卖柑人的话，讽刺了元末那些“金玉其外，败絮其中”的官员，无情揭露了统治者腐朽没落的本质。他的游记文章也写得很漂亮，颇有柳宗元风范。

随着明王朝政治的巩固，文网亦日紧密。当时统治者一方面规定“士大夫不为君用者，罪该杀”，另一方面又刻意提倡理学，并以《四书》《五经》《性理大全》等书为内容进行八股取士。再加上刚刚立国的朱元璋喜欢歌功颂德的盛世之音，讨厌衰世之调，这种情况大大限制了散文作家的视野。内容贫乏，文气冗弱的“台阁体”也便由此应运而生。

“台阁体”的代表作家是杨士奇、杨溥、杨荣，号称“三杨”，他们都先后官至大学士，一时期朝廷诏令奏议皆出其手。他们以诗文歌功颂德，粉饰太平，刻意显现出君臣之间融融之乐和太平宰相的安闲风度。一些文人起而效尤，这种台阁体几乎风靡明代文坛百年之久。

成化后，“台阁体”散文弊端日渐暴露，于是一些作家又祭起“复古”的旗帜。“茶陵派”、“前七子”也就在这个时期涌现出来。

“茶陵派”的首领李东阳，湖南茶陵人，他本也是台阁重臣，“历臣馆阁，四十年不出国门”，生活范围非常狭窄，所以他的散文创作，在内容贫乏并未有多少改观。然而他在变革“台阁体”文风方面，却起到了一定的作用。

真正掀起古文运动，并对“台阁体”予以有力打击的，当是以李梦阳、何景明为首，包括徐祯卿、边贡、康海、王九思、王廷相的“前七子”。他们举起复古大旗，提出“文必秦汉，诗必盛唐”的口号，推波助澜，形成了一个波澜壮阔的文学复古运动。“台阁体”在文坛上的地位发生了动摇。到了嘉靖年间，终于败落下来。然而道学体诗和八股文章却依然盛行。故又有李攀龙、王世贞、谢榛、宗臣、梁有誉、徐中行、吴国伦等“后七子”继而起之，把复古运动推向一个新的阶段。

前后七子所倡导的“文必秦汉”的复古运动，把东汉以后的文，盛唐以后的诗，一笔抹杀，一概骂倒，卓然以复古自命的“前七子”领袖李梦阳主张：“文必秦汉，诗必盛唐，非是弗道”（《明史·李梦阳传》），“后七子”领袖之一王世贞也主张“文必西汉，诗必盛唐，大历以后书勿读”（《明史·王世贞传》）。在这种思潮影响下，出现了蹈袭前人，流于剽窃章句的现象，引起了越来越多的士人的不满。于是便有了自立门户的“唐宋派”的崛起。

“唐宋派”代表作家，有王慎中、唐顺之、茅坤、归有光等。

因其特别推崇唐宋散文，故被称为“唐宋派”。他们以唐宋古文来对抗汉古文，主张散文写作要师法唐宋的“开阖、首尾、经纬错综之法”，但必须“自为其言”，要“洗心源，独立物表，具今古只眼”（唐顺之《答鹿门知县书二》）。也就是说要有自己独立的文学思考和观察事物的方法。在写作方法上他们强调直抒胸臆，不事雕镂，以质朴的语言写自己的真知灼见。故他们的创作与一味模拟秦汉者是有显著区别的。

“唐宋派”作家中，归有光当时乃一“荒江老儒”，然而他对复古派的抨击也最猛烈。他无视名播天下的后七子，把他们的首领李攀龙和王世贞斥之为“一二妄庸人”，这无疑于当头棒喝。

明文坛上，归有光是“唐宋派”中文学成就最高的一员主将。他的散文创作，远承《史记》，近学韩、欧，独崇“龙门（《史记》作者司马迁之代称）家法”、“韩欧神理”。归有光的散文，直抒胸臆，善于即事抒情，描绘家庭琐事，亲子之情，不事雕琢而有风味。如《先妣事略》、《项脊轩志》、《陶庵记》等，便是这样的作品。被他骂得很厉害的王世贞，后来却对他极为服气，曾撰文赞美他“超然当名家矣”（《归太仆赞》）。归有光被推崇为有明第一散文家，他的作品对后来的桐城派产生了较为重大的影响。

从嘉靖末年开始，封建社会进入末世，新的资本主义经济开始萌芽。在思想界，一股朦胧的要求个性自觉的潮流在悄然孕育。这时期散文作家反对前后七子的拟古主义，已不像“唐宋派”那样，仅仅改变一下所师法的对象，而是站在文学应反映“童心”、“性灵”这样自觉的理论基础上，对前后七子拟古主义扼杀创作个性予以矫枉。李贽在《焚书》卷三《童心说》中便指出：“天下之至文，未有不出于童心焉者也”。他认为只有保持童心，有为而发，才能写出天下至文。他的主张深刻影响了以“三袁”（袁宗道、袁宏道、袁中道）为代表的“公安派”。

“公安派”作家中的“三袁”，都是风格独特、成就较高的散文家。他们的散文张扬着鲜明的个性光辉，语言质朴。他们主张“心灵无涯，搜之愈出”，并提出“时有古今，语言亦有古今”，主张文学应随时代变化而变化。他们以活泼清新的文字，“一扫王（世贞）李（攀龙）云雾”。“公安派”的散文，摆脱了古代散文的规矩与束缚，格局短小，形式多样，清新隽永。

“公安派”之后，继起有以湖北竟陵人钟惺、谭元春为代表的“竟陵派”。“竟陵派”在反对模仿、崇尚性灵等方面，与“公安派”观点大体一致，然而他们不满“公安派”末流的空疏浮浅，反对像因袭“七子”一样步趋“三袁”，追求幽深孤峭的创作风格，主张“我辈文字，到极无烟处，便是机锋”（钟惺《与谭友夏》）。他们在这种思想指导下创作的作品，冷僻艰涩，形式主义更加严重。

晚明时期，还有一批独具风采的散文作家，如“与公安竟陵不同衣饭，而各自饱暖”的王思任，以及兼“公安”、“竟陵”二派之长的张岱、继续恪守“唐宋派”的文学主张，然文风有所变化的艾南英、张溥，也有仍然追随前后七子以兴复古学为己任的陈子龙、夏完淳等。他们都留下了为人称道的作品。

清代是中国最后一个封建王朝，也是古代文学史上最后一个重要阶段。清代的散文，较明代有所发展，作家队伍庞大，流派纷繁，在古代散文史上有重要地位。

为振起清代文风起到重要作用的是诗文大家钱谦益。

他合学人之文与文人之文于一手，出入子史和唐宋，又时时脱化佛经禅语，议论通达，气格恢张，所作《新刻十三经注疏序》、《游黄山记》、《徐霞客传》等，皆为传世佳作。

清初，顾炎武、黄宗羲、王夫之“三遗老”的“经世致用”之论，对当时的文坛有一定的影响。顾炎武主张“文须有益于天下”（《日知录》），其文凝练遒劲，甚有风骨；黄宗羲为文，强调“至情”与文、道、学的统一。其文注重内容，不事雕饰，文风朴实明畅。方震孺赞为“古文种子”；王夫之散文有庄子之风，汪洋恣肆，纵横捭阖，精思独到，多有名篇。

同时的魏禧、侯方域、汪琬，文名相当，时称“国初三家”。他们基本上是因承明代“唐宋派”的传统。魏禧又与其弟魏际瑞、魏礼合称“清初三魏”，亦颇能文。清初较有影响的遗民作家，还有杜濬、钱澄之、归庄、申涵光、姜宸英、屈大均等。

此后，散文园地寂寞了很长一段时间。直到康熙晚期，乾隆之初，文网紧密，文字狱大兴，言路日窄，桐城人方苞出，倡“义法”、“雅洁”之说，直接继承“唐宋派”的传统。所谓“义法”，按方苞自己的诠释：“义即《易》之所谓‘言有物也’，法即《易》之所谓‘言有序也’。义以为经，而法纬之，然后成体之文（《又书货殖传后》）。”所谓“雅洁”，是对古文艺术的具体要求。方苞门人沈廷芳引方苞语，谓：“南宋元明以来，古文义法不讲久矣。吴越间遗老尤放恣，或杂小说，或沿翰林旧体，无一雅洁者。古文中不可入语录中语，魏晋六朝藻丽俳语、汉赋中板重字法、诗歌中隽语、《南北史》中佻语”（《书方先生传启》）。随后有桐城人刘大櫆、姚鼐进而发展和丰富了方苞的学说，一时从者甚众，形成了清代最具影响的散文流派“桐城派”。此一派声势浩大，后来入派者亦不限桐城人。

桐城派的散文，大都观点鲜明，行文流畅，语言雅洁、风骨清远。这个散文流派的影响，一直波及鸦片战争以后，可以说与清之国祚相始终。

桐城派的中坚作家，还有梅曾亮、管同、方东树、刘开、姚莹、朱仕秀等。

桐城派的一个支流，是“阳湖派”。以阳湖人张惠言、恽敬为代表。此一派古文家，总体上以桐城派为宗，但对桐城派的主张，亦多有批评。为矫桐城派卑弱狭窄之陋，主张加强作家的才学修养，提出“文章之衰，兴起之以百家”。

清中叶的另外一个重要散文流派是“骈文派”，在理论上为之鼓吹的有阮元，在创作实绩上最为显著的是汪中。这一批作家有胡天游、袁枚、邵齐焘、刘星炜、吴锡麟、孔广森、孙星衍、洪亮吉等，有“骈文三大家”、“骈文八大家”之谓。

清中叶“骈文派”以汪中、洪亮吉、邵齐焘三大家为“中兴”的主要骨干，作品多讲究辞藻、对仗、用典，内容对时弊和社会危机有所暴露，以袁枚的影响为最著。袁枚同时又是“性灵派”的创始人。他的骈文“能于骈体中独抒所见，辩论是非，纵横排荡，纯以神气行乎间”。袁枚提倡骈文的观点也最显明：“于古人偶之者，玉溪生而止耳。再偶则唐四家与徐、庾、燕、许也。吾将偶之而恐未逮。”

汪中工于经学，富于文采，所作骈文，能“状难写之情，含不尽之意”（李详《汪容甫先生赞序》），又悲愤抑郁，凄丽哀婉。主要作品有《哀盐船文》《汉上琴台之铭》《吊黄祖文》《狐父之盗颂》等。刘台拱称他“钓贯经史，熔铸汉唐，闳丽渊雅，卓然自成一家”（《遗诗题辞》）。

清后期——道光、咸丰年间至19世纪中叶前后的散文，虽仍以桐城派为正宗，但承着时代的巨变以及新的政治力量兴起，新的思想潮流涌现，开始出现了新的散文潮流。

道光以来，社会矛盾不断激化，桐城派的古文和扬州派、常州派的骈文，已不再为人们所欢迎。社会所需要的，是贴近时代的经世之文。包世臣和魏源，是此一阶段的代表作家。包世臣主张“古文一道，本无定法，唯以过意能成体势为主人而已”（《齐民四术·再答王亮生书》）。所谓“达意”，不是空洞的圣人之言，而是实际有用的农、礼、刑兵之学和河、漕、盐之事。魏源也在同一时期提出了“善言心者，必有验于事”，“善言古者，必有验于今”（《皇朝经世文编》序）的主张。他们的文章，皆是经世有用之文，在当世产生了较为重大的影响。

“经世文派”的重要作家是清代后期新文学的开拓者龚自珍。

龚自珍在学术上提倡通经致用，反对脱离实际的烦琐考据和空谈心性的宋明哲学。他认为文学必须是有助于世道人心的，“求政事在斯，求言语在斯、求文学之美，岂不在斯”（《同年生吴侍御杰疏请唐陆宣公以祀瞽宗……》）？龚自珍的思想具有启蒙主义色彩，其散文作品如《对策》、《捕蜮》、《说居庸关》，或引古喻今，讽刺时弊，或借题发挥，痛下针砭，对清政府的黑暗与腐朽进行了无情的抨击。语言风格诡奇瑰丽，简括深沉，对后来的改革派文学是一重要启发。

与龚自珍、魏源所代表的革新派散文观念相左的，是道光、咸丰年间出现的以王闿运为首领的“汉魏六朝派”。这一派作家尊汉魏而薄唐宋，诗与骈文皆以汉魏六朝为准则，其作品刻意模仿，拟古逼真，缺少新意，但由于这些作家学问功底深厚，故亦受社会推崇。

与新体散文发展同步，桐城派古文也在作“中兴”的努力。这一运动中，梅曾亮和曾国藩起到了重要作用。尤其是曾国藩，由于他身居高位，幕储中人才甚众，他自己“又为文章领袖，其说一出，有违之者，惧为非圣无法”（李详《论桐城派》），以他为中心，以他的门生幕僚为声势，先后相承，转相授受，使桐城派古文形成了一个中兴局面。不过他为文较少禁忌，奇偶并用，使板结的古文有了生机，为桐城派打开了僵局。

这个桐城派古文的“一统天下”，不久便为以梁启超、康有为、谭嗣同为代表的改良派的新体散文打破了。

康有为是改良运动的领袖，他的散文有龚自珍的影响，但要比龚文多放任而少奇诡。梁启超是新体散文的代表作家，“文界革命”的主要倡导人，一生散文著作颇丰，曾谓：“启超不喜桐城派古文，幼年为文，学晚汉魏晋，颇尚矜炼。至是自解放，务为平易畅达，时杂俚语、韵语，及外国语法，纵笔所至，不检束，学者竞效之，号‘新文体’”（《清代学术概论》），他的《谭嗣同传》《李鸿章传》《少年中国说》《呵旁观者文》等，皆产生过广泛的影响。

在古木参天的中国文学之林中，散文是这样一株奇异的大树——它的根是地下的枝，而枝亦是空中的根。

从先秦至清末，每一个散文流派都互相影响，互相启迪、互相生发，同时，它们也在互相斗争与融合中发展和繁荣了中国散文创作。

正是由于它们植根于炎黄文化的沃土之中，才枝繁叶茂，万古长青。

“文学流派”，按照《中国大百科全书》的诠释，即“文学发展过程中，一定历史时期内出现的一批作家，由于审美观点一致和创作风格类似，自觉或不自觉地形成的文学集团和派别，通常是一定数量的代表人物的作家群”（《中国大百科全书·中国文学》）。

文学流派是在文学发展的过程中自然形成的，其基本形态有两种类型：

一种是有明确的文学主张和组织形式，同时有共同的文学纲领、美学观念，由艺术趣味和政治倾向相同或相近的作家自觉组成的文学团体。“桐城派”的另一种类型是不完全具有甚至根本不具有明确的文学主张和组织形式，但在客观上由于创作风格相近而形成的派别，或由于一个特定时期内一些作家创作风格相近，而被时人或后人从理论和实践上加以总结，冠以一定流派的名称，如“建安七子”、“初唐四杰”、“唐宋派”等。

在文学处以初级发展创段的先秦时期，由于文学创作的方法还未成熟，谈不上艺术风格，更不可能有严格意义上的文学流派。但此一时期的各类作品对后世文学有着最为直接的影响，因而后世各类文学流派的源头几乎皆可上溯到先秦时期。尤其是诸子中的各个学派，本来就是相同政治观点的士子的聚合团体，因此，把他们视为思想观念相同的文学流派不会失之于牵强。

1996年7月8日　冷板凳斋

唐代诗僧与僧家诗

一、唐代佛教与诗僧

佛教自两汉之际传入中国，经过了几个世纪的碰撞、融合、咀嚼和消化，到唐代，已蔚为大观。

唐代的中国，不仅是世界经济和文化的中心，也是佛教发展的鼎盛时期。从唐高祖武德元年（618）到衰帝天祐四年（907）这280多年间，佛教宗派林立，僧侣无数，伽蓝精舍遍及中华大地。佛教对于中国政治、文化、经济等领域的渗透达到了无孔不入的程度。

《剑桥中国隋唐史》在谈到唐代佛教时说："除了官僚阶层以外，最有势力的集团恐怕就是佛教僧徒。太宗不得不面对他们所加于一个强大的集权政体的威胁。"（第四章《唐政权的巩固者唐太宗》）实际上从高祖武德二年（619），便在京师聚集高僧，立十大德，管理一般僧尼。九年（626）因为太史令傅奕的一再疏请，终于命令沙佛道二教，只许京城留寺三所，观二所，其余每州留寺观各一所，但因皇子们争位的变故发生而未能付诸实施。太宗即位后，重兴译经事业，从贞观三年开始，组织译场，故佛典流布天下。又度僧三千人，并在旧战场各地建设寺院，促进了佛教的发展。贞观十五年文成公主入藏，带去佛像、佛经，使汉地佛教深入藏地，特别是在这之后不久，武后利用佛教徒僧怀义等伪造《大云经》，为其夺取政权张本，最终把佛教立为国教，使佛教同政治关系更加密切。

有一个数字可以说明唐时佛教之极盛：琥宗会昌毁佛时，拆毁寺院四万四千六百余所，勒令僧尼还俗二十六万余人，解放奴婢十五万人，收回土地数千万顷。会昌毁佛虽然给佛教带来了毁灭性的打击，然而武宗去世后，唐宣宗一继位，即全面恢复佛教，"修复废寺"，致使"天下斧斤之声至今不绝，度僧几复其旧矣。”（《资治通鉴》，“唐宣宗大中五年”条）佛教的基础并未因此而被触动。

唐代是佛教发展的全盛时期，也是中国古典诗歌艺术的顶峰时代。在唐代庞大的诗人群落中，有一支特别引人注目的异军，这便是当世的僧侣阶层。

据明代胡震亨《唐音癸签》卷三十“方外”条统计，唐代诗僧有集刊行于世的，计三十三家，共三百二十四卷。

陈士强《佛典精解》提到的唐代诗僧中有诗集刊布于世的即有：天台山国清寺寒山子的《寒山子诗集》一卷（附同寺沙门丰干、拾得《丰干拾得诗》一卷）；皎然的《杼山集》十卷（以上见《四库全书总目提要》卷一四九，今存）；齐已的《白莲集》十卷，贯休的《禅月集》二十五卷（附《补遗》一卷，见《四库全书总目提要》卷一五一，今存）；灵澈的《灵澈诗》一卷，灵一的《灵一诗》二卷；清塞的《清塞诗》二卷；常达的《常达诗》一卷（以上合为《唐四僧诗》六卷，存《四库全书》集部二七一，上海古籍出版社影印）；此外，还有无可（贾岛之从弟）的《无可集》一卷；虚中的《碧云诗》一卷；修睦的《东林集》一卷；尚颜的《供奉集》一卷（以上见《文献通考·经籍考》卷七古，存佚不详）；可止（入五代）的《三山集》（见《宋高僧传》卷七，已佚）等等。

《全唐诗》收一百一十三家（包括只存逸句的十四家）四十六卷，可谓洋洋乎大观。

这些诗僧，既是菩提弟子，又是诗迷，“青峰瞰门，绿水周舍，长廊步屧，幽境寻真，景变序迁，荡入冥思”（《唐才子传》），或“背箧笥，怀笔牍，挟海溯江，独行山林间，悠悠然，模状物态，搜伺隐隙，凄怆超忽，游其心以求胜语，若有程督之者，嗜吟憨态，几夺禅诵。”（胡震亨《唐音癸签》）为了作诗，甚至把功课和修行都抛到九霄云外去了。

诗僧中，多有声名卓著的大家，刘禹锡谓“近古以降，释子诗闻于世者相踵。”（《刘宾客文集》卷十九）宋代尤袤在《全唐诗话》卷六中，评介了二十九位诗僧的创作，其中最著名者有灵一、灵澈、皎然、贾岛、无可、贯休、齐已等。按照刘禹锡的评论：“世之言诗僧，多出江左。灵一导其源，护国袭之，清江扬其波，法振沿之”（《刘宾客文集》卷十九），灵一是第一位知名的诗僧，继承他风格的有护国；清江别开新面，法振又把他的诗风发扬光大。至于贯休、皎然、齐已等，所得到的赞誉就更多了。

有些诗僧，被任命为宫廷内以诗人应制的内供奉，如广宣、次融、栖白等都做过供奉僧，受到赐紫、封师号、赐官爵之类的恩宠。

更多的诗僧，是把写诗作为同修持佛法一样的活动，作为生命中很重要的一个方面来从事创作的。齐已曾自诩："未能精贝叶，便学咏杨花"，"何妨继余习，前世是诗家"（《寄怀江西僧达禅弟》）；皎然也说："山阴诗友喧四座，佳句纵横不废禅。"（《支公诗》）李益称赞诗僧广宣"因论佛地求心地，只说常吟是住持"（《赠宣大师》），虽是抬举这个紫衣僧，但也道出了佛教与诗之间的内在联系。

"以诗为佛事"（白居易语，见《题道宗上人十韵》），"诗为儒者禅"（尚颜语，见《读齐已上人集》），从这宣告中，可见佛教对唐代诗歌创作的影响是何等深广。

二、佛与诗的沟通

佛与诗，是两种不同的观念形态。

佛以出世为归旨，而在唐代，诗又同功名有着千丝万缕的联系。佛主张在修身业（佛将杀生、偷盗、邪淫称为身业）的同时，还要修口业（佛认为恶口、妄语、两舌、绮语是口业）。

宋代洪迈的《容斋随笔》，曾记《大集经》（亦名《北方等大集经》）载六十四种恶口之业，曰：

> 粗语，软语，非时语，妄语，漏语，大语，高语，轻语，破语，不了语，散语，低语，仰语，错语，恶语，畏语，吃语，诤语，谄语，诳语，恼语，怯语，邪语，罪语，哑语，入语，烧语，地语，狱语，虚语，慢语，不义语，无护语，喜语，狂语，杀语，害语，系语，闲语，缚语，打语，歌语，非法语，自赞叹语，说他过语，说三宝语。（《容斋随笔》卷一）

诗歌是一种语言的艺术，不可能不触犯以上这些名目繁多的忌讳。实际上，即使是一个持戒非常严谨的僧人，也不可能终生不犯任何口业。对于写诗的僧人，这诸多口业的禁戒更没有任何实际意义了。

佛家诗歌的产生，有三个方面的渊源：

（一）直接渊源来自佛经中的偈颂。偈颂本身有一定的韵律格式，译成汉语的佛经，其偈颂也采用了诗的形式，比如《华严经》卷一《世间净眼品》的偈子：

诸法真实相，寂来无所依。
如来方便力，能为众生现。
如来于诸法，无性无所依。
而能观众相，显相犹明灯。
以诸缘譬喻，方便随所乐。
如现诸如来，智慧神通力。

这个偈颂是个很典型的例子，它本身就呈示了偈颂在佛经中的意义：绝对真实的如来法界是无言说相、无文字相的，但佛法方便要用譬喻来显现。

佛经中的偈颂，多为五、四、六、七言，然而翻译韵文要兼顾内容与形式的统一，是件很困难的事，故汉译佛经的偈颂虽有诗的格式，却不可能完全讲究对仗、韵律、音节，如以上所举的偈颂，还不能算是真正的诗。

禅宗在中国兴起，禅僧在参悟佛法的守程中，往往以诗偈的形式来反映自身的开悟或向别人示法，这些诗偈是佛家诗的先声。如神秀示法诗：

身是菩提树，心如明镜台。
时时勤拂拭，莫使有尘埃。

如慧能示法诗：

菩提本无树，明镜亦非台。
本来无一物，何处惹尘埃。

这两首示法诗都用平起押平声韵（“台”、“埃”押韵），以“比”、“兴”的方式来强调体悟，是标准的古体五方诗了。

再如传翕大士的偈颂：

空手把锄头，步行骑水牛。
人从桥上过，桥流水不流。

这首偈颂不仅用韵严谨，而且采用矛盾的语句来阐释艰深的佛理。它喻示读者，只要人的心识活动不受理智概念的束缚，突破概念恒性作用的程式化，才会明心见性。这已经是一首很不错的哲理诗了。

还有灵云志勤和尚在沩山因见桃花而悟道的诗偈：

三十年来寻剑客，几逢落叶又抽枝。
自从一见桃花后，直到如今更不疑。

这首诗偈不仅平仄音韵完全符合格律，而且非常形象化，虽也在于显示禅理，但已经非常像诗了。

更有楼子和尚听唱“你若无心我也休”一句曲而悟道的偈颂：

因过花街卖酒楼，忽闻语唱惹离愁。
利刀剪断红丝线，你若无心我也休。

唱歌楼上语风流，你既无心我也休。
打着奴奴心里事，平生恩爱冷啾啾。

这哪里是偈颂，简直可以当作一首标准的艳体诗来欣赏了。

从偈颂风格的流变上，可见诗的审美特质对佛和禅的渗入。后来禅诗的创作基本上是顺着这一条路子走下来的。因此，拾得宣称：“我诗也是诗，有人唤作偈，诗偈总一般，读时须仔细。”

（二）来自民间歌谣影响，这方面最突出的例子是王梵志的诗，如：

他人骑大马，我独骑驴子。
回顾担柴汉，心下较些子。

城外土馒头，馅草在城里。
一人吃一个，莫嫌没滋味。

这样的诗，写得简直入于鄙俚。不仅诗的语言，连同它所表现的“黑色幽默”，也完全是平民化的。

再如一钵和尚的《一钵歌》：

阿剌剌，闹聒聒。
总是悠悠造未达，如饥吃盐加得渴。
枉却一生头戛戛，究竟不能知本末。

这样阐释佛理的诗，却完全采用民歌体创作的。诗的语言，也纯用民间口语。贯休有许多篇什，如《蒿里》、《古塞下曲》、《战城南》等，则直接从汉魏六朝的乐府民歌中去汲取营养。

（三）来自“诗”、“骚”及汉魏正统诗歌创作的影响。两汉至六朝的八百年，是中国古典诗歌极为重要的发展变化时期。它上承“诗”、“骚”，下启唐诗宋词，尤其对于唐代诗歌创作所产生的影响是非常巨大的。特别是魏晋时期的“玄言诗”，与禅诗的关系更为紧密。这一点在本书的鉴赏文字中多有涉及。

以诗谈论佛禅之理，似乎已成为僧家诗的一种“天然本色”。然而，即使是这样的诗，仍可看出传统的诗歌的影响，有的干脆就是从其中蜕化而来。如寒山“人生不满百，常怀千载忧”之句，即出于“古诗十九首”。

受汉魏六朝诗歌影响较深的诗僧，还有皎然、贯休和齐已。他们的诗，从艺术风格到语言特色，都可以找到汉、魏古风的影子。

这一点并非出于偶然，中国的大乘佛学，与魏晋玄学本来就有着千丝万缕的联系，所不同的是，禅家把魏晋玄学的思辨色彩，转化为一种精灵妙透的机锋。

佛与诗，既非同源，又非同流，就其范围而论，佛乃宗教，而诗本文学，就其内容言，佛所参求在于证悟真如法性，以求得生命的圆满，而诗在于抒发性灵；就其作用而言，佛乃求成佛做祖，自度度人，诗在于怡情悦性，以补世道人心。

但是，它们之所以能够沟通与融合，最基本的一点，即二者都来源于大致相同的心理体验。诗言情，亦可以载道，佛虽属宗教，所探究的却是哲学上的“自性”、“本体”。广义的佛与诗的沟通，是多方位、多层面的。

作为佛教的法源，各派佛教的母胎——禅，它与诗歌的关系，更是体现在这样一句话上：

“诗为禅客添花锦，禅是诗家切玉刀”。

迦叶微笑，达摩传衣，慧能示偈——这些难道不是最美妙的诗吗？“看取莲花净，方知不染心”；“万籁俱缘生，窅然喧中寂”；“我来问道无余说，云在青天水在瓶”；“有时直上孤峰顶，月下披云啸一声”——这些难道不是最上乘的禅吗？

好雪片片，不落别处；天龙一指，受用不尽；始随芳草去，又逐落花回——这难道不是诗的旷逸？

“青青翠竹，尽是法身；郁郁黄花，无非般若”；“端能百尺竿头步，始见林梢挂角羊”——这难道不是禅的机锋？

“渠渠渠，我我我，南北东西皆可可，不可可，但唯我，无不可”——禅乎？诗乎？

“镇日寻春不见春，芒鞋踏破岭头云。归来手把梅花嗅，春在枝头已十分”——诗乎？禅乎？

丰干骑虎，丹霞烧佛，南泉斩猫，德山棒喝——全是诗人风骨；

黄檗安名，洞山睹影，普明牧牛，贾岛推敲——皆为禅家心印。

诗与佛，诗与禅，就是这样息息相通的。

“禅而无禅便是诗，诗而无诗禅俨然”。（〔明释〕普荷《诗禅篇》?《滇诗拾遗》卷五）

禅与诗的差别，就在这里了。

三、僧家诗的艺术特色

诗评家方回曾说："佛法入中国，有僧自东汉始。后世儒逃于僧，多执诗人之柄。"（《题佛陀恩游洞山序》《桐江集》卷三）僧人写诗，始于东晋，名僧支遁、慧远、帛道猷、汤惠休等，也是著名的诗僧。但东晋至隋，诗僧的人数不是很多。诗僧作为一个特殊的阶层，形成于中唐大历之后。宋人姚勉说："汉僧译，晋僧讲，梁、魏至唐初，僧始禅，犹未诗也，唐晚禅大盛，诗亦大盛。"（《赠俊上人诗序》《雪坡舍人集》卷三十七）诗僧阶层形成的第一个因素，是禅宗的世俗化。中归唐以来，僧家行持，不似汉僧专在译经，也不似晋僧专在讲经，禅主张"即心即佛"，"平常心是道"，人人都有佛性，运水搬柴、行走坐卧、吃喝拉撒，无一不是禅，写诗词同禅修的关系，更是接近了许多。另外，中晚唐动荡的政治局面使许多士大夫失意于政治与官场，"相逢尽道休官去"，纷纷向佛门靠拢，做在家出家的诗文和尚。他们或接受菩萨戒，或接受佛教戒律，带发修行，或在家研读佛典，悟入佛智。日本奈良时代文学家淡海三船所著《唐大和尚东征传》记，扬州大明寺律僧鉴真，在赴日本途中，于南方多次为士大夫授菩萨戒，他在始安郡为都督冯古璞受戒，"其所都督七十四州官人，选举试学人并集此州，随都督家菩戒人，其数无量。"白居易也宣称自己"归三宝，持十戒，受八戒者有年岁矣。常日日焚香佛前，稽首发愿，愿当来世，与一切众生，同弥勒上生，随慈氏下降，生生劫劫，与慈氏俱，永离生死疏，终成无上道。"（《白居易集》卷七十一）大批士大夫的加盟，是诗僧阶层形成的第二个重要因素。

辛文房在"唐才子传"卷三中，论唐代诗僧时说：

> 至唐，累期雅道振，古风再作。卒级崇衷象教，驻念津梁。龙象相望，金碧交映。虽寂寥山河，实威仪之渊薮。宠光优渥，无逾此时，故有颠顿文场之人，憔悴江海之客，往往裂冠裳，拨矬缴，杳然高迈，云集萧萧。一食自甘，方袍便定；灵台澄皎，无事相干。三余有简牍之期，六时分吟讽之际……凡此数者，皆达人雅士夙所钦怀。虽则心侔殊迹，所趣无间。

在朝廷和全社会都在狂热崇佛的时代，骚人墨客混迹于宗门，却寻求心灵的寄托，这也是很正常的事情。这些落魄文人找到了灵魂的避难所在之后，过上了“佳句纵横，不废禅定；岩穴相弥，更唱迭酬”的生活，很快开拓了一个新的创作空间并且形成了自己的风格。

唐代僧家诗的风格，大致上可分为三个主要方面：

（一）以禅参诗，表现机锋奥妙

禅给诗最大的启示，即是一个“悟”字。即心即佛，不假外求，是禅与其他佛教宗派最基本的区别。所有的诗僧，无不在其作品中表现这一意识。尤其是他们所写的“开悟诗”和“示法诗”，这种倾向就愈发明显。

此一类诗中突出的代表是王梵志、寒山和拾得的“通俗诗”。他们的诗受偈颂的形式影响，拙朴浅易。如寒山的诗，常用浅近的口语和各种比喻、民谚、谐语、歇后语来表达深奥的佛悟禅理。寒山说他的诗：“有人笑我诗，我诗合典雅；不烦郑氏笺，岂用毛公解。不恨会人稀，只为知者寡；若遣趁宫商，余病莫能罢；忽遇明眼人，即自流天下。”他是有意识地追求这种直白、自由的诗风的。禅家认为一片净心即是佛心，显露真心则是好诗，如果工于雕饰，反而会使真心不得以彰显。故黄宗羲曾说：“夫寒山，拾得村墅屋壁所抄之物，岂可与皎然、灵澈挈其笙簧？然而皎、灵一生学问，不堪向天台炙手，则知饰声成文，雕音作蔚者，非禅家本家也。”（《南雷文约》卷四）他认为寒山、拾得的诗虽不假雕琢，但确是禅家本色，而饰声成文、雕音作蔚之作，则去禅远矣。

还有一类是与偈颂更加切近的颂古诗，或取语录，或取公案，或以拟古，或举古则，以诗的形式，发明前人的玄理奥义，自己的体察受用。如宠居士诗：“但自无心于万物，何妨万物常围绕。铁牛不怕狮子吼，恰似木人见花鸟。木人本体自无情，花鸟逢人亦不惊。心境如如只个是，何虑菩提道不成。”（《示法偈》）形象化地阐释了本体与至道的关系。

（二）以诗喻禅，显示顿悟法要

这一类诗有些像有韵的禅学论文。本书所选的永嘉玄觉的《证道歌》、腾腾和尚的《乐道歌》即是。《证道歌》是唐诗中的长篇巨制，这首诗共一千八百五十八字，二百六十七句，其内容涵容甚广，有佛理、有禅见，有求得至道的要诀、有禅宗的灯史，对仗工整，文情华瞻。如：“绝学无为闲道人，不除妄想不求真。无明实性即佛性，幻化空身即法身。”“心境明，鉴无碍，廓然莹彻周沙界。万象森罗影现中，一颗圆珠非内外。”“豁达空，拨因果，莽莽荡荡招殃祸。弃有着空病亦然，还如避溺而投火。”写修持者的生活，如“入深山，住兰苦，岑鉴幽邃长松下。优游静坐野僧家，闲寂安居实潇洒。”写禅悟后的欣悦：“江月照，松风吹，永夜清霄何所为。佛性戒珠心地印，雾露云霞体上衣。”这样通篇揭示佛理的诗，却一点也不晦涩枯燥，它的语言是那样丰富多彩，意境是那样澄澈清明。它语意高峻，波澜层出，兴味无穷，妙趣横生。把一首佛理诗写得如此美轮美奂，实在是佛教文学中的精品，禅家诗作中的瑰宝，绝非世间庸流辈之所能及。

（三）诗禅互参，抒发自由性灵

此一类风格的诗在僧家诗中占有很大的比重，以丛林山水诗为主，有一种幽深清远的林下风流。

禅家认为法身遍一切境，“万物色相、日月星辰、山河大地、泉源溪涧、草木丛林”之中，皆蕴含着宇宙与人生的真谛，自然万物的一机一境，都是法身的具体体现：“山林大地皆念佛法”，“青青翠竹，尽是法身；郁郁黄花，无非般若”，自然界中的一切都具有佛性的生命，它们不是超离现实的逋逃薮，而是人的自然心灵的外化形式。

当你读着这样的诗句——

“众星罗列夜明深，岩点孤灯月未沉。圆满光华不磨莹，挂在青天是我心。”（寒山）

“黄鹤有心多不住，白云无事独相亲。闲持竹锡时看水，懒系麻衣出见人。”（皎然）

“众岫皆寒色，精庐向此分。流星透疏木，走月送行云。绝顶人来少，高松鹤不群。一僧年八十，世事未曾闻。”（贾岛）

“禅心亲石室，蝶翅覆花英。好听谈玄处，乔松鹤数声。”（常达）

“白石上嵌空，寒云西得东。瀑流悬注处，雏鹤失禅中。”（无可）

“白云乍可青来嶂，明月难教下碧天。城市不能飞锡去，恐妨莺啭翠楼前。”（韬光）

“好鸟傍花窥玉磬，嫩苔如水没金瓶。从他人笑从他笑，地覆天翻也只宁。”（贯休）

……

仿佛在这些描云绘水的诗句中，你享受到一个澄明朗澈的世界，体会到委身大化、无羁无系的灵魂的自由。

僧家山林诗，其意象的选择总是三千大千中最能体现清旷闲适的那一部分。如：白云、皓月、古刹、荒寺、幽谷、寒松、修篁、花木、黄鹤、禽鸟、雪霜、雨雾、星月、溪涧等等，没有帝都的紫陌红尘，也没有市井的红粉青楼，没有权贵的轻裘骏马，也没有征战的剑影刀光。

这些诗既有优美的境界，又有禅心的寄寓，诗禅互参，而不落言筌理障。可以从中悟禅，也可以从中悟境；可以从中托兴，也可以从中学艺。

四、僧家诗对唐代诗人和诗风的影响

有学者作过统计，《全唐诗》中，所收士大夫游览佛寺、研读经黄、交结缁流的诗，约有二千七百首。仅此一宗，约占《全唐诗》收诗总数的五分之一以上。从这一点上，可以看出僧家诗对当世诗人和诗风的影响。

其影响主要表现在以下几个方面：

（一）色彩的清淡化

僧家诗中，很难看到色彩艳丽的字眼，即使着色，也只是青、白等，这种风格一扫唐初浮艳的诗风，给诗坛带来一种刻意追求清、寒、幽、寂的气氛。

如柳宗元《江雪》：“千山鸟飞绝，万径人踪灭。孤舟蓑笠翁，独钓寒江雪。”真如一帧空灵迷茫、朦胧凄清的水墨画。

如王维的《鹿砦》：“空山不见人，但闻人语响。返景入深林，复照青苔上。”王维是虔诚的佛教徒，精通禅理，常以禅法入诗，他的诗，受北禅宗的影响更大于南禅宗。这一首诗，体现了北宗“凝心入定，住心看净，起心外照，摄心内证”的境界。

再如杜牧的《题宣州开元寺水阁阁下宛溪夹溪居人》：“六朝文物草连空，天淡云闲今古同。鸟去鸟来山色里，人歌人哭水声中。深秋帘幕千家雨，落日楼台一笛风。惆怅无因见范蠡，参差烟树五湖东。”更是韵致冲淡而兴味无穷。

（二）诗风的通俗化

受佛典偈颂影响，并以偈颂的通俗来改造诗的表达方式，王梵志、寒山、拾得的诗给同时代和后人的启迪是最直接的了。

他们这种如诗似偈的通俗体诗，不仅在唐代的诗僧中大为流行，而且也被许多习诗的士大夫争相效仿。比如王维就写过“梵志体”的诗，中唐时期代表通俗诗风的“元和体”的盛行，僧侣通俗诗的影响不能视为一个重要的原因。白居易是“元和体”的代表诗人，他的许多作品力求浅俗自然，与王梵志和寒山的风格极为接近，并且影响了一代诗风，被称为“广大教化主”。

其次，如怀泸诗，多“歌诗鄙俚之词”，常达“于五、七言诗，追用元和之体”（以上《宋高僧传》），与贯休同时的诗人方干、郑谷等人的作品，也非常通俗，与寒山的诗一样“不烦郑氏笺，岂用毛公解。”故胡震亨说唐诗不可注，一注则“诗味索然，反为蛇足”（《唐音癸签》卷三十二），其原因是唐人的诗“说眼前景，用易见事”，平民化的色彩极为浓厚。

（三）意向的说理化

禅家“绕路说禅”的主张，给当世的诗风带来的一个重要影响，即是诗歌意向的说理化。因为诗僧的作品，有很多是用诗的形式来表现对佛教教义的理解。

在中国《诗》《骚》和汉魏古诗传统中，多感慨议论，纯说理作品却很少，东晋的玄言诗长于说理，但由于多是虚玄思辨的语言，诗味很淡，又语言晦涩，所以在诗坛上很难形成大气候。禅宗兴起之后，由于佛典的偈颂与诗歌长期融汇，互相渗透，使说理诗达到了一个前所未有的高度。

唐代诗人的作品，有许多是直接的说教，如白居易《逍遥咏》：“亦莫恋此身，亦莫厌此身。此身何足恋，万劫烦恼根。此身何足厌，一聚虚空尘。无恋也无厌，始是逍遥人。”又如《读禅经》：“须知诸相皆非相，若住无余却有余。言下妄言一时了，梦中说梦两重虚。空花岂得兼求果，阳炎如何更觅鱼？摄动是禅禅是动，不禅不动即如如。”正是由于诗人把佛理与诗趣在一定程度上结合起来，才使诗日益具有了理性精神。这些充满了说理意识的诗，因心造境，借境说法，蕴藉着对宇宙、人生的理解。王维、司空图、李白、常建等一大群著名诗人都写过不少表现禅理的偈颂体诗歌。

还有一些诗，虽不是直接写佛理的，但其中却有一种“理趣”在。如韦应物《滁州西涧》：“独岭幽草涧边生，上有黄鹂深树鸣；春潮带雨晚来急，野渡无人舟自横。”如常建《题破山寺》：“清晨入古寺，初日照高林，曲径通幽处，禅房花木深。山光悦鸟性，潭影空人心，万籁此皆寂，唯闻钟磬声。”在生动鲜明的意境中，任运自然的哲理与禅意冥合，自成一种精光妙理。

正是这种“以禅入诗”。“绕路说禅”，使中国古代诗歌创作于山水、田园、玄言之外，推向了“理趣”的新境界。发展到了宋代，借诗讲义理，蔚成风气。这就不是本文所论及的范畴了。

附：何香久主要作品目录

1. 何香久著：《如果把你比做海》，花山文艺出版社1990年版
2. 何香久著：《何香久抒情诗选》，花山文艺出版社1992年版
3. 何香久著：《礼魂.中国二十四节气》，中国社会出版社2000年版
4. 何香久著：《何香久诗选》，人民文学出版社2006年版
5. 何香久著：《海上蝴蝶——何香久自选诗》，作家出版社2012年版
6. 何香久著：《蚩尤旗》，岳麓书社2008年版
7. 何香久著：《万家江湖》，河北大学出版社2009年版
8. 何香久著：《焦裕禄》，河南文艺出版社2011年版
9. 何香久著：《红鱼》，花山文艺出版社1988年版
10. 何香久著：《诱惑红》，北方文艺出版社2008年版
11. 何香久著：《一条河的诞生》，北方文艺出版社2012年版
12. 何香久著：《背对命运》，人民日报出版社（1991）
13. 何香久著：《刘邦背后的女人——吕后》，河南文艺出版社2008年版
14. 何香久著：《旷代大儒：纪晓岚传》，作家出版社2011年版
15. 何香久著：《李大钊》，二十一世纪出版社2011 年版
16. 何香久著：《焦裕禄传》，河南文艺出版社2012年版
17. 何香久著：《焦裕禄　谷文昌》，人民出版社2015年版
18. 何香久著：《永远的焦裕禄》，河南文艺出版社2016年版
19. 何香久著：《冬天的狩猎者》（报告文学），光明日报出版社1988年版
20. 何香久著：《岭南的春天：江泽民同志“三个代表”重要思想诞生纪事》（长篇报告文学），人民日报出版社2003年版
21. 何香久著：《人文九课：何香久讲演录》，光明日报出版社2008年版

22. 何香久著：《纪晓岚的幽默与智慧》，人民日报出版社1998年版

23. 何香久著：《百变鸿儒：纪晓岚的学术与思想》，长征出版社1998年版

24. 何香久著：《解秘学问大师纪晓岚》，中国言实出版社2008年版

25. 何香久著：《〈金瓶梅〉与中国文化》，河北人民出版社1993年版

26. 何香久著：《红楼梦》（据甲戌本、程乙本合校），人民日报出版社2002年版

27. 何香久剧本：《水流千转》（2集），播出名：《又是十七个年头》，中央电视台播出

28. 何香久剧本：《焦裕禄》（30集），中央电视台1套、8套，东方卫视、河南卫视等20余家播出

图书在版编目（CIP）数据

与古圣贤对话与潜对话 / 何香久著. —北京：中国文史出版社，2016.11
（政协委员文库）
ISBN 978-7-5034-8360-8

Ⅰ. ①与… Ⅱ. ①何… Ⅲ. ①杂文集—中国—当代 Ⅳ. ① I267.1

中国版本图书馆 CIP 数据核字（2016）第 256536 号

责任编辑：张蕊燕

出版发行：**中国文史出版社**
网　　址：www.chinawenshi.net
社　　址：北京市西城区太平桥大街 23 号　邮编：100811
电　　话：010—66173572　66168268　66192736（发行部）
传　　真：010—66192703
印　　装：北京地大天成印务有限公司
经　　销：全国新华书店
开　　本：787 × 1092　1/16
印　　张：22.5　插页：1
字　　数：365 千字
版　　次：2017 年 1 月北京第 1 版
印　　次：2017 年 1 月第 1 次印刷
定　　价：52. 00 元
